**Kapitalsteuerwettbewerb zwischen Nationalstaaten unter besonderer Berücksichtigung Deutschlands**

# CeGE-Schriften

Center for Globalization and Europeanization of the Economy
Centrum für Globalisierung und Europäisierung der Wirtschaft
Georg-August-Universität Göttingen

## Band 13

Herausgegeben von
Kilian Bizer, Stephan von Cramon-Taubadel,
Günter Gabisch, Helmut Hesse, Andreas Oestreicher,
Renate Ohr, Gerhard Rübel,
Hermann Sautter, Robert Schwager,
Stefan Tangermann

Verantwortlicher Herausgeber für diesen Band:
Robert Schwager

PETER LANG
Frankfurt am Main · Berlin · Bern · Bruxelles · New York · Oxford · Wien

Peter Schwarz

# Kapitalsteuerwettbewerb zwischen Nationalstaaten unter besonderer Berücksichtigung Deutschlands

## Eine empirische Analyse

PETER LANG
Internationaler Verlag der Wissenschaften

**Bibliografische Information der Deutschen Nationalbibliothek**
Die Deutsche Nationalbibliothek verzeichnet diese Publikation in der Deutschen Nationalbibliografie; detaillierte bibliografische Daten sind im Internet über <http://www.d-nb.de> abrufbar.

Zugl.: Göttingen, Univ., Diss., 2006

Verantwortlicher Herausgeber für diesen Band:
Robert Schwager

D 7
ISSN 1617-741X
ISBN 978-3-631-56834-7



www.peterlang.de

**Geleitwort**

Eines der drängendsten Probleme der Globalisierung ist der durch den Prozess der Integration von Faktor- und Gütermärkten entstandene zwischenstaatliche Wettbewerb um mobile Steuerbasen. Schon sehr früh wurde in theoretischen Arbeiten auf die Möglichkeit hingewiesen, dass sich Staaten oder Regionen im Wettbewerb um mobiles Kapital oder mobile Arbeitnehmer in eine Abwärtsspirale bezüglich der Setzung der jeweiligen Steuerinstrumente begeben könnten. In Abhängigkeit von der jeweiligen Sichtweise des Staates als einem wohlwollenden Sachwalter der Bürgerinteressen oder als einem eigennützigen Leviathan, wird dieser Wettbewerbsdruck entweder als problematisch angesehen oder begrüsst. In der Folge enstand ein weit ausgefächertes Forschungsfeld, in welchem theoretisch genauer untersucht wurde, in welcher Weise Steuer- oder allgemeiner Systemwettbewerb funktioniert, und mit welchen zwischenstaatlichen Koordinationsinstrumenten sich dieser beseitigen oder zumindest mildern lässt, so dass wir heute über ein sehr detailiertes Verständnis über die theoretischen Mechanismen des Systemwettbewerbs verfügen.

Betrachtet man in der Rückschau die Literatur, so ist allerdings auffällig, dass bis heute nur sehr wenige Arbeiten die theoretischen Voraussagen der Literatur einer rigorosen empirischen Überprüfung unterziehen. An dieser Stelle setzt das vorliegende Buch von Herrn Peter Schwarz an, der die Literatur zum Wettbewerb um mobiles Real- und Finanzkapital bezüglich ihrer empirisch testbaren Hypothesen auswertet und anhand von Makrodaten testet. Das Ergebnis ist nicht nur ausgesprochen lesenswert, sondern bereichert unser Wissen um die qualitativen Mechanismen des Steuerwettbewerbs und um dessen quantitative Bedeutung in substanzieller Weise.

St. Gallen, im April 2007

Martin Kolmar

## Vorwort

Die vorliegende Arbeit ist während meiner Tätigkeit als Stipendiat des Graduiertenkollegs „Die Zukunft des Europäischen Sozialmodells“ in Göttingen entstanden. Gegenstand der Untersuchung ist der zwischen den Nationalstaaten sich intensivierende Steuerwettbewerb um mobiles Kapital. Die Arbeit analysiert die Besteuerung von Kapitalgesellschaften sowie die Besteuerung von Zinserträgen privater Haushalte. Zudem werden speziell am Beispiel Deutschlands Gewinnverlagerungen multinationaler Unternehmen untersucht.

Viele Menschen haben mich beim Verfassen dieser Untersuchung unterstützt. Mein besonderer Dank gilt meinem akademischen Lehrer Herrn Professor Martin Kolmar, der mich auf das Politikfeld der Zinsertragsbesteuerung aufmerksam gemacht hat. Danken möchte ich Herrn Professor Robert Schwager für die Übernahme des Zweitgutachtens. Beide hatten neben ihren fachlichen Anregungen, immer auch ein offenes Ohr für private Belange. Herrn Professor Oestreicher danke ich für seine Anregungen zur Hinzurechungsbesteuerung. Zudem bin ich Herrn Professor Klasen und Herrn Professor Kühnel für wertvolle methodische Anregungen zu Dank verpflichtet. Jan Bethge, Markus Hünerfauth, Anne Sabine Karrass und Tobias Steiner haben Teile der Dissertation gelesen und durch ihre Anmerkungen wesentlich zu ihrer Verbesserung beigetragen. Christian Jordan leistete mir wertvolle technische Hilfe bei der Gestaltung des Manuskripts. Meinen Zimmernachbarn im Kolleg, Robert Fischer und Daniel Scheuregger, danke ich für die zahllosen aufbauenden Gespräche. Teile der Dissertation sind auf mehreren Konferenzen vorgetragen worden; den Teilnehmern, insbesondere Thomas Rixen und Alfons Weichenrieder, danke ich für ihre wertvollen Anregungen. Durch die Partizipation am Graduiertenkolleg hat Frau Professor Ilona Ostner, die Leiterin des Graduiertenkollegs, es mir finanziell ermöglicht diese Dissertation abzufassen. Ihr und auch allen anderen Kollegsmitgliedern möchte ich für die angenehme Arbeitsatmosphäre danken. Neben den bereits erwähnten Personen möchte ich zudem Tobias Braun, Claudio Ielapi, Michael Lavo, Oliver Old, Anka Roos und Andreas Trauth herzlich danken. Sie alle haben mir gezeigt, dass es wichtigere Dinge als eine Dissertation gibt.

**Inhalt**

## Tabellenverzeichnis



## Abbildungsverzeichnis

**Symbolverzeichnis**

| | |
|---|---|
| e | Anfangsausstattung |
| r | Realzins |
| δ | reale Abschreibungsrate des Kapitals |
| T | Nominalsteuersatz |
| ω | bilanzielle Abschreibung |
| p | Kapitalkosten der Unternehmung |
| KW | Kapitalwert des Investitionsprojekts vor Steuern |
| KWs | Kapitalwert des Investitionsprojekts nach Steuern |
| μ | Arithmetisches Mittel einer Variablen |

**Abkürzungsverzeichnis**

| | |
|---|---|
| Abgabenordung | AO |
| Artikel | Art. |
| Außensteuergesetz | AStG |
| Beispielsweise | bspw. |
| Bemessungsgrundlage | BMG |
| Beziehungsweise | bzw. |
| Bundesministerium der Finanzen | BMF |
| Bund Deutscher Industrieller | BDI |
| Doppelbesteuerungsabkommen | DBA |
| das heißt | d.h. |
| Effektiver durchschnittlicher Steuersatz | EDS |
| Effektiver marginaler Steuersatz | EGS |
| Eigenkapital | EK |
| Einkommensteuer | ESt |
| European Tax Analyzer | ETA |
| Europäische Kommission | EK |
| Europäische Union | EU |
| Fremdkapital | FK |
| Forschung und Entwicklung | F & E |
| Gewerbesteuer | GewSt |
| in der Regel | i.d.R. |
| Körperschaftsteuer | KSt |
| Körperschaftsteuergesetz | KStG |
| Kreditanstalt für Wiederaufbau | KfW |
| meines Erachtens | m.E. |
| Mit anderen Worten | M.a.W. |
| Organization for Economic Cooperation and Development | OECD |
| Ordinary Least Squares | OLS |
| Vereinigte Staaten von Amerika | USA |
| Volkswirtschaftliche Gesamtrechnung | VGR |
| Zentrum für europäische Wirtschaftsforschung | ZEW |
| zum Beispiel | z.B. |

## Einleitung

Zunehmende Marktintegration schränkt die nationalstaatliche Autonomie ein, da Politikmaßnahmen des Auslands nicht mehr folgenlos für das Inland bleiben. Ebenso wirken Veränderungen im Inland auf das Ausland zurück. Dieser allgemein mit (ökonomischer) Globalisierung umschriebene Prozess ist ein Phänomen, welches verstärkt seit der zweiten Hälfte des 20 Jahrhunderts zu beobachten ist. Faktormobilität in Form einer Wanderung von Arbeitskräften – aber vor allem die Zunahme von Direkt- und Portfolioinvestitionen – stellen eine neuartige Entwicklung des Globalisierungsprozesses dar. Die Mobilität des Produktionsfaktors „Arbeit" ist dabei vergleichsweise gering. Von einer hohen Mobilität kann bestenfalls bei einigen wenigen Führungskräften ausgegangen werden. Ebenso ist zwar die potentielle Mobilität von Menschen aus Entwicklungsländern recht hoch; die tatsächliche Mobilität wird jedoch durch die Kontrolle der Migrationsströme von Seiten der Regierungen entwickelter Länder begrenzt. Während bei besonders hoch bzw. gering qualifizierten Arbeitnehmern durchaus die Bereitschaft besteht den Standort zu wechseln, stellt für einen Großteil der Arbeitnehmer Sesshaftigkeit eine Art Luxusgut dar (Straubhaar 1998).

Anders verhält es sich dagegen mit der Mobilität des Produktionsfaktors „Kapital". Besonders hervorzuheben ist hier vor allem das starke Wachstum während der vergangenen 20 Jahre. Während Direktinvestitionen in den 60/70er Jahren in nur geringem Maße getätigt wurden, ist ab den 80er Jahren ein rasanter Anstieg zu beobachten. Noch explosiver verlief der Anstieg bei Portfolioinvestitionen (Kumpmann 2004 147 ff.). Sowohl für Direkt- als auch für Portfolioinvestitionen lässt sich konstatieren, dass während der letzten 20 Jahre die Wachstumsraten grenzüberschreitender Verflechtungen deutlich über denen der Handelsströme lagen. Die Ursachen steigender Kapitalmobilität sind sowohl auf politischer als auch auf technologischer Seite zu suchen. Durch den Abbau von Kapitalverkehrskontrollen wurde die potentielle Mobilität des Kapitals zur Entfaltung gebracht. Weiter haben sich sinkende Kosten in den Bereichen des Informations-, Kommunikations-, und Transportwesens positiv auf die Kapitalmobilität ausgewirkt. Der Prozess steigender Kapitalmobilität wurde somit durch eine Kombination aus politischen Entscheidungen und dem technischen Fortschritt gefördert.

Ein Politikfeld, welchem eine entscheidende Bedeutung bei der globalen Allokation von Kapital zukommt, ist die Steuerpolitik. Steigende Kapitalmobilität engt den Spielraum des politischen Entscheidungsträgers bei der Wahl des Steuersatzes bzw. der BMG ein. Aufgrund von Kapitalmobilität kann die Wahl der Besteuerungsparameter in einem Land über die Allokation des Kapitals

Rückwirkungen auf das Ausland haben. Durch eine steuerlich attraktive Standortpolitik können erwünschte ökonomische Ressourcen ins eigene Land gelockt werden. Ist die Weltkapitalmenge fix, dann führt ein Zufluss an Kapital immer auch zu einem Abfluss von Kapital in einer anderen Volkswirtschaft. Zunehmende Kapitalmobilität kann also dazu führen, dass einzelne Gebietskörperschaften in Konkurrenz zueinander treten. Noch Mitte der 90er Jahre konnte Wagener in seiner Dissertation hierzu feststellen:

*„In den Medien oder im politischen Diskurs ist ein Sachverhalt namens Steuerwettbewerb bisher kaum in Erscheinung getreten und die Vorstellung, dass Regierungen in einer fiskalischen Konkurrenz gegeneinander antreten und mittels der Steuergesetzgebung um begehrte Ressourcen streiten, mutet zunächst befremdlich an." (1997 34).*

In der Tat wurden die ersten Steuerwettbewerbsmodelle erst in den 80er Jahren formuliert. Veröffentlichungen in regionalwissenschaftlichen Zeitschriften[1] zeugen davon, dass die Autoren offensichtlich Gebietskörperschaften *innerhalb* einer Volkswirtschaft im Blickwinkel hatten. Aus den bereits oben genannten Gründen gibt es aber reichlich Anlass zu der Annahme, dass Steuerwettbewerb nicht mehr nur zwischen Kommunen oder Bundesstaaten stattfindet, sondern dass infolge steigender Kapitalmobilität zunehmend auch Nationalstaaten in Konkurrenz zueinander treten. Die hohen Wachstumsraten bei Portfolio- und Direktinvestitionen, die spätestens mit der Implementierung des europäischen Binnenmarktes einsetzende Aufgabe von Kapitalverkehrskontrollen und nicht zuletzt weitreichende Steuerreformen – angefangen mit dem „Tax Reform Act" in den USA im Jahre 1986 bis hin zu den in der jüngsten Vergangenheit vorgenommenen Einschnitten bei der KSt in den neuen EU-Mitgliedsstaaten – sind nur einige Indizien, die auf einen verschärften grenzüberschreitenden Wettbewerb um mobiles Kapital hindeuten.

Ziel dieser Arbeit ist es die Steuerbelastung von Kapital in den hoch entwickelten Ländern zu untersuchen. Warum besteuern einige Länder Kapital niedriger als andere? Sind sinkende Körperschaftsteuersätze das Ergebnis eines zunehmenden Steuerwettbewerbs zwischen den Industriestaaten? Wie bedeutend sind Gewinnverlagerungen? Warum sind einige Länder bereit Informationen über die Zinserträge ausländischer Staatsbürger auszutauschen, während andere Staaten sich gegen einen Informationsaustausch entschieden haben? Dies sind die Fragen, welche die vorliegende Arbeit untersucht. Dabei wird zwischen Direkt- und Portfolioinvestitionen unterschieden. Während Direktinvestitionen von multi-

[1] So wurde das Grundmodell des Steuerwettbewerbs von Zodrow / Mieszkowski (1986) im „Journal of Urban Economics" veröffentlicht. Ebenso sind Erweiterungen des Grundmodells (Bucovetsky / Wilson 1991; Wilson 1991) in der „Regional Science and Urban Economics" erschienen.

nationalen Unternehmen getätigt werden, rekurrieren Zinserträge aus Finanzkapitalanlagen allein auf die Mobilität des Kapitals von privaten Haushalten, die ihre Einlagen größtenteils aus Gründen der Steuerhinterziehung in das Ausland verlagern.

Eine empirische Analyse zu den Determinanten der Steuerbelastung von Kapitalgesellschaften und den Zinserträgen privater Haushalte scheint aus mehreren Gründen notwendig. So gibt es derzeit keine empirische Untersuchung, die der Frage nachgeht, warum Staaten bei grenzüberschreitenden Kapitalanlagen Informationsaustausch betreiben. Immerhin gibt es bereits einige empirische Untersuchungen zur Steuerbelastung von Unternehmen. Diese Arbeiten lehnen sich jedoch größtenteils nicht besonders eng an die Theorie des Steuerwettbewerbes an. Zudem wurden teilweise Indikatoren, wie z.B. Körperschaftsteueraufkommensquoten, gewählt, die als Maß für die Steuerbelastung nur wenig geeignet sind.[2] Obwohl diese Untersuchungen sicherlich zu einem besseren Verständnis der Beziehung von Kapitalmobilität und der Steuerpolitik von Nationalstaaten beigetragen haben, erscheint eine engere Verknüpfung mit den Befunden der ökonomischen Theorie sinnvoll. Schließlich gibt es auch einige Untersuchungen, die Gewinnverlagerungen von multinationalen Unternehmen analysieren. Diese konzentrieren sich – nicht zuletzt aufgrund einer eingeschränkten Datenbasis – fast ausschließlich auf die USA. In dieser Arbeit werden dagegen Gewinnverlagerungen am Beispiel Deutschlands untersucht.

Eine Untersuchung zur Steuerbelastung von Kapital in den hoch entwickelten Ländern kann dazu beitragen, Antworten auf wirtschaftspolitisch relevante Fragen zu geben. Einmal wird von politischer Seite zunehmende Marktintegration oftmals mit Sorge betrachtet. Als Beispiel hierzu wären die jüngsten Initiativen der deutschen und französischen Regierung zu nennen, welche für eine stärkere europaweite Harmonisierung der KSt eintreten. Auch von wissenschaftlicher Seite wird Steuerwettbewerb nicht immer nur wohlwollend betrachtet. Die Angst vor einem Verlust von Steuereinnahmen ist hier von etwas geringerer Bedeutung; jedoch wird die Sorge geäußert, Steuerwettbewerb könne zu einer ineffizienten Allokation des Kapitals führen, wenn das Prinzip der Kapitalexportneutralität nicht mehr gewahrt wäre. Während insbesondere neoklassische Modelle auf eher negative Wohlfahrtswirkungen des Steuerwettbewerbs hinweisen,[3] akzentuieren Arbeiten aus der Public-Choice-Theorie dagegen die positiven Wirkungen des Steuerwettbewerbs.[4] Eine ökonometrische Untersuchung kann hier die notwendige Hilfestellung geben, die Relevanz der einzelnen Lehrmeinungen aufzuzeigen.

---

[2] Eine Diskussion der einzelnen Verfahren zur Messung der Steuerbelastung von Kapitalgesellschaften wird in Kapitel 4 gegeben.

[3] Diese Modelle werden Gegenstand des Abschnitts 2.1.1-2.1.3. sein.

[4] Public-Choice-Modelle werden in Abschnitt 2.1.4 genauer betrachtet.

Die Arbeit ist in acht Kapitel gegliedert. Im ersten Kapitel sollen die Unterschiede zwischen den Finanzanlagen privater Haushalte auf der einen Seite und mobilen Unternehmen auf der anderen Seite herausgearbeitet werden. Unterschiede bestehen einmal in der Form der grenzüberschreitenden Besteuerung. Die Diskussion dieser ist Gegenstand des Abschnitts 1.1. In Abschnitt 1.2 werden Argumente angeführt, warum der Mobilitätsgrad zwischen diesen beiden Kapitalformen unterschiedlich sein sollte. Anschließend wird ein kurzer Überblick über die europaweite historische Entwicklung der beiden Politikfelder gegeben. Dieser wird zeigen, dass eine Annahme, die in den Modellen des zweiten Kapitels *immer* gilt, auch in der Realität gegeben ist: Die Allokation des Kapitals findet dezentral statt, d.h. lediglich die Nationalstaaten, nicht aber die EU, können die steuerlichen Parameter festlegen. Gerade die Existenz dieser Annahme in der Realität begünstigt eine Analyse von Steuerwettbewerb zwischen Nationalstaaten. Bezeichnend für den geringen Integrationsgrad in der Steuerpolitik ist, dass bis 2001 EU-weit gerade 33 Steuerrichtlinien erlassen wurden. Diesen stehen 300 Richtlinien zur Produktregulierung und immerhin 140 Richtlinien zum Gesundheits-, Verbraucher-, und Umweltschutz gegenüber (Genschel 2002a 16). Das erste Kapitel schließt, indem speziell für Deutschland die wichtigsten Gesetzesänderungen während der 90er Jahre diskutiert werden, mit Hilfe derer politische Entscheidungsträger versucht haben einer Verlagerung von Gewinnen vorzubeugen. Eine Diskussion defensiver Abwehrmaßnahmen in Deutschland ist notwendig, da im ökonometrischen Teil speziell für Deutschland überprüft wird, inwiefern multinationale Unternehmen Gewinne verlagern.

Das zweite Kapitel arbeitet den Forschungsstand auf. Insbesondere zum Steuerwettbewerb um Realkapital existiert mittlerweile eine Reihe von Modellen (einen Überblick über die Literatur geben: Wilson 1999; Fuest et.al. 2003; Zodrow 2003). Obwohl alle Modelle sich der Analyse des Steuerwettbewerbs widmen, existieren teilweise deutliche Unterschiede in der Modellstruktur. Die Abschnitte 2.1.1-2.1.3 behandeln neoklassische Modelle, während Ansätze zur politischen Ökonomie des Steuerwettbewerbs Gegenstand des Abschnitts 2.1.4. sind. In Abschnitt 2.2 steht dagegen die multinationale Unternehmung im Vordergrund. In diesen Modellen werden Marktimperfektheiten, die entweder auf den Güter- oder Arbeitsmärkten bestehen, zugelassen. Im letzten Teil des zweiten Kapitels werden Gewinnverlagerungen betrachtet. Im Gegensatz zu den vorangegangenen Modellen, welche eine mobile Produktionsbasis unterstellen, stehen hier die Möglichkeiten multinationaler Konzerne, Gewinne zwischen den Ländern zu verschieben, im Mittelpunkt der Analyse.

Im dritten Kapitel werden die Ansätze zur Finanzkapitalmobilität diskutiert. Die theoretische Literatur zum Wettbewerb um Finanzkapital ist recht überschaubar, da es sich hier um ein noch relativ junges Forschungsfeld handelt. Die Modelle unterscheiden sich sowohl in der Konfliktstruktur als auch in den Aussagen, warum Staaten (eventuell) bereit sind Informationen über Zinserträge ausländischer Anleger auszutauschen.

In Kapitel vier werden die unterschiedlichen Verfahren zur Ermittlung der Steuerbelastung einer Kapitalgesellschaft vorgestellt. Dabei lässt sich die Steuerbelastung in einem Land mit Hilfe empirischer oder theoretischer Verfahren ermitteln.[5] Hierbei wird sich zeigen, dass es nicht „das" Verfahren gibt. Die unterschiedlichen Methoden haben ihre spezifischen Vor- und Nachteile.

Im fünften Kapitel werden die bisherigen ökonometrischen Tests einer kritischen Würdigung unterzogen. Während zu den Determinanten der Steuerbelastung von Kapitalgesellschaften einige Arbeiten existieren, gibt es zur grenzüberschreitenden Steuerhinterziehung von Privathaushalten keine Untersuchung für die OECD-Staaten. Immerhin gibt es zwei Arbeiten, die die Auswirkungen der Besteuerung von Zinserträgen auf die Höhe der Bankeinlagen diskutieren. Ebenso sind ökonometrische Untersuchungen zu Gewinnverlagerungen selten und konzentrieren sich fast ausnahmslos auf die USA. Diese werden ebenfalls im fünften Kapitel besprochen.

Darauf aufbauend werden im sechsten und siebten Kapitel die Hypothesen für den Unternehmenssteuerwettbewerb formuliert und die Schätzergebnisse präsentiert. Kapitel 6 untersucht die Relevanz der einzelnen Theorien hinsichtlich der Steuerbelastung von Kapitalgesellschaften. Im siebten Kapitel werden Steuervermeidungsstrategien multinationaler Unternehmen am Beispiel Deutschlands untersucht. Zu diesem Zweck werden zwei Instrumente der Steuervermeidung – die Finanzierungsstruktur von Direktinvestitionen sowie der Handel mit Patenten und Erfindungen – betrachtet.

Das achte Kapitel untersucht, welche Theorien bzgl. des Informationsaustauschs das Verhalten der Staaten in der Realität erklären können. Zudem wird gezeigt, um welche Konfliktstruktur es sich beim Steuerwettbewerb um Finanzkapital handelt. Der Schlussteil fasst schließlich die Befunde zusammen und diskutiert die wirtschaftspolitischen Implikationen der Ergebnisse.

---

[5] Statt einer Unterscheidung in empirische bzw. theoretische Verfahren, lassen sich die Methoden auch in pro- bzw. retrospektive Verfahren klassifizieren. Die Begriffe werden im Folgenden synonym verwendet.

# 1. Steuerwettbewerb um Privathaushalte und Unternehmen: Unterschiede und historische Entwicklung

## 1.1. Unterschiede in der grenzüberschreitenden Besteuerung von Haushalten und Unternehmen

Bei grenzüberschreitenden Tätigkeiten besteht die Gefahr einer Doppelbesteuerung von wirtschaftlichen Aktivitäten. Mittlerweile haben jedoch fast alle Staaten in der EU bilaterale Abkommen miteinander geschlossen, deren Intention in der Vermeidung der Doppelbesteuerung besteht (Genschel / Rixen 2005). Entscheidend für die Anwendung einer bestimmten Methode zur Vermeidung der Doppelbesteuerung ist, ob von einer unbeschränkten bzw. beschränkten Steuerpflicht ausgegangen wird. Bei einer unbeschränkten Steuerpflicht wird das Welteinkommen des Steuerpflichtigen besteuert. Dieses Prinzip stellt auf den persönlichen Bezug des Steuerpflichtigen zum Wohnsitzland ab. Nach dem Wohnsitzlandprinzip (auch Ansässigkeitsprinzip genannt) ist der gewöhnliche Aufenthalt der natürlichen Person bzw. der Sitz der Geschäftsleitung bei juristischen Personen das steuerliche Anknüpfungsmerkmal (Scheffler 2002).

Bei der Besteuerung von Zinserträgen wird auf dieses Merkmal abgestellt. Entscheidend ist nicht, wo ein privater Haushalt sein Geld anlegt, sondern der Wohnsitz desselben. Zinserträge eines deutschen Staatsbürgers, die im Ausland erwirtschaftet werden, sind deshalb ebenso in Deutschland steuerpflichtig, wie Zinserträge, die aus einer inländischen Anlage anfallen. Um eine Doppelbesteuerung zu vermeiden, werden die im Ausland entrichteten Steuern auf die inländische Steuerschuld angerechnet, sofern das Ausland eine Quellensteuer erhebt.

Eine Person ist dagegen beschränkt steuerpflichtig, wenn ein sachlicher Bezug zu einem Staat aufgrund einer wirtschaftlichen Betätigung hergestellt wird. Beispielsweise würde ein sachlicher Bezug entstehen, wenn ein deutscher Staatsbürger Gelder in Luxemburg anlegen würde. Da er sich in Luxemburg wirtschaftlich betätigt, könnte der luxemburgische Staat eine Quellensteuer auf seine Zinserträge einbehalten.

Während alle Staaten die Zinserträge natürlicher Personen nach dem Wohnsitzlandprinzip besteuern, gibt es keine einheitliche Regelung bei der Besteuerung von Kapitalgesellschaften. Die Mehrheit der Länder besteuert den unternehmerischen Erfolg jedoch mit Hilfe der Freistellungsmethode. Grundsätzlich bestehen verschiedene Verfahren, um eine Doppelbesteuerung zu vermeiden. Während jedoch die Steuerabzugsmethode eine Doppelbesteuerung mildert, da lediglich die im Ausland gezahlte Steuer von der BMG abgezogen wird, kann allein mit Hilfe der Anrechnungs- bzw. der Freistellungsmethode eine Doppelbesteuerung vollständig vermieden werden. Bei der Anrechnungsmethode muss ferner noch unterschieden werden, ob die Anrechnung uneingeschränkt gilt oder nur in Höhe der im Inland zu zahlenden Steuern.

Tabelle 1 fasst die steuerlichen Wirkungen der einzelnen Verfahren zusammen. Während bei der Freistellungsmethode der im Ausland erzielte Gewinn nicht Gegenstand der inländischen BMG ist, bezieht die Anrechnungsmethode sämtliche Einkünfte in die BMG mit ein. Die im Ausland gezahlten Steuern werden in diesem Fall bei der Ermittlung der inländischen Steuerschuld angerechnet. Wird nur der Betrag angerechnet, der sich ergeben hätte, wenn der Gewinn im Inland erzielt worden wäre, so handelt es sich um ein eingeschränktes Anrechnungsverfahren. Der Unterschied zwischen der uneingeschränkten und der eingeschränkten Anrechnungsmethode kommt dann zur Geltung, wenn das Ausland höhere Steuersätze hat. Denn dann kann die ausländische Steuerschuld nur zu einem geringeren Teil angerechnet werden. Bei der uneingeschränkten Anrechnungsmethode ist deshalb immer der inländische Steuersatz relevant, während bei der eingeschränkten Anrechnungsmethode der höhere der beiden Steuersätze ausschlaggebend ist. Aus diesem Grund fällt die Steuerbelastung in Tabelle 1 unter der eingeschränkten Anrechnungsmethode höher aus.

**Tabelle 1: Verfahren zur Vermeidung der Doppelbesteuerung**

| | Freistellungs-methode | Anrechnungsmethode unbeschränkt | Anrechnungsmethode beschränkt |
|---|---|---|---|
| Gewinn Inland | 100 | 100 | 100 |
| Gewinn Ausland | 50 | 50 | 50 |
| Steuer Inland (40%) | 40 | 60 | 60 |
| Steuer Ausland (50%) | 25 | 25 | 25 |
| Anrechnung | - | -25 | -20 |
| Steuerbelastung | 65 | 60 | 65 |

Quelle: eigene Darstellung

Vor diesem Hintergrund stellt sich die Frage, welches Verfahren unter allokativen Gesichtspunkten besser abschneidet? Letztendlich wird die Beantwortung davon abhängig sein, ob man dem Ziel der Kapitalexportneutralität eine größere Bedeutung als dem der Kapitalimportneutralität beimisst. Letzteres impliziert, dass auf einem bestimmten Markt keine steuerlichen Unterschiede zwischen in- und ausländischen Unternehmen bestehen sollten. Dagegen bezieht sich Kapitalexportneutralität auf den Wohnsitzstaat. Für einen inländischen Investor dürfen nach diesem Prinzip bei der Anlageentscheidung nur nichtsteuerliche

Aspekte im Vordergrund stehen (Jacobs / Spengel 1999 22). Eine kapitalexportneutrale Besteuerung stellt somit Produktionseffizienz her, da sich durch die gleiche Belastung in- und ausländischer Investitionen identische Bruttorenditen ergeben (Spengel 2003 228). Bei einer kapitalexportneutralen Besteuerung hat ein Unternehmen folglich keinen Anreiz mehr eine Investition im Ausland allein aus steuerlichen Gründen zu tätigen.

Eine kapitalexportneutrale Besteuerung führt jedoch zu unterschiedlichen Nettorenditen, wenn die Steuerbelastung im In- und Ausland unterschiedlich ist. Dieses Szenario ist in Tabelle 1 abgebildet. Wie man anhand von Tabelle 1 sieht, ist der Grundsatz der Kapitalimportneutralität bei der Freistellungsmethode verwirklicht. Wettbewerbsverzerrungen zwischen einem deutschen Unternehmen und seinem ausländischen Konkurrenten sind nicht möglich, da für beide derselbe (ausländische) Steuersatz in Höhe von 50% gilt. Ein weiterer Aspekt, der für die Freistellungsmethode spricht, ist in der Bereitstellung öffentlicher Güter zu sehen. Da im Falle einer Direktinvestition das inländische Unternehmen *ausländische* öffentliche Güter in Anspruch nimmt, kann die Steuerzahlung als Entgelt für die Bereitstellung dieser interpretiert werden (Scheffler 2002 73). Besteht in der Realität eine solch enge Verknüpfung zwischen öffentlichen Gütern und der Steuerzahlung des Konzerns, dann ist unter der Freistellungsmethode Kapitalexportneutralität verwirklicht (Spengel 2003 242).[6] In diesem Fall lassen sich Kapitalimport- und Kapitalexportneutralität simultan verwirklichen.

Problematisch ist die Freistellungsmethode dagegen im Verlustfall. Sofern der ausländische Verlust nur kurzfristiger Natur ist, kann durch die Einleitung eines Verlustvortrags der heutige Verlust mit den zukünftigen ausländischen Gewinnen verrechnet werden. Da aber auch Verlustvorträge i.d.R. zeitlich begrenzt sind, können bei einer längeren Krise die Verluste im Ausland nicht mit den Gewinnen im Inland verrechnet werden. Denn die Freistellungsmethode stellt sowohl Gewinne als auch Verluste frei. Im Verlustfall ist die Anrechnungsmethode aus unternehmerischer Sicht vorteilhafter. Die Gesamtsteuerbelastung ist deshalb unter Anwendung der Freistellungsmethode bei ausländischen Verlusten höher, als wenn die positiven und negativen Einkünfte allein aus dem Inland stammen würden (Jacobs / Spengel 1999 19). Speziell für das Auslandsengagement eines deutschen multinationalen Unternehmens ist es von entscheidender Bedeutung, ob die ausländische Einheit in Form einer Betriebsstätte oder einer Tochterkapitalgesellschaft geführt wird. Bei Betriebsstätten ist eine Verrechnung der Verluste mit dem inländischen Stammhaus möglich, wenn die Betriebsstätte einer „aktiven" Tätigkeit nachgeht. Ist das Sachziel der Betriebsstätte hauptsächlich „passiver" Natur (z.B. Überlassung von Know-how; Verwaltung

---

[6] Strikt gesprochen ist eine Steuerzahlung nicht mit einem Anspruch auf Gegenleistung verbunden (§ 3 Abs. 1 AO). Bei einer solch engen Beziehung wäre es daher treffender von einer Gebühr zu sprechen.

von Finanzaktiva),[7] dann ist ein Verlustausgleich über die Grenze nicht möglich (ebenda 407-408). Bei einer Tochterkapitalgesellschaft ist grundsätzlich ein Verlustausgleich nicht möglich. Jedoch kann bei besonders gravierenden Verlusten eine Teilwertabschreibung angesetzt werden.[8]

Besteht keine Äquivalenz zwischen der Steuerzahlung und der Bereitstellung öffentlicher Güter, wird eine kapitalexportneutrale Besteuerung dagegen nur mit Hilfe der Anrechnungsmethode verwirklicht. Steuerliche Aspekte spielen bei der Durchführung von Direktinvestitionen in diesem Fall keine wesentliche Rolle. Entscheidend für die Steuerbelastung ist nicht der Ort der Produktion, sondern der Sitz des Unternehmens. Die meisten Modelle zum Steuerwettbewerb um mobile Unternehmen basieren deswegen auf der Annahme, dass die Freistellungsmethode zur Anwendung kommt. Denn unter der Anrechnungsmethode wird Steuerwettbewerb wenn nicht vollständig eliminiert, so doch eingeschränkt. Aber auch unter der Anrechnungsmethode kann Steuerwettbewerb entstehen, wenn multinationale Unternehmen statt einer Betriebsstätte eine Tochtergesellschaft gründen. Da die Gewinne aus der ausländischen Tochtergesellschaft nur dann beim inländischen Fiskus versteuert werden, wenn die Tochter- an die Muttergesellschaft ausschüttet, kann durch eine Nichtausschüttung die Steuerbelastung sinken.[9] Die Anrechnungsmethode hat den Nachteil, dass sich insbesondere für Unternehmen aus Hochsteuerländern Wettbewerbsverzerrungen ergeben, wenn diese in Konkurrenz zu ausländischen Unternehmen treten. Wäre der Steuersatz des Inlandes in Tabelle 1 größer als der des Auslandes, so hätte das inländische Unternehmen aufgrund der höheren Steuerbelastung einen Wettbewerbsnachteil gegenüber den ausländischen Konkurrenten.

Steuerwettbewerb wird dann besonders begünstigt, wenn Staaten sich für eine Quellenbesteuerung entscheiden. Dies ist in vielen entwickelten Ländern der Fall,

[7] Eine ausführlichere Diskussion zu aktiven und passiven Einkünften wird in Abschnitt 1.5 gegeben.

[8] Dieser Passus des deutschen Steuersystems ist in jüngster Vergangenheit in die Schlagzeilen geraten, da das Unternehmen „Vodafone“ versucht hat, auf den hohen Kaufpreis für die feindliche Übernahme von „Mannesmann“ eine Teilwertabschreibung steuerlich geltend zu machen (Bovensiepen / Kläsgen 2004).

[9] Ein Beispiel möge diesen Sachverhalt erläutern: Bei einem inländischen Steuersatz in Höhe von 33% würden bei einem Gewinn der Tochtergesellschaft von 100 € und einer sofortigen Ausschüttung 33 € Steuern anfallen. Schüttet die Tochtergesellschaft erst in 10 Jahren den Gewinn aus, dann ist der Barwert des Gewinns bei einer unterstellten Inflationsrate von 3% ca. 75 € ($100/1{,}03^{10}$). Die Steuerzahlung beträgt in diesem Fall 25 € und kann bei einem unterstellten ausländischen Steuersatz von 25% vollständig angerechnet werden. Das Unternehmen hat durch die Nichtausschüttung eine Steuerersparnis von 8 € erreicht, vorausgesetzt die Erträge aus der Kapitalmarktanlage werden im Ausland reinvestiert. Können im In- und Ausland identische Erträge auf eine Investition erwirtschaftet werden, lohnt es sich nicht eine Ausschüttung vorzunehmen (Hines / Rice 1994 155-156).

da die Freistellungsmethode relativ häufig angewendet wird. Bei privaten Haushalten könnte man auf Basis einer ersten Schlussfolgerung zu dem Ergebnis kommen, dass Steuerwettbewerb um mobiles Finanzkapital nicht möglich ist. Schließlich kommt dort das Wohnsitzlandprinzip zur Anwendung, so dass sich ein Individuum nicht der Besteuerung im Inland entziehen kann. Diese Sicht ist jedoch nur auf den ersten Blick richtig. Denn ein solches Argument verkennt, dass private Haushalte im Gegensatz zu Unternehmen keine Bücher führen müssen. Aus diesem Grund hat der Fiskus oft keine Kenntnis über die Höhe der im Ausland angelegten Gelder.[10] Aufgrund mangelnder Informationen bzgl. der Einkommen, kann somit auch bei Finanzkapitalanlagen Steuerwettbewerb durch die „Hintertür" entstehen.

## 1.2. Unterschiede im Mobilitätsgrad von Finanz- und Realkapital

Obwohl die Besteuerungsprinzipien bei körperschaftsteuerpflichtigen Gewinnen auf der einen Seite und privaten Zinserträgen auf der anderen Seite deutlich voneinander abweichen, ergeben sich – wie im theoretischen Teil noch genauer zu zeigen sein wird – ähnliche Schlussfolgerungen. Staaten können untereinander sowohl um Real- als auch um Finanzkapital in einen Wettbewerb treten. In einer geschlossenen Volkswirtschaft besteht – sieht man einmal von der Option einer niedrigeren Produktion bzw. einer Verringerung der Ersparnis ab – keine Möglichkeit der Besteuerung auszuweichen. Dies ändert sich, wenn Kapital über die Grenzen hinweg mobil ist. Unter Kapitalmobilität kann sich ein Investor dasjenige Land aussuchen, welches Kapital am niedrigsten besteuert. Diesen Schritt wird er auch vollziehen, wenn die Vorsteuerrenditen sich nicht allzu sehr zwischen den Ländern unterscheiden. Treten die Staaten ferner in einen Wettbewerb um die mobilen Steuerbasen, so sollte im Zuge steigender Kapitalmobilität die Steuerbelastung sinken.

Sowohl die Finanzkapitalanlage privater Haushalte als auch die Standortwahl von Unternehmen vollzieht sich spätestens seit der Implementierung des europäischen Binnenmarktes nicht mehr allein im nationalen Rahmen. Beiden Akteuren steht eine größere Menge an Alternativen als noch vor 20 Jahren zur Verfügung. Dies bedeutet jedoch nicht zwangsläufig, dass Real- und Finanzkapital gleichermaßen mobil sind. Denn Finanzkapitalanlagen privater Haushalte dürften sehr viel stärker auf Unterschiede in der Steuerbelastung reagieren. Im Einklang mit dieser Vermutung zeigen Untersuchungen, dass in den beiden letzten Jahrzehnten die Abweichungen von der gedeckten Zinsparität immer geringer werden (Garett /

[10] Informationsprobleme bei der Besteuerung von Zinserträgen können sich aber auch in einer geschlossenen Volkswirtschaft ergeben. In diesem Fall wäre es dem Fiskus durch Einführung eines nationalen Kontrollmitteilungssystems aber möglich das Informationsproblem selbst zu lösen.

Mitchell 2001 156). Deshalb sollten Haushalte ihre Investitionsentscheidung nur auf Basis unterschiedlicher Steuerbelastungen treffen, da bei kompetitiven Märkten die realen Nachsteuerrenditen für Finanzkapitalanlagen sich angleichen sollten.

Dagegen ist die Ausgestaltung des Körperschaftsteuersatzes nur eines unter mehreren Instrumenten, welches dem politischen Entscheidungsträger zur Verfügung steht, um ausländische Unternehmen zu attrahieren. Neben einer niedrigeren Unternehmenssteuerbelastung könnte er ebenso gut die Menge bzw. Qualität öffentlicher Vorleistungen beeinflussen. Bei Standortverlagerungen von Unternehmen wird somit das Preis-Leistungsverhältnis von Steuern zu öffentlichen Gütern eine sehr viel größere Rolle spielen als bei Finanzanlagen (Straubhaar 1998 257). Denn die Produktionsstätte der Unternehmung ist im Falle einer Direktinvestition an das Ausland gebunden, während private Haushalte ihr Finanzkapital zwar im Ausland anlegen können, i.d. R. aber im Heimatland verweilen. Individuen haben deswegen kein sonderliches Interesse an einem hohen Niveau öffentlicher Güter im Ausland.

Nicht minder bedeutend ist, dass ein Staat durch die Garantie von institutioneller Stabilität die Ansiedlungsentscheidung einer Unternehmung ebenfalls positiv beeinflussen kann. Da bei einer Standortverlagerung mit hohen versunkenen Kosten zu rechnen ist, überwiegt bei dieser der langfristige Aspekt. Insofern besteht für ein Unternehmen immer die Gefahr, dass der Staat nach der Ansiedlung des Unternehmens die Eigentumsordnung missachtet. Da Enteignungen selbst unter Entwicklungsländern heutzutage eher die Ausnahme als die Regel darstellen, gestaltet sich das Problem zeitinkonsistenter Politiken i.d.R. subtiler. Enteignungen sind zwar in der Realität selten zu beobachten, jedoch hat jeder Staat einen Anreiz von den ursprünglich festgelegten Steuersätzen abzuweichen, sobald der Konzern versunkene Kosten getätigt hat.[11] Finanzkapitalanlagen können dagegen recht schnell aus dem Ausland abgezogen werden, so dass der Aspekt institutioneller Stabilität für Direktinvestitionen ebenfalls bedeutsamer sein dürfte als für Finanzanlagen.

Auf der anderen Seite eröffnet ein zunehmend dichteres Netz an DBA auch Spielräume zur Steuergestaltung. Zwar sind multinationale Unternehmen bei einer Produktionsverlagerung nur ex-ante mobil, jedoch kann die Möglichkeit Gewinne zu verlagern die Immobilität von Produktionsstätten partiell wettmachen. Einzelne Funktionsbereiche eines Unternehmens dürften deshalb ähnlich mobil wie Finanzkapital sein. Bei verbundenen Unternehmen erfolgt die Gewinnsteuerung über die Leistungsbeziehungen der formal-rechtlich selbständigen Unternehmensteile. Leistungsbeziehungen zwischen miteinander verflochtenen Unternehmensteilen müssen einem Fremdvergleich („arms-length-

[11] Zeitinkonsistente Politiken werden in Abschnitt 2.2.1 eingehender analysiert.

principle") standhalten, d.h. Verträge müssen so abgeschlossen werden, als ob sie mit Dritten eingegangen worden wären (OECD 1995). In der Praxis ist es den Steuerbehörden jedoch oft nicht möglich einen objektiven Preis für die Liefer- und Leistungsbeziehungen der Konzernteile zu ermitteln. Eine adäquate Ermittlung dessen wird insbesondere dann erschwert, wenn der konzerninterne Handel mit Produkten vollzogen wird, bei welchen es kaum möglich ist einen Marktpreis zu bestimmen. Dies trifft insbesondere auf den Handel mit Patenten und Markenrechten zu. Da für immaterielle Wirtschaftsgüter i. d. R. kein Markt existiert, können Steuerbehörden oftmals keine objektiven Verrechnungspreise festsetzen und müssen diese daher mit Hilfe von Schätzverfahren bestimmen.[12] Dieser Umstand eröffnet multinationalen Konzernen die Möglichkeit Verrechnungspreise zu ihren Gunsten zu manipulieren. Konzerne werden dort versuchen Aufwendungen entstehen zu lassen, wo die Steuerbelastung relativ hoch ist, während die Gewinne in Niedrigsteuerländern versteuert werden. Dies geschieht, indem für die Leistungsbeziehungen – je nach Transaktion – zu hohe bzw. zu niedrige Verrechnungspreise festgelegt werden. Für ein multinationales Unternehmen hat die Gewinnverlagerung zusätzlich den Vorteil, dass bestimmte Aktivitäten nicht aus Hochsteuerländern in Niedrigsteuerländer ausgegliedert werden müssen. Beispielsweise kann Deutschland aufgrund seiner gut ausgebildeten Fachkräfte und seiner ausgebauten Infrastruktur weiterhin als Standort fungieren, ohne dass ein Unternehmen das hohe Steuerniveau Deutschlands in Kauf nehmen müsste. Denn der in Deutschland entstandene Gewinn kann über die Leistungsbeziehungen mit einer ausländischen Tochtergesellschaft in das steuerlich günstigere Ausland verschoben werden ohne dass die gesamte Produktion ins Ausland abwandern muss.

Auf der anderen Seite kann ein Staat aufgrund verschiedener Besteuerungsinstrumente die zunehmende Mobilität von Unternehmen – selbst bei Gewinnverlagerungen – zumindest partiell korrigieren. Während der Staat bei ausländischen Finanzanlagen aufgrund mangelnder Informationen keine Möglichkeit mehr hat die Zinserträge seiner Bürger zu besteuern, kann er bei Standort- bzw. Gewinnverlagerungen die Besteuerung auf der Aktionärsebene nachholen. M.a.W.: Selbst wenn Steuerwettbewerb dazu führt, dass die Staaten sich im Zuge zunehmender Marktintegration die Unternehmenssteuersätze wegkonkurrieren, verbleibt den Ländern immer noch die Option, die Besteuerung im Falle einer Ausschüttung nachzuholen. Theoretisch könnten sich multinationale Unternehmen dieser Besteuerung zwar entziehen, indem sie keine Dividende an ihre Aktionäre zahlen; dies ist jedoch in der Praxis nicht immer möglich, da durch die Ausschüttung die asymmetrische Informationsstruktur

---

[12] Eine Diskussion der einzelnen Methoden zur Beurteilung der Angemessenheit von Verrechnungspreisen und ihrer Vor- und Nachteile geben: (Jacobs / Spengel 1999, 872 ff.; Europäische Kommission 2001 258).

zwischen der Unternehmung und dem Aktionär abgebaut werden kann (s. Miller / Rock 1985).

Schließlich ist es einem Unternehmen auch schon in einer geschlossenen Volkswirtschaft möglich, seine Steuerbelastung partiell zu steuern. Alle OECD-Volkswirtschaften diskriminieren die Eigenkapital- gegenüber der Fremdkapitalfinanzierung, da Schuldzinsen von der BMG abzugsfähig sind.[13] Unternehmen können ihre Steuerbelastung senken, indem die Finanzierung von Investitionsprojekten stärker über eine Fremdkapitalaufnahme erfolgt. Wird an der Börse das nun ungünstigere Verhältnis von Fremd- zu Eigenkapital nicht mit einem allzu hohen Risikoaufschlag belegt, so ist die Exit-Option für ein Unternehmen selbst bei perfekter Kapitalmobilität weniger bedeutend, da schon in der geschlossenen Volkswirtschaft die Steuerbelastung durch eine stärkere Gewichtung von fremdkapitalfinanzierten Projekten minimiert werden kann.

Zusammenfassend kann man feststellen, dass vor allem vier Gründe dafür sprechen, warum ein Staat bei der Besteuerung mobiler Faktoren sensitiver auf Finanzkapital im Vgl. zu Realkapital reagieren sollte: Einmal muss eine zunehmende Mobilität von Unternehmen nicht zwangsläufig zu Änderungen in der Unternehmenssteuerbelastung führen. Denn die Belastung mit KSt ist nur einer – wenn auch ein (möglicherweise) sehr wichtiger – unter mehreren Parametern, den die Regierung beeinflussen kann. Zweitens sind mit einer Ansiedlungsentscheidung oft hohe Kosten verbunden, die sich erst nach einer längeren Frist amortisieren. Der Wettbewerb der Staaten kann folglich dann begrenzt werden, wenn diese ex post Verhandlungsmacht gegenüber den Unternehmen gewinnen. Drittens wird der Steuerwettbewerb um mobile Unternehmen dadurch begrenzt, indem durch die stärkere Gewichtung von Fremdkapital schon in der geschlossenen Volkswirtschaft die Steuerbelastung reduziert werden kann. Schließlich kann spätestens auf der Aktionärsebene eine Besteuerung nachgeholt werden. Diese Option ist bei privaten Zinserträgen nicht gegeben, da diese zwar auch der ESt unterliegen, der Staat aber bei mangelndem Informationsaustausch keine Kenntnis über die Einkommen seiner Bürger hat. All diese Gründe legen die Vermutung nahe, dass der Wettbewerb um Zinserträge sehr viel härter zwischen den Staaten geführt wird, als der Wettbewerb um Unternehmen. Beide Politikfelder verdienen demnach eine getrennte Untersuchung.

[13] Diese Sichtweise unterstellt jedoch, dass die bei einer Fremdkapitalüberlassung zu zahlenden Steuern auf der Ebene des Kapitalgebers geringer sind als auf der Ebene der Kapitalgesellschaft. Für diese Sichtweise sprechen die Möglichkeiten zur Steuerhinterziehung bei Kapitalanlagen sowie der in Deutschland für Kleinsparer existierende Sparerfreibetrag.

## 1.3. Entwicklung der Unternehmensbesteuerung auf EU-Ebene

Ansätze zu einer europaweiten Integration der einzelnen nationalen Körperschaftsteuersysteme reichen bis in die sechziger Jahre zurück. Bereits der Neumark-Bericht (1962) stellte fest, dass das Nebeneinander unterschiedlicher nationaler Steuersysteme ein gravierendes Hindernis bei einer grenzüberschreitenden Tätigkeit darstellt. Zwar haben die meisten EU-Staaten mittlerweile fast ausnahmslos DBA untereinander abgeschlossen; diese tragen jedoch nur unzureichend zu einen Abbau von Steuergrenzen bei. Idealiter sollte durch die Anwendung der Anrechnungs- bzw. der Freistellungsmethode eine Doppelbesteuerung ausgeschlossen werden können. In der Realität führen jedoch beide Verfahren insbesondere bei Mutter-Tochter-Gesellschaften oft zu unbefriedigenden Ergebnissen, da weiterhin massive Steuergrenzen bei einer Auslandstätigkeit fortbestehen.

Steuergrenzen können zu einer direkten bzw. indirekten Doppelbesteuerung von Konzernen führen. Auf indirektem Wege kommt es zu einer Doppelbesteuerung, wenn aufgrund vieler unterschiedlicher Steuersysteme die Befolgungskosten für die Unternehmen steigen. Diese können durch erhöhte Publizitätsvorschriften, Intransparenz infolge vieler unterschiedlicher Steuersysteme und schließlich auch durch steigende Risiken hervorgerufen werden. Letztere entstehen dann, wenn die nationalen Steuerverwaltungen ihre diskretionären Spielräume nutzen (Europäische Kommission 2001 259-260).

Eine „echte" Doppelbesteuerung entsteht dagegen, wenn Einkommensbestandteile sowohl im Mutter- als auch im Zielland besteuert werden. Hierbei laufen verbundene Unternehmen Gefahr trotz DBA Opfer einer Doppelbesteuerung zu werden. Die unter der Führung des ehemaligen niederländischen Finanzministers Ruding einberufene Gruppe von Fachexperten listet in ihrem Gutachten folgende Verzerrungen auf (Ruding-Bericht 1992 194-199):

- Quellensteuern auf grenzüberschreitende Dividendenausschüttungen,
- Quellensteuern auf Zins- und Lizenzgebühren,
- mangelnde Möglichkeiten zur grenzüberschreitenden Verlustberücksichtigung,
- Unterschiede bei Steuersätzen, BMGen und Körperschaftsteuersystemen,
- inkompatible Methoden zur Beseitigung der Doppelbesteuerung.

Alle in dem Gutachten genannten Verzerrungen führen zu einer Beeinträchtigung der Niederlassungsfreiheit von Unternehmen und stören damit die Funktionsweise des Binnenmarktes. Hierzu wurden von der EK bereits in den sechziger Jahren Maßnahmen zu einem Abbau der Steuergrenzen vorgeschlagen, die aber aufgrund eines mangelnden Konsenses der Mitgliedsstaaten verworfen wurden

(Genschel 2002 164 ff.). Zaghafte Neuerungen wurden in den 70er Jahren durchgesetzt. Mit der Amtshilferichtlinie von 1977 wurde prinzipiell ein Forum zwischen den EU-Mitgliedsstaaten geschaffen, welches die Zusammenarbeit der einzelnen nationalen Steuerbehörden erleichtern sollte. In dieser Richtlinie wurden erstmalig verschiedene Formen des Informationsaustausches normiert. Dieser konnte die Form einer Auskunft auf Ersuchen, spontanem und automatischen Informationsaustauschs annehmen (Europäische Gemeinschaft 1977 Art. 2-4). Diese in den siebziger Jahren vorgeschlagene Definition sollte für die Informationspflichten bei der Zinsbesteuerung ab 2005 von großer Bedeutung sein (s Abschnitt 1.4).

Der bis dahin geringe Einfluss der EK auf die Nationalstaaten änderte sich jedoch ab den 90er Jahren. Nicht zuletzt das Binnenmarktprojekt sollte dafür sorgen, dass zumindest einige bedeutende Richtlinien erlassen werden konnten. Dies waren die Fusionsrichtlinie, das Schiedsabkommen sowie die Mutter-Tochter-Richtlinie. Letztere soll im Folgenden kurz erläutert werden (eine Diskussion der Fusionsrichtlinie und des Schiedsabkommens geben: Genschel 2002a 196 ff.; Jacobs / Spengel 1999 154 ff.).

Die Mutter-Tochter-Richtlinie befasst sich mit den steuerlichen Auswirkungen von Dividendenausschüttungen einer Tochtergesellschaft an die Konzernmutter. Vor Verabschiedung der Richtlinie lief ein multinationaler Konzern Gefahr bei einer Ausschüttung der Tochter- an die Muttergesellschaft doppelt besteuert zu werden. Denn die Dividenden wurden im Ausland mit einer Quellensteuer belegt, welche im Heimatland des Mutterkonzerns oft nicht wieder erstattet wurde. Durch die mangelnde Anrechnung bzw. Freistellung der Dividenden wurden grenzüberschreitende Ausschüttungen innerhalb des Konzerns im Vgl. zu Ausschüttungen innerhalb einer Volkswirtschaft steuerlich diskriminiert. Der Doppelbesteuerung von Dividenden konnte ein multinationales Unternehmen sich nur durch Reinvestition der Tochtergewinne entziehen. Waren die Anlagemöglichkeiten im Ausland erschöpft, so entfiel auch diese Alternative und dem Unternehmen blieb nichts anderes übrig als eine Doppelbesteuerung in Kauf zu nehmen. Gegenstand der Mutter-Tochter-Richtlinie sind allein körperschaftsteuerpflichtige Unternehmen (Europäische Gemeinschaft 1990 Art. 2). Der Anwendungsbereich ist also auf Kapitalgesellschaften begrenzt und dort auch nur auf Muttergesellschaften, die mehr als 25% der Kapitalanteile der Tochter halten. Ziel der Richtlinie ist es eine Doppelbesteuerung von Gewinnausschüttungen verbundener Unternehmen zu verhindern. Das Verfahren mit dem dies geschieht ist den einzelnen Mitgliedsstaaten der EU überlassen, d.h. die EU-Staaten können sowohl die Freistellungs- als auch die Anrechnungsmethode zur Vermeidung der Doppelbesteuerung anwenden (ebenda Art. 4). Jedoch ist es den Staaten vorbehalten einen Verwaltungskostenbeitrag in Höhe von 5% der Ausschüttung einzubehalten (ebenda). Griechenland, Deutschland und Portugal wurde ein Übergangszeitraum eingeräumt (ebenda Art. 5).

Die Mutter-Tochter-Richtlinie hat dazu beigetragen die Steuergrenzen zwischen den einzelnen EU-Mitgliedsstaaten abzubauen. Damit ist einem wichtigen Kritikpunkt aus dem Ruding-Bericht Rechnung getragen worden. Gleichwohl bleiben trotz der Richtlinie weiterhin Steuergrenzen bestehen. Einmal ist der Anwendungsbereich der Richtlinie allein auf Kapitalgesellschaften begrenzt. Personengesellschaften bzw. hybride Unternehmensverflechtungen laufen bei einer Ausschüttung weiterhin Gefahr Opfer einer Doppelbesteuerung zu werden. Zweitens war nach dem Wortlaut der Richtlinie nur dann eine Doppelbesteuerung ausgeschlossen, wenn der Konzern mindestens 25% der Kapitalanteile der Tochtergesellschaft hielt. Bei geringeren Kapitalanteilen war eine Doppelbesteuerung lange Zeit nicht ausgeschlossen und vom Goodwill der einzelnen Länder abhängig. Immerhin ist die Richtlinie nun weiterentwickelt worden, sodass ab dem 1.1.2007 bereits ein Kapitalanteil von 15% ausreichend ist. Ab dem 1.1.2009 werden zudem auch Kapitalbeteiligungen in Höhe von 10% unter den Anwendungsbereich der Mutter-Tochter-Richtlinie fallen. Schließlich beinhaltet die Richtlinie eine ganze Reihe von rechtlichen Unschärfen, die zu einer unterschiedlichen Umsetzung dieser in den einzelnen EU-Mitgliedsstaaten geführt hat.

Mit der Verabschiedung einer Richtlinie zur Beseitigung von Quellensteuern auf Zins- und Lizenzgebühren (Europäischer Rat 2003) innerhalb eines Konzerns ist eine weitere, im Ruding-Bericht erwähnte, Steuergrenze abgebaut worden. Jedoch konnten die im Quellenstaat erhobenen Quellensteuern auf Zinszahlungen bisher beim Zahlungsempfänger im Inland angerechnet werden. Zudem sehen viele bilaterale DBA keine Quellensteuern auf Zinsen und Lizenzgebühren vor. Selbst wenn eine Quellensteuer einbehalten wurde, war diese vergleichsweise moderat, so dass – anders als bei der Mutter-Tochter-Richtlinie – Steuergrenzen bei Zinsen und Lizenzgebühren von geringerer Bedeutung sein dürften. Jedoch dürfte ein Wegfall der Quellensteuern zumindest zu administrativen Erleichterungen führen (Jacobs / Spengel 1999 166).

Insbesondere in den 90er Jahren konnten somit einige Erfolge beim Abbau von Steuergrenzen verzeichnet werden. Ein Abbau von Steuergrenzen führt dazu, dass einem Auslandsengagement keine steuerlichen Schranken mehr im Wege stehen. Auf der anderen Seite führt ein Abbau von Steuergrenzen zu Steuerwettbewerb. Wenn steuerrechtliche Diskriminierungen zwischen den Ländern abgebaut werden, sinken die Transaktionskosten des Auslandsengagements. Dies muss jedoch nicht zwangsweise dazu führen, dass in einem Binnenmarkt die Standortentscheidung nach nichtsteuerlichen Gesichtspunkten geführt wird. Wie in Abschnitt 1.1 gezeigt wurde, hängt dies von der Methode ab, mit der die

Staaten grenzüberschreitende Tätigkeiten besteuern. Bei der Anwendung der Freistellungsmethode kann sich ein Unternehmen der Steuerbelastung im Inland entziehen, so dass gerade durch den Abbau von Steuergrenzen zwar die steuerliche Diskriminierung des Auslandsengagements beseitigt wird, aber neue Verzerrungen entstehen können. Verzerrungen entstehen dann, wenn keine äquivalente Beziehung zwischen der Steuerbelastung und dem Niveau öffentlicher Inputgüter besteht. Wenn ein Unternehmen allein aus steuerlichen Gründen seine Produktion ins Ausland verlagert, dann ist die Standortentscheidung nicht mehr mit dem Ziel einer kapitalexportneutralen Besteuerung im Einklang.

Jedoch kann auch bei der Anrechnungsmethode Steuerwettbewerb entstehen, wenn die Auslandsgesellschaft nicht in Form einer Betriebsstätte, sondern als Tochterkapitalgesellschaft geführt wird. Durch Reinvestition der ausländischen Gewinne kann hier eine Abschirmwirkung vor dem heimischen Fiskus erzielt werden. Sowohl die Freistellungsmethode als auch die Anrechnungsmethode bieten multinationalen Unternehmen jedoch auch weitere Strategien der Steuerplanung an. Durch die Steuerung des konzernweiten Gewinns kann Steuersubstrat zwischen den Ländern verschoben werden. Da ausländische Betriebsstätten sowohl rechtlich als auch wirtschaftlich unselbständig sind, ist eine Steuerung der BMG nur bei Gründung von Tochtergesellschaften möglich. Besteht also die Absicht Gewinne zu verlagern, so muss vorher die Wahl bzgl. des rechtlichen und wirtschaftlichen Status' der Auslandsgesellschaft angemessen getroffen werden. Die Bedeutung von Gewinnverlagerungen lässt sich insbesondere an der Zunahme der folgenden Trends in der Steuerpolitik beobachten:

- Nationale Steuerbehörden schenken der korrekten Ausgestaltung von Verrechnungspreisen verstärkt Aufmerksamkeit (Ernst & Young 2003 8-9). Viele Staaten haben zudem mit der Verabschiedung defensiver Maßnahmen reagiert, um Gewinnverlagerungen einzudämmen.
- Aufgrund von Gewinnverlagerungen dürften politische Entscheidungsträger speziellen steuerlichen Anreizen eine mindestens genauso große Bedeutung wie einer allgemeinen Reduktion der Steuerbelastung beimessen.

Da die Möglichkeit zur Gewinnverlagerung es nicht mehr erfordert, dass ein Konzern sein gesamtes Geschäft in das Ausland verlagert, dürften vor allem um die extrem mobilen Teile eines Unternehmens Steuerwettbewerb entstehen. Politische Entscheidungsträger sollten sich demnach auf einen segmentierten Steuerwettbewerb einlassen, welcher vor allem Holdinggesellschaften bzw. Gesellschaften mit Finanzierungs- und Managementfunktion zugute kommen sollte. Spezielle Steueranreize sind deswegen zunehmend in das Blickfeld der OECD (1998) geraten, welche eine Initiative zur Eindämmung des „schädlichen

Steuerwettbewerbs“ gestartet hat. Diese listet in ihrem Gutachten 47 schädliche Steuerpraktiken auf. Zusätzlich hat auch die EK versucht schädigende Praktiken des Steuerwettbewerbs zu identifizieren. Zu diesem Zwecke wurde durch den ECOFIN-Rat im Jahre 1998 der Einsatz einer unabhängigen Expertengruppe unter der Leitung der britischen Finanzstaatssekretärin Dawn Primarolo beschlossen. Ziel der Gruppe war es, die Steuerpraktiken der einzelnen Mitgliedsstaaten zu analysieren und die schädlichen Steueranreize aufzulisten. Als schädlicher Steuerwettbewerb wird angesehen, wenn

- der Steuervorteil nur Gebietsfremden bzw. nur für Transaktionen mit Gebietsfremden gewährt wird,
- der Vorteil ohne substanzielle wirtschaftliche Präsenz im Inland in Anspruch genommen wird,
- der Vorteil in einer Art und Weise gewährt wird, bei welcher eine eindeutige Überprüfung kaum möglich ist, z.B. in Form einer laxen Verwaltungsaufsicht der Steuerbehörden,
- die Methoden zur Gewinnermittlung von international akzeptierten Standards abweichen (Primarolo-Bericht 2000 2).

Tabelle 2 fasst die Ergebnisse des Primarolo-Berichts zusammen. In Spalte 2 ist die Zahl der ursprünglichen Einträge der Staaten wiedergegeben. Z.B. wurden für Deutschland 13 schädliche Steuerpraktiken überprüft. Der Dissens unter den Mitgliedern der Expertengruppe bewirkte jedoch, dass von den ursprünglichen Einträgen lediglich 66 letztendlich *einvernehmlich* als schädlich eingestuft wurden.[14] Dieses Ergebnis zeigt zum einen, dass es in der Realität äußerst schwierig sein dürfte einzelne Maßnahmen sicher als „schädlichen Steuerwettbewerb“ zu klassifizieren. Beispielsweise waren in dem ursprünglichen Maßnahmenkatalog Steuervergünstigungen für Investitionen in Ostdeutschland erwähnt, die jedoch zumindest partiell mit strukturpolitischen Motiven im Zusammenhang stehen dürften. Auf der anderen Seite dürften einige der ursprünglichen Einträge einem schädlichen Steuerwettbewerb zuzurechnen und nur infolge der Konsenspflicht der Mitglieder nicht mehr abschließend erwähnt worden sein.

[14] Die Summe der schädlichen Steuerpraktiken addiert sich in Spalte 3 nicht auf 66, da die folgenden abhängigen Gebiete nicht in Tabelle 2 aufgelistet sind: Gibraltar, Aruba, Britische Jungferninseln, Guernsey, Isle of Man, Jersey und Niederländische Antillen.

**Tabelle 2: Ergebnisse des Primarolo-Berichts**

| Land | Überprüfungen | Schädliche Steuer-Praktiken | Beispiele |
|---|---|---|---|
| Belgien | 13 | 5 | - Koordinations- und Service-Zentren (nur 6-10% des Gewinns werden besteuert). |
| Dänemark | 4 | 1 | - Holdingstrukturen |
| Deutschland | 13 | 1 | - Koordinationszentren |
| Finnland | 3 | 1 | - Captive Insurance Companies (reduzierter Steuersatz von 18%) |
| Frankreich | 48 | 4 | - Headquarterzentren<br>- auf Patenteinnahmen ermäßigter Steuersatz |
| Griechenland | 11 | 1 | Steuerbefreiungen für ausländische Unternehmen |
| Großbritannien | 9 | 3 (in abhängigen Gebieten) | - Offshore-Gesellschaften in abhängigen Gebieten |
| Irland | 14 | 5 | -Finanzzentrum Dublin;<br>-ermäßigter Steuersatz im industriellen Sektor (10%) |
| Italien | 14 | 1 | - Finanzzentrum Triest |
| Luxemburg | 12 | 5 | - Koordinationszentren<br>- Holdingsstrukturen |
| Niederlande | 14 | 10 | - Cost Plus Ruling;<br>- Patentzahlungen |
| Österreich | 6 | 2 | -Holdings (konzerninterner Verlustausgleich) |
| Portugal | 13 | 1 | - Offshorezentrum Madeira (partielle Freistellung von der Besteuerung; insbesondere Zins- und Patenteinnahmen) |
| Schweden | 3 | - | - |
| Spanien | 17 | 3 | - Koordinationszentrum Navarra |

Quelle: eigene Zusammenstellung, basierend auf: Primarolo-Bericht 2000

Obwohl viele der anfangs erwähnten Praktiken aufgrund der Konsenspflicht nicht mehr als schädlich eingestuft wurden, lässt sich eine gewisse Kontinuität in den Spalten 2 und 3 beobachten. Von den betrachteten Ländern zeichnen sich insbesondere die Benelux-Staaten, Irland und Frankreich durch selektive

Steuerpraktiken aus. Obwohl, mit Ausnahme Irlands und Luxemburgs, keines dieser Länder ein allgemein niedriges Besteuerungsniveau aufweist, werben diese Länder für bestimmte Teilfunktionen eines Unternehmens mit speziellen Steuervergünstigungen. Daneben gewähren einzelne Staaten für bestimmte Einkommensbestandteile, wie z. B. Zins- und Patenteinnahmen, die im Zusammenhang mit Gewinnverlagerungen besonders relevant sind, spezielle Steuervergünstigungen. Schließlich konzentrieren sich einzelne Vergünstigungen auf Branchen, die für die betreffende Volkswirtschaft von besonderer Bedeutung sind. Irland wirbt z.B. mit einem reduzierten Steuersatz in Höhe von 10% für Unternehmen aus dem industriellen Sektor, während Luxemburg spezielle Vergünstigungen in der Finanzdienstleistungsbranche gewährt.

Um selektive Steueranreize zu vermeiden stehen verschiedene Sanktionsmöglichkeiten zur Verfügung. Neben unilateralen Maßnahmen können auch gemeinschaftliche Aktionen gegen Länder, die selektive Steuerpraktiken anbieten, geführt werden. Nichts desto weniger haben die meisten Länder, die sich in der Vergangenheit durch selektive Steuerpraktiken ausgezeichnet haben, einen Großteil ihrer „schädlichen" Praktiken aufgegeben. Im Verhalteskodex, der im Rahmen des EU-Steuermaßnahmenpakets beschlossen wurde,[15] haben sich die EU-Staaten darauf geeinigt keine neuen selektiven Steueranreize anzubieten. Zudem führt der Fortschrittsbericht der OECD zum „schädlichen Steuerwettbewerb" an, dass die in der Studie von 1998 erwähnten schädlichen Steuerpraktiken größtenteils entfernt wurden oder in naher Zukunft auslaufen werden (2004 8-9).

Zusammenfassend lässt sich festhalten, dass der Einfluss der Europäischen Union auf die Steuerpolitik der Nationalstaaten relativ begrenzt ist. Der begrenzte Einfluss lässt sich auf heterogene Interessen, welche unter dem Einstimmigkeitsprinzip nur geringe Spielräume für einen Konsens zulassen, zurückführen. Die Unternehmensbesteuerung bzw. die Steuerpolitik im Allgemeinen sind wohl dasjenige Politikfeld in welchem eine Vergemeinschaftung bisher kaum zu spüren ist. Immerhin konnte die EK in den letzten Jahren einige bedeutende Richtlinien vorschlagen, welche dann auch verabschiedet wurden. Diese haben Steuergrenzen abgebaut. Ein Abbau von Steuergrenzen impliziert, dass aus- gegenüber inländischen Investitionen nicht mehr diskriminiert werden. Dadurch begünstigt ein Abbau von Steuergrenzen Steuerwettbewerb, wenn der Abbau nicht gleichzeitig von einer Harmonisierung der nationalen BMGen bzw. Steuersätze begleitet wird. Hier hat die EK kaum Fortschritte erzielen können, so dass man zu dem Schluss kommen muss, dass die

[15] Das im Jahre 2003 verabschiedete EU-Maßnahmenpaket bestand aus drei Teilen: Neben dem Verhaltenskodex wurde die bereits erwähnte Richtlinie auf Quellensteuern bei Zinsen und Lizenzgebühren sowie die EU-Zinsrichtlinie, die Gegenstand von Abschnitt 1.4. sein wird, verabschiedet.

Unternehmensbesteuerung weiterhin zum größten Teil in den Autonomiebereich der Nationalstaaten fällt. Dort wo die nationalstaatliche Autonomie beschnitten wurde, dürfte der Abbau von Steuergrenzen Steuerwettbewerb eher zusätzlich entfacht statt eingeschränkt haben.

## 1.4. Entwicklung der Zinsbesteuerung privater Haushalte auf EU-Ebene

Wie die Unternehmensbesteuerung ist auch die Besteuerung von Zinseinkünften privater Haushalte ein schon seit langer Zeit kontrovers diskutiertes Politikfeld in der EU. Der in den achtziger Jahren einsetzende Wettbewerb um mobiles Finanzkapital führte zu einem drastischen Anstieg der Steuerhinterziehung, da mit dem Wegfall der Quellensteuern ausländische Kapitalanleger nicht mehr besteuert wurden. Aufgrund eines nicht vorhandenen Austauschs von Informationen zwischen den Ländern, konnten sich Kapitalanleger der Besteuerung ihrer Zinserträge im Heimatland entziehen. Mit der drohenden Implementierung des Binnenmarktes konfrontiert, sah sich die EK gezwungen, sich dieser Thematik gegen Ende der 80er Jahre verstärkt anzunehmen. Ziel eines ersten Richtlinienentwurfs war es daher, die durch eine Verlagerung der Zinserträge ins Ausland einsetzende Steuerflucht einzudämmen.

Um dieses Ziel zu erreichen, sind prinzipiell zwei Verfahren denkbar. Einmal kann Steuerhinterziehung gemildert werden, wenn alle Staaten sich verbindlich darauf einigen, eine Quellensteuer auf die Kapitalerträge von ausländischen Staatsbürgern einzubehalten. Das zweite Verfahren gewährt den Nationalstaaten mehr Autonomie, ist aber auf der anderen Seite verwaltungstechnisch komplexer. Mit Hilfe eines Kontrollmitteilungssystems können dem Heimatstaat diejenigen Informationen übermittelt werden, die dieser benötigt, um eine Besteuerung von zinstragenden Wertpapieren zu gewährleisten. Durch Kontrollmitteilungen kann die asymmetrische Informationsstruktur zwischen dem Heimatstaat und dem Anleger abgebaut werden. Dieses Verfahren hat ferner den Vorteil, dass die Autonomie der Nationalstaaten nicht angetastet wird. Eine Besteuerung, die sich eng an den Präferenzen der Bürger orientiert, ist mit einem Kontrollmitteilungssystem somit kompatibel, da das Wohnsitzlandprinzip verwirklicht wird. Ein weiterer Vorteil des Verfahrens ist, dass Steuerwettbewerb vollständig eliminiert werden kann, während dies bei Quellensteuern nur dann der Fall ist, wenn der Quellensteuersatz dem Spitzensteuersatz desjenigen Landes entspricht, welches Kapital am stärksten belastet (BMF-Beirat 1999 48). In allen anderen Fällen wird Steuerwettbewerb nur eingeschränkt, aber nicht vollständig verhindert.

Der Richtlinienentwurf der EK von 1989 präferierte ein gemeinsames System von Quellensteuern auf Zinsen. Das Kontrollmitteilungssystem wurde abgelehnt, da es verwaltungstechnisch zu anspruchsvoll war. Ferner war ein solches

Verfahren auch aufgrund tiefgreifender Konflikte zwischen den Nationalstaaten nicht durchsetzungsfähig. Statt eines Kontrollmitteilungssystems plädierte die EK deshalb für eine Ausweitung der gegenseitigen Amtshilfe (EK 1989 Art. 10). Da ein Informationsaustausch nicht als akzeptable Lösung erachtet wurde, sollte jeder Mitgliedsstaat eine 15%-ige Quellensteuer auf Zinserträge einbehalten. Diese hatte den Charakter eines Mindeststeuersatzes, da es den Mitgliedsstaaten freigestellt war auch einen höheren Satz zu erheben. Der Vorschlag der EK enthielt eine ganze Reihe von Ausnahmetatbeständen, die – neben dem ohnehin schon geringen Steuersatz – eine Eindämmung der Steuerhinterziehung erschwerten. So war es den nationalen Regierungen überlassen Kleinsparer von der Quellensteuer zu befreien. Ferner waren Eurobonds von der Besteuerung ausgenommen. Schließlich waren auch die Zinseinkünfte von Bürgern außerhalb der EU von der Quellensteuer befreit (EK 1989 Art. 8-9).

Trotz des ohnehin schon sehr vorsichtigen Entwurfs, fanden die Nationalstaaten im Ministerrat zu keinem Konsens. Italien beschwerte sich, dass nur Zinserträge, jedoch keine Dividenden Gegenstand der Richtlinie waren. Portugal und Belgien kritisierten die Befreiung von Eurobonds, während die skandinavischen Länder das System einer gemeinsamen Quellensteuer grundsätzlich ablehnten und stattdessen für ein Kontrollmitteilungssystem plädierten (Genschel 2002a 147). Neben Luxemburg und England, welchen die Vorschläge der EK viel zu weit gingen, äußerte auch Deutschland große Skepsis gegen eine Verabschiedung des Entwurfs. Von den massiven Kapitalexporten, die aufgrund der Einführung einer 10%-igen Quellensteuer im Jahre 1989 entstanden, überrascht, entschied sich Deutschland unter dem neuen Finanzminister Weigel, eine ablehnende Haltung gegenüber dem Richtlinienentwurf einzunehmen (s. auch Abschnitt 5.4). Die festgefahrenen Fronten im Ministerrat ließen den Richtlinienentwurf schließlich scheitern.

Obwohl der Richtlinienentwurf von 1989 abgelehnt wurde, war die Eindämmung der grenzüberschreitenden Steuerhinterziehung von Zinserträgen weiterhin ein wichtiges Thema in der europäischen Steuerpolitik. Um die Gefahr einer erneuten Ablehnung zu verhindern legte die EK diesmal einen Entwurf vor, welcher den Staaten ein Optionsrecht garantieren sollte. Der Richtlinienentwurf von 1998 weicht daher in einigen entscheidenden Punkten von den Vorschlägen aus dem Jahre 1989 ab. Die wichtigste Änderung ist in dem Optionsrecht der Staaten zu sehen. Statt der Einführung einer Quellensteuer, sollte den Staaten auch die Möglichkeit gegeben werden, sich für ein Kontrollmitteilungssystem zu entscheiden (EK 1998 Art. 2). Neben dieser wichtigen Neuerung wurde auch der Anwendungsbereich der Richtlinie eingeschränkt. Gegenstand der Quellensteuer waren nicht mehr sämtliche Zinserträge, sondern nur noch Zinserträge aus ausländischen Anlagen. Diese Neuerung stellte sicher, dass auch Hochsteuerländer einer relativ niedrigen Quellensteuer zustimmen konnten, da die Zinserträge aus Inlandsanlagen von der niedrigen Quellensteuer ausgenommen waren und weiterhin mit relativ hohen Sätzen besteuert werden konnten. Ferner wurden diesmal Euroanleihen nicht mehr von der Besteuerung ausgenommen. Um Ländern wie Luxemburg die Zustimmung zu erleichtern wurde in der Richtlinie ein Passus aufgenommen, der die EK aufforderte, mit wichtigen Drittländern in Verhandlungen zu treten (ebenda Art.11). Im Vgl. zum Vorschlag von 1989 ist die EK mit ihrem Richtlinienentwurf von 1998 somit auf wichtige Befürchtungen von Niedrigsteuerländern innerhalb der EU eingegangen. Denn nur wenn auch die Teilnahme von Drittländern gewährleistet ist, kann einer Verlagerung von Steuersubstrat in diese vorgebeugt werden. Jedoch erwähnt der Entwurf nicht, welche Länder als Drittländer zu gelten haben.

Auch dieser Richtlinienentwurf wurde kontrovers zwischen den Nationalstaaten diskutiert. Da der Steuersatz der Quellensteuer von einstmals 15% auf nunmehr 20% erhöht wurde, forderte der Vorschlag insbesondere die Ablehnung Luxemburgs hervor. Die skandinavischen Länder, welche bereits Anfang der neunziger Jahre zu einem bilateralen Informationsaustausch übergegangen waren, waren ebenfalls verstimmt. Länder, die anderen Staaten Informationen übermitteln, hätten gemäß dem Richtlinienentwurf nicht an den Steuereinnahmen partizipiert. Dagegen hätten diejenigen Staaten, welche eine Quellensteuer einbehalten, die Steuereinnahmen behalten dürfen. Durch den Einschluss von Euroanleihen handelte sich die Kommission ferner die Ablehnung Englands ein, welches London in seiner Rolle als Finanzzentrum gefährdet sah (Genschel 2002a 151-152). Im portugiesischen Santa Maria de Feira einigte man sich schließlich doch. Ursache für dieses überraschende Ergebnis war Großbritanniens Aufgabe seiner ablehnenden Haltung. Da zudem mit Österreich, bedingt durch die zunehmende Isolation des Landes nach der Regierungsbeteiligung von Jörg Haider, ein weiterer Staat seine vormals ablehnende Meinung revidierte, stand einer Einigung nichts mehr im Wege. In einer neuen Richtlinie wurden die Schwachstellen des alten Vorschlages eliminiert.

Wichtigste Neuerung gegenüber dem Vorschlag von 1998 ist, dass nunmehr das Koexistenzmodell nur noch übergangsweise beibehalten werden soll. Nach Ende einer siebenjährigen Transitionsphase sollen alle EU-Mitglieder Kontrollmitteilungen an andere Staaten verschicken (Europäischer Rat 2003 Art. 10). Belgien, Luxemburg und Österreich erheben während der Übergangsphase eine Quellensteuer. Der Kritik der skandinavischen Länder wurde Rechnung getragen, indem nunmehr die Steuereinnahmen aus der Quellensteuer nicht mehr vollständig im Land der Anlage verbleiben. Nur noch 25% der Steuereinnahmen darf der Quellenstaat behalten, während 75% der Einnahmen an das Wohnsitzland überwiesen werden sollen (ebenda Art.12). Statt des 20%-igen Quellensteuersatzes, wie er noch im Entwurf von 1998 vorgesehen war, werden unterschiedliche Steuersätze zu verschiedenen Zeitpunkten gelten. Ab 1.7.2005 wird eine 15%-ige Quellensteuer erhoben, die danach sukzessive auf 35% ansteigt (ebenda Art. 11). Gegenstand der Richtlinie sind alle zinstragenden Wertpapiere. Neben Anleihen und Einlagen sind auch abgezinste Wertpapiere (Nullkuponanleihen) miteinzubeziehen. Um ein Ausweichen auf andere Anlagearten zu verhindern, stellen auch Anteile aus Investmentfonds zinstragende Wertpapiere dar, sofern mehr als 40% des Fondsvermögens in Anleihen und Renten gehalten wird (ebenda Art. 6). Besonders hervorzuheben ist, dass Informationen automatisch und nicht erst auf Anfrage ausgetauscht werden sollen. Das Quellenland ist demnach verpflichtet mindestens einmal pro Jahr Kontrollmitteilungen zu versenden (ebenda Art. 9).

Drittländer sind nun – im Gegensatz zum Entwurf von 1998 – namentlich erwähnt. Die Richtlinie sieht vor, dass mit der Schweiz, Lichtenstein, Andorra, Monaco, San Marino und den USA Verhandlungen über „gleichwertige Maßnahmen" aufgenommen werden sollen. Ferner sollen assoziierte Gebiete, wie beispielsweise die Niederländischen Antillen oder die britischen Kanalinseln ebenfalls Maßnahmen zur Eindämmung der Steuerflucht ergreifen. Die Verhandlungen mit den Ländern erwiesen sich als außerordentlich schwierig. Z. B. willigten die Kaimaninseln erst auf Druck der britischen Finanzstaatssekretärin Primarolo ein am Informationsaustausch zu partizipieren. Insbesondere mit der Schweiz, die eine Schlüsselrolle für die anderen kleineren Steueroasen hatte, schien ein Abschluss der Verhandlungen lange Zeit in weiter Ferne zu sein. Diese wollte einen Eingriff in ihr Bankgeheimnis nicht hinnehmen. Um dieses zu schützen, war die Schweiz nicht einmal bereit Informationen *auf Anfrage* des Wohnsitzstaates bereitzustellen. Nachdem man nun auch Luxemburg die gleichen Rechte wie der Schweiz zugesichert hat, behält die Schweiz seit 2005 immerhin eine 15%-ige Quellensteuer auf ausländische Zinserträge ein. Um die Teilnahme der Schweizer Regierung zu erleichtern, wurde die Ratifizierung gleichzeitig mit anderen Politikfeldern verknüpft. Insbesondere die Teilnahme am Schengen-Abkommen, welches den Austausch von Informationen bei der Kriminalitätsbekämpfung, Asyl und Migration beinhaltet, erleichterte der Schweiz die Zustimmung (Schoch 2003). Nachdem diese ihre Kooperationsbereitschaft signalisiert hat, ist es nun auch mit den kleineren Drittstaaten zu einer Einigung gekommen. Seit dem 1.7.2005 ist ein Mindestmaß an Besteuerung für im Ausland erwirtschaftete Zinserträge von Privathaushalten somit hergestellt.

Die Harmonisierung der Zinsertragsbesteuerung ist eines der konfliktträchtigsten Felder in der EU. Ursachen für die hohe Konfliktintensität, die in den Modellen des dritten Kapitels stärker beleuchtet werden, sind Interessengegensätze zwischen den einzelnen EU-Staaten. Diese allein können jedoch nicht zwangsläufig für die jahrzehntelangen Verhandlungen verantwortlich gemacht werden, da es zur politischen Praxis der EU gehört, verschiedene konfliktträchtige Felder zu bündeln. Durch die Verabschiedung solcher Paketlösungen kann die Konfliktintensität, die in einzelnen Politikfeldern besteht, neutralisiert werden. Dass dies im Bereich der Zinsbesteuerung lange Zeit nicht gelungen ist, hängt mit den Ländern außerhalb der EU zusammen. Denn solange Steueroasen außerhalb der EU nicht an der Verringerung der Steuerflucht mitwirken, läuft jede Initiative, die nur die EU-Staaten abdeckt, Gefahr, dass Finanzkapital aus den europäischen Niedrigsteuerländern in andere Steueroasen verlagert wird. Insofern ist das jetzige System ein Durchbruch, da mit wichtigen Drittstaaten eine Einigung erzielt werden konnte. Trotzdem bleibt offen, warum einige Länder sich solange geziert haben an einer grenzüberschreitenden Kooperation teilzunehmen und lediglich bereit sind eine Quellensteuer zu erheben? Ebenso stellt sich die Frage, warum Staaten außerhalb des Anwendungsbereichs der Richtlinie dieser nicht freiwillig beitreten? Diesen Fragen wird im achten Kapitel nachgegangen.

## 1.5. Abwehrmaßnahmen Deutschlands bei der Unternehmensbesteuerung

Wie der in 1.3 vorgestellte Primarolo-Bericht gezeigt hat, lässt sich in den letzten Jahren ein zunehmend segmentierter Steuerwettbewerb beobachten. Hierbei konkurrieren die Länder um besonders mobile Teile eines Konzerns. Der Wettbewerb in diesem Segment gleicht vor allem einem Wettbewerb um Steueraufkommen. Deutschland mit dem höchsten Nominalsteuersatz innerhalb der Klasse hoch entwickelter Länder dürfte daher von Gewinnverlagerungen potentiell negativ betroffen sein. Jedoch enthält das deutsche Steuerrecht eine Reihe von Maßnahmen, die einer Verlagerung von Steuersubstrat vorbeugen sollen. Es ist an dieser Stelle nicht möglich eine ausführliche Beschreibung des deutschen grenzüberschreitenden Unternehmenssteuerrechts zu liefern (dies leisten z. B.: Jacobs / Spengel 1999; Reith 2004). Stattdessen sollen die wichtigsten defensiven Maßnahmen Deutschlands zur Eindämmung von Gewinnverlagerungen dargestellt werden.

Neben dem allgemeinen Grundsatz zur Ausgestaltung der Verrechnungspreise werden die beiden wichtigsten speziellen Vorschriften in diesem knappen Überblick dargestellt. Es handelt sich hierbei um die Hinzurechungsbesteuerung nach §§ 7-14 AStG sowie um die Gesellschafter-Fremdfinanzierung nach § 8a KStG. Erstere Maßnahme beugt einer Verlagerung von Gewinnen bei Direktinvestitionen in das Ausland vor, während die Gesellschafter-Fremdfinanzierung Gewinnverlagerungen bei Inbound-Investitionen begrenzt. Solche defensiven Maßnahmen finden sich nicht nur in Deutschland, sondern sind auch in vielen anderen europäischen Ländern zu beobachten (Ernst & Young 2005 23-24).
Internationale Konzerne stellen wirtschaftlich eine Einheit dar, während die einzelnen Konzernteile als juristische Personen selbständig steuerpflichtig sind. Dies impliziert, dass Liefer- und Leistungsbeziehungen zwischen den

Konzernteilen zulässig sind. Gleichzeitig provozieren diese aber auch die Ausnutzung des Steuergefälles zwischen den Volkswirtschaften durch eine Verlagerung von Gewinnen in niedrig besteuernde Gebiete. Hierbei kommt den Verrechnungspreisen eine zentrale Rolle zu, deren Ausgestaltung in § 1 AStG geregelt ist. Dieser sieht Ergebniskorrekturen vor, wenn die Leistungsentgelte zwischen den Konzernteilen nicht so vereinbart worden sind, wie dies bei einer Transaktion mit fremden Dritten der Fall wäre (§ 1 Abs. 1 AStG). Diese Vorschrift bezieht sich somit allein auf die ausgehandelten Verrechnungspreise zwischen den Konzernteilen. Speziell für immaterielle Wirtschaftsgüter, wie Marken oder Patente, ist es jedoch schwierig einen adäquaten Preis zu ermitteln. Dies birgt auf der einen Seite die Gefahr einer Doppelbesteuerung;[16] auf der anderen Seite können multinationale Unternehmen aufgrund der Probleme, die sich für die Finanzbehörden bei der Ermittlung adäquater Verrechnungspreise ergeben, immaterielle Wirtschaftsgüter zur Verlagerung von Gewinnen einsetzen. In Deutschland werden die Finanzbehörden bei der Ermittlung korrekter Verrechnungspreise von einer Lizenzkartei des Bundesamtes für Finanzen unterstützt (s. die Auflistung der einzelnen Lizenzsätze in: Engler 2004 1539 ff.). Dieses Vorgehen ist nicht unüblich, da z. B. auch die US-Finanzbehörden sich solcher Karteien bedienen. Jacobs / Spengel (1999) kritisieren diese Vorgehensweise jedoch, m.E. zu recht:

*„Diese Vorgehensweise ist zum einen mit dem Nachteil verbunden, dass durch die in der Zentralkartei fixierten Sätze nicht berücksichtigt wird, dass es für den Wert eines immateriellen Wirtschaftsgutes entscheidend auf seine Marktchancen und die zwischen den Vertragspartnern individuell vereinbarten Vertragsbedingungen ankommt. Zum anderen werden die Steuerpflichtigen im Rahmen einer Außenprüfung unter Umständen mit Verrechnungspreisen konfrontiert, die der Prüfer der Lizenzkartei entnimmt und als angemessen bezeichnet, wobei der Steuerpflichtige aufgrund der Anonymität der Lizenzdaten die etwaige Vergleichbarkeit der Verrechnungspreise nicht nachvollziehen kann" (914-915).*

Durch Anwendung des § 1 AStG versucht Deutschland bei verbundenen Unternehmen die Gefahr einer Festsetzung steuerbelastungsminimierender Verrechnungspreise zu unterbinden. Speziell für immaterielle Wirtschaftsgüter ergeben sich für multinationale Konzerne Risiken, aber auch hohe Chancen, da

[16] Eine Doppelbesteuerung ist dann sehr wahrscheinlich, wenn die Gewinnabgrenzungsregeln bzw. die Methoden zur Bestimmung des Verrechnungspreises zwischen zwei Staaten unterschiedlich sind. Wenn die Steuerbehörde in einem Land den Verrechnungspreis anerkennt, während die Steuerbehörde im Ausland eine Korrektur am Verrechnungspreis vornimmt, resultiert eine Doppelbesteuerung (s. auch das Beispiel in: Jacobs / Spengel 1999 864-865). Obwohl die volkswirtschaftliche Literatur zur Verrechnungspreisgestaltung sich vor allem auf das Motiv der Steuerminimierung fokussiert, wird in der Praxis auch die Gefahr einer Doppelbesteuerung diskutiert (z. B. Ernst & Young 2003; EK 2001 291-292).

bei der Ermittlung der Verrechnungspreise oftmals starre Regeln angewendet werden. Deshalb wird im ökonometrischen Teil speziell für immaterielle Wirtschaftsgüter untersucht, ob der grenzüberschreitende Handel mit Patenten (teilweise) steuerlich motiviert ist.

Wie bereits schon in 1.1 erwähnt, wendet Deutschland im DBA-Fall bei der grenzüberschreitenden Besteuerung von Unternehmen die Freistellungsmethode an. Dadurch können sich Unternehmen der Besteuerung im Heimatland durch eine Direktinvestition entziehen. Diesem Sachverhalt entgegenzuwirken ist *nicht* die Intention der Hinzurechnungsbesteuerung. Die Hinzurechnungsbesteuerung soll stattdessen sicherstellen, dass deutsche Unternehmen sich nicht der Besteuerung durch Verlagerung von Gewinnen entziehen können. Der Hinzurechnungsbesteuerung logisch vorgeordnet sind die §§ 41-42 AO. Eine steuerliche Anerkennung von Auslandsgesellschaften wird nach § 41 bzw. § 42 AO dann versagt, wenn dafür wirtschaftliche oder sonstige beachtliche Gründe fehlen. Damit die Hinzurechnungsbesteuerung angewendet werden kann, darf es sich bei der im Ausland gegründeten Gesellschaft folglich nicht um eine Scheingesellschaft handeln, weil in diesem Fall § 41 bzw. 42 AO anzuwenden sind. Da der Vorwurf des Scheingeschäfts bzw. Rechtsmissbrauchs in der Praxis jedoch kaum durchgesetzt wird (Jacobs / Spengel 1999 795 ff.), konzentrieren sich die nachfolgenden Ausführungen allein auf die Hinzurechnungsbesteuerung.

Ziel der Hinzurechnungsbesteuerung ist es im Ausland erwirtschaftetes Einkommen mit deutschen Ertragssteuern zu belasten, wenn bestimmte Sachverhalte, die auf eine Einkommensverlagerung hindeuten, zutreffen. Dabei ist es unerheblich, ob die ausländische Tochtergesellschaft an die Konzernmutter ausschüttet. Es ist folglich *nicht* möglich sich durch Gewinnthesaurierung der Besteuerung im Heimatland zu entziehen. Insofern reicht die Hinzurechnungsbesteuerung über den Anwendungsbereich der Anrechnungsmethode hinaus, da bei letzterer durch Gewinnthesaurierung der Besteuerung im Heimatland ausgewichen werden kann. Die Hinzurechnungsbesteuerung kommt jedoch – anders als die allgemeinen Verfahren zur Vermeidung der Doppelbesteuerung – nur unter bestimmten Vorraussetzungen in Betracht.

Innerhalb des Anwendungsbereichs der Hinzurechungsbesteuerung ist zwischen der normalen und der verschärften Hinzurechnungsbesteuerung zu unterscheiden. Von der normalen Hinzurechnungsbesteuerung betroffen sind Gesellschaften, die mehr als 50% der Anteile an einer Auslandsgesellschaft halten (§7 Abs.1 AStG). Dabei ist es durch Zwischenschaltung weiterer Gesellschaften nicht möglich diese Vorschrift zu umgehen. In diesem Fall ergibt sich die prozentuale Beteiligung der Mutter- an der Auslandsgesellschaft, indem der Anteil den die zwischengeschaltete Gesellschaft an der Auslandsgesellschaft hält mit dem Anteil mit welchem die Muttergesellschaft an der zwischengeschalteten Gesellschaft partizipiert multipliziert wird (§ 14 AStG). Damit die Hinzurechnungsbesteuerung eintritt, müssen neben einer mehr als 50%-igen Beteiligung jedoch weitere Kriterien erfüllt sein:

- Das Besteuerungsniveau im Ausland muss geringer als 25% sein (§ 8 Abs.3 AStG), und
- die Gesellschaft erzielt sogenannte passive bzw. schädliche Einkünfte, deren Ausmaß mehr als 10% der Bruttoerträge beträgt, und
- die Freigrenze in Höhe von 62 000 Euro ist überschritten (§ 9 AStG).

Die Erfüllung nur eines der genannten Kriterien ist dabei nicht hinreichend. Ein deutscher Konzern muss die Hinzurechnungsbesteuerung z.B. dann nicht fürchten, wenn die Tochtergesellschaft im Ausland ein geringeres Besteuerungsniveau als 25% aufweist, aber ausschließlich aktive Einkünfte erzielt. Passive Einkünfte sind diejenigen Einkünfte, die nicht im Katalog der aktiven Einkünfte nach § 8 Abs.1 Nr. 1-9 AStG aufgeführt sind (eine ausführliche Darstellung der aktiven Einkommensbestandteile geben: Jacobs / Spengel 1999 435-436; Maiterth 2002 493 ff.). U. a. sind Einkünfte aus Patenten, Urheberrechten und anderen immateriellen Wirtschaftsgütern passive Einkünfte, wenn nicht nachgewiesen werden kann, dass die Einkünfte aus eigener Forschungs- und Entwicklungstätigkeit der ausländischen Gesellschaft stammen (§ 8 Abs. 1 Nr. 6 AStG). Neben Einnahmen aus immateriellen Wirtschaftsgütern sind auch Einkünfte, die aus der Aufnahme bzw. darlehensweisen Vergabe von Kapital stammen, passive Einkünfte.

Neben der normalen Hinzurechnungsbesteuerung greift aber infolge der Verabschiedung des Steueränderungsgesetzes seit 1992 auch eine verschärfte Hinzurechnungsbesteuerung (§ 10 Abs. 6 AStG) in Deutschland. Grund für die Einführung dieser waren Steuersparmodelle, die verstärkt in den 80er Jahren genutzt wurden. Prominente Beispiele sind die irischen „Dublin Docks“ und amerikanische „Real Investment Trusts“ (s. Gundel 1993 50; Maiterth 2002 497, Weichenrieder 1996 41 ff.). Vor der Einführung der erweiterten Hinzurechnungsbesteuerung bestimmte § 10 Abs. 5 des AStGes, dass auf den Hinzurechnungsbetrag die Bestimmungen der Abkommen zur Vermeidung der Doppelbesteuerung anzuwenden sind. Vor Verabschiedung des Steueränderungsgesetzes konnten mit Hilfe des Schachtelprivilegs folglich niedrig besteuerte Einkünfte aus Ländern, mit denen Deutschland ein DBA unterhält, an die Konzernmutter ausgeschüttet werden, ohne dass es zu einer „Hochschleusung“ der Einkünfte kam. Die Anwendung der Freistellungsmethode sorgte dafür, dass nur die ausländische Steuerbelastung für die ausländischen Gewinne relevant war. Auch bei Gewinnthesaurierung verbot § 10 Abs. 5 AStG den Steuerbehörden eine Zugriffsmöglichkeit. Die Hinzurechnungsbesteuerung war deshalb auf diejenigen Länder beschränkt, die kein DBA mit Deutschland unterhielten oder deren DBA einen Aktivitätsvorbehalt aufwies. Der Anwendungsbereich der normalen Hinzurechnungsbesteuerung war deshalb größtenteils auf Steueroasen begrenzt.

Die für die normale Hinzurechnungsbesteuerung relevanten passiven Einkommensbestandteile werden bei der verschärften Hinzurechnungsbesteuerung jedoch nochmals eingegrenzt, da diese nur dann zur Anwendung kommt, wenn es sich um passive Einkünfte *mit Kapitalanlagecharakter* handelt. Hierbei handelt es sich um „Einkünfte der ausländischen Zwischengesellschaft, die aus dem Halten, der Verwaltung, Werterhaltung oder Werterhöhung von Zahlungsmitteln, Forderungen, Wertpapieren, Beteiligungen oder ähnlichen Vermögenswerten stammen“ (§ 10 Abs. 6 Satz 2 AStG). Andere passive Einkunftsbestandteile spielen im Rahmen der verschärften Hinzurechnungsbesteuerung dagegen keine Rolle.

Durch die Unterscheidung von passiven und aktiven Einkünften versucht der Gesetzgeber zwischen betrieblichen Funktionen, die eine hohe Standortelastizität aufweisen, und jenen, bei denen neben steuerlichen Gesichtspunkten auch andere Motive für ein Auslandsengagement ausschlaggebend sind, zu diskriminieren. Die Hinzurechnungsbesteuerung versucht somit, einer Verlagerung von steuerpflichtigen Einkommen auf ausländische Gesellschaften entgegen zu treten. Im Gegensatz zu den Vorschriften des Scheingeschäfts (§ 41 AO) und des Rechtsmissbrauchs (§ 42 AO) findet jedoch nur eine Umqualifizierung der passiven Einkünfte statt. Da die im Ausland geleisteten Steuern angerechnet werden können, führt die Hinzurechnungsbesteuerung nicht zu einer Doppelbesteuerung. Mit diesem Instrument soll lediglich eine angemessene Steuerbelastung garantiert werden. Im Ergebnis setzt die Hinzurechnungsbesteuerung anders als § 1 AStG nicht an den Instrumenten (z. B. konzerninterner Handel, Zins für Darlehensvergabe) der Gewinnverlagerung an. Die Hinzurechnungsbesteuerung ist daher eher als zusätzliche Maßnahme zu interpretieren, da das *Ergebnis* der Gewinnverlagerung, d.h. eine niedrige Steuerbelastung bei Überwiegen von passiven Einkünften, statt der Verrechnungspreise korrigiert werden soll. Das nachfolgende Schaubild 1 fasst das Prüfschema für die Hinzurechnungsbesteuerung nochmals zusammen.

**Abbildung 1: Prüfschema Hinzurechnungsbesteuerung**

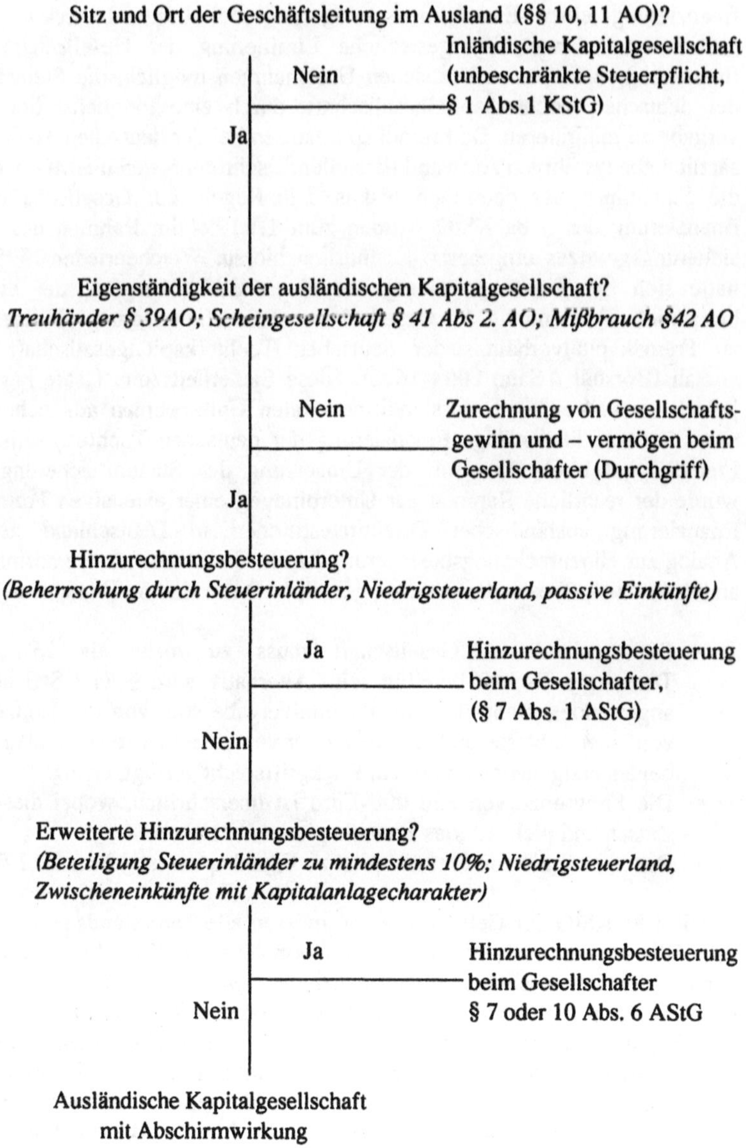


Quelle: Jacobs / Spengel 1999 438

Während die Hinzurechnungsbesteuerung einer Verlagerung von Einkommen in das Ausland entgegen wirkt, besteht das Ziel der Gesellschafter-Fremdfinanzierung einer Einkommensverlagerung bei Inbound-Direktinvestitionen vorzubeugen. Ohne eine gesetzliche Limitierung der Gesellschafter-Fremdfinanzierung wäre es ausländischen Unternehmen möglich, die Steuerbelastung der deutschen Tochterkapitalgesellschaft, durch eine möglichst hohe Kreditvergabe zu minimieren. Da Fremdkapitalzinsen bei der deutschen Tochter grundsätzlich abzugsfähigen Aufwand darstellen,[17] schrumpft deren BMG und folglich die Einnahmen des deutschen Fiskus. Die Regeln zur Gesellschafter-Fremdfinanzierung des § 8a KStG wurden zum 1.1.1994 im Rahmen des Standortsicherungsgesetzes umgesetzt (ausführlich hierzu: Weichenrieder 1995). Davor hatte sich die Finanzverwaltung auf einen Erlass berufen, der eine missbräuchliche Anwendung der Gesellschafter-Fremdfinanzierung ab einem Eigen- zu Fremdkapitalverhältnis der deutschen Tochterkapitalgesellschaft von 1:9 vorsah (Borstell / Sano 2004 1622). Diese Sicherheitszone („safe haven") war jedoch so weitreichend, dass multinationalen Unternehmen ausreichend Spielraum für eine übermäßige Finanzierung der deutschen Tochtergesellschaft mit Fremdkapital blieb. Erst mit der Umsetzung des Standortsicherungsgesetzes wurde der rechtliche Rahmen zur Unterbindung einer extensiven Fremdkapitalfinanzierung ausländischer Direktinvestitionen in Deutschland geschaffen. Analog zur Hinzurechnungsbesteuerung ist die Gesellschafter-Fremdfinanzierung an bestimmte Tatbestandsmerkmale geknüpft. Diese sind im Einzelnen:

- Die ausländische Gesellschaft muss zu mehr als *25%* an der Tochtergesellschaft beteiligt sein. Alternativ wird § 8a KStG auch dann angewendet, wenn die Fremdkapitalvergabe statt von der Konzernmutter von einer nahe stehenden Person oder von einem Dritten, welcher bzgl. der beiden erstgenannten über ein Rückgriffsrecht verfügt, erfolgt.
- Die Freigrenze von 250 000 Euro ist überschritten, wobei diese auf die Zinsen und nicht auf das Fremdkapital zu beziehen ist.
- Das Verhältnis von Fremdkapital zu Eigenkapital ist größer als 1,5.

Damit § 8a KStG zur Geltung kommt, müssen alle Tatbestandsmerkmale erfüllt sein. Wie man anhand der Tatbestandmerkmale erkennt, wird der Anwendungsbereich der Gesellschafter-Fremdfinanzierung weit interpretiert, da auch nahe stehende bzw. rückgriffsberechtigte Personen erfasst werden. Rückgriffsberechtigte Personen sind meist Banken, die der Tochtergesellschaft Fremdkapital zuführen, während die Muttergesellschaft bürgt. Es sei hierbei angemerkt, dass § 8a KStG nicht mit § 1 AStG in Konflikt gerät. Denn Gegenstand des § 1AStG sind angemessene Verrechnungspreise bzw. in diesem konkreten Fall angemessene Zinsen bei einer Fremdkapitalvergabe. Im Gegensatz hierzu steht § 8a KStG, der auf das *Volumen* der Leistungsbeziehungen abstellt (Reith 2004

[17] Bei der GewSt wird jedoch nur ein hälftiger Abzug der Fremdkapitalzinsen zugelassen.

651). Abbildung 2 macht die Unterschiede zwischen den Rechtsvorschriften deutlich. Auf der Ordinate ist der „Preis“ für die Fremdkapitalüberlassung abgebildet, während die Abszisse das Volumen der Transaktion angibt. Der linkere untere Quadrant, ist steuerrechtlich unerheblich. Der linke bzw. rechte obere Quadrant gibt den Anwendungsbereich von § 1 AStG bzw. § 8 Abs. 3 KStG wieder. Eine Anwendung von § 8a KStG kann dagegen hier unterbleiben, da dieser sich lediglich auf das Volumen der Fremdkapitalzuführung bezieht. Stattdessen handelt es sich in diesen Fällen um eine Manipulation der Verrechnungspreise. Der rechte untere Quadrant gibt dagegen den Anwendungsbereich von § 8a KStG wieder. Selbst bei angemessenen Verrechnungspreisen greift § 8 a KStG. In diesem Fall wird derjenige Teil des Fremdkapitals, der den safe haven übersteigt, nicht mehr zum Abzug zugelassen, es sei denn das Unternehmen kann durch Drittvergleich die Angemessenheit der Beziehung belegen (Reith 2004).[18]

**Abbildung 2: Anwendungsbereich § 8a KStG**

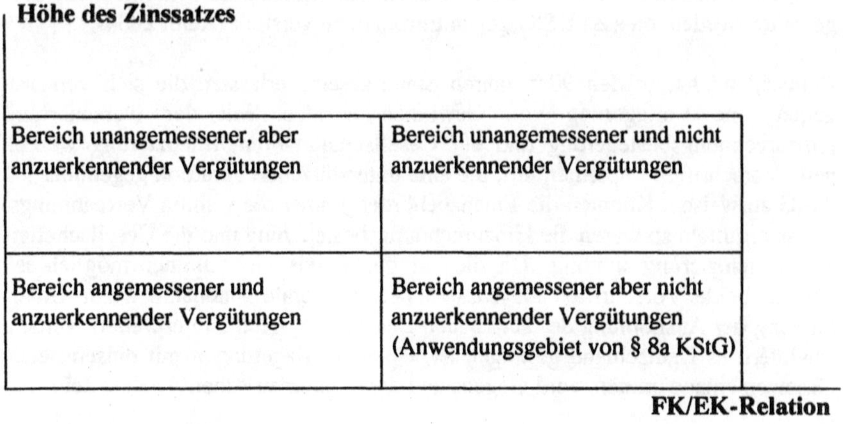


Quelle: Reith 2004 650

Was den Begriff des Fremdkapitals betrifft, ist zwischen festverzinslichem oder gewinn- bzw. umsatzabhängigem Fremdkapital zu unterscheiden. Bei festverzinslichem Fremdkapital erfolgt die Tilgung des Darlehens unabhängig von der Gewinnentwicklung. Diese Unterscheidung ist insofern wichtig, da die Annahmen über den safe haven und die Zulässigkeit des Fremdvergleichs davon berührt werden. Nur bei festverzinslichem Fremdkapital existiert eine Sicherheitszone und ist ein Fremdvergleich zulässig (Reith 2004). Für gewinnabhängiges Fremdkapital besteht dagegen seit der Verabschiedung des Steuer-

[18] Ein Fremdvergleich ist jedoch nur bei festverzinslichem Fremdkapital zulässig.

senkungsgesetzes im Jahre 2000 keine Sicherheitszone mehr. Ebenso ist ein Fremdvergleich unzulässig.

Mit der Implementierung des § 8a KStG wurde die Rechtsunsicherheit, die vor Verabschiedung des Standortsicherungsgesetzes bestand, entschärft. Im Zeitverlauf wurden die ursprünglichen Sicherheitszonen jedoch immer weiter verschärft. Betrug im Jahre 1994 der safe haven für gewinnabhängiges bzw. festverzinsliches Fremdkapital noch 1:2 bzw. 1:3 (Frotscher 1994 203-204), so ist mit Inkrafttreten des Steuersenkungsgesetzes im Jahre 2000 die Sicherheitszone bei gewinnabhängigem Fremdkapital entfallen und bei festverzinslichen auf 1:1,5 zusammengeschrumpft. Ebenso sind die Ausnahmeregelungen für Holdinggesellschaften größtenteils abgeschafft worden. Während die Sicherheitszone für Holdinggesellschaften im Jahre 1994 noch 1:9 war, liegt diese mittlerweile bei ebenfalls 1:1,5. Vor der Verabschiedung des Steuersenkungsgesetzes konnten die rigiden Regelungen noch durch den Einsatz von Holding-Gesellschaften abgemildert werden. Dies ist nun auch nicht mehr möglich. Schließlich sind die Unterkapitalisierungsvorschriften nun auch auf inländische Unternehmen ausgeweitet worden, da § 8a KStG gegen Europarecht verstößt (Reith 2004).

Deutschland hat in den 90er Jahren Steuergesetze erlassen, die sich verstärkt gegen eine Verlagerung von Gewinnen wenden. Mit der (verschärften) Hinzurechnungsbesteuerung und der Gesellschafter-Fremdfinanzierung wurden neue Vorschriften implementiert, die eine unterstützende Funktion gegenüber § 1 AStG aufweisen. Könnten die Finanzbehörden immer die wahren Verrechnungspreise ermitteln so wären die Hinzurechnungsbesteuerung und die Gesellschafter-Fremdfinanzierung unnötig. Da dies in der Praxis nicht immer möglich ist, können beide Vorschriften als zusätzliche, unilaterale Maßnahmen zur Unterbindung der Aushöhlung des staatlichen Besteuerungsrechts interpretiert werden. Inwiefern es Deutschland gelungen ist, Gewinnverlagerungen mit diesen neuen Gesetzen einzudämmen, wird Gegenstand der ökonometrischen Analyse sein.

# 2. Steuerwettbewerb um Unternehmen

## 2.1. Modelle vollständiger Konkurrenz

### 2.1.1. Grundmodell des Steuerwettbewerbs

Steuerwettbewerb um Realkapital zeichnet sich dadurch aus, dass – im Gegensatz zu den Steuerwettbewerbsmodellen des Finanzkapitals, die im 3. Kapitel Gegenstand der Analyse sind, - vor allem die Outputeffekte des Kapitalzuflusses betont werden. In diesem Abschnitt wird das Grundmodell des Steuerwettbewerbes vorgestellt. Das Modell folgt den Gedankengängen von Zodrow / Mieszkowski (1986). Zentrale Fragestellung der Autoren ist, wie der Steuersatz auf Kapital festgelegt wird, wenn Gebietskörperschaften miteinander im Wettbewerb stehen. Die Analyse ist komparativ-statischer Natur, d.h. es werden Steuersätze in einer Welt ohne und mit Kapitalmobilität miteinander verglichen. Während in einer Welt ohne Kapitalmobilität – unter den gegebenen Annahmen – die Steuersätze effizient festgelegt werden, kommt es zu einer ineffizienten Steuersatzwahl bei mobilem Kapital. Bevor die Implikationen bei Kapitalmobilität aufgezeigt werden, sei kurz auf die doch teils sehr restriktiven Annahmen des Modells eingegangen (Zodrow / Mieszkowski 1986 358-359):

- Zentrale Vorraussetzung für Steuerwettbewerb ist die Annahme, dass die Besteuerung von Kapital in Form einer Quellenbesteuerung erfolgt. Der mobile Faktor wird unter diesem Verfahren dort besteuert, wo er eingesetzt wird. Bereits Diamond / Mirrlees (1971) haben gezeigt, dass es für eine kleine offene Volkswirtschaft nicht optimal sein kann, ausländisches Kapital an der Quelle zu besteuern, da andere Steuern weniger verzerrend wirken. Die folgenden Ergebnisse gelten deswegen insbesondere für Länder, die bei der Besteuerung von Unternehmen die Freistellungsmethode anwenden.
- Zur Erstellung von Gütern wird Arbeit[19] (immobiler Faktor) und Kapital mit Hilfe einer Produktionsfunktion, die die üblichen neoklassischen Eigenschaften aufweist, verwendet. Arbeit wird vollkommen unelastisch angeboten, während Kapital aus Sicht einer kleinen Volkswirtschaft perfekt mobil ist. Aus einer weltwirtschaftlichen Perspektive betrachtet ist Kapital jedoch immobil.
- Das Weltangebot an Kapital ist fix, d.h. die Sparentscheidung der Haushalte ist nicht endogen. Diese Annahme ist insofern wichtig, da die folgende Herleitung eines Gefangenendilemmas bei endogenem Spar-

[19] Die Autoren verwenden in ihrem Beitrag Land statt Arbeit als zweiten Produktionsfaktor. Für die Ableitung der folgenden Ergebnisse ist dies jedoch unerheblich, solange der Faktor Arbeit in einem internationalen Kontext ebenfalls als immobil betrachtet werden kann.

wunsch nicht zwingend ist. Wenn Steuerwettbewerb zu einer Erhöhung des (weltweiten) Kapitalstocks führt, dann ist dieser aufgrund des Anstiegs der Ersparnisse nicht so schädlich (Wilson 1999 275).

- Wettbewerb um mobiles Kapital wird zwischen vielen, kleinen Ländern ausgetragen. Aufgrund der mangelnden Größe kann kein Land den Preis der Kapitalüberlassung beeinflussen. Die Möglichkeit asymmetrischen Kapitalsteuerwettbewerbs wird durch diese Annahme eliminiert. Asymmetrischer Steuerwettbewerb wird in Abschnitt 2.1.2 untersucht.
- In jedem der Staaten wird von einem repräsentativen Bürger ausgegangen. Durch die identische Faktorausstattung werden Verteilungskonflikte innerhalb einer Gesellschaft ausgeklammert.
- Der politische Entscheidungsträger in einem Land wird als benevolent unterstellt. Ähnlich wie die vorhergehende Annahme Verteilungskonflikte zwischen den Gesellschaftsmitgliedern eliminiert, werden durch diese Annahme Probleme der Delegation von Macht ausgeschaltet. Da alle Menschen „gleich" sind, besteht die Aufgabe des zentralen Planers darin, den Nutzen des repräsentativen Staatsbürgers zu maximieren, so dass in die soziale Wohlfahrtsfunktion keine speziellen Gewichte eingehen müssen.
- Öffentlich bereit gestellte Güter haben privatwirtschaftlichen Charakter, d.h. von Skaleneffekten im Konsum wird abstrahiert.
- Die Ausführungen unterstellen ein Modell vollständiger Konkurrenz.
- In der geschlossenen Volkswirtschaft muss für die Produktion einer Einheit öffentlichen Gutes eine Einheit privates Gut aufgegeben werden.

Da es keine Unterschiede zwischen den Volkswirtschaften gibt, ist eine Betrachtung einer repräsentativen Volkswirtschaft ausreichend. Jede Volkswirtschaft kann Kapital und Arbeit zur Produktion eines privaten bzw. eines öffentlichen Gutes verwenden. Die Annahme vollständiger Konkurrenz impliziert, dass die Unternehmer sich bei der Faktornachfrage als Mengenanpasser verhalten. Die Kapitalkosten der Unternehmung setzen sich dabei einmal aus der Vorsteuerrendite und der Steuer auf den Kapitaleinsatz zusammen. Im Gleichgewicht gilt, dass die Kosten einer zusätzlichen Kapitaleinheit gleich dem Wertgrenzprodukt des Kapitals entsprechen müssen. Ist Kapital zudem perfekt mobil kann es nur eine Weltrendite des Kapitals geben. Wären die Nachsteuerrenditen zwischen den Ländern unterschiedlich, würde Kapital in das Land mit der höheren Nachsteuerrendite fließen. Dieser Zufluss würde das Wertgrenzprodukt des Kapitals soweit absinken lassen, bis die nationalen Renditen unterschiedslos wären. Im weltweiten Gleichgewicht muss daher gelten, dass die Nachsteuerrendite des Kapitals in allen Ländern identisch ist, da ansonsten Arbitrageprozesse in Gang gesetzt würden. Wenn ein Land nun isoliert seine Steuer auf Kapital erhöht, sorgt die Annahme vollständiger Kapitalmobilität für eine Reallokation des Kapitals, so dass es aus Sicht eines einzelnen Landes nicht möglich ist, die Nachsteuerrendite des Kapitals zu beeinflussen.[20] Da die Kapitalnachfrage der Unternehmung negativ von dem Steuersatz abhängt, führt eine isolierte Steuererhöhung in einer Volkswirtschaft zu einem Kapitalabfluss.

Der repräsentative Haushalt erzielt Einkommen aus Kapital und Arbeit. Dieses wird für private und öffentliche Güter verausgabt. Sowohl der Grenznutzen aus dem privaten Gut als auch der aus dem öffentlichen Gut ist positiv, aber abnehmend. Insbesondere ist der Grenznutzen aus einer Einheit öffentlichen Gutes unendlich, wenn das öffentliche Gut nicht bereitgestellt wird. Zur Finanzierung des öffentlichen Gutes kann die Volkswirtschaft lediglich eine Steuer auf den Kapitaleinsatz heranziehen.[21] Von einer Defizitfinanzierung des öffentlichen Gutes wird folglich abstrahiert, so dass die Einnahmen des Staates den Staatsausgaben entsprechen müssen.

Ziel des zentralen Planers ist es den Nutzen des Staatsbürgers unter Einbehaltung der privaten und öffentlichen Budgetrestriktion zu maximieren. Im Optimum, welches in einer Welt ohne Kapitalmobilität auch realisiert werden kann, entspricht die Grenzrate der Substitution der Grenzrate der Transformation. Dieses wird jedoch bei Kapitalmobilität nicht mehr erreicht. Für eine Einheit öffentliches Gut muss in einer Welt perfekter Kapitalmobilität mehr als eine Einheit privates Gut aufgegeben werden. Bei perfekter Kapitalmobilität kommt es somit zu einer Unterversorgung der Volkswirtschaft mit öffentlichen Gütern (ebenda 360-361).

Wie lässt sich dieser Befund erklären? Die Festlegung der Steuersätze auf Kapital erfolgt ohne Absprache zwischen den politischen Entscheidungsträgern, d.h. die Möglichkeit einer Koordination wird explizit ausgeschlossen. Infolge von Kapitalmobilität lässt sich der Output durch einen vermehrten Kapitaleinsatz steigern. Durch zuströmendes Kapital werden ferner die Lohnsätze angehoben, da die Knappheit der Produktionsfaktoren infolge des zusätzlichen Kapitaleinsatzes sich zugunsten des Faktors Arbeit ändert. Jeder Staat hat folglich einen Anreiz, Kapital zu attrahieren. Dies gelingt jedoch nur, wenn ein Land steuerlich attraktiv ist. Dabei berücksichtigen die Staaten nicht, dass ein Zustrom von Kapital mit einem Abzug von Kapital in einer anderen Volkswirtschaft einhergeht. Im Wettbewerb der Länder um mobiles Kapital geht diese fiskalische Externalität nicht in das Kalkül der Entscheidungsträger ein. Die Folge sind sinkende Steuer-

---

[20] Die mangelnde Beeinflussbarkeit ist nur unter der Annahme einer kleinen Volkswirtschaft gegeben, da große Volkswirtschaften Einfluss auf das Weltzinsniveau nehmen können (s. Abschnitt 2.1.2.).

[21] Im Originalbeitrag wird ein Teil der Steuereinnahmen über eine Kopfsteuer generiert. Solange die Finanzierung des öffentlichen Gutes nicht ausschließlich mit Hilfe von (effizienten) Kopfsteuern geschieht, ändert sich qualitativ an der Argumentation nichts.

sätze auf Kapital, da es für jeden Staat – unabhängig davon wie andere Staaten agieren – die beste Strategie ist die Steuer auf Kapital zu senken.

Analog zu einer Situation ohne Steuerwettbewerb finden auch unter Kapitalmobilität keine Kapitalbewegungen statt, weil die Renditen zwischen den Ländern ausgeglichen sind. Da alle Volkswirtschaften identisch sind, ist die einzige Ursache für Kapitalbewegungen in der Ausnutzung steuerlicher Unterschiede zu sehen. Die entscheidende Änderung im Vgl. zu einer Situation ohne Kapitalsteuerwettbewerb liegt stattdessen in der Höhe des Steuersatzes. Unter Kapitalmobilität erheben alle Staaten wieder denselben Steuersatz, welcher aber jedoch im Vgl. zur Ausgangsbedingung niedriger ist.[22] Denn aus Sicht eines kleinen Landes ist Kapital vollkommen elastisch, während aus einer weltwirtschaftlichen Perspektive Kapital weiterhin unelastisch angeboten wird. Die Kosten eines Kapitalabflusses werden aus Sicht eines kleinen Landes somit überschätzt. Da im Modell nur Kapital besteuert wird und die Budgetrestriktion des Staates gilt, muss auch die Versorgung mit öffentlichen Gütern folglich geringer ausfallen. Eine erhöhte Mobilität des Kapitals stellt im Nash-Gleichgewicht *alle* Volkswirtschaften schlechter, da jedes Land seine Steuer senken wird. Im Gegensatz zum asymmetrischen Wettbewerb des nächsten Abschnitts führt Kapitalsteuerwettbewerb in diesem Grundmodell noch nicht zu einer Umverteilung des Outputs zwischen den Volkswirtschaften. Da es nicht zu Nettokapitalimporten bzw. -exporten kommt, besteht die einzige Ineffizienz in der verzerrten Allokation zwischen privaten und öffentlichen Gütern. Im Vgl. zu einer geschlossenen Volkswirtschaft wird somit zuwenig vom öffentlichen Gut konsumiert.

Es stellt sich die Frage, um wie viel geringer die Steuersätze sind? Sinken die Steuersätze nur moderat so wären die Auswirkungen des Steuerwettbewerbs vernachlässigbar. Dagegen würde eine drastische Reduktion der Steuersätze zu größeren Problemen bei der Finanzierung öffentlicher Leistungen führen. Letztendlich hängt die „Schärfe" des Steuerwettbewerbs von der Elastizität des Kapitals in Bezug auf den Steuersatz ab. Im Falle symmetrischer Länder wird die Angebotselastizität des Kapitals wiederum durch die Anzahl der Länder determiniert. Da erst der Wettbewerb zwischen den Staaten niedrige Steuersätze hervorbringt, ist das Ausmaß der Ineffizienz wiederum von der Zahl der Länder abhängig. Wenn nur sehr wenige Länder am Wettbewerb beteiligt sind, hat jedes Land einen höheren Kapitalstockanteil im Vgl. zu einer Situation vieler kleiner Länder. Neben der fiskalischen Externalität, welche die zentrale Externalität im Grundmodell ist, erhält man eine neue Externalität, wenn die Zahl der am Wettbewerb beteiligten Länder endogen ist. Wenn nur wenige Länder im

[22] Aufgrund der Annahmen bzgl. des öffentlichen Gutes und dem (partiellen) Einsatz von Kopfsteuern im Originalbeitrag werden die Kapitalsteuern nicht vollständig eliminiert, so dass im neuen Gleichgewicht der Steuersatz lediglich geringer ist.

Wettbewerb stehen, besitzt ein Land die Möglichkeit die Nettoverzinsung des Kapitals zu beeinflussen. Dieser Terms of Trade-Effekt war durch die Annahme des kleinen Landes im Grundmodell ausgeschaltet. Der Terms of Trade-Effekt sorgt dafür, dass auch im Falle symmetrischer Staaten die Schärfe des Wettbewerbs abgemildert werden kann. Wenn die Zahl der Länder – wie von Zodrow / Mieszkowski angenommen – gegen unendlich strebt, dann hat ein Land keinen Einfluss auf den Weltmarktzins. Umgekehrt, wenn nur noch ein (Welt-) Staat existiert, kontrolliert das einzelne Land vollständig die Nettoverzinsung des Kapitals. In diesem Spezialfall kommt der Steuerwettbewerb zum Erliegen. Je weniger Länder am Wettbewerb um mobiles Kapital teilnehmen, desto geringer ist die Intensität des Steuerwettbewerbs (Hoyt 1991).

Zentrale Schlussfolgerung des Grundmodells ist, dass bei perfekter Kapitalmobilität und unkooperativen Verhalten der einzelnen politischen Entscheidungsträger ein Abwärtswettlauf („Race to the bottom") in Gang gesetzt wird. Im neuen Gleichgewicht sind die Steuersätze und das Niveau an öffentlichen Gütern geringer als in einer Welt ohne mobiles Kapital. Das Ausmaß der Ineffizienz hängt wiederum von der Zahl der Länder ab. Sind nur wenige Staaten am Steuerwettbewerb beteiligt, so hält sich die Reduktion des Steuersatzes in Grenzen. Grund hierfür ist, dass bei einer nur geringen Anzahl von (symmetrischen) Ländern das einzelne Land Einfluss auf die Nettoverzinsung des Kapitals nehmen kann. Mit Hilfe des Modells lässt sich daher folgende Hypothese formulieren:[23]

**Hypothese 1:**
**Wenn die Kapitalmobilität steigt, sinken die Steuersätze auf Kapital.**

Terms of Trade-Effekte können nicht nur bei einer geringen Anzahl von Ländern auftreten, sondern auch wenn viele Länder im Wettbewerb stehen. Diese sind dann zu beobachten, wenn sehr große Länder am Wettbewerb um mobiles Kapital beteiligt sind. Die Analyse asymmetrischen Kapitalsteuerwettbewerbs wird deshalb Gegenstand des nächsten Abschnitts sein.

### 2.1.2. Asymmetrischer Steuerwettbewerb

In diesem Abschnitt wird stärker die Frage im Mittelpunkt stehen, warum Staaten auch langfristig nicht miteinander kooperieren. Sicher könnte man einwenden, dass bei einer Koordination von Kapitalsteuern jeder Staat einen Anreiz hat, von der kooperativen Lösung abzuweichen. Betrachtet man aber nicht nur ein einmaliges Spiel, so könnte Kooperation langfristig ein Gleichgewicht darstellen.

---

[23] Strikt gesprochen untersucht das Modell von Zodrow / Mieszkowski nur eine Welt vollständiger Kapitalimmobilität und kontrastiert diese mit einem Zustand vollkommener Kapitalmobilität, während Hypothese 1 einen kontinuierlichen Zusammenhang betrachtet.

Denn im Grundmodell des Steuerwettbewerbs stellen sich alle Länder schlechter, so dass es langfristig für jedes Land sinnvoll ist, sich kooperativ zu verhalten.

Zentral für die Ergebnisse des letzten Abschnitts war die Annahme der Symmetrie zwischen den Staaten. Dieser Abschnitt wird jedoch zeigen, dass es für kleine Länder optimal sein kann, *dauerhaft* nicht zu kooperieren. Durch die Aufgabe der Annahme symmetrischer Staaten soll im Folgenden gezeigt werden, dass Steuerwettbewerb, obwohl aus einer weltwirtschaftlichen Perspektive betrachtet (weiterhin) ineffizient, für einige Länder wohlfahrtssteigernd sein kann. Die folgenden Ausführungen stützen sich auf die Arbeiten von Bucovetsky (1991) und Wilson (1991). Einziger Unterschied zwischen den Ländern besteht in der Zahl der Einwohner, während die restlichen Annahmen des Grundmodells weiterhin gültig sind.

Am einfachsten lässt sich asymmetrischer Steuerwettbewerb für den Zweiländerfall analysieren, in welchem das Inland mehr als die Hälfte der Weltbevölkerung aufweist. Der Steuersatz eines Landes ist auch bei asymmetrischem Steuerwettbewerb eine Funktion der Steuersätze der anderen Länder. Neben dieser bereits im letzten Kapital dargestellten Interdependenz, geht in die Reaktionsfunktion eines Landes aber eine weitere Größe ein. Die Steuersatzwahl eines Landes ist nicht mehr nur abhängig vom Steuersatz der anderen Länder, sondern auch von der Bevölkerungsgröße. Für die Existenz einer eindeutigen Beziehung zwischen dem Steuersatz und der Bevölkerungsgröße muss ferner die Annahme, dass es für jeden Steuersatz des Auslandes einen – und nur einen – optimalen Steuersatz des Inlandes gibt, zusätzlich eingeführt werden (Wilson 1991 433).[24]

Wie sehen die Steuersätze im Gleichgewicht aus? Aufgrund der Annahme perfekter Kapitalmobilität müssen in beiden Ländern die Grenzkosten des Kapitals dem Wertgrenzprodukt des Kapitals entsprechen. Letzteres setzt sich aus dem Zinssatz und dem Steuersatz zusammen. Konträr zu dem Grundmodell aus 2.1.1 existieren jedoch keine identischen Steuersätze. Obwohl die beiden Länder in ihrer Produktionstechnologie und den Präferenzen der Bürger absolut identisch sind, wird das kleine Land einen geringeren Steuersatz wählen als das große Land. Bei unterschiedlichen Bevölkerungsanteilen werden Staaten im Gleichgewicht Kapital unterschiedlich belasten. Ursache für die divergierenden Steuersätze ist der Terms of Trade-Effekt. Hebt das große Land seinen Steuersatz an, strömt Kapital aus dem Land. Folge des Kapitalabflusses ist ein Anstieg des Wertgrenzprodukts des Kapitals im großen Land. Das Grenzprodukt des Kapitals

---

[24] Die Existenz multipler Gleichgewichte kann von beiden Autoren nicht ausgeschlossen werden. Bucovetsky´s Ausführungen werden zusätzlich eingeschränkt, indem die Ergebnisse nicht über den Spezialfall quadratischer Produktionsfunktionen hinaus verallgemeinert werden können (1991 175 ff.).

wird aber – im Gegensatz zum Fall des kleinen Landes – um weniger steigen als die Steuererhöhung. Da das große Land einen relativ hohen Anteil an der Weltbevölkerung aufweißt, wird ein Teil der Steuererhöhung wieder wettgemacht, indem der Zinssatz am Kapitalmarkt sinkt. Wenn der Steuersatz ansteigt, muss das Wertgrenzprodukt des Kapitals um weniger ansteigen als der Steuersatz, da gleichzeitig durch das Absinken der Vorsteuerrendite ein Teil der Steuersatzerhöhung wieder ausgeglichen wird (Bucovetsky 1991 170-172).

Große Länder werden weniger stark um Kapital konkurrieren, da sich Steuersenkungen für diese Länder weniger lohnen. Besonders sichtbar wird dieser Effekt bei deutlichen Bevölkerungsunterschieden. Wenn der Anteil des kleinen Landes an der Weltbevölkerung sehr klein ist, dann ist der Steuerwettbewerbseffekt aus Sicht eines großen Landes so gut wie nicht existent. Dies ist der entscheidende Unterschied zum Grundmodell aus 2.1.1. Ein Land reagiert umso weniger auf Steuersatzänderungen, je größer sein Anteil an der Weltbevölkerung ist, während kleine Länder sich einen relativ hohen Anteil der ausländischen BMG aneignen können. Das Modell asymmetrischen Steuerwettbewerbs postuliert damit folgenden Zusammenhang:

**Hypothese 2:**
**Je geringer der Anteil eines Landes an der Weltbevölkerung ist, umso niedriger wird sein Steuersatz auf Kapital sein.**

Das kleine Land profitiert dagegen von dem großen Land und wird einen niedrigeren Steuersatz im Gleichgewicht wählen. Da das große Land einen höheren Steuersatz erheben wird, ist das kleine Land ein Nettokapitalimporteur. Im Vgl. zu dem großen Land haben die Bürger des kleinen Landes einen höheren Pro-Kopf Lohn und ein höheres Pro-Kopf Einkommen. Ob der kleine Staat sich letztendlich durch den Steuerwettbewerb besser stellen kann, wird von zwei gegenläufigen Effekten abhängen. Einmal profitiert das kleine Land aufgrund der Nettokapitalimporte. Dieser Verteilungseffekt ist auf Unterschiede in den Ländergrößen zurückzuführen. Dem ist der Nachteil aus dem ineffizienten Steuerwettbewerb entgegenzuhalten. Sind die Bevölkerungsunterschiede zwischen den Ländern sehr groß, so überwiegt der positive Effekt (Wilson 1991 438-439). Dies wird besonders deutlich, wenn das große Land fast die gesamte Weltbevölkerung auf sich vereint. Bei einem so hohen Anteil an der Weltbevölkerung ist die Reagibilität des großen Landes auf Steuersatzänderungen faktisch nicht existent. Das große Land wird folglich einen Steuersatz wählen, welcher demjenigen bei Koordination von Kapitalsteuern bzw. mangelnder Mobilität des Kapitals entspricht. Das kleine Land wird jedoch immer aufgrund seiner hohen Reagibilität das große Land unterbieten.

Abbildung 3 stellt die beiden möglichen Spielstrukturen dar. Die Zahlen dienen lediglich zur Illustration der Konfliktstruktur. Wenn die Unterschiede zwischen den beiden Ländern nicht allzu groß sind, dann entspricht die Struktur des Wettbewerbs weiterhin einem Gefangenendilemma (vgl. 3a). In diesem Fall wäre eine Koordination zwischen den beiden Ländern zumindest langfristig möglich. Bei hinreichend großen Differenzen in der Ländergröße überwiegt jedoch der Verteilungseffekt, so dass das kleine Land sich bei einer Koordination der Steuern nur schlechter stellen kann. In diesem Fall hat das kleine Land dauerhaft die dominante Strategie sich unkooperativ zu verhalten.[25] Da die Summe der Auszahlungen im rechten, unteren Quadranten größer ist als im Nash-Gleichgewicht, ist Steuerwettbewerb auch unter asymmetrischen Wettbewerb von einer weltwirtschaftlichen Perspektive aus betrachtet weiterhin ineffizient. Ohne ein zusätzliches Politikinstrument ist es in diesem Fall nicht möglich die Kooperationslösung zu erreichen.

**Abbildung 3: Konfliktstrukturen bei asymmetrischen Steuerwettbewerb**

**a)**

| | Großes Land *Kooperation*: nein | Großes Land *Kooperation*: ja |
|---|---|---|
| kleines Land: nein | **2/2*** | **4/1** |
| kleines Land: ja | **1/4** | **3/3** |

**b)**

| | Großes Land *Kooperation*: nein | Großes Land *Kooperation*: ja |
|---|---|---|
| sehr kleines Land: nein | **3/2*** | **4/1** |
| sehr kleines Land: ja | **1/4** | **2/4** |

Die Einführung von asymmetrischem Steuerwettbewerb impliziert, dass Wettbewerb um mobiles Kapital nicht zwangsläufig als reines Gefangenendilemma interpretiert werden sollte. Wenn Länder sich hinsichtlich ihrer Größe deutlich unterscheiden, tritt neben dem Kooperationsproblem auch ein Verteilungsproblem auf. Dieses erschwert den Weg zur Kooperation. Wenn aber beispielsweise Transfers zwischen den Staaten zugelassen sind, könnte auch unter diesen Bedingungen eine kooperative Lösung erreicht werden. Unabhängig von den ungewissen Wohlfahrtseffekten für das kleine Land stellt sich das große Land jedoch immer schlechter als in einer Situation ohne Steuerwettbewerb.

---

[25] Auch in einem Gefangenendilemma stellt Kooperation eine strikt dominierte Strategie dar. Der Unterschied in den beiden Konfliktstrukturen besteht jedoch darin, dass die Kooperationslösung in einem Gefangenendilemma langfristig möglich ist, während bei deutlichen Asymmetrien in der Ländergröße Kooperation ohne Finanzausgleich auch langfristig unmöglich ist.

### 2.1.3. Steuerwettbewerb mit mehreren Steuerinstrumenten

In diesem letzten Abschnitt zum Grundmodell des Steuerwettbewerbs, wird das Set an Steuerinstrumenten erweitert. Bisher wurde stets angenommen, dass nur eine Quellensteuer auf den Kapitaleinsatz zur Verfügung steht. Diese Annahme wird nun aufgegeben. Unabhängig von der Zahl der Steuerinstrumente bleiben die allokativen Verzerrungen des Steuerwettbewerbs weiterhin bestehen, wenn Kapital an der Quelle besteuert wird.

Bucovetsky / Wilson (1991) untersuchen die Auswirkungen von Steuerwettbewerb, wenn den Staaten neben der Quellensteuer auch eine Steuer auf den Faktor Arbeit bzw. eine Kapitalsteuer gemäß dem Wohnsitzlandprinzip zur Verfügung steht. Die Bürger eines Landes treffen, nachdem das Land seine Steuersätze festgelegt hat, eine Entscheidung bzgl. des Arbeitsangebots. Ferner müssen sie, da es sich um ein zweiperiodiges Modell handelt, ihre Anfangsausstattung auf die beiden Perioden aufteilen. Derjenige Teil der Anfangsausstattung, der erst in der zweiten Periode konsumiert wird, kann am Kapitalmarkt zum dortigen Zinssatz angelegt werden (ebenda 335-337).

Wenn den Staaten eine ESt und eine Quellensteuer auf Kapital zur Verfügung stehen, ist die Bereitstellung öffentlicher Güter weiterhin zu gering. Denn an der grundlegenden Externalität, hat sich nichts geändert. Wenn Kapital aus einer Volkswirtschaft abfließt, geht dies immer noch mit einem Zufluss an Kapital in eine andere Volkswirtschaft einher. Die Externalität zwischen den Ländern, lässt sich aber jetzt aus der Interaktion des Arbeits- mit dem Kapitalmarkt erklären. Selbst wenn eine Volkswirtschaft die Staatsausgaben über eine Steuer auf den Faktor Arbeit finanziert, ergeben sich durch diese Rückwirkungen auf die Kapitalallokation. Wenn Arbeit elastisch angeboten wird, dann führen hohe Steuern auf den Faktor Arbeit zu einer Reduktion des Arbeitsangebots. Erhöht eine Volkswirtschaft ihre Einkommenssteuersätze, dann wird Arbeit relativ knapp. Der Wandel in den Knappheiten führt dazu, dass das Faktorpreisverhältnis in einem ersten Schritt sich zuungunsten des Kapitals ändert. Da aber Kapitaleinkommensbesitzer weltweit dieselbe Rendite verdienen können, kommt es zu einer Reallokation des Kapitals. Im Ausland führt die Änderung in den Knappheitsverhältnissen wiederum zu einem steigenden Arbeitsangebot. Das aufgrund des Lohnanstiegs zunehmende Arbeitsangebot, kann daher die verzerrende Wirkung einer ESt im Ausland wieder wettmachen (ebenda 1991 338 ff.).

Im Gleichgewicht sind die Steuersätze auf Kapital und Arbeit beide positiv. Das Verhältnis der beiden Steuersätze wird aber im Falle symmetrischer Länder wiederum durch die Anzahl der Länder determiniert. Die grundlegende Aussage von Hoyt (1991) aus Abschnitt 2.1.1, wonach der Steuersatz auf Kapital mit der

Zahl der am Wettbewerb beteiligten Länder sinkt, trifft auch dann zu, wenn mehrere Steuerinstrumente vorhanden sind. Der Steuersatz auf Kapital wird dabei umso niedriger sein, je kleiner die Länder sind. Ist der Anteil eines Landes an der Weltbevölkerung verschwindend gering, dann konvergiert der Kapitalsteuersatz gegen null. Wenn die Länder sehr klein sind, dann ist die Elastizität des Kapitals unendlich, während die Elastizität des Faktors Arbeit endlich ist. Das kleine Land wird deshalb die Staatsausgaben vollständig über die ESt finanzieren. Folgende Hypothesen lassen sich aus der Analyse des Steuerwettbewerbs mit zwei Steuerinstrumenten generieren:

**Hypothese 3:**
**Wenn die Kapitalmobilität steigt, sinkt das Verhältnis von Kapital- zu Arbeitssteuern.**

**Hypothese 4:**
**Je kleiner die Volkswirtschaft, desto geringer ist die Relation von Kapital- zu Arbeitssteuern.**

Auch bei Vorhandensein mehrerer Steuerinstrumente ist Steuerwettbewerb folglich schädlich. Steigende Kapitalmobilität führt bei mehreren Steuerinstrumenten dazu, dass nicht nur der Kapitalsteuersatz für sich genommen unter Druck gerät, sondern dass auch die Relation zwischen Kapital- und Einkommenssteuern absinkt. Je kleiner die Volkswirtschaft ist, desto stärker wird das Verhältnis der beiden Steuersätze sinken. Das Vorhandensein multipler Steuerinstrumente führt somit zu einer weiteren Ineffizienz. Da Kapital nur aus Sicht einer Volkswirtschaft, nicht aber von einem weltwirtschaftlichen Standpunkt aus betrachtet mobil ist, werden politische Entscheidungsträger zu sehr die ESt zur Finanzierung öffentlicher Güter heranziehen. Zunehmende Marktintegration führt also auch zu einer ineffizienten Wahl der Steuerstruktur.

Die Ergebnisse ändern sich gravierend, wenn statt einer ESt auf eine Wohnsitzlandbesteuerung des Kapitals zurückgegriffen werden kann. Wenn eine Besteuerung von Kapital nach dem Wohnsitzlandprinzip möglich ist, kommt der Steuerwettbewerb vollständig zum Erliegen. Da sich der Produktionsfaktor Kapital auch bei einer Auslandsanlage nicht der Besteuerung im Heimatland entziehen kann, gibt es keinen Anreiz im Ausland zu investieren.[26] Die Ursache von Steuerwettbewerb ist also nicht durch Kapitalmobilität an sich, sondern durch die Wahl von Quellensteuern begründet. Es sei aber jetzt schon darauf verwiesen, dass diese optimistischen Schlüsse sich nicht aufrechterhalten lassen, wenn die Staaten keine Kenntnis über die ausländischen Einkommen ihrer Bürger haben. Der Wettbewerb um Kapital wird in diesem Fall durch einen Wettbewerb um

[26] Wie in allen bisher diskutierten Modellen unterstellen Bucovetsky / Wilson (1991), dass der alleinige Grund für Auslandsanlagen in der Ausnutzung steuerlicher Unterschiede besteht.

Informationen ersetzt. Abstrahiert man – wie die beiden Autoren – von solchen Informationsasymmetrien, dann führt eine Wohnsitzlandbesteuerung zu effizienten Ergebnissen.

### 2.1.4. Politische Ökonomie des Steuerwettbewerbs

In 2.1.2 wurde auf unterschiedliche Ländergrößen verwiesen, um eine Divergenz in den Steuersätzen zu begründen. In diesem Abschnitt wird dagegen die Rolle politischer Faktoren thematisiert. Darüber hinaus wird dieser Abschnitt eine Änderung der normativen Bewertung des Kapitalsteuerwettbewerbs mit sich bringen. Steuerwettbewerb für sich genommen ist weiterhin ineffizient. Jedoch kann Steuerwettbewerb als Instrument genutzt werden, um andere Ineffizienzen auszugleichen. Wenn man die Annahme des benevolenten Diktators aufgibt oder Verteilungskonflikte zwischen den Gesellschaftsmitgliedern zulässt, dann fällt die Besteuerung von Kapital „zu hoch" aus. Folglich ist die Ausgangsbedingung, d.h. der Zeitpunkt in welchem Kapital immobil ist, nicht mehr identisch im Vgl. zu den apolitischen Modellen der vorangegangenen Abschnitte. Wenn die Steuersätze in der geschlossenen Volkswirtschaft aber zu hoch sind, dann kann Steuerwettbewerb dazu beitragen, die Friktionen des politischen Prozesses zu reduzieren. In diesem Fall können ökonomische Ineffizienzen politische Störungen ausgleichen.

Es existieren mittlerweile einige Aufsätze aus der Public-Choice-Literatur, welche die Interaktion von politischen Friktionen und Steuerwettbewerb analysieren. Zuerst soll ein Leviathan-Modell des Steuerwettbewerbs vorgestellt werden. In diesem Modell ist der politische Entscheidungsträger exogen. Das Modell ist daher in seiner Grundstruktur eng an die vorangegangenen Modelle angelehnt. Lediglich die Annahme bzgl. der Benevolenz des politischen Entscheidungsträgers wird aufgeweicht, indem in die Nutzenfunktion des Leviathans eine zweite, eigennützige Komponente einfließt. Im Anschluss daran wird ein Modell von Persson / Tabellini (1992) vorgestellt, in welchem der politische Entscheidungsträger durch Wahl bestimmt wird. Politische Störungen sind in diesem Ansatz das Resultat der Mehrheitsregel, da der Medianwähler die Höhe der Steuersätze festlegt.

Das Modell von Edwards / Keen (1996) ähnelt sehr stark dem Grundmodell des Steuerwettbewerbs. Der einzige Unterschied zu diesem besteht in der Nutzenfunktion des politischen Entscheidungsträgers. Dieser ist nur noch bedingt benevolent, d.h. ein Teil seines Nutzens resultiert aus der unproduktiven Verwendung der Staatsausgaben. In die Nutzenfunktion des Leviathans geht deshalb nicht nur das Wohlbefinden der Staatsbürger ein, sondern auch das Niveau an Verschwendung. Die Verschwendung könnte einmal den Politikern selbst zugute kommen. Neben dieser eher engen Sichtweise kann Verschwendung aber auch in einem weiteren Sinne interpretiert werden. Die Autoren rechtfertigen die Bereitschaft zur Verschwendung insbesondere durch unproduktive Staatsausgaben, die Folge des Einflusses von Interessengruppen oder der staatlichen Bürokratie sind (ebenda 117).

Da der Nutzen der Leviathan-Regierung aber zumindest partiell vom Wohlbefinden der Staatsbürger abhängt, wird die Allokation zwischen dem privaten und dem (produktiven) öffentlichen Gut nicht verzerrt. Der Leviathan verwendet auf der einen Seite zwar einen Teil der Staatseinnahmen zu seinen eigenen Gunsten, geht aber mit den restlichen Ressourcen effizient um. Dies impliziert, dass das Austauschverhältnis zwischen öffentlichen und privaten Gut identisch zum Grundmodell des Steuerwettbewerbs ist (ebenda 120 ff.).

Steuerwettbewerb führt zu einer unkooperativen Festlegung der Steuersätze, d.h. dass auch unter einer Leviathan-Regierung das Austauschverhältnis zwischen dem öffentlichen und dem privaten Gut nicht der Grenzrate der Substitution entspricht, da die Kosten des öffentlichen Gutes überschätzt werden. Die Grenzrate der Substitution zwischen den produktiven und unproduktiven Staatsausgaben ist dagegen gleich dem Preis, den der Leviathan für das Wohlbefinden der Staatsbürger ausgeben muss. Er wird solange den Anteil unproduktiver Staatsausgaben steigern bis der zusätzliche Nutzen aus einer kleinen Steigerung der Verschwendung dem Verlust an Bürgerwohlfahrt entspricht.

Ausgehend von diesem unkooperativen Gleichgewicht untersuchen die Autoren, ob eine Koordination der Steuern die Wohlfahrt der Bürger steigert. Steuerkoordination führt zu einer Erhöhung des Kapitalsteuersatzes. Diese Erhöhung ist gleichbedeutend mit einem Ressourcenabzug aus dem privaten Sektor, da die Steuererhöhung das verfügbare Einkommen der Bürger reduziert. Die Steuererhöhung geht somit mit einer Reduktion des privaten Gutes einher. Für die Leviathan-Regierung ergibt sich dabei immer eine Wohlfahrtssteigerung, da die zusätzlichen Steuereinnahmen entweder für eine Ausweitung der Verschwendung oder aber für die zusätzliche Bereitstellung des öffentlichen Gutes verwendet werden können. Während ein Leviathan-Staat sich durch eine Koordination immer besser stellt, sind die Wohlfahrtseffekte einer Steuerkoordination für die Bürger jedoch unklar. Wenn die Elastizität des Kapitals größer ist als die marginale Neigung zur Verschwendung, dann lohnt sich eine Steuerkoordination auch unter einem Leviathan-Staat. Am leichtesten fällt eine Interpretation der Wohlfahrtseffekte, wenn man zuerst zwei Spezialfälle unterscheidet. Ist die Regierung annähernd ein reiner Leviathan, dann stellt eine Steuerkoordination die Bürger immer schlechter. In diesem Spezialfall werden die zusätzlichen Steuereinnahmen, die mit einer Reduktion des privaten Gutes in derselben Höhe einhergehen, fast vollständig für Verschwendung ausgegeben. Dies ist das

Szenario, welches in vielen Public-Choice-Analysen unterstellt wird und in der klassischen Arbeit von Brennan / Buchanan deutlich zum Ausdruck kommt:

*„Within a constitutionally designed federal structure, we would predict that there would be constant pressures by competitive lower-level governments to secure institutional rearrangements that would moderate competitive pressures. (...) The intergovernmental competition that a genuinely federal structure offers may be constitutionally "efficient", regardless of the more familiar considerations of interunit Spill-overs in the orthodox theory of fiscal federalism" (1980 182 und 185).*

Steuerwettbewerb ist unter dieser Sichtweise für die Bürger eines Landes immer förderlich, da durch Steuerwettbewerb die Macht des Staates eingeschränkt wird. Der zweite Extremfall ist der einer annähernd benevolenten Regierung. Das Grundmodell aus 2.1.1 ist somit lediglich ein Spezialfall des Modells der beiden Autoren. Unter dieser Annahme wäre eine Koordination immer im Sinne der Bürger. Zwischen diesen beiden Extremfällen gibt es Zustände, in denen Steuerwettbewerb förderlich oder schädlich sein kann. Eine Eliminierung des Steuerwettbewerbs wird um so eher wohlfahrtssteigernd sein, wenn erstens der Nutzen der Staatsbürger aus Sicht des Leviathans ein normales Gut darstellt und zweitens das Austauschverhältnis zwischen öffentlichem und privatem Gut unter Steuerwettbewerb deutlich größer als 1 ist. Aus der Annahme eines normalen Gutes folgt, dass der Leviathan von jedem zusätzlichen Euro, den er über die Koordination erhält, einen Teil für produktive Staatsausgaben verwenden wird. Wenn dagegen die Grenzrate der Substitution deutlich größer als 1 ist, dann impliziert dies besonders große durch den Steuerwettbewerb induzierte Ineffizienzen. Die Eliminierung des Steuerwettbewerbs lohnt sich dann auf jeden Fall, solange ein Teil der zusätzlichen Steuereinnahmen für das öffentliche Gut verwendet werden. Auf der anderen Seite wird Steuerwettbewerb eher wohlfahrtsverbessernd sein, je stärker der Grenznutzen der Bürger in Bezug auf das öffentliche Gut mit der Höhe der Bereitstellung desselben abnimmt. (Edwards / Keen 1996 123-124). Vergleicht man einen Leviathan-Staat mit einer rein benevolenten Regierung, so sollte ersterer in einer geschlossenen Volkswirtschaft die höheren Steuersätze erheben. Diese Beziehung sollte auch bei steigender Kapitalmobilität noch existieren, da sich nur bei einer sehr hohen Elastizität des Kapitals die Steuerbelastung eines Leviathan-Staates an die einer benevolenten Regierung angleichen dürfte. Deshalb sollte der folgende Zusammenhang gelten:

**Hypothese 5:**
**Je stärker eine Regierung zur „Verschwendung" neigt, desto höher werden die Kapitalsteuersätze sein.**

Das Modell der Autoren zeigt, dass die normative Einschätzung bzgl. der Auswirkungen des Steuerwettbewerbs nicht unabhängig von der Bewertung des politischen Entscheidungsträgers ist. Die starken Ergebnisse des Grundmodells waren u.a. auch durch die Annahme eines benevolenten Diktators getrieben. Gibt man diese Annahme auf, so ist Steuerwettbewerb nicht zwingend schädlich. Steuerwettbewerb ist in diesem Modell ein Instrument, mit welchem es möglich ist, verschwenderischen Staatsausgaben auszuweichen. Dies gilt jedoch nur für den mobilen Faktor. Stünde dem Leviathan eine Steuer auf die Lohneinkommen zur Verfügung, dann würde sich für die Lohneinkommensbezieher nichts ändern. Steuerwettbewerb hilft den mobilen Produktionsfaktoren, während der immobile Faktor nach wie vor seine Last zu tragen hat (Apolte 2001).

Nachdem der Ansatz von Edwards / Keen erläutert wurde, soll abschließend ein politökonomisches Modell von Person / Tabellini (1992) betrachtet werden. Das Modell legt den Schwerpunkt auf die Auswahl des politischen Entscheidungsträgers. Auch in diesem Ansatz kann lediglich eine Steuer auf Kapital zur Finanzierung redistributiver Staatsausgaben herangezogen werden. Das Modell hat folgende Struktur: Zuerst werden die politischen Entscheidungsträger mit Hilfe der Mehrheitsregel in beiden Ländern simultan gewählt. Danach legen beide Politiker die Höhe des Steuersatzes auf Kapital fest. In der dritten Stufe wählen die Individuen zwischen Konsum und Investition.

Das Spiel geht über zwei Perioden. In der ersten Periode erhält jedes Individuum eine Anfangsausstattung (1+e). Diese ist exogen, da die Entstehung des Volkseinkommens nicht modelliert wird. Die untere und obere Schranke von e wird durch das Intervall -1; 1 festgelegt. Der Durchschnitt liegt bei null, während die Medianwählerausstattung negativ ist. Der Medianwähler stammt folglich aus der Unterschicht bzw. unteren Mittelschicht, da seine gesamte Anfangsausstattung zwischen 0 und 1 liegt. Das Modell befasst sich also mit Verteilungskonflikten zwischen „armen" und „reichen" Individuen, da die personelle statt der funktionalen Einkommensverteilung im Zentrum der Analyse steht.

Die Individuen können ihr „Guthaben" für Konsum- oder Anlagezwecke nutzen. Das Einkommen kann sowohl im In- als auch im Ausland angelegt werden. In der zweiten Periode wird eine Kapitalsteuer auf das in Periode 1 angelegte Kapital erhoben. Die Einnahmen aus der Quellensteuer werden per lump-sum Transfer an die Individuen zurückgeschleust. Die Steuereinnahmen des Staates setzen sich dabei aus den von den Inländern im Inland angelegten Geldern und ausländischen Direktinvestitionen zusammen. Der Konsum eines Individuums in der zweiten Periode setzt sich aus der Anfangsaustattung abzüglich des Konsums in der ersten Periode und dem um die Steuerzahlung verminderten Ertrag des im In- und Ausland investierten Kapitals zusammen. Die Anlage im Ausland ist jedoch mit Mobilitätskosten verbunden. Deren Berücksichtigung ist eine Neuheit im Vgl. zu den bisher behandelten Modellen, da diese immer perfekte Kapitalmobilität unterstellt haben. Die Grenzkosten der Kapitalmobilität sind positiv und zunehmend in der Höhe des im Ausland investierten Kapitals (ebenda 691-692).

In der ersten Periode muss sich jedes Individuum entscheiden, wie viel es investiert bzw. konsumiert. Da in der zweiten Periode das in der ersten Periode investierte Kapital besteuert wird, muss der Konsum in der ersten Periode positiv vom Steuersatz abhängen. Neben der Konsum- vs. Investitionsentscheidung muss das Individuum bestimmen, wo es sein Kapital investieren möchte. Die Höhe des Steuersatzes im Inland ist dabei für die Optimierung zwischen Konsum und Investition relevant. Ist die Höhe der Investition einmal festgelegt, dann sind die Differenzen in den Steuersätzen und die Mobilitätskosten die entscheidenden Größen, welche für die räumliche Allokation des Kapitals sorgen.

Der politische Entscheidungsträger lässt sich, analog zu den Entscheidungsträgern der vorangegangenen Abschnitte, ebenfalls auf einen Steuerwettbewerb ein. Nicht so jedoch der Medianwähler, der aufgrund der zeitlichen Struktur des Spiels die Implikationen des Steuerwettbewerbs durchschaut und bei seiner Wahlentscheidung die Folgen des Steuerwettbewerbs berücksichtigt. Die Wohlfahrt des gewählten Entscheidungsträgers ist dabei positiv abhängig von seinem Konsum in der ersten Periode, den Anlagemöglichkeiten im In- und Ausland, seiner Anfangsausstattung sowie den durch die Direktinvestitionen der Ausländer im Heimatland eingenommenen Steuereinnahmen. Diese Größen sind eine Funktion des Steuersatzes, welcher wiederum von der Höhe der Mobilitätskosten abhängt. Der von dem Politiker gewählte Kapitalsteuersatz wird umso höher sein, je größer die Differenz zwischen dem durchschnittlichen Einkommen und dem Politikereinkommen ist. Ursache für diesen Effekt ist, dass Menschen mit hohem Einkommen eine höhere Kapitalanlage im Inland tätigen als arme Individuen. Je ärmer der Entscheidungsträger ist, desto höher wird der Steuersatz ausfallen, da ein hoher Kapitalsteuersatz Einkommen von reicheren zu ärmeren Menschen umverteilt.

Dem steht auf der anderen Seite der Abfluss an Kapital gegenüber, da bei einer Erhöhung des inländischen Steuersatzes aus- und inländisches Kapital aus dem Inland vertrieben wird. Ferner ergibt sich auch ein intertemporaler Effekt, da hohe Steuersätze eine stärkere Konsumpräferenz induzieren. Dieser Effekt war – mit Ausnahme der Arbeit von Bucovetsky / Wilson aus 2.1.3 – in den bisher besprochenen Modellen, aufgrund der Annahme eines fixen Weltkapitalstocks, nicht aufgetreten. Wenn die Ersparnis variabel ist, verzerren Steuern die intertemporale Allokation des Kapitals. Es treten somit bei einer inländischen Steuersatzerhöhung drei negative Effekte auf: Neben einem verringerten Sparanreiz strömt inländisches Kapital sowie das von Ausländern im Inland investierte Kapital aus dem Land (ebenda 693-694).

Wendet man sich dem Auswahlprozess des politischen Entscheidungsträgers zu, so kann nicht gefolgert werden, dass der gewählte Politiker derjenige mit Medianeinkommen ist. Es ist vielmehr derjenige Politiker, der den Nutzen des Medianwählers maximiert. Denn unter rationalen Erwartungen antizipiert der Medianwähler, dass in der zweiten Stufe des Spiels die beiden politischen Entscheidungsträger im Steuerwettbewerb stehen. Durch die Auswahl der Regierung kann der Medianwähler die Steuersatzwahl in der zweiten Stufe beeinflussen und somit den Steuerwettbewerbseffekt mildern.

Es stellt sich die Frage welchen Politiker er wählen wird? Entscheidend für die Auswahl sind die Relationen zwischen den Medianwählereinkommen in den beiden Ländern. Haben beide Medianwähler dieselbe Ausstattung, so ist das Ergebnis eindeutig. Wenn die Einkommen des in- und ausländischen Wählers identisch sind, dann werden in beiden Volkswirtschaften Politiker ausgewählt, die auf der Ideologieskala weiter „links" einzuordnen sind. Denn dann ist die Kapitalbilanz ausgeglichen, so dass lediglich der Steuerwettbewerbseffekt zur Geltung kommt. Durch die Wahl zweier „linker" Politiker, kann dieser abgefedert werden, da beide Politiker eine hohe Präferenz auf das Umverteilungsziel legen und deswegen weniger stark um Kapital konkurrieren. Aufgrund des sequentiellen Ablaufs gelingt es dem Medianwähler die Auswirkungen des Steuerwettbewerbes partiell zu internalisieren (ebenda 697).

Zentrale Aussage des Modells von Persson / Tabellini ist, dass der Medianwähler die Auswirkungen des Steuerwettbewerbs antizipiert, um den Wettbewerb zwischen den Staaten zu entschärfen. Dies war in den vorangegangenen Arbeiten nicht möglich, da die Auswahl des politischen Entscheidungsträgers exogen war. Ferner postuliert das Modell, dass es auch tatsächlich zu Unterschieden in der Steuerpolitik kommt, da es andernfalls sinnlos wäre die Verantwortung auf ein weiter „links" stehendes Individuum zu delegieren. Da es sich um ein Medianwählermodell handelt, in dem die Parteien volle ideologische Flexibilität aufweisen, d.h. ideologische Unterschiede durch den Parteienwettbewerb eingeebnet werden, sollte bei steigender Kapitalmobilität das gesamte Parteienspektrum weiter nach links rücken. Folgende Hypothese lässt sich damit formulieren:

**Hypothese 6: Unter steigender Kapitalmobilität werden die Wirkungen des Steuerwettbewerbs entschärft, wenn die Parteien weiter nach „links" wandern.**

Vorstellbar wäre in der Realität jedoch auch, dass Parteien nur beschränkt ideologisch flexibel sind. Die Verteilungswirkungen der Globalisierung würden dann dadurch abgefedert, indem Parteien, die das Umverteilungsziel stärker gewichten, wieder verstärkt Regierungsverantwortung übernehmen. In diesem Fall würde das Modell eine Renaissance sozialdemokratischer Parteien im Zuge der Marktintegration prognostizieren. Dies war auch in den 90er Jahren der Fall, da in vielen Ländern konservative Mandatsinhaber von Sozialdemokraten abgelöst wurden.

### 2.1.5. Zusammenfassung und Ausblick

Die in 2.1 vorgestellten Modelle geben einen wichtigen Einblick über die Auswirkungen von Steuerwettbewerb. Sämtliche Modelle wurden im Zeitraum 1986-1996 entwickelt. Es wurden somit Ansätze aus der Frühphase der Literatur des Steuerwettbewerbs vorgestellt.

Im Grundmodell des Steuerwettbewerbs wurde darauf hingewiesen, dass bei mobilem Kapital und dezentraler Festsetzung der Steuersätze ein „Race to the bottom" ausgelöst wird. Auch bei mehreren Steuerinstrumenten, ändert sich die zentrale Implikation nicht, solange Steuern verzerrend wirken (vgl. Abschnitt 2.1.3). Kritisch gegen die Modelle muss angemerkt werden, dass in die Wohlfahrtsfunktion des Politikers auch ausländische Einkommen eingehen. Wie Huizinga / Nielsen (1997) jedoch zeigen, ist ein Abwärtswettlauf in den Steuersätzen nicht mehr zwingend, wenn in der Zielfunktion des Entscheidungsträgers nur inländische Staatsbürger berücksichtigt werden. In ihrem Modell kann der Staat neben einer Wohnsitzlandbesteuerung von Ersparnissen, auch auf eine Quellensteuer auf den Kapitaleinsatz sowie auf eine Gewinnsteuer zurückgreifen. Die Autoren unterstellen, dass ein Teil der Unternehmen sich in ausländischer Hand befindet. Wenn ein Teil der Unternehmen ausländischen Aktionären gehört, ist es für ein Land optimal, die Profite des Unternehmens zu besteuern. Einmal werden durch die Gewinnsteuer keine Allokationsverzerrungen induziert. Ferner kann ausländisches Einkommen mit Hilfe eines Transfers den Inländern zur Verfügung gestellt werden. Der zentrale Planer wird daher versuchen, soweit wie möglich auf die Gewinnsteuer zurückzugreifen (ebenda 160 ff.). Wenn in die Wohlfahrtsfunktion des Politikers nur inländische Staatsbürger eingehen, dann führt das Steuerexportmotiv zu einer Abschwächung des Steuerwettbewerbs, da die von ausländischen Anteilseignern eingenommenen Steuern zu den Staatsbürgern hin umverteilt werden können (Wilson 1999 276). Je höher der Anteil der Unternehmen, die sich in ausländischer Hand befinden, desto eher sollte die durch die Kapitalmobilität induzierte Abwärtsbewegung in den Steuersätzen abgemildert werden.

Weiter ist an dem Grundmodell problematisch, dass die Bedeutung des öffentlichen Gutes nicht stärker herausgearbeitet wird. Wenn das öffentliche Gut auch als Inputgut genutzt werden kann, dann ist es keinesfalls zwingend, dass steigende Kapitalmobilität – wie von Zodrow / Mieszkowski unterstellt – zu Steuerwettbewerb führt. Bei öffentlichen Inputgütern kann sowohl eine Unter- als auch eine Überversorgung eintreten. (Noisset 1995; Sinn 1997). Denn implizite

Annahme des Grundmodells aus 2.1.1 ist, dass das öffentliche Gut den Unternehmen keinen Nutzen stiftet. Solange der Staat auch Ausgaben tätigt, die Unternehmen zugute kommen, muss ein Abwärtswettlauf in den Steuersätzen nicht zwangsläufig die Folge steigender Kapitalmobilität sein. Diesen Aspekt hebt insbesondere Sinn (1997 257) hervor: "The problem of systems competition is not the underprovision of public goods. The true problems arise from its distributional implications". Solange der Steuerzahlung eines Unternehmens auch öffentliche Leistungen gegenüber stehen, welche für die Unternehmen von Nutzen sind, sollte Kapitalmobilität einen nur begrenzten Einfluss auf die Steuerbelastung ausüben.

Diese These wird von Keen / Marchand (1997) theoretisch untermauert. Die Autoren untersuchen Wettbewerb zwischen Ländern, wenn sowohl öffentliche Güter, wie z.B. Parkanlagen oder Schwimmbäder, als auch Inputgüter angeboten werden. Die Ergebnisse lassen darauf schließen, dass der Wettbewerb bei „unproduktiven", d.h. nicht den mobilen Faktoren zugute kommenden staatlichen Leistungen, sehr viel schärfer ist. Im empirischen Teil sollte deswegen untersucht werden, ob nicht auch Staaten sich durchaus hohe Steuersätze erlauben können, solange sie über die Ausgabenseite den Unternehmen ein attraktives Güterbündel bereitstellen. Folgende Hypothese lässt sich daher formulieren:

**Hypothese 7:**
**Je stärker Staaten (aus Unternehmenssicht) produktive Ausgaben tätigen, desto höher werden die Kapitalsteuersätze sein.**

Nachfolgende Arbeiten haben insbesondere asymmetrischen Steuerwettbewerb und Störungen im politischen Prozess hervorgehoben. Neben dem Grad der Kapitalmobilität sollten sowohl die weltwirtschaftliche Bedeutung als auch die institutionelle Struktur eines Landes wesentliche Determinanten des Steuersatzes sein. Arbeiten aus der Public-Choice-Literatur haben ferner einen wichtigen Beitrag geleistet, indem sie zu einer Neubewertung der normativen Implikationen des Steuerwettbewerbs geführt haben. Wenn man die Annahme repräsentativer Individuen aufgibt, zeigt sich, dass Steuerwettbewerb positive Auswirkungen haben kann, da die Möglichkeit wohlhabende Individuen mit Hilfe der Mehrheitsregel auszubeuten, abnimmt. Die Androhung das Land zu verlassen ist in dem Modell von Person / Tabellini (1992) hilfreich, um Fehlallokationen des politischen Prozesses auszugleichen.

Selbst wenn ein begrenztes Maß an Umverteilung von reicheren zu ärmeren Bürgern akzeptiert wird, kann Steuerwettbewerb für (fast) alle Bürger zu Wohlfahrtsverbesserungen führen, wenn man Probleme der Delegation von Macht zwischen dem Bürger und dem politischen Entscheidungsträger berücksichtigt. Im Modell von Keen / Edwards (1996) kann Steuerwettbewerb für alle Gesellschaftsmitglieder nützlich sein, um die politische Rente des Leviathans abzubauen. Kann der Leviathan dagegen zusätzlich auf eine ESt zurückgreifen, profitiert jedoch allein der mobile Faktor von der zunehmenden Kapitalmobilität (Apolte 2001). Wird Arbeit relativ unelastisch angeboten, dann kann es sogar sein, dass der Leviathan-Staat die Einbußen bei der Kapitalbesteuerung über die Besteuerung von Arbeit wieder wettmacht. Kritisch gegen die Public-Choice-Ansätze ist einzuwenden, dass die Modellierung des politischen Prozesses bestenfalls als grobe Approximation an die Wirklichkeit verstanden werden kann. Die Ansätze können daher lediglich als Ausgangspunkt für die Ableitung empirisch relevanter Indikatoren dienen.

Sieht man von Person / Tabellini (1992) ab, war allen Modellen des 2. Kapitels gemein, dass sie Fortentwicklungen des grundlegenden Modells des Steuerwettbewerbs darstellen. Arbeiten aus dem nächsten Abschnitt werden das Modell vollständiger Konkurrenz aufgeben. Dagegen werden Friktionen am Güter- und Arbeitsmarkt verstärkt im Vordergrund stehen. Letztendlich kommen aber auch die meisten Modelle aus 2.2. zu dem Schluss, dass zunehmende Marktintegration zu i.d.R. niedrigeren Steuersätzen führt.

## 2.2. Wettbewerb um multinationale Unternehmen und mobile Gewinne

### 2.2.1. Imperfekte Kapitalmobilität und Zeitinkonsistenz

Mit Ausnahme des Modells von Person / Tabellini haben alle Modelle des Abschnitts 2.1. perfekte Kapitalmobilität vorausgesetzt. Doch auch jene Autoren vernachlässigen, obwohl sie imperfekte Kapitalmobilität in die Modellstruktur eingebaut haben, wichtige Aspekte bei der Ansiedlungsentscheidung. Denn in der Realität dürfte eine Direktinvestition nicht mit kontinuierlichen Kosten verbunden sein, sondern eine eher diskrete Entscheidung darstellen. Ex-ante sind multinationale Unternehmen mobil. Sobald aber die Produktionsstätte im Ausland errichtet ist, kann die ursprüngliche Entscheidung aufgrund von versunkenen Kosten nur schwer revidiert werden. Aufgrund von imperfekter Kapitalmobilität hat folglich dasjenige Land, in welchem der multinationale Konzern sich schon befindet, einen Kostenvorteil gegenüber einem potentiellen Zielland.

Diesem Aspekt widmen sich Doyle / van Wijnbergen (1994). In ihrem Modell verhandelt ein multinationaler Konzern mit dem Ausland um die Errichtung einer Produktionsstätte. Das Spiel ist dynamischer Natur. Sowohl das Unternehmen als auch das Ausland verfügen über perfekte Informationen. Das multinationale Unternehmen produziert eine Einheit Gewinn pro Periode. Dieser Gewinn wird zwischen den beiden Parteien aufgeteilt, indem das Unternehmen eine Steuerzahlung an das Ausland leistet. Dabei können die beiden Spieler alternierende Vorschläge machen. Das Ausland eröffnet zu Beginn einer Periode immer die Verhandlung, indem es ein Gebot bzgl. der Aufteilung des Gewinns abgibt. Dieser Vorschlag kann jedoch vom multinationalen Konzern zurückgewiesen werden. Diesem stehen zwei Alternativen zur Verfügung:

- Das Unternehmen kann einen alternativen Steuersatz anbieten. Dieses Alternativgebot ist jedoch mit neuen Kosten verbunden. Anders als im Rubinstein-Verhandlungsspiel (Rubinstein 1982) sind nicht beide Spieler von den Kosten betroffen. Lediglich der multinationale Konzern hat diese in Form erhöhter „Verwaltungskosten" zu tragen. Damit sich ein Gegengebot überhaupt lohnt, muss aufgrund dieser Befolgungskosten der vorgeschlagene Steuersatz niedriger sein als derjenige, den das Ausland vorgeschlagen hat.
- Dem multinationalen Unternehmen bietet sich als zweite Option die Revision der Ansiedlungsentscheidung an. Mit Hilfe einer „outside option" kann es sich der Besteuerung im Ausland entziehen, indem es mit einem anderen Land in Verhandlungen tritt.

Die Autoren unterstellen, dass der Konzern niemals zeitgleich mit zwei Ländern verhandeln kann.[27] Die Ansiedlungsentscheidung ist mit versunkenen Kosten verbunden. Bzgl. der Befolgungskosten wird angenommen, dass diese niemals positiv sind, solange der Konzern ein Gegenangebot unterbreitet, welches nicht geringer ist als der Vorschlag des Auslands. Liegt der vorgeschlagene Steuersatz jedoch unter dem des Auslands, aber über dem der Vorperiode, so sind die Befolgungskosten positiv. Diese Annahme wird noch weiter verschärft, indem die Befolgungskosten unendlich hoch sind, wenn der Vorschlag des Konzerns unter dem Steuersatz der Vorperiode liegt. (Doyle / van Wijnbergen 1994 213-215).

Wenn ein Spiel betrachtet wird, in welchem der Konzern nicht die Möglichkeit hat das Land zu verlassen, stellt sich als Ergebnis das Problem einer zeitinkonsistenten Politik ein. Denn der bei der Ansiedlungsentscheidung ausgehandelte Steuersatz kann nicht für die folgenden Perioden garantiert werden. Anders als im Rubinstein-Verhandlungsmodell, in welchem beide Parteien bei einer Nichteinigung Verluste zu tragen haben, entstehen dem Ausland bei einer Verzögerung der Entscheidung keine Kosten. Der multinationale Konzern wird niemals einen Steuersatz anbieten, der unter dem der Vorperiode liegt, da in diesem Fall die Befolgungskosten unendlich hoch sind. Auf der anderen Seite kann das Ausland nicht sofort einen extrem hohen Steuersatz wählen. Würde das Ausland diesen Zug durchführen, dann würde der Konzern mit einem Gegenangebot kontern, welches unter dem sehr hohen Steuersatz des Auslands, jedoch über dem Steuersatz der Vorperiode liegen würde. In diesem Fall wären zwar die Befolgungskosten positiv, aber nicht

[27] Durch diese Annahme wird Steuerwettbewerb zwischen den Nationalstaaten ausgeschaltet. Das Unternehmen ist folglich in einer relativ schwachen Verhandlungsposition.

unendlich, da der alternative Vorschlag über dem Steuersatz der Vorperiode liegt. Das Ausland wird demnach eine Erhöhung des Steuersatzes nur soweit vorschlagen, bis der Konzern indifferent bzgl. der Annahme des Vorschlags und einem Gegenangebot ist. Die Entwicklung des Steuersatzes über die Zeit ist demnach strikt steigend. Da das Ausland weiß, dass dem Konzern in jeder Periode bei einer Ablehnung Befolgungskosten entstehen, kann es in jeder Periode den Steuersatz ein wenig erhöhen. Das Ausmaß der Erhöhung wird dabei von dem Faktor mit dem zukünftige Gewinne diskontiert werden sowie von der Höhe der Befolgungskosten abhängen.

Führt man jedoch die Annahme ein, dass der Konzern auch die Möglichkeit hat, das Land zu verlassen, ändern sich die Ergebnisse. Wenn das Unternehmen in der Lage ist abzuwandern, kann die Steuerbelastung nicht mehr in jeder Periode steigen. Die obere Grenze für die Steuerbelastung ist dort erreicht, wo die Gewinne vollständig vom Konzern zum Ausland hin umverteilt worden sind. Andernfalls würde der Konzern das Ausland verlassen. Da dem Konzern bei der ursprünglichen Entscheidung versunkene Kosten entstanden sind, muss es ferner eine Übergangsphase geben, in der der Steuersatz kleiner als 100% ist. Anderenfalls könnte der Konzern nicht mehr kostendeckend produzieren. Das Ausland wird dem Unternehmen daher einen Steuererlaß über eine begrenzte Periode anbieten. Das Ausmaß des Steuererlasses wird von der Höhe der versunkenen Kosten determiniert. Die Laufzeit der Steuervergünstigung hängt wiederum vom Diskontfaktor ab (ebenda 218-222).

Das Modell zeigt, dass bei einer Direktinvestition immer die Gefahr einer zeitinkonsistenten Politik besteht. Wenn dem Konzern aufgrund imperfekter Kapitalmobilität kein Drohpotential zur Verfügung steht oder wenn die Regierung nicht eine glaubwürdige Selbstbindung eingehen kann, dann werden Direktinvestitionen gar nicht erst durchgeführt. Die Drohung das Land zu verlassen kann ein Weg aus diesem Dilemma sein.

Ein anderer Weg zur Lösung des Problems wird von Janeba (2000) vorgeschlagen. In dessen Modell konkurrieren zwei Länder um ein multinationales Unternehmen. Zuerst legt der Konzern die Kapazität der Produktionsstätte in den beiden Ländern fest. Danach verpflichten die beiden Regierungen sich bindend auf ihren Steuersatz. In der dritten Stufe entscheidet das Unternehmen, wie hoch die Kapazitätsauslastung sein soll. Der Aufbau von Kapazität ist mit Kosten verbunden, während die Produktion an sich keine Kosten verursacht.

Durch die Konkurrenz zweier Länder werden auf der einen Seite Elemente des Steuerwettbewerbs in der Modellstruktur berücksichtigt, während auf der anderen Seite das Problem zeitinkonsistenter Politiken nicht ausgeklammert wird. Wenn nur ein Land um das Unternehmen werben würde, dann würde keine Direktinvestition getätigt werden. Wenn zwei Länder miteinander konkurrieren und die Steuersätze statt in der zweiten bereits in der ersten Periode festgelegt werden, dann würde sich ein „race to the bottom" ergeben. Da aber die Wahl des Steuersatzes in der zweiten Stufe getroffen wird, scheint aus diesem Grund Steuerwettbewerb vordergründig eliminiert. Dieser kann jedoch in Form eines Wettbewerbs um Kapazität entstehen. Da die beiden Länder nur dann Steuereinnahmen generieren, wenn der Konzern bei ihnen produziert, kann der Aufbau überschüssiger Kapazitäten als Drohung an die beiden Länder interpretiert werden.

Das Spiel enthält drei unterschiedliche Gleichgewichte in Abhängigkeit von der Kostenfunktion. Sind die versunkenen Kosten des Kapazitätsaufbaus besonders hoch, so kann das Unternehmen nicht in zwei Ländern eine Produktionsstätte errichten. Da aber der Aufbau nur einer Produktionsstätte die Zeitinkonsistenz-Problematik herbeiführt, wird bei hohen versunkenen Kosten keine Direktinvestition getätigt. Neben dieser Lösung gibt es zwei Gleichgewichte in denen das Unternehmen in beiden Ländern Kapazität aufbaut. Reicht die Kapazität in einem einzelnen Land nicht aus, um die Weltnachfrage zu befriedigen, dann existiert ein Gleichgewicht in gemischten Strategien, in welchem die Steuersätze zwischen 0 und 100% schwanken können. Das dritte Gleichgewicht beinhaltet die „Steuerwettbewerbslösung". Kann das Unternehmen nur von einem Land aus die Nachfrage befriedigen, dann entsteht ein Bertrandt-Wettbewerb um das Unternehmen. Beide Länder werden sich ihre Steuersätze vollständig wegkonkurrieren (vgl. ebenda 1510-1513). Welche dieser drei potentiellen Lösungen sich einstellen wird, hängt von den Kosten des Kapazitätsaufbaus ab. Sind diese extrem hoch, dann wird in keinem der Länder ein Werk errichtet, während bei moderaten Kosten in beiden Ländern produziert wird. Sind die Kosten sehr niedrig, dann wird der Konzern in beiden Ländern die Kapazität so wählen, dass er schon von einem Land aus den Weltmarkt komplett bedienen kann. Denn in diesem Fall sind die Kosten aus dem Aufbau zweier Werke niedriger als der Gewinn, der durch den Wegfall des Steuersatzes entsteht.

Die Modelle von Doyle / van Wijnbergen (1994) und Janeba (2000) zeigen, dass mangelnde Glaubwürdigkeit einer Regierung eine Ursache für zu geringe Direktinvestitionen sein kann. Obwohl in Entwicklungsländern niedrigere Löhne und manchmal auch niedrigere Steuersätze vorherrschen, wählen multinationale Konzerne oftmals andere hoch entwickelte Staaten für eine Direktinvestition aus. Denn ungefähr 70-80% der Direktinvestitionen aus den OECD-Staaten verbleiben in der OECD (Markusen / Venables 1998). Politische Instabilität in Entwicklungsländern erhöht das Risiko eine Direktinvestition durchzuführen, da Streiks bzw. gewaltsame Konflikte den Produktionsfluss stören (einen Beleg für den negativen Zusammenhang zwischen politischer Instabilität und

Direktinvestitionen geben z. B.: Jensen 2003; Schwarz / Steiner 2006; etwas schwächer: Wheeler / Moody 1992). In den beiden Modellen kann das Problem zeitinkonsistenter Politiken von den Unternehmen selbst gelöst werden, wenn diese auf eine „outside option“ oder aber auf überschüssige Kapazitäten zurückgreifen können. In der Realität besteht jedoch die Möglichkeit, dass die Regierung das Zeitinkonsistenzproblem löst. Folgende Hypothese lässt sich daher aufstellen:

**Hypothese 8:**
**Je höher die Glaubwürdigkeit einer Regierung ist, desto niedriger sollte der Kapitalsteuersatz sein.**

Genau wie im Bereich der Geldpolitik durch Regelbindung bzw. eine unabhängige Zentralbank das Zeitinkonsistenzproblem eliminiert werden kann, können institutionelle Mechanismen eines politischen Systems einen Import von Glaubwürdigkeit induzieren. Ob dies in der Realität zu beobachten ist, wird im empirischen Teil genauer untersucht werden müssen.

### 2.2.2. Steuerwettbewerb und neue Außenhandelstheorie

Insbesondere Modelle aus der neuen ökonomischen Geografie bestreiten, dass zunehmende Marktintegration mit sinkenden Steuersätzen auf Kapital einhergehen muss. Stattdessen werden Aspekte der Agglomerationsbildung und der daraus entstehenden Vorteile für die Unternehmen in diesen Modellen analysiert. Agglomerationseffekte kommen dann zustande, wenn durch die Ansiedlung eines Unternehmens in einem Wirtschaftsraum eine positive Externalität auf andere Unternehmen entsteht. Innerhalb dieser Modellklasse stellt die Ansiedlungsentscheidung einen häufigkeitsabhängigen Prozess dar, d.h. je mehr Unternehmen sich schon in einem Ballungsraum befinden, desto größer ist der Anreiz für ein Unternehmen sich ebenfalls dort niederzulassen.

Es gibt mehrere Gründe, warum es in der Realität zu Agglomerationsvorteilen kommen kann. Im Bereich von F & E können Externalitäten durch gemeinsame Kooperationsverbünde entstehen. Zudem können technologische Spill-over-Effekte aber auch durch ein „learning by doing“ hervorgerufen werden. Schließlich kann der Wettbewerbsgedanke bzw. der Wille zur Innovation erst durch eine enge Ansiedlung von Unternehmen gefördert werden.

Die im Folgenden zu diskutierenden Modelle abstrahieren von technologischen Spill-over-Effekten, sondern konzentrieren sich stattdessen auf den Trade-off zwischen Kapitalmobilität und Handelskosten. Haufler / Wooton (1999) betrachten zwei Länder, die als Zielland für eine Direktinvestition eines multinationalen Unternehmens aus einem Drittland in Frage kommen. Unterstellt wird, dass das Unternehmen sich nur in einem der beiden Länder niederlassen kann, während es den anderen Markt beliefert.[28] Die beiden Länder sind in jeder Hinsicht identisch außer, dass das eine Land mehr Einwohner hat und deshalb über den größeren Markt verfügt. Die Autoren unterstellen ferner, dass es dem Unternehmen nicht gestattet ist, Preisdiskriminierung zwischen den beiden Märkten zu betreiben. Unterschiede zwischen den beiden Ländern bzgl. des Konsumentenpreises ergeben sich nur aufgrund eines Aufschlags auf den Produzentenpreis, der wiederum die Transaktionskosten des Handels widerspiegelt. Anders formuliert: Bei gleichen Produzentenpreisen, unterscheiden sich die Konsumentenpreise in den beiden Ländern lediglich um den Handelskostenaufschlag, der durch den Export des Gutes entsteht. Deshalb ist es aus Sicht der beiden Länder vorteilhaft, wenn das Unternehmen sich bei ihnen ansiedelt, da in diesem Fall die Handelskosten entfallen.

Da der Export des Gutes in das zweite Land nicht friktionslos, sondern mit Transaktionskosten verbunden ist, ist es für das Unternehmen sinnvoller seine Produktionsstätte im größeren Land zu errichten. Die Standortwahl zugunsten des größeren Marktes hat den Vorteil, dass Transaktionskosten nur für Exporte in das kleine Land anfallen. Solange die Präferenzen bzgl. des Gutes in den beiden Ländern nicht unterschiedlich sind, ist es vorteilhafter im größeren Markt zu produzieren, da ein höherer Produzentenpreis aufgrund der niedrigeren (absoluten) Handelskosten erzielt werden kann. Wenn Preisdiskriminierung zwischen den Märkten ausgeschlossen ist, ist das Land mit dem größeren Markt bzgl. der Standortwahl attraktiver.

Das Unternehmen wird bzgl. seiner Ansiedlungsentscheidung dann indifferent sein, wenn der Gewinn in beiden Ländern gleich hoch ist. Wenn die Handelskosten exogen sind, kann der Gewinn in beiden Ländern nur bei unterschiedlichen Steuersätzen identisch sein.[29] Wenn die versunkenen Kosten, die Löhne und die Präferenzen der Nachfrager sich nicht zwischen den beiden Ländern unterscheiden, ergibt sich als einziger Unterschied der Größenvorteil des Inlandes. Das Land mit dem größeren Markt ist deshalb in der Lage einen höheren Steuersatz zu erheben. Das Modell kommt somit zu dem Schluss, dass Länder, die über einen großen Markt verfügen, einen Agglomerationsvorteil

[28] Theoretisch könnte das Unternehmen im Drittland produzieren und das Gut in die beiden Länder exportieren. Dies würde zu einer Ersparnis der Fixkosten führen. Wenn aber die Nachteile aus der Produktion im Heimatland beispielsweise aufgrund von Zöllen hinreichend groß sind, ist es für das Unternehmen vorteilhafter eine ausländische Direktinvestition zu tätigen (s. Norman / Motta 1993)

[29] Die Autoren diskutieren auch den Fall nichtsymmetrischer, endogener Handelskosten. Diese werden dann weniger durch die Länderdistanzen bzw. Transportkosten determiniert, sondern von den politischen Entscheidungsträgern z.B. mit Hilfe eines Zolls festgelegt. Bei endogenen Handelskosten steigen die Unterschiede in den Steuersätzen noch weiter an, da das große Land einen höheren Zoll als das kleine Land wählen wird (s. Haufler / Wooton 1999 133).

aufweisen, der es ihnen erlaubt, eine Rente in Form höherer Steuern abzuschöpfen.

In Ergänzung zu dem Modell von Haufler / Wooton (1999) liegt der Schwerpunkt des Modells von Baldwin / Krugman (2004) in der Analyse der zeitlichen Entwicklung der Steuerbelastung. Jedoch werden ebenfalls die Auswirkungen von Handelskosten unter der Existenz von Agglomerationseffekten analysiert. In ihrem Modell gibt es einen mobilen Faktor (Entrepreneur) und immobile Arbeiter. Agglomerationsrenten entstehen in diesem Modell, indem der mobile Faktor den Variationsreichtum von Produkten („love of variety") positiv bewertet. Wenn dieser sich in dem Land mit der größeren Produktvielfalt ansiedelt, müssen weniger Produkte importiert werden, so dass die Handelskosten für die Importe entfallen. Aufgrund des Wegfalls der Handelskosten kann der mobile Faktor eine größere Zahl unterschiedlicher Produkte konsumieren. Eine realistischere Nutzenfunktion würde hier statt der größeren Produktvielfalt auf die Marktgröße oder auf F&E-Spill-over als Ursache der Rente verweisen.[30] Jedoch ließe sich eine mit den Autoren konsistente Interpretation der Produktvielfalt herstellen, wenn man unterstellt, dass der mobile Faktor die importierten Produkte als Vor- bzw. Zwischenprodukte für sein Endprodukt benötigt.

Krugman / Baldwin (2004) unterstellen, dass anfangs alle mobile Faktoren im Inland (Zentrum) angesiedelt sind. Zuerst wählt das Inland einen Steuersatz, danach wird das Ausland (Peripherie) die Steuer auf den mobilen Faktor festlegen. Anschließend finden eventuell Wanderungsbewegungen des mobilen Faktors statt. Das teilspielperfekte Gleichgewicht beinhaltet einen Steuersatz des Inlandes, der gerade hoch genug ist, um den Ausland keinen Anreiz mehr zu geben einen Steuersatz in der zweiten Stufe zu wählen, welcher eine Wanderung des mobilen Faktors zur Folge hätte. Der mobile Faktor verbleibt in diesem Fall folglich im Zentrum.

Dieses kann sich aufgrund der Agglomerationsbildung auch einen höheren Steuersatz erlauben. Um wie viel höher der Steuersatz des Inlandes sein wird, wird dabei von der Höhe der Handelsintegration determiniert. Wenn die Handelsintegration sehr gering ist bzw. wenn die Handelskosten sehr hoch sind, dann kann ein Unternehmen nicht beide Märkte durch einen einzigen Standort beliefern. Folglich wird das Unternehmen in beiden Märkten eine Produktionsstätte unterhalten müssen. Wenn die Handelsintegration steigt, kann das Unternehmen jedoch die gesamte Weltproduktion von einem der beiden Länder aus bedienen. Die gesunkenen Handelskosten sorgen dafür, dass das Gut vom Zentrum an die Peripherie exportiert werden kann. Bei durchschnittlich hoher

[30] Kapital profitiert ja nicht von einer größeren Produktvielfalt, da nur Menschen konsumieren. Da aber in der Realität lediglich Kapital, nicht aber Kapitaleinkommensbesitzer mobil sind, ist die Ursache für die Externalität bei einer engen Interpretation fragwürdig.

Handelsintegration ist das Zentrum in der Lage, sich eine Agglomerationsrente zu sichern. Wenn die Handelskosten aber sehr stark sinken, schwindet die Möglichkeit den mobilen Faktor höher zu besteuern. Denn wenn die Handelskosten auf Null sinken, verschwindet auch die Ursache für die Existenz einer solchen Rente. In einer friktionslosen Welt kann das Gut ohne Kosten vom In- ins Ausland exportiert werden, so dass Agglomerationseffekte nicht mehr existieren. Baldwin / Krugman (2004) postulieren somit eine glockenförmige Beziehung zwischen dem Grad der Handelsintegration und dem Steuersatzdifferential der beiden Länder. Bei steigender Handelsintegration kann sich ein Land eine Rente sichern, die aber wieder entfällt, sobald die Handelsintegration eine kritische Schwelle erreicht hat.

Sowohl das Modell von Haufler / Wooton (1999) als auch das von Baldwin / Krugman (2004) weisen auf die Bedeutung von Handelskosten hin. Die zentrale Implikation der beiden Modelle ist, dass man nicht notwendigerweise einen Abwärtswettlauf in den Steuersätzen erwarten sollte, wenn Handelskosten in der Realität bedeutend sind. Einmal sind aufgrund der geografischen Lage der Länder unterschiedliche Steuersätze möglich. Länder, die eher an der Peripherie angesiedelt sind, sollten niedrigere Steuern haben als Länder, die relativ zentral liegen. In dynamischer Hinsicht spielt zudem der Grad der Handelsintegration eine große Rolle. Kapitalmobilität sollte nur dann einen negativen Effekt auf die Steuersätze entfalten, wenn auch die Handelsintegration sehr hoch ist. Aus den Modellen lassen sich daher die folgenden Hypothesen aufstellen:

**Hypothese 9:**
**Je weiter ein Land an der „Peripherie" liegt, desto niedriger wird es Kapital besteuern.**

**Hypothese: 10:**
**Wenn die Handelsintegration – ausgehend von einem niedrigen Niveau – steigt, so steigen die Steuersätze auf Kapital an. Bei sehr hoher Handelsintegration sinken die Kapitalsteuersätze jedoch wieder.**

Damit werden die zentralen Aussagen des Grundmodells des Steuerwettbewerbs von Zodrow / Mieszkowski abgeschwächt. Um jedoch zu einer solchen Schlussfolgerung zu gelangen, müssen die Unternehmen Massenproduktionsvorteile realisieren können. M.a.W.: Modelle der ökonomischen Geografie gehen von imperfekten Wettbewerbsverhältnissen aus. Analog zu den Modellen aus 2.2.1 kommen Modelle der neuen ökonomischen Geografie zu dem Schluss, dass ein Steuersenkungsdruck aufgrund hoher Kapitalmobilität zumindest nicht zwingend ist und letztendlich vom Grad der Handelsintegration abhängt.

### 2.2.3. Steuerwettbewerb unter imperfekten Arbeitsmärkten

Bisher wurden immer vollkommene Arbeitsmärkte angenommen. Unter diesen Bedingungen war unfreiwillige Arbeitslosigkeit nicht möglich. In diesem Abschnitt wird diese Annahme aufgegeben. Folge imperfekter Arbeitsmärkte wird sein, dass der Wettbewerb um Direktinvestitionen eher noch härter geführt wird als in einer Welt ohne Arbeitslosigkeit.

Bereits in den achtziger Jahren haben Brander / Spencer (1987) ein Modell entwickelt, in welchem die Auswirkungen von Arbeitslosigkeit auf die Besteuerung von multinationalen Unternehmen untersucht worden ist. Wie auch im Modell von Haufler / Wooton (1999) hat der multinationale Konzern die Möglichkeit, im Ausland sein Produkt abzusetzen, indem er dieses entweder von seinem Heimatmarkt aus beliefert oder eine Direktinvestition tätigt. Weder werden entstehende Fixkosten noch die mit dem Export verbundenen Handelskosten modelliert, so dass das multinationale Unternehmen ex ante zwischen dem Export und der Direktinvestition indifferent ist. Das Ausland kann bei einer Ansiedlung des Konzerns eine Mengensteuer auf den Kapitaleinsatz erheben, im anderen Fall kann es seine Importe mit einem Zoll belegen.

Die Frage, der die Autoren nachgehen, ist, ob das Ausland den Zoll- bzw. Steuersatz identisch oder unterschiedlich festsetzt? In einer Welt ohne Arbeitslosigkeit gibt es keine Unterschiede, da mit beiden Instrumenten Einnahmen generiert werden können. Wenn aber im Ausland Arbeitslosigkeit besteht, dann ist es für das Ausland attraktiver, einen geringeren Steuersatz auf den Output des multinationalen Konzerns zu erheben. Ursache, warum Steuer- und Zollsatz voneinander abweichen, ist die mit der Ansiedlung verbundene positive Externalität. Der Steuersatz wird dabei so gewählt, dass der multinationale Konzern gerade noch die Direktinvestition tätigt, statt zu exportieren. Durch die Direktinvestition kann das vom Konzern zur Verfügung gestellte Kapital mit den (bisher) unbeschäftigten Arbeitskräften kombiniert werden.

Das Modell von Brander / Spencer zeigt, dass ein wichtiges Motiv für die Attrahierung von Direktinvestitionen im Abbau der Arbeitslosigkeit besteht. Dies dürfte gerade für die Volkswirtschaften Europas mit ihren mehr oder weniger rigiden Arbeitsmarktstrukturen zutreffen. Das Modell vernachlässigt jedoch vollkommen die strategische Interaktion zwischen den Nationalstaaten, da die Entscheidungen des Heimatlandes nicht modelliert werden.

Strategisches Verhalten wird dagegen in einem Modell von Haaparanta (1996) berücksichtigt. In diesem Modell konkurrieren zwei Länder um die Ansiedlung eines Unternehmens. Dem Konzern steht ein bestimmter (exogen fixierter)

Kapitalstock zur Verfügung, den er auf die beiden Länder aufteilt. Von der Möglichkeit, in das Ausland zu exportieren, wird abstrahiert. Der Konzern wird den Kapitalstock so auf die beiden Länder verteilen, dass der gesamte Gewinn aus dem Auslandsengagement maximal wird. Den nationalen Regierungen stehen Subventionen[31] als Instrument zur Verfügung.

Die Höhe der marginalen Subvention wird in beiden Ländern so festgelegt, bis die Grenzkosten der Subventionsgewährung dem Grenzertrag aus der positiven Externalität entsprechen. Wenn in beiden Ländern die Arbeitslosenquote[32] gleich hoch ist, müssen auch die Subventionen identisch sein. Hat aber das eine Land aufgrund seines niedrigeren Lohnniveaus einen Vorteil, dann wird das Land mit den höheren Löhnen i.d.R. eher bereit sein eine höhere Subvention zu leisten.

Wie stark sich die Arbeitslosenquoten auf die Zahlungsbereitschaft auswirken, wird vom Grad der Externalität bestimmt. Wenn die Effekte auf den Arbeitsmarkt gering sind, d.h. wenn durch die Direktinvestition keine oder kaum zusätzliche Arbeitsplätze geschaffen werden, dann wird das Land mit der höheren Arbeitslosigkeit auch nicht bereit sein, höhere Subventionen zu zahlen. Anders dagegen, wenn durch Direktinvestitionen sehr starke Spill-over-Effekte ausgehen. Entstehen durch die Ansiedlung eines multinationalen Unternehmens viele neue Arbeitsplätze, dann werden Volkswirtschaften mit höherer Arbeitslosigkeit auch deutlich höhere Subventionen zahlen (Haaparanta 1996 151). Unterstellt man, dass durch den Zufluss von Direktinvestitionen neue Arbeitsplätze entstehen, dann kann man mit Hilfe Haaparanta's (1996) Modell folgende Hypothese formulieren:

**Hypothese 11:**
**Je höher die Arbeitslosigkeit in einer Volkswirtschaft, desto niedriger sollte Kapital besteuert werden.**

Die Modelle der Autoren zeigen, dass Arbeitslosigkeit ein wichtiger Grund zur Erklärung der Steuersatzwahl sein kann. Neben der zentralen (fiskalischen) Externalität des ersten Kapitels, ist zunehmende Kapitalmobilität mit einer weiteren Externalität verbunden, wenn die Produktionsfaktoren nicht voll ausgelastet sind. Da insbesondere die kontinentaleuropäischen Volkswirtschaften seit den 80er Jahren mit zunehmenden Problemen auf dem Arbeitsmarkt zu kämpfen haben, ist die Frage, ob Staaten ihre Steuersätze besonders aggressiv

---

[31] Statt der Subventionen können auch Steuersätze Gegenstand des Wettbewerbs sein. Länder, die höhere Subventionen zahlen, würden in diesem Fall geringere Steuersätze wählen.

[32] Im Originalbeitrag sind die Löhne unterschiedlich. Statt unterschiedlicher Löhne kann die Arbeitslosenquote herangezogen werden, wenn man unterstellt, dass höhere Löhne zu höherer Arbeitslosigkeit führen.

senken werden, wenn sie unter hoher Arbeitslosigkeit leiden, von besonderer empirischer Relevanz.

### 2.2.4. Steuerwettbewerb um mobile Unternehmensgewinne

#### 2.2.4.1 Einführende Bemerkungen

Wie bereits in 1.3 und 1.5 angedeutet, sind nicht alle Teile eines Unternehmens gleichermaßen mobil. Politische Entscheidungsträger sollten bei unterschiedlichen unternehmensspezifischen Mobilitätsgraden, daher auch nur einen geringeren Anreiz haben die Steuern *grundsätzlich* zu senken. Wenn die Standortelastizität einzelner Unternehmensteile unterschiedlich hoch ist, dann sollte stattdessen ein segmentierter Steuerwettbewerb zu beobachten sein. Indizien für einen segmentierten Steuerwettbewerb liefert der Primarolo-Bericht (2000), der aufzeigt, dass insbesondere um Holding- und Dienstleistungsgesellschaften mit speziellen Steueranreizen geworben wird (s. Abschnitt 1.3).

Wenn Unternehmen in der Lage sind Gewinne zu verlagern, dann könnte der Wettbewerb um Realkapital weniger bedeutend sein. In diesem Fall könnte die Produktion nach wie vor in Hochsteuerländern wie Deutschland oder Japan erfolgen, während die Gewinne in Steueroasen anfallen würden. Einige Autoren (Spengel 2003 46) sehen in Gewinnverlagerungen deshalb auch eine Option dem Ziel der Kapitalexportneutralität wieder näher zu kommen. Diese Sichtweise ist nur dann zulässig, wenn Gewinnverlagerungen und Realkapitalallokation als perfekte Substitute fungieren.[33] Gewinnverlagerungen und Wettbewerb um Realkapital stehen dann nicht in einer perfekten Substitutionsbeziehung, wenn die Möglichkeit Gewinne zu verlagern, eine Funktion der „echten" Gewinne ist oder wenn durch das internationale Steuersystem Direktinvestitionen diskriminiert werden (Weichenrieder 1995). Wenn auf grenzüberschreitende Dividendenausschüttungen Quellensteuern einbehalten werden, kann es für ein Tochterunternehmen sinnvoll sein, den Gewinn an die Muttergesellschaft über eine Manipulation der Verrechnungspreise zu überweisen, statt die Quellensteuerlast bei einer Ausschüttung zu tragen. Dieses Motiv dürfte heutzutage von geringerer Bedeutung sein, da zumindest EU-weit aufgrund der Mutter-Tochter-Richtlinie eine Doppelbesteuerung von Dividendenausschüttungen vollständig ausgeschlossen ist (s. Abschnitt 1.3).

Jedoch kann sich auch auf anderem Wege ein eher komplementäres Verhältnis von Gewinnverlagerungen und Realkapitalinvestitionen ergeben. Wenn die Höhe der Kosten bei Gewinnverlagerungen nicht (nur) eine Funktion der Differenz von manipulierten und wahren Verrechnungspreis, sondern auch eine Funktion der „echten" Gewinne sind, dann könnten bei Gewinnverlagerungen auch Real-

[33] Zudem vernachlässigt diese Sichtweise, dass das Hochsteuerland eine kapitalexportneutrale Besteuerung und ein hohes Steueraufkommen nicht gleichzeitig realisieren kann.

kapitalinvestitionen ermutigt werden (Weichenrieder 1995, 1996; Grubert 2003). Besonders deutlich wird dies, wenn man sich nochmals die Tatbestandsmerkmale der Hinzurechnungsbesteuerung vergegenwärtigt (vgl. Abschnitt 1.5.): Da die Hinzurechnungsbesteuerung in Deutschland dann zur Anwendung kommt, wenn mehr als 10% aller Bruttoerträge passives Einkommen darstellen, könnten durch Gewinnverlagerungen auch Realkapitalinvestitionen gefördert werden, um den Prozentsatz passiver Einkommensteile möglichst gering zu halten. Die Errichtung von Produktionsstätten könnten durch solche Klauseln folglich gefördert werden.

Gewinnverlagerungen können dann zustande kommen, wenn die Bestandteile eines multinationalen Konzerns zwar rechtlich selbständig sind, wirtschaftlich jedoch eine Einheit bilden. Eine entscheidende Bedeutung bzgl. der Aufteilung des konzernweiten Gewinns kommt den Verrechnungspreisen im konzerninternen Handel zu. Diese müssen so festgelegt werden, wie wenn das Geschäft mit einem fremden Dritten abgeschlossen wäre („dealing-at-arms-length"). Davon ist in einem multinationalen Konzern aufgrund des Beherrschungspotentials per se nicht auszugehen. Die Steuerbehörden in den OECD-Staaten haben deshalb in der jüngsten Vergangenheit verstärkt Maßnahmen zur Eindämmung von Gewinnverlagerungen ergriffen. Während 1994 gerade zwei Staaten (USA und Australien) Regeln zur Ermittlung von Verrechnungspreisen aufgestellt hatten, werden diese im Jahre 2003 immerhin von 27 Länder angewendet, darunter auch Deutschland (Ernst & Young 2003 9).

Bei der Analyse von Gewinnverlagerungen ist zu berücksichtigen, dass multinationalen Unternehmen eine Reihe von Instrumenten zur Verfügung stehen, mit denen sie Gewinne aus Hochsteuerländern verlagern können. Zum einen kann man untersuchen, inwiefern multinationale Unternehmen im grenzüberschreitenden Güterhandel die Verrechnungspreise manipulieren. Hier wäre zu analysieren, ob c.p. die Preise für Exporte in Niedrigsteuerländer geringer bzw. in Hochsteuerländern höher angesetzt werden. Analog lässt sich auch für die Importe verfahren. Neben dem konzerninternen Handel sind auch die Finanzierungsströme ein Instrument, mit welchem Gewinne verlagert werden können. Beispielsweise sollte man vermuten, dass Muttergesellschaften ihre Töchter in Hochsteuerländern vor allem mit Fremdkapital finanzieren. Die Zinszahlungen der Tochter können dann unter bestimmten Umständen von der BMG abgezogen werden und schmälern deren ausgewiesenen Gewinn in dem Hochsteuerland, während die Gewinne im Mutterland des Konzerns aufgrund der Zinszahlungen erhöht werden. Ist die Muttergesellschaft selbst in einem Hochsteuerland angesiedelt, kann sich die Zwischenschaltung einer Finanzierungsgesellschaft in einem Drittland lohnen (zur Konstruktion solcher Beziehungen: s. Spengel 2003 45 ff.). Um solchen Gestaltungen vorzubeugen, wurde in Deutschland im Jahre 1994 die Gesellschafter-Fremdfinanzierung eingeführt, die das Ausmaß der

Fremdkapitalfinanzierung im Falle von Inbound-Investitionen beschränkt (s. Abschnitt 1.5.).

Schließlich können als weiteres Instrument Patente und/oder Markenrechte zur Manipulation des Konzerngewinns genutzt werden. Der Einsatz immaterieller Wirtschaftsgüter hat zudem den Vorteil, dass es den Steuerbehörden besonders schwierig fallen dürfte, adäquate Preise zu ermitteln. Da Patente bzw. Markenrechte keine homogenen Güter sind, könnten „arms-length"-Preise bestenfalls dann ermittelt werden, wenn der Konzern das Patent auch anderen Unternehmen gegen Entgelt zur Verfügung stellt. Ist die Konzernmutter im Hochsteuerland angesiedelt, dann würde sie den Verrechnungspreis für das Patent bzw. Markenrecht zu niedrig ansetzen, um den Gewinn der Tochter im niedrig besteuernden Ausland nicht allzu sehr zu schmälern. Umgekehrt würde die Tochtergesellschaft einen zu hohen Preis fordern. In einigen besonders gravierenden Fällen konnte sogar beobachtet werden, dass Erfindungen aus Gründen der Steuerhinterziehung im niedrig besteuernden Ausland angemeldet wurden, obwohl sie von der Muttergesellschaft entwickelt wurden (Dreßler 1995 186).

Die Bedeutung von Gewinnverlagerungen sollte mit der Zahl verbundener Unternehmen und dem Steuersatzgefälle zwischen den Staaten steigen. Zudem dürften Gewinnverlagerungen umso relevanter werden, je größer die Unterschiede der einzelnen Funktionsbereiche im Hinblick auf ihre Standortelastizität sind. Wenn eine Produktionsverlagerung aufgrund hoher versunkener Kosten nicht realisiert werden kann, kann die Steuerzahlung trotzdem durch den Einsatz von Finanzierungs- bzw. Dienstleistungsgesellschaften gemindert werden. Somit sind Gewinnverlagerungen ebenfalls Bestandteil des Steuerwettbewerbs; dieser Wettbewerb trägt aber im Vgl. zum Wettbewerb um Realkapital andere Züge, da die Staaten lediglich um Steueraufkommen in Konkurrenz stehen. Im Unterschied zu den bisher behandelten Modellen verbleibt das Unternehmen daher größtenteils im Inland. Für multinationale Konzerne haben Gewinnverlagerungen den Vorteil, dass die Vorteile von Hochsteuerländern genutzt werden können, ohne dass dem die Nachteile aus der hohen Steuerbelastung gegenüber stehen.

### 2.2.4.2 Die Entwicklung der Steuersätze bei Gewinnverlagerungen

Abschließend soll auf ein Modell von Haufler / Schjelderup (2000) eingegangen werden, welches die Problematik von Gewinnverlagerungen näher betrachtet. Bisher wurde stets unterstellt, dass die Produktionsstruktur eines Unternehmens mobil ist. Neben dem Unternehmen können aber auch dessen Gewinne mobil sein. Wenn die Gewinne eines Unternehmens mobil sind, dann ändern sich einige der bisher diskutierten Befunde des Steuerwettbewerbs. Einmal müssen bei einer

Verlagerung von Unternehmensbestandteilen nicht mehr zwingend hohe Fixkosten entstehen. Aufgrund der Option Gewinne verlagern zu können, muss nur ein kleiner Teil des Unternehmens ins Ausland verlagert werden,[34] vorausgesetzt das primäre Ziel einer Direktinvestition besteht in der Minimierung der Steuerbelastung. Wenn statt einer Produktionsstätte ein Service-Zentrum im Ausland errichtet wird, sollten die versunkenen Kosten entsprechend niedrig sein. Zum Zweiten dürfte die Bereitschaft, hohe Steuern für eine gut ausgebaute Infrastruktur zu zahlen, schwinden. Denn, wenn ein Großteil des Unternehmens nach wie vor im Inland verbleibt, kann das Unternehmen auf der einen Seite das Angebot öffentlicher Güter in Anspruch nehmen, während der Gewinn aber in ein Niedrigsteuerland verlagert wird (Haufler / Schjelderup 1999).

Neu an dem Modell der Autoren ist – neben der Möglichkeit zur Gewinnverlagerung –, dass neben dem Steuersatz auch die Höhe der steuerlichen Abschreibungsrate von dem politischen Entscheidungsträgern festgelegt werden muss. Es handelt sich somit um eine der wenigen Arbeiten, welche explizit neben der „Tiefe" des Steuersystems auch dessen „Breite" berücksichtigt. Die beiden Instrumente sind Substitute, d.h. statt eines hohen Nominalsteuersatzes können die Steuereinnahmen auch über eine entsprechend breite BMG erwirtschaftet werden, um ein exogen vorgegebenes Steueraufkommen zu erreichen. Wenn nur Finanzkapital, nicht aber der Gewinn der Unternehmen mobil ist, ist es für eine Volkswirtschaft optimal, auf die Finanzierung eines Investitionsprojektes die volle steuerliche Abschreibung zu gewähren. Diese stellt sicher, dass die Grenzinvestitionsbereitschaft des Unternehmens nicht verzerrt wird. Denn in einer Welt ohne Steuern würde ein Unternehmen ein Investitionsprojekt soweit durchführen, bis der zusätzliche Ertrag aus dem Projekt den zusätzlichen Kosten entspricht. In letztere geht neben dem Zinssatz auch die Abschreibungsrate des Kapitalstocks mit ein. Wenn die volle Abzugsfähigkeit der Investitionsausgaben gewährt wird, ist das Investitionsverhalten der Unternehmung so wie in einer Welt ohne Steuern. Der effektive marginale Steuersatz, der den Kapitalgeber indifferent zwischen der Durchführung einer weiteren Investition und einer Anlage am Kapitalmarkt lässt, ist folglich null. Es werden also lediglich Projekte besteuert, die „Reingewinne" erzielen, während die Investition an sich nicht besteuert wird. Um die exogen vorgeschriebenen Steuereinnahmen zu erwirtschaften, wird der Nominalsteuersatz variabel festgelegt (Haufler / Schjelderup 2000 309-311).

Dieses Ergebnis lässt sich bei mobilen Gewinnen nicht mehr aufrechterhalten. Die Autoren unterstellen, dass die Verlagerung von Unternehmensgewinnen mit positiven und steigenden Grenzkosten verbunden ist. Verantwortlich für die Höhe der Kosten ist das Ausmaß mit dem der Verrechnungspreis für unternehmens-

---

[34] Im Extremfall konzentriert sich das Auslandsengagement auf reine „Briefkastengesellschaften".

interne Dienstleistungen manipuliert wird. Je stärker der Verrechnungspreis von seinem „wahren" Preis abweicht, desto höher sind die Kosten der Gewinnverlagerung. Andere Größen gehen in die Kostenfunktion nicht ein. Das Unternehmen wird an beiden Standorten die Abschreibungen bei der Kalkulation der BMG berücksichtigen. Ist der Vorsteuerertrag um die Abschreibungen korrigiert, dann wird es den Gewinn in das Land verlagern, welches einen niedrigeren Nominalsteuersatz hat. Der Anreiz Gewinne zu verlagern, ist folglich nur eine Funktion des Nominalsteuersatzes.[35]

Die Verlagerung des Gewinns erfolgt, indem das Land mit dem höheren Nominalsteuersatz eine Dienstleistung (z.B. Nutzungsrechte für Markennamen) aus dem ausländischen Unternehmensteil zu überhöhten Preisen bezieht. Im Hochsteuerland sinken aufgrund der Transaktion die Gewinne, da das Entgelt für die Dienstleistung steuerlich einen Aufwand darstellt, während im Ausland der Gewinn ansteigt. Der Gewinn des gesamten Konzerns ist nicht gestiegen; es folgt lediglich eine Umverteilung des Gewinns vom Hochsteuerland zu dem Land mit dem niedrigen Nominalsteuersatz. Als Ergebnis stellt sich eine Minimierung der Steuerbelastung ein, da nur noch ein relativ kleiner Teil der Gewinne im Land mit hohem Nominalsteuersatz versteuert wird.

Wenn die beiden Staaten im Wettbewerb um die Steuereinnahmen des multinationalen Konzerns stehen, hat jeder Staat einen Anreiz, seinen Nominalsteuersatz so niedrig wie möglich zu halten. Durch einen niedrigen Nominalsteuersatz kann nicht nur der im Heimatland erwirtschaftete Gewinn gesichert werden, sondern es besteht auch die Chance sich einen Teil der im Ausland erwirtschafteten Gewinne anzueignen. Dem steht auf der anderen Seite die verzerrende Wirkung aus den Abschreibungen gegenüber. Um den Nominalsteuersatz senken zu können, muss ein Land seine BMG verbreitern, da es andernfalls die vorgeschriebene Höhe an Steuereinnahmen nicht mehr generieren kann. Die Regierung sieht sich folglich mit einem trade-off, bestehend aus der Allokationsverzerrung und der Manipulation der Verrechnungspreise, konfrontiert. Im Vgl. zum Fall immobiler Unternehmensgewinne wird nicht mehr eine volle Abschreibungsmöglichkeit gewährt, da andernfalls die Steuereinnahmen aufgrund verlagerter Gewinne sinken würden. Wenn Unternehmen Gewinne verlagern können, ist der Nominalsteuersatz niedriger und die BMG breiter als in einer Welt ohne Gewinnverlagerungen (Haufler / Schjelderup 2000 314-317). Folgende Hypothese lässt sich anhand des Modells aufstellen:

---

[35] Wie bereits in 2.2.4.1 angedeutet gibt es gegen eine solche Sichtweise auch kritische Einwände (Weichenrieder 1995; Grubert 2003). Wären die Kosten nicht eine Funktion der Differenz von manipulierten und „wahren" Verrechnungspreis, sondern eine Funktion der „echten" Gewinne, dann würden Gewinnverlagerungen wiederum Rückwirkungen auf die Kapitalkosten des Unternehmens haben.

**Hypothese 12:**
**Wenn die Möglichkeiten zur Gewinnverlagerung steigen, wird der effektive Grenzsteuersatz steigen, während der Nominalsteuersatz sinkt.**

Das Modell der Autoren ist eines der wenigen Steuerwettbewerbsmodelle, welches zwei Instrumente des Steuersystems berücksichtigt. Dadurch kann es auch ein reichhaltigeres Set an Hypothesen bzgl. der Entwicklung der Steuersätze aufstellen. Das Modell postuliert, dass der EGS im Zeitablauf steigen sollte. Auf der anderen Seite sollte jedoch eine Senkung der Nominalsteuersätze beobachtet werden, da jedes Land versuchen wird, dem Konzern die nötigen Anreize für eine Gewinnverlagerung zu geben. Insbesondere der letztere Befund deckt sich – wie noch zu zeigen sein wird – gut mit der Realität.

### 2.2.5. Zusammenfassung und Kritik

Die Arbeiten des Abschnitts 2.2 betrachten Steuerwettbewerb aus einem anderen Blickwinkel im Vgl. zu den Modellen aus 2.1. Den Ansätzen in Abschnitt 2.2.1-2.2.3 ist gemein, dass sie von einem Modell vollständiger Konkurrenz abweichen und somit einen besonderen Schwerpunkt auf die Analyse von Friktionen legen, während in dem Modell des letzten Abschnitts eine völlig neue Form des Steuerwettbewerbs analysiert wurde.

In 2.2.1. wurde das Problem zeitinkonsistenter Politiken betrachtet. Diese können in einer friktionslosen Welt mit perfekter Kapitalmobilität nicht auftreten. Die Modelle von Doyle / van Wijnbergen (1994) und Janeba (2000) zeigen, dass unter imperfekter Kapitalmobilität ein Land ex post Verhandlungsmacht gegenüber dem Konzern gewinnen kann. Bei imperfekter Kapitalmobilität ist Steuerwettbewerb somit ein mögliches, aber nicht das einzig mögliche Ergebnis. Diese Relativierung der Befunde aus Abschnitt 2.1 ist nur deshalb möglich, da die Autoren zwischen der ex-ante und ex-post Mobilität von Unternehmen unterscheiden. Steigende Kapitalmobilität muss daher nicht zwingend mit sinkenden Steuersätzen einhergehen.

Die Modelle der neuen Außenhandelstheorie aus 2.2.2 abstrahieren von Problemen der Zeitinkonsistenz. Dagegen wird sich einem Aspekt gewidmet, der bei Unternehmensbefragungen immer wieder genannt wird: Oft spielen neben „harten" Standortfaktoren wie den Löhnen oder Steuern auch die Größe des Marktes bzw. das Marktpotential eine Rolle. In Unternehmensbefragungen werden absatzpolitische Motive von den befragten Unternehmen manchmal sogar häufiger erwähnt als die Lohnkosten oder die Steuerbelastung (z.B. Fraunhofer Institut 2004; KfW 2004). Werden solche Agglomerationsvorteile berücksichtigt, dann sind Länder, die groß sind und relativ zentral liegen, eher in der Lage sich eine höhere Rente zu sichern als Länder, die an der Peripherie liegen. Die

Auswirkungen hoher Kapitalmobilität hängen ferner vom Grad der Handelsintegration ab. Steigende Handelsintegration übt in den Modellen der ökonomischen Geografie einen glockenförmigen Effekt auf die Steuersätze aus. Während mit steigender Handelsintegration zuerst ein „Race to the top" beobachtet werden sollte, führt eine Eliminierung der Handelskosten letztendlich zu dem bereits bekannten Abwärtswettlauf aus Abschnitt 2.1. Modelle der ökonomischen Geografie kommen daher zu dem Schluss, dass Kapitalmobilität erst bei hoher Handelsintegration einen negativen Effekt auf die Steuersätze ausübt. Damit diese Effekte jedoch eintreten können, darf das Problem zeitinkonsistenter Politiken in der Realität nicht allzu bedeutend sein, da die Unternehmen in diesem Fall keine Direktinvestitionen tätigen würden.

Die Ergebnisse des Abschnitts 2.2.3. zeigen schließlich, dass Kapitalmobilität bei nicht ausgelasteten Produktionsfaktoren zusätzliche Externalitäten bewirken kann. Wenn Volkswirtschaften Beschäftigungsprobleme haben, kann ein Zustrom von Direktinvestitionen dazu beitragen, sich dem Vollbeschäftigungsziel wieder anzunähern. Steuerwettbewerb ist auch unter dieser Externalität ineffizient, da die Zunahme von Arbeitsplätzen in einer Region mit einem Verlust an Beschäftigung in einer anderen Region einhergeht. Im Gegensatz zu den Modellen aus 2.2.1. und 2.2.2. führt Kapitalmobilität jedoch zu Steuerwettbewerb. Dieser wird bei Arbeitslosigkeit sogar noch härter geführt als in den Modellen aus 2.1. Die Ursache ist durch die zusätzliche Externalität bedingt, da bei einem Zufluss von Kapital die Wohlfahrtsverluste der Arbeitslosigkeit abgebaut werden können. Vergleicht man das Modell Haaparantas (1996) mit den Modellen der ökonomischen Geografie so lässt sich feststellen, dass hohe Steuersätze infolge von Agglomerationseffekten nur dann erhoben werden können, wenn die Arbeitslosigkeit in der jeweiligen Volkswirtschaft nicht allzu hoch ist.

Einigen der Kritikpunkte an den Modellen aus 2.1 wurde in den Modellen aus 2.2. Rechnung getragen. Insbesondere das Konstrukt „Kapitalmobilität" ist realistischer modelliert worden. Doch sind auch diese Ansätze nicht aller Probleme ledig. Am problematischsten ist sicherlich die Annahme, dass immer nur ein multinationaler Konzern betrachtet wird, während auf der anderen Seite oft von einem Wettbewerb der Staaten ausgegangen wird. Oftmals stehen multinationale Unternehmen untereinander im oligopolistischen Wettbewerb um staatliche Leistungen, so dass die Konzentration auf ein multinationales Unternehmen, diesem zu viel Marktmacht gegenüber den Staaten verleiht.

Kaum weniger problematisch ist die Modellierung der Steuerbelastung. In den meisten Fällen wurde die Steuerbelastung – wie auch in Abschnitt 2.1 – mit Hilfe einer Steuer auf den Kapitaleinsatz konzeptionalisiert. Diesem Kritikpunkt wurde bei der Analyse von Gewinnverlagerungen Rechnung getragen (s. Abschnitt 2.2.4.2.), da das Modell von Haufler / Schjelderup (2000) neben dem Steuersatz auch die Breite der BMG erfasst. Das Modell betont, dass ein Abwärtswettlauf vor allem in den Nominalsteuersätzen zu erwarten ist, wenn die Gewinne von Unternehmen mobiler sind als das Unternehmen selbst. Damit handelt es sich um eines der wenigen Steuerwettbewerbsmodelle, welches in der Lage ist genauer zwischen den einzelnen Steuersätzen zu diskriminieren. Zudem postuliert das Modell, dass Steuerwettbewerb zwischen Unternehmen nur wenig physische Präsenz im Ausland erfordert und rückt damit in die Nähe zu den Modellen bzgl. des Wettbewerbs um Finanzkapital.

# 3. Steuerwettbewerb um Finanzkapitalanlagen privater Haushalte

## 3.1. Steuerwettbewerb als Koordinationsproblem

Die meisten Modelle des Steuerwettbewerbs haben sich auf den Wettbewerb um Realkapital konzentriert. Theoretische Arbeiten, welche das Politikfeld der Zinsbesteuerung analysieren sind dagegen rar. Dies ist insofern erstaunlich, da vor allem Portfolioinvestitionen in den letzten 20 Jahren die höchsten Wachstumsraten bei grenzüberschreitenden Anlagen aufweisen (Kumpmann 2004 147 ff.). Die Arbeiten zur Zinsbesteuerung lassen sich in zwei Gruppen einteilen. In 3.1 und 3.2. werden zwei Modelle vorgestellt, in welchen Informationsaustausch als reines Koordinationsproblem interpretiert wird. Neben dieser Sichtweise kann Informationsaustausch aber auch die Form eines Kooperationsproblems annehmen. Diese Arbeiten werden in den restlichen Abschnitten des dritten Kapitels diskutiert.

Eggert / Kolmar (2004) untersuchen, ob symmetrische Länder ein Eigeninteresse am Informationsaustausch haben. Wie in allen spieltheoretischen Ansätzen der Steuerwettbewerbsliteratur gibt es keine Instanz von außen, die Kooperation zwischen den Staaten erzwingen könnte. Die notwendige Bedingung für Kooperation ist dann erfüllt, wenn jeder Staat sich durch Austausch von Informationen zumindest nicht schlechter stellt.

Das Modell hat die folgende Struktur: Zuerst entscheiden die Staaten, ob sie Informationen bzgl. ausländischer Zinserträge mit anderen Ländern austauschen wollen. Dann müssen die politischen Entscheidungsträger die Höhe der Steuersätze festlegen. Nachdem der institutionelle Rahmen festgelegt ist, erhalten die Individuen in der ersten Periode eine (exogene) Anfangsausstattung. Diese kann angelegt oder konsumiert werden. Sofern sich die Individuen für eine Anlage entscheiden, müssen sie ferner klären wo sie ihr Geld anlegen möchten. Abschließend wird die Höhe von Arbeitsangebot und Produktion festgelegt (ebenda 187). Dem Staat stehen mehrere Steuerinstrumente zur Verfügung. Außer einer Lohnsteuer kann er diverse Kapitalsteuern erheben. Neben einer Kapitalsteuer gemäß dem Wohnsitzlandprinzip kann der Staat auch eine Quellensteuer auf Zinserträge einbehalten. Die Autoren unterscheiden innerhalb der Quellensteuer nochmals, ob diese auf alle Zinserträge angewendet wird, oder ob nur die Zinserträge von Ausländern Gegenstand der Quellensteuer sind.

Wettbewerb zwischen den Ländern führt dazu, dass die Quellensteuern auf Kapital wegkonkurriert werden. Da es für jedes einzelne Land attraktiv ist durch Senkung seines Steuersatzes Kapital aus den Nachbarländern zu attrahieren, gelingt es keinem Land einen positiven Steuersatz auf Kapital zu erheben. Die Quellensteuern auf Kapital sind im Gleichgewicht folglich eliminiert. Dabei ist es irrelevant, ob Staaten Informationen austauschen oder nicht. Wenn Staaten Informationsaustausch betreiben, dann ist eine Quellensteuer nicht nötig, da der Informationsaustausch für eine effektive Implementierung des Wohnsitzlandprinzips sorgt. Findet dagegen kein Informationsaustausch statt, dann wäre es wünschenswert, Steuereinnahmen über die Quellensteuer zu generieren. Denn im Gegensatz zu den Ergebnissen von Bucovestky / Wilson (1991) aus 2.1.3 stellt die Besteuerung der ausländischen Zinserträge von inländischen Staatsbürgern aufgrund mangelnder Informationen keine Option dar, so dass statt einer Wohnsitzlandbesteuerung auf eine Quellensteuer zurückgegriffen werden müsste. Dies ist jedoch nicht möglich, da das einzige Gleichgewicht im Wegfall der Quellensteuer besteht.

Maßgeblich für den Wegfall der Quellensteuer ist die Annahme perfekter Kapitalmobilität. Wenn die Individuen keine Transaktionskosten zu tragen haben, dann sorgen schon geringfügige Unterschiede in den Quellensteuersätzen für eine Randlösung. Das gesamte Finanzkapital würde sich in diesem Fall in einem Land sammeln. Dies kann jedoch kein Gleichgewicht sein, da ein anderer Staat durch geringfügiges Unterbieten des Konkurrenten in der Lage wäre, den gesamten Kapitalbestand an sich zu ziehen. In einer Art Bertrand-Wettbewerb besteht das einzige Gleichgewicht folglich in der vollständigen Eliminierung der Quellensteuer. Die Finanzierung öffentlicher Güter erfolgt stattdessen über die Lohnsteuer.

Wenn die Steuern vollständig wegkonkurriert werden, ist das Inland indifferent bzgl. eines Informationsaustauschs. Denn nachdem die Quellensteuern auf Kapital vollständig wegkonkurriert worden sind, ist das Vorenthalten von Informationen für die Staaten keine wertvolle Ressource mehr. Neben einem inferioren Gleichgewicht existiert jedoch ein Gleichgewicht, in welchem die Staaten Informationsaustausch betreiben. Das Modell enthält somit multiple Gleichgewichte. Der Übergang zum Wohnsitzlandprinzip mit Hilfe eines Kontrollmitteilungssystems wird durch den Wegfall der Quellensteuer ermöglicht. Politische Entscheidungsträger werden in dem Modell bereits in der ersten Stufe des Spiels antizipieren, dass die Quellensteuern in der zweiten Stufe wegfallen werden. Deshalb messen sie einer Bereitstellung von Informationen keinen Wert bei, wenngleich es nützlich ist vom Ausland Informationen zu erhalten. Aus der für viele Modelle des Steuerwettbewerbes typischen Situation eines Gefangenendilemmas, kann durch den Wegfall der Quellensteuer ausgebrochen werden, so dass sich der Informationsaustausch zwischen Staaten zu einem reinen Koordinationsproblem reduziert.

Das Modell zeigt, dass Steuereinnahmemotive nicht Ursache für mangelnde Kooperation zwischen den Ländern sein können, da keines der Länder in der Lage ist, Kapital an der Quelle zu besteuern. Einnahmemotive sind dagegen die Ursache für kooperatives Verhalten. Durch Informationsaustausch kann die andernfalls nicht vorhandene Besteuerung von Zinserträgen wiederhergestellt werden. Die Arbeit von Eggert / Kolmar (2004) ist somit eines der wenigen optimistischen Steuerwettbewerbsmodelle. Schließlich prognostiziert das Modell, dass nach einer mehr oder langen Übergangsperiode, in welcher die Quellensteuersätze auf Zinserträge sich dem Nullpunkt nähern (sollten), eine effiziente Besteuerung von Zinserträgen mit Hilfe eines Kontrollmitteilungssystems möglich ist.

## 3.2. Imperfekte Kapitalmobilität und Diskriminierung

Im letzten Abschnitt hatten wir gefolgert, dass unter perfekter Kapitalmobilität positive Steuersätze auf Zinserträge unmöglich sind. In diesem Abschnitt wird sich jedoch zeigen, dass dies bei imperfekter Kapitalmobilität nicht mehr gilt. Wenn Kapital imperfekt mobil ist, dann können u.U. recht hohe Steuersätze beibehalten werden, sofern eine Diskriminierung der Anleger erfolgt. Trotzdem ist auch in diesem Modell Informationsaustausch ohne Kosten verbunden, da eine Besteuerung der mobilen Bevölkerungsteile nicht möglich ist.

Janeba / Peters (1999) untersuchen, wie die Steuersätze auf Zinserträge festgesetzt werden, wenn Staaten die Möglichkeit haben, zwischen in- und ausländischen Anlegern zu diskriminieren. Zuerst müssen die politischen Entscheidungsträger zwischen einem identischen Steuersatz oder Diskriminierung wählen, während in der zweiten Stufe des Spiels die Steuersätze simultan festgelegt werden. Die Autoren nehmen an, dass Kapital imperfekt mobil ist. Imperfekte Kapitalmobilität wird in dem Modell diskret modelliert. Ein Teil der Staatsbürger ist immobil, während die zweite Klasse von Anlegern vollkommen mobil ist. Die Staaten konkurrieren also nur um einen Teil der ausländischen Staatsbürger.

Zuerst wird ein (statisches) Spiel betrachtet, in welchem es den Staaten nicht gestattet ist, bei der Besteuerung von Zinserträgen zu diskriminieren. D.h. unerheblich von der Herkunft des Investors gibt es in einer bestimmten Volkswirtschaft nur einen Steuersatz auf Zinserträge. Zwar werden die Staaten sich auf einen Wettbewerb um die mobilen Bürger einlassen. Dieser wird aber nicht so scharf geführt. Denn wenn ein Land um den mobilen Faktor konkurriert, muss man diesem mindestens die Höhe der Steuereinnahmen garantieren, die es bei alleiniger Besteuerung des immobilen Faktors erzielen kann. Dies impliziert, dass die Steuersätze nicht vollständig wegkonkurriert werden können. Die

Steuereinnahmen durch den immobilen Faktor setzen sich zusammen aus der Zahl der Menschen, die nicht ins Ausland ausweichen können und der Höhe des Steuersatzes. Dieser wird durch den Wettbewerb der beiden Länder bestimmt.

Hinsichtlich der Kapitalbesteuerung schließt das Modell die Ergebnisse von Eggert / Kolmar (2004) mit ein, wenngleich die Wirkungen eines Informationsaustauschs von Janeba / Peters nicht explizit diskutiert werden. Wenn fast alle Menschen mobil sind, dann lassen sich durch die immobilen Bürger kaum Steuereinnahmen erzielen, so dass die Steuersätze gegen null konvergieren. Anders dagegen, wenn ein hinreichend großer Teil von Kapitaleinkommensbesitzern immobil ist. Wenn fast alle Menschen immobil sind, lohnt es sich kaum um die mobilen Bürger zu konkurrieren. Dann lassen sich u.U. sehr hohe Steuersätze realisieren.

Die Höhe des Steuersatzes wird ferner von der Symmetrie der Länder bestimmt. Sind die beiden Länder absolut identisch, dann hängt die Höhe des Steuersatzes allein vom Verhältnis der immobilen zu den mobilen Bürgern ab. Ist der Anteil der mobilen Bürger in beiden Ländern identisch, während die Länder sich hinsichtlich ihrer Größe unterscheiden, so ist das kleine Land in der Lage, den Wettbewerb für sich zu entscheiden. Das Spiel hat zwei Gleichgewichte: Das erste Gleichgewicht ist aus einer weltwirtschaftlichen Perspektive problematisch, da durch Seitenzahlungen beide Länder ihre Steuereinnahmen erhöhen könnten, wenngleich auch dieses Gleichgewicht Pareto-optimal sein kann. Ein solches Gleichgewicht entspricht z.B. dem Wettbewerb zwischen kleinen und großen Staaten. Neben diesem gibt es aber auch ein zweites Gleichgewicht, in welchem die Summe der Steuereinnahmen nicht weiter gesteigert wird (Janeba / Peters 1999 97).

Die Ergebnisse ändern sich gravierend, wenn es den Ländern gestattet ist, zwischen In- und Ausländern zu diskriminieren. Potentiell sind vier unterschiedliche Regime möglich: Beide Staaten können diskriminieren oder einen einheitlichen Steuersatz wählen. Neben diesem symmetrischen Ergebnis kann es aber auch sein, dass ein Land diskriminiert, während das andere Land einen einheitlichen Steuersatz wählt. Das einzige teilspielperfekte Gleichgewicht besteht jedoch in der Diskriminierung. Wenn ein Land diskriminiert, kann es sich mindestens dieselbe Auszahlung sichern, wie bei Wahl eines einheitlichen Steuersatzes. Beide Staaten werden deshalb diskriminieren. Folge der Diskriminierung ist, dass der Quellensteuersatz für ausländische Anleger im Vgl. zu einer Situation ohne Diskriminierung wegkonkurriert wird (ebenda 98-99). Das Modell repliziert damit die Ergebnisse aus dem letzten Kapitel. Zwar werden die Steuersätze auf Zinserträge nicht wie im Modell des vorangegangenen Abschnitts vollständig wegkonkurriert, jedoch gelingt es den Staaten nicht, den (vollständig) mobilen Faktor zu besteuern. Der mobile Teil der Bevölkerung kann sich demnach der Besteuerung entziehen.

Das Modell der Autoren gibt eine realistische Erklärung für die in der Realität zu beobachtende Struktur der Zinsbesteuerung. Da viele Bürger im Endeffekt nicht mobil sind, gelingt es den Staaten, die Besteuerung von Zinserträgen aufrecht zu erhalten, wenngleich auch Inländer mittlerweile deutlich niedriger besteuert werden als noch vor 20 Jahren. Was aber die Quellensteuersätze für ausländische Anlagen betrifft, prognostizieren die Autoren wie auch das bereits im letzten Abschnitt diskutierte Modell von Eggert / Kolmar (2004) ein „Race to the bottom". Genau dies ist mit dem deskriptiven Befund der letzten 20 Jahre sehr gut vereinbar. Janeba / Peters (1999) diskutieren die Option eines Kontrollmitteilungssystems zwar nicht explizit; jedoch ist hier derselbe Schluss wie auch im vorangegangenen Abschnitt zulässig. Da durch den Zufluss von Finanzkapital keine positiven Externalitäten entstehen, lautet die erste Hypothese zur Besteuerung von Zinserträgen:

**Hypothese 13:**
**Wenn die Steuerbelastung des mobilen Faktors vollkommen entfällt, ist ein Kontrollmitteilungssystem ohne Kosten verbunden.**

## 3.3. Steuerwettbewerb bei nicht-separierten Märkten

Die Arbeiten der Abschnitte 3.1 und 3.2 hatten unterstellt, dass ein wesentliches Motiv der politischen Entscheidungsträger in der Erzielung von Steuereinnahmen besteht. Ziel der Regierungen war es, sich einen Teil der ausländischen BMG anzueignen, um zusätzliche Steuereinnahmen zu generieren. Implizit unterstellen beide Ansätze jedoch, dass ein Bankensektor existiert, der die Allokation von Finanz- und Realkapital trennt.

In den Arbeiten von Bacchetta / Espinosa (1995; 2000) ist Informationsaustausch dagegen eine wertvolle Ressource, da sich über diesen Rückwirkungen auf die Realkapitalallokation ergeben. Ein Staat, der dem Ausland ein hohes Maß an Informationen übermittelt, ist aus Arbitragegesichtspunkten für einen ausländischen Anleger nicht mehr attraktiv, da in diesem Fall Finanzkapital nach dem Wohnsitzlandprinzip besteuert werden kann. Folge des Finanzkapitalabflusses ist ein Rückgang des Realkapitals, da per Modellannahme nur innerhalb desselben Staates Finanz- in Realkapital umgewandelt werden kann. Ein sinkender Realkapitaleinsatz führt wiederum zu einer Reduktion des Einkommens in der Volkswirtschaft.

In ihrer ersten Untersuchung (1995) betrachten die Autoren ein Spiel über zwei Perioden. In der ersten Periode wird die Höhe des Informationsaustauschs simultan bestimmt, während in der zweiten Periode die Steuersätze auf Zinserträge unkooperativ festgelegt werden. Als Instrumente stehen den Staaten eine Steuer auf die inländischen Zinserträge und eine Quellensteuer auf das von Ausländern im Inland angelegte Kapital zur Verfügung. Diese müssen nicht notwendigerweise identisch sein. Ferner kann ein Staat seinen Bürgern die im Ausland bezahlten Steuern anrechnen, sofern das Ausland ihm Zugang zu Informationen gewährt (107-109).

Die Autoren zeigen, dass Staaten einen Anreiz haben Informationen auszutauschen, damit in der zweiten Periode der Steuerwettbewerbseffekt gemildert werden kann. Wenn Länder Informationsaustausch betreiben, dann kann in der zweiten Periode ein hoher Steuersatz auf Zinserträge erhoben werden. Ursache für dieses Resultat ist, dass durch die Bereitstellung von Informationen, die ausländische Volkswirtschaft dazu veranlasst wird, höhere Steuersätze auf Kapital zu erheben. Würde das Inland in der ersten Stufe des Spiels keine Informationen anbieten, dann würde das Ausland in der zweiten Stufe einen extrem niedrigen Steuersatz wählen, um das Finanzkapital seiner Bürger im Land zu halten und gleichzeitig für die Bürger des Inlands attraktiv zu sein. Informationsaustausch wird in diesem Ansatz folglich strategisch genutzt, um den drohenden Steuerwettbewerb einzudämmen (ebenda 110-113). Nur wenn ein reger Informationsaustausch betrieben wird, lassen sich in der zweiten Periode auch hohe Steuersätze auf Zinserträge realisieren.

Der spätere Ansatz unterscheidet sich in einigen Punkten von ersterer Modellvariante. Diesmal findet die Festlegung von Informationsaustausch und Steuersätzen simultan statt. Ferner betrachten die Autoren auch eine dynamische Spielkonstellation. Wenn das Spiel statischer Natur ist, dann sind bei simultaner Wahl der Steuersätze bzw. des Informationsaustausches die Steuersätze im Gleichgewicht zu gering. Grund hierfür ist, dass aufgrund der nicht mehr vorhandenen sequentiellen Struktur, wie sie noch in der frühen Arbeit angenommen wurde, kein Anreiz mehr besteht, Informationen aus strategischen Gründen zu übermitteln. Im Vgl. zu Eggert / Kolmar (2004) werden die Steuersätze jedoch nicht zwangsläufig wegkonkurriert. Da die Autoren annehmen, dass ausländische Kapitalanlagen mit Transaktionskosten verbunden sind, können die Steuersätze sich – in Abhängigkeit von der Höhe der Mobilitätskosten – auf einem mehr oder weniger geringen Niveau einpendeln.

Kooperation zwischen Staaten ist möglich, wenn diese unbestimmt oft miteinander interagieren, wobei die Autoren annehmen, das ein einmaliges Abweichen von einem Kooperationsgleichgewicht einen dauerhaften Rückfall in eine Welt ohne Informationsaustausch impliziert. Ob die unkooperative Lösung sich durchsetzt hängt dann von den kurzfristigen Gewinnen aus der Abweichung ab. Diese müssen in Bezug zu den Kosten gesetzt werden, die dadurch entstehen, indem das Ausland in allen folgenden Perioden die Trigger-Strategie spielt. Das Modell enthält ebenfalls multiple Gleichgewichte.

Damit eine Kooperationsvereinbarung dauerhaft stabil bleibt, müsste es möglich sein, asymmetrischen Informationsaustausch zuzulassen (Bacchetta / Espinosa 2000 282). Bevor die EU-Richtlinie zum Informationsaustausch im Jahr 2003 verabschiedet wurde, vereinbarten Staaten gewöhnlich mit Hilfe eines DBAs auf bilateralem Wege eine Zusatzklausel zum automatischen Informationsaustausch. Diese Klausel (Artikel 26 des OECD-DBAs), welche auf Reziprozität beruht, ist nach Ansicht der Autoren einer der Hauptgründe für mangelnden Informationsaustausch in der Vergangenheit. Um ein Kooperationsgleichgewicht zu erreichen, kann es auch nötig sein, dass ein Land sämtliche Zinserträge von Ausländern an das Heimatland übermittelt, während es nur einen Teil der Zinserträge seiner Staatsbürger angezeigt bekommt.[36] Ein Land wird weniger geneigt sein anderen Ländern Informationen anzubieten, wenn die Elastizität ausländischen Kapitals höher ist als die des inländischen Kapitals, wenn die Auslandsanlagen der Inländer relativ gering sind, wenn der Steuersatz des Inlandes geringer ist als im Ausland und wenn die mit den Steuereinnahmen verbundene Bereitstellung öffentlicher Güter relativ gering geschätzt wird (ebenda 286). Damit Informationsaustausch im Modell dauerhaft ein Gleichgewicht darstellt, müssten Niedrigsteuerländer wie die Schweiz oder Liechtenstein folglich die Möglichkeit haben nur einen Teil der von ausländischen Bürgern erwirtschafteten Zinserträge, an die Wohnsitzstaaten zu übermitteln, während beide Länder vollständige Informationen über die Zinserträge ihrer Bürger mitgeteilt bekämen. Ferner identifizieren die Autoren hohe administrative Kosten bei der Ermittlung der Zinserträge als weitere potentielle Ursache mangelnder Kooperation.

Entscheidend für die Ergebnisse von Bacchetta / Espinosa ist die Annahme einer mangelnden Separabilität von Finanz- und Realkapitalmarkt. Nur wenn der Finanz- und Realkapitalbestand hoch korrelieren, ist das Vorenthalten von Informationen ein wertvolles Gut. Damit Staaten einen Anreiz haben keine Informationen auszutauschen, muss folgende Hypothese gelten:

**Hypothese 14:**
**Je eher ein Finanzkapitalzufluss in derselben Volkswirtschaft verbleibt, desto geringer ist der Anreiz für ein Land Informationen auszutauschen.**

---

[36] Dabei würde ein Land dem Ausland nur einen bestimmten Prozentsatz der Zinserträge *aller* ausländischen Staatsbürger melden. Würde es einen bestimmten Prozentsatz *pro* ausländischen Staatsbürger anzeigen, wäre es für das Ausland ja ohne weiteres möglich sämtliche Zinserträge zu besteuern.

Der in der Realität häufig auftretende Fall, dass Finanzanlagen von Deutschland nach Luxemburg wandern und von dort aus wieder nach Deutschland umgeleitet werden, wird in dem Modell der beiden Autoren nicht berücksichtigt. Da der Bankensektor in den entwickelten Volkswirtschaften in der Lage sein sollte, die einzelnen Teilmärkte voneinander zu separieren, muss es zusätzliche Motive geben, die Staaten dazu veranlassen sich unkooperativ zu verhalten.

## 3.4. Die Relevanz des Arbeitsmarktes

In einem ähnlichen Modell wie in 3.1 untersuchen Eggert / Kolmar (2002a) nochmals die Auswirkungen des Steuerwettbewerbs auf den Informationsaustausch. Unterschied zu dem Modell aus 3.1 ist jedoch, dass die Staaten diesmal keine Quellensteuer auf die Zinserträge von Ausländern einbehalten. Diesmal wird auch über die Höhe des Informationsaustausches und die Wahl der Steuersätze simultan entschieden. Da keine Quellensteuern auf die Zinserträge der Ausländer erhoben werden, müssen diese gar nicht erst wegkonkurriert werden. Wenn ferner unterstellt wird, dass durch zufließendes Finanzkapital keine Erhöhung des Realkapitals erfolgt, dann ist – wie auch in 3.1 – ein Informationsaustausch keine wertvolle Ressource. Informationsaustausch ist in dem ersten Schritt der Analyse also wieder „nur" ein reines Koordinationsproblem.

Diesmal geben die Autoren jedoch einen Grund an, warum Informationsaustausch nicht zwingend den Charakter eines Koordinationsproblems haben sollte. Sie unterstellen, dass durch den Zufluss von Finanzkapital, positive Spillover-Effekte auf den Arbeitsmarkt ausgehen können. Ein Zufluss von Finanzkapital lässt in einem ersten Schritt die Bedeutung des Bankensektors ansteigen. Der größere Bankensektor bedingt wiederum einen Anstieg in der Qualifikationsstruktur der Lohneinkommensempfänger (ebenda 475-476). Wenn die Zurückhaltung von Informationen eine Erhöhung der Lohneinkommen bewirkt, hat jedes Land einen Anreiz, keine Informationen auszutauschen. Die optimistische Sichtweise eines Koordinationsspiels lässt sich somit nicht weiter aufrechterhalten, wenn ein großer Bankensektor das Qualifikationsprofil der Lohneinkommensempfänger verbessert.

Der Wandel in der sektoralen Struktur ist in diesem Ansatz die Hauptursache für mangelnde Kooperationsbereitschaft. Beispielsweise sollte die Existenz eines großen Bankensektors einen Nachfragesog nach qualifizierten Dienstleistungen aus der IT- bzw. Unternehmungsberatungsbranche bewirken. In kleineren Steueroasen wie z.B. Liechtenstein profitieren insbesondere Rechtsanwälte und Notare von den Kapitalzuflüssen, da sie als Treuhänder von Stiftungen bzw. Domizilgesellschaften fungieren. Auch der Finanzsektor selbst dürfte in der Lage sein, qualifizierten Menschen gut bezahlte Tätigkeiten anzubieten. Kennzeichnendes Element der Externalität ist, dass es sich eher um Dienstleistungen und weniger um industrielle Produkte handeln sollte.

Das Modell gibt einen wichtigen Grund an, warum die Kooperationsbereitschaft einiger Länder in der Vergangenheit so gering war. Wenn die Schaffung eines Finanzzentrums mit einer Steigerung der Löhne bzw. der Schaffung neuer Arbeitsplätze[37] einhergeht, dann wird eine Kooperationslösung erschwert. Die dritte Hypothese der Literatur zum Informationsaustausch lautet daher:

**Hypothese 15:**
**Je größer die Spill-over-Effekte auf den heimischen Arbeitsmarkt infolge eines Finanzkapitalzuflusses, desto geringer ist der Anreiz für eine Volkswirtschaft Informationsaustausch zu betreiben.**

Konzentrieren sich solche Spill-over-Effekte vor allem auf sehr kleine Volkswirtschaften, dann ist nicht einmal sicher, ob Kooperation langfristig erreicht werden kann. Obwohl das Modell völlig andere Ursachen für eine mangelnde Kooperationsbereitschaft benennt als die Arbeiten von Bacchetta / Espinosa (1995, 2000), teilt es mit diesen die pessimistische Grundhaltung. Diese Sichtweise wird auch durch das nachfolgende Modell von Huizinga / Nielsen (2003) gestützt.

## 3.5. Informationsaustausch und Bankengewinne

Bisher wurde auf zwei Gründe verwiesen, die eine Kooperation im Bereich der Zinsbesteuerung verhindern können: Einmal kann die mangelnde internationale Ausrichtung des Bankensektors dazu führen, dass zuströmendes Finanzkapital nur in Form von Krediten an die hiesigen Unternehmen weitergeleitet werden kann; zum anderen kann eine Kooperation zwischen den Staaten blockiert werden, wenn zuströmendes Finanzkapital positive Spill-over-Effekte auf dem heimischen Arbeitsmarkt bewirkt. In diesem Abschnitt soll auf eine weitere Externalität eingegangen werden, die eine kooperative Lösung erschweren kann. Das im Folgenden zu erläuternde Modell von Huizinga / Nielsen (2003) befasst sich mit der Interaktion von Finanzkapitalbewegungen und den Gewinnen im Bankensektor.

Haushalte können in diesem Ansatz ihre Gelder sowohl im In- als auch im Ausland anlegen. Bei einer Auslandsanlage entstehen Transaktionskosten, die

---

[37] Der Ansatz unterstellt ein Modell vollständiger Konkurrenz. Neben einer Änderung der Arbeitsmarktstruktur kann es unter „realistischeren" Umständen auch möglich sein, dass Arbeitslosigkeit abgebaut wird.

von Haushalt zu Haushalt unterschiedlich sind. Da unterstellt wird, dass kein Land im Hinblick auf seinen Bankensektor einen Vorteil hat, ist der Anlagezins in allen Ländern gleich. Es gibt somit keine Unterschiede in der Vorsteuerrendite einer Kapitalanlage. Der Bankensektor ist in der Lage einen (exogenen) Gewinnaufschlag pro angelegte Geldeinheit zu erheben. Die Höhe der Bankengewinne korreliert also positiv mit der Höhe der angelegten Gelder. Da Geldanlagen mit Transaktionskosten verbunden sind, wird nur dann eine Auslandsanlage getätigt, wenn die Steuern im Ausland niedriger sind als im Heimatland.

Bei der Festlegung der Steuersätze berücksichtigen die politischen Entscheidungsträger drei unterschiedliche Argumente in ihrer Wohlfahrtsfunktion: Neben der Wohlfahrt der Bürger und den Steuereinnahmen geht auch die Höhe der Bankengewinne positiv in die Wohlfahrtsfunktion mit ein (ebenda 45). Bereits jetzt sei ein kritischer Hinweis auf die Spezifikation der sozialen Wohlfahrtsfunktion gestattet: Wenn in die Wohlfahrtsfunktion die Gewinne aus dem Bankensektor einfließen, so muss unterstellt werden, dass die Eigentumsrechte an den Banken in inländischer Hand sind. Andernfalls muss ein plausibles Argument angeführt werden, warum ein politischer Entscheidungsträger die Wohlfahrt ausländischer Bürger maximieren sollte. Da die Autoren in einer anderen Arbeit (Huizinga / Nielsen 1997; vgl. Abschnitt 2.1.5) genau diese Annahme kritisieren, muss davon ausgegangen werden, dass die Banken größtenteils inländischen Anteilseignern gehören.

Die Staaten können eine Quellensteuer erheben oder mit Hilfe des Informationsaustausches das Wohnsitzlandprinzip verwirklichen. Im Gegensatz zu den vorangegangen Arbeiten interpretieren die Autoren Quellensteuern bzw. Informationsaustausch nicht als Komplemente, sondern als Substitute. Dies bedeutet, dass sich drei unterschiedliche Gleichgewichtskonstellationen einstellen können: Beide Länder können Informationen austauschen oder eine Quellensteuer auf Auslandsanlagen erheben. Schließlich kann auch eine asymmetrische Lösung zustande kommen, in welcher ein Land dem Ausland Informationen übermittelt, während das andere Land eine Quellensteuer einbehält.

Die Autoren analysieren sowohl statische als auch dynamische Spiele. Unter der statischen Konstellation sind die Ergebnisse suboptimal. Unter einem Quellensteuerregime sind die Steuersätze geringer als unter der kooperativen Lösung.[38] Noch gravierender sind die Ergebnisse, wenn das Regime des Informationsaustausches untersucht wird. In einem statischen Spiel wird keines der Länder Informationsaustausch betreiben. Statische Spiele führen letztendlich – unabhängig von der Wahl des Regimes – zu einem Gefangenendilemma.

---

[38] Die Autoren nehmen an, dass die Quellensteuer nicht vollständig wegkonkurriert werden kann, d.h. auch unter Steuerwettbewerb positiv ist.

Bessere Ergebnisse lassen sich erreichen, wenn die Länder wiederholt miteinander interagieren. Ebenso wie in Bacchetta / Espinosa (2000) wird im Falle eines unkooperativen Verhaltens unterstellt, dass ab der nächsten Periode die Trigger-Strategie gespielt wird. Die Autoren zeigen, dass in einem dynamischen Spiel alle Konstellationen möglich sind. Beide Staaten könnten untereinander Informationen austauschen, aber auch die Quellensteuer auf Zinserträge erheben. Das Regime des Informationsaustausches ist jedoch dem einer Quellenbesteuerung überlegen, da bei einer Besteuerung an der Quelle die Staaten untereinander im Steuerwettbewerb stehen. Nur wenn zukünftige Kooperationsgewinne von den Staaten sehr stark gewichtet werden, führen eine Quellensteuer und Informationsaustausch zu identischen Ergebnissen. Die Steuersätze der Quellensteuer sind daher i. d. R. auch in einem dynamischen Spiel zu „niedrig", wenngleich sich auch hier für beide Länder höhere Wohlfahrtsgewinne erzielen lassen, als in einem statischen Spiel. Der Grad der Kooperation zwischen den Staaten wird wiederum von der Höhe der Kapitalströme abhängen. Da der Gewinn im Bankensektor eine Funktion des Finanzkapitalzuflusses ist, werden Staaten bei hohen Bankengewinnen sich eher für die Quellensteuer entscheiden. Neben den Bankengewinnen führen eine starke Diskontierung zukünftiger Kooperationsgewinne und ein geringer „excess burden" bei der Besteuerung alternativer Faktoren umso eher zu einem unkooperativen Verhalten. Die dritte Konstellation führt zu einer asymmetrischen Instrumentenwahl, d.h. eines der Länder übermittelt dem anderen Staat Informationen, während das andere Land eine Quellensteuer auf Kapital einführt. Diese Option ist dann besonders wahrscheinlich, wenn sich die Länder hinsichtlich ihrer Größe unterscheiden. Analog zu den bereits diskutierten Ansätzen enthält das Modell der Autoren ebenfalls multiple Gleichgewichte. Hinsichtlich der Rolle von Bankengewinnen lässt sich daher folgender Zusammenhang postulieren:

**Hypothese 16:**
**Je höher die Profitabilität des Finanzsektors in einer Volkswirtschaft, desto geringer ist der Anreiz zum Informationsaustausch.**

In einer Erweiterung des Modells betrachten die Autoren die Auswirkung von Drittländern auf das Gleichgewicht. Ein Drittland, welches als Steueroase fungiert, führt zu einer bedeutenden Änderung der Ergebnisse. Durch den Einschluss eines Drittlandes in die Modellstruktur, wird die oben erwähnte Möglichkeit eines bilateralen Informationsaustausches, deutlich gestört. Bilateraler Informationsaustausch ist aufgrund von Transaktionskosten auch weiterhin möglich,[39] jedoch sinkt die Wahrscheinlichkeit der Implementierung eines bilateralen Kontrollsystems im Vgl. zu einer Situation ohne Drittland (Huizinga / Nielsen 2003 57). Die Ursache für dieses Modellresultat liegt auf der Hand:

[39] Die Autoren unterstellen, dass die Transaktionskosten der Kapitalanlage in einem Drittland höher sind als in einer europäischen Steueroase.

Wenn die Transaktionskosten nicht allzu hoch sind, dann nutzt es wenig wenn z.B. Deutschland und Luxemburg Informationen austauschen. Sofern es andere Steueroasen außerhalb der EU gibt, werden Anleger immer die Möglichkeit haben, sich der Besteuerung durch Umschichtung der Gelder zu entziehen.

Es sei jedoch angemerkt, dass die Steueroase in diesem Ansatz exogen ist, d.h. es wird nicht die Möglichkeit betrachtet, dass auch mit dieser eine Kooperationslösung angestrebt werden kann. Gegen diese Annahme lassen sich sowohl positive als auch ablehnende Überlegungen anführen. Richtig ist, dass die EK nicht mit allen Ländern bzw. Steueroasen dieser Welt bzgl. der Harmonisierung der Zinsbesteuerung verhandelt hat. Einige Finanzzentren erheben weder eine Quellensteuer noch werden sie Informationen mit europäischen Ländern austauschen. Unter diesem Gesichtspunkt scheint die Annahme eines exogenen Drittlandes gerechtfertigt zu sein. Auf der anderen Seite war die EK bemüht, mit wichtigen Drittländern innerhalb Europas eine Einigung zu erzielen (s. Abschnitt 1.4). Diese hat mit 6 Drittländern Verhandlungen aufgenommen und auch zu einem Abschluss gebracht. Da der Schweiz, Liechtenstein, Andorra, Monaco und San Marino aufgrund ihrer geografischen Nähe zu den EU-Mitgliedsstaaten eine besondere Bedeutung zukommt, ist die Annahme eines exogenen Drittlandes unter diesem Gesichtspunkt fragwürdig.

Das Modell von Huizinga / Nielsen betont die Bedeutung von Bankengewinnen, welche Kooperation zwar nicht unmöglich machen, wohl aber erschweren. Selbst wenn man der Meinung ist, dass Bankengewinne im Falle ausländischer Anteilseigner nicht direkt in die Wohlfahrtsfunktion des politischen Entscheidungsträgers eingehen (sollten), können sich indirekte Effekte über höhere Körperschaftsteuereinnahmen ergeben. Auch wenn die Mehrheit der Banken ausländischen Aktionären gehört, lassen sich Wohlfahrtsgewinne erzielen, indem ein Teil des Bankengewinns zu den Staatsbürgern umverteilt wird.

## 3.6. Der Vorteil kleiner Länder

Bisher wurde von symmetrischen Ländern ausgegangen. In diesem letzten Abschnitt soll untersucht werden, ob Unterschiede in den Ländergrößen bei der Besteuerung von Zinserträgen ebenfalls eine bedeutende Rolle spielen können. Vor dem Hintergrund der Befunde aus 2.1.2 sollte man vermuten, dass unterschiedliche Ländergrößen im Steuerwettbewerb um mobiles Finanzkapital besonders wichtig sind. Denn die meisten Steueroasen sind sehr kleine Länder, deren Einwohnerzahl oft unter 100 000 liegt.

Alle bisherigen Arbeiten kommen zu dem Schluss, dass die Höhe des Kapitalertragssteuersatzes bzw. das Ausmaß an Informationsaustausch beeinträchtigt wird, wenn Länder unterschiedlicher Größe am Steuerwettbewerb teilnehmen. Im Modell von Eggert / Kolmar (2004) spielen Unterschiede zwischen den Ländern keine Rolle. Werden jedoch die Steuerinstrumente beschränkt, d.h. unterstellt man dass nur noch eine Lohn- und eine Quellensteuer zur Verfügung steht, dann verschlechtern sich kleine Länder unter einem Kontrollmitteilungssystem im Vgl. zum Status quo (Eggert / Kolmar 2002b). Wenn keine Wohnsitzlandbesteuerung möglich ist, stellen sich kleine Länder – ähnlich wie auch bei Bucovetsky / Wilson (1991) – durch Nichtkooperation besser. Pareto-Verbesserungen unter asymmetrischen Steuerwettbewerb sind auch bei Gros (1990) unmöglich. Jedoch ist sein Ergebnis durch die Annahme bedingt, dass die Bürger aus der Steueroase keine grenzüberschreitenden Finanzanlagen tätigen. Wenn diese Annahme gilt, haben Steueroasen nichts zu verlieren und können durch den Zufluss von Geldern aus dem Hochsteuerland den Wettbewerb immer zu ihren Gunsten entscheiden. Auch bei Bachetta / Espinosa (2000) stehen kleine Länder einem Informationsaustausch eher abgeneigt gegenüber. Da ein kleines Land nur relativ wenig Finanz- und damit Realkapital verlieren kann, muss kleineren Ländern ein geringerer Grad an Informationsaustausch zugebilligt werden, um eine kooperative Lösung zu erleichtern.

Schließlich kommen auch Huizinga / Nielsen (2003) zu dem Ergebnis, dass kleinere Staaten einen geringeren Anreiz zu kooperativen Verhalten haben. In ihrem Modell führen Größenunterschiede zu einer asymmetrischen Instrumentenwahl, d.h. eines der Länder übermittelt dem anderen Staat Informationen, während das andere Land eine Quellensteuer auf Kapital einführt. Das kleine Land votiert für eine Quellensteuer, da es relativ viele Bürger aus dem Ausland gewinnen kann. Diese überkompensieren die geringe Anzahl an steuerflüchtigen Staatsbürgern des kleinen Landes. Je höher die Unterschiede in den Ländergrößen sind, desto eher wird der Quellensteuersatz des kleinen Landes gegen den Steuersatz aus dem statischen Spiel konvergieren. Das große Land entscheidet sich dagegen für den Informationsaustausch, da im Falle eines unkooperativen Verhaltens des kleinen Landes, sämtliche Informationen verweigert werden können (Huizinga / Nielsen 2003 63-64). Der Grund, der zur Wahl eines Kontrollmitteilungssystems im großen Land führt, ist darin zu sehen, dass es sich mit diesem Instrument wirkungsvoller gegen eine mangelnde Kooperation des kleinen Landes im Vgl. zu einer Quellensteuer schützen kann. Verhält sich das kleine Land unkooperativ, dann werden die Bürger des kleinen Landes überhaupt nicht mehr besteuert, während die Bestrafung bei einer Quellensteuer weniger hart ausfallen würde.[40]

---

[40] Die Rückkehr zum Gleichgewicht des statischen Spiels, würde ja immer noch positive Quellensteuersätze implizieren (vgl. Fußnote 38). Deswegen kann man mit Hilfe eines Kontrollmitteilungssystems härter strafen.

Die Arbeiten zeigen, dass kleine Länder auch im Steuerwettbewerb um Finanzkapital eher dazu neigen sollten geringere Steuersätze festzulegen. Damit aber die Größe eines Landes bedeutend wird, müssen weitere Externalitäten vorhanden sein. Denn weder die Arbeit von Janeba / Peters (1999)[41] noch die von Eggert / Kolmar (2004) lässt den Schluss zu, dass kleine Länder sich im Steuerwettbewerb besser stellen können. Ein (mögliches) unkooperatives Verhalten kleiner Staaten kann somit nicht aus sich selbst heraus begründet werden. Unterschiede in den Ländergrößen könnten jedoch bei Vorhandensein von Externalitäten eine Rolle spielen und diese verstärken. Der Anreiz Real-kapital zu attrahieren, Spill-over-Effekte auf den Arbeitsmärkten sowie die Höhe der Bankengewinne führen auch bei symmetrischen Ländern zu Kooperationsproblemen. Diese könnten aber zusätzlich verschärft werden, wenn kleine Länder im Steuerwettbewerb involviert sind, da hohe Bankengewinne bzw. Spill-over-Effekte auf dem Arbeitsmarkt in kleinen Volkswirtschaften relativ bedeutsamer sein könnten.

## 3.7. Zusammenfassung und Kritik

Die Modelle des dritten Kapitels zeigen deutlich, dass Wettbewerb um mobiles Finanzkapital andere Züge trägt, als der Wettbewerb um ausländische Direktinvestitionen. Denn im Gegensatz zu grenzüberschreitenden Investitionen multinationaler Unternehmen, bei welchen viele Länder die Freistellungsmethode anwenden, sind die Zinserträge natürlicher Personen im Heimatland zu versteuern. Vorteilhaft an den Arbeiten ist, dass sie auf der einen Seite das in der Realität vorherrschende Wohnsitzlandprinzip in die Analyse miteinbeziehen, aber im Vgl. zu Bucovetsky / Wilson (1991) deutlich machen, dass dieses Besteuerungsprinzip nichts nützt, wenn ein Staat keine Kenntnis von den Auslandsanlagen seiner Bürger hat. Steuerwettbewerb gleicht dann einem Wettbewerb um Informationen.

Bzgl. des seit Juli 2005 stattfindenden Informationsaustausches sind einige Modelle relativ optimistisch. Eggert / Kolmar (2004) kommen zu dem Schluss, dass bei perfekter Kapitalmobilität die Besteuerung von Zinserträgen mit Hilfe von Quellensteuern einbricht. Selbst wenn nur ein Teil der Bürger mobil ist und die Staaten zwischen den immobilen bzw. mobilen Bürgern diskriminieren, steht – wie Janeba / Peters (1999) nachweisen – zumindest der mobile Teil der Staatsbürger als Steuerzahler nicht mehr zur Verfügung. Auch in diesem Fall wäre der Weg zu einem Kontrollmitteilungssystem frei.

---

[41] Unter der Vorraussetzung, dass Staaten zwischen In- und Ausländern diskriminieren, was in der Realität auch der Fall ist. Ohne Diskriminierung könnten kleine Länder das Spiel zu ihren Gunsten entscheiden.

Etwas pessimistischer sind dagegen die Arbeiten, die auf ein Kooperationsproblem hindeuten. Wenn der Zufluss von Finanzkapital mit einer Erhöhung des Sachkapitals einhergeht, dann können die kurzfristigen Gewinne aus einer Abweichung, die langfristigen Verluste aus dem Rückfall in das unkooperative Ausgangsstadium aufwiegen (Bacchetta / Espinosa 1995; 2000). Ferner ist eine Kooperation schwieriger zu erreichen, wenn ein Vorenthalten von Informationen mit positiven Effekten auf den Arbeitsmarkt einher geht (Eggert / Kolmar 2002a) und die Bankengewinne bzw. Steuereinnahmen aus der KSt erhöht (Huizinga / Nielsen 2003). Schließlich kommen die Untersuchungen zu dem Schluss, dass kleinere Länder niedrigere Steuersätze wählen werden bzw. eine geringere Präferenz für ein Kontrollmitteilungssystem haben als größere Staaten.

Kritisch gegen die Modelle ist anzumerken, dass sie einmal nur Spiele mit perfekter Information betrachten. Mit Hilfe dieser Annahme wird unterstellt, dass im Falle eines unkooperativen Verhaltens eines Landes das konkurrierende Land in der Lage ist eine Bestrafungsstrategie auszuführen. Hierzu zeigen Cremer / Gavheri (2000) jedoch, dass es nicht ausreichend ist Steuerwettbewerb zwischen den Staaten mit Hilfe einer Harmonisierung der Steuern zu beenden. Wenn diesen als weiteres Instrument die Kontrollintensität der Steuerzahler zur Verfügung steht, dann führt eine Harmonisierung lediglich zu einer lascheren Kontrollpraxis. Hat ein Land keine Informationen bzgl. der Kontrollpraxis des Auslandes, so kann das Ausland über eine geringe Kontrollintensität den Informationsaustausch umgehen.

Schließlich ist anzumerken, dass die Modelle aufgrund von multiplen Gleichgewichten oft keine eindeutigen Aussagen zulassen. Bei Eggert / Kolmar (2004) wird Finanzkapitalsteuerwettbewerb als Koordinationsspiel interpretiert, während bei anderen Autoren (Bacchetta / Espinosa 1995; 2000; Huizinga / Nielsen 2003) Informationsaustausch als Gefangenendilemma gedeutet wird. In diesen Modellen gibt es aber ebenfalls multiple Gleichgewichte, so dass auch hier nicht eindeutig ist, welche Lösung sich letztendlich einstellen wird.

# 4. Methoden zur Ermittlung der Steuerbelastung von Unternehmen

## 4.1. Empirische Verfahren

### 4.1.1. Steueraufkommensquoten

In diesem Kapitel werden verschiedene Methoden zur Ermittlung der Steuerbelastung von Kapitalgesellschaften vorgestellt. In den ökonometrischen Untersuchungen, die im fünften Kapitel diskutiert werden, sind eine Vielzahl unterschiedlicher Kennziffern als Indikator für die Steuerbelastung verwendet worden. Diese können in retro- und prospektive Verfahren bzw. theoretische und empirische Steuerqoten klassifiziert werden. Während Steuerquoten vergangenheitsorientierte Maße sind, versuchen prospektive Verfahren die Steuerbelastung unter Zuhilfenahme von Unternehmensplanmodellen bzw. der neoklassischen Investitionstheorie zu ermitteln. Beide Verfahren verfügen über spezifische Vor- und Nachteile. Diese sind Gegenstand des Abschnitts 4.3.

Der einfachste und deswegen wohl auch am häufigsten genutzte Indikator drückt die Körperschaftsteuereinnahmen einer Volkswirtschaft im Verhältnis zum BIP oder zu den gesamten Steuereinnahmen aus. Diese Indikatoren wurden auch in zahlreichen empirischen Untersuchungen verwendet (s. Abschnitt 5.1). Von allen zu diskutierenden Indikatoren sind Unternehmenssteueraufkommensquoten aber diejenigen Maße, welche für eine empirische Untersuchung am wenigsten geeignet sind. Mit Hilfe der Skalierung durch das BIP bzw. gesamte Steueraufkommen wird versucht, Vergleichbarkeit zwischen den Ländern herzustellen. Dies kann aber bestenfalls über einen längeren Zeitraum geschehen, da die KSt eine sehr konjunkturreagible Steuer ist. Konjunkturelle Schwankungen haben aber nur wenig mit dem eher langfristigen Planungshorizont der politischen Entscheidungsträger aus den Modellen des zweiten Kapitels gemein. Dieses Problem lässt sich aber zumindest mildern, indem man die konjunkturellen Einflüsse aus den Zeitreihen eliminiert.

Vielfach problematischer ist die Unterstellung, dass zwischen den einzelnen Volkswirtschaften keine Unterschiede im Anteil körperschaftsteuerpflichtiger Unternehmen bestehen. So wird z.B. für Deutschland das geringe Verhältnis von Kapital- zu Personengesellschaften auf die rechtsformneutrale Besteuerungspraxis zurückgeführt (Haufler / Genser 1999 322). Da mangelnde Rechtsformneutralität zwischen Kapital- und Personengesellschaften zu einer systematischen Verzerrung in der Wahl der Rechtsform führt, spiegeln Unterschiede in den Quoten nicht notwendigerweise Unterschiede in der Steuerbelastung von Kapitalgesellschaften zwischen den Ländern wieder. Die traditionell geringen Steuereinnahmen Deutschlands aus der KSt sind damit nicht Ursache einer im internationalen Vergleich niedrigen Steuerbelastung, sondern lassen sich (teilweise) auf die geringe Anzahl von Kapitalgesellschaften zurückführen.

Der wichtigste Einwand gegen dieses Maß beruht jedoch auf der Zusammensetzung des Zählers. Denn die Einnahmen aus der Körperschaftsteuer sind nicht nur von der Höhe der Steuerbelastung abhängig, sondern auch von den Gewinnen im Unternehmenssektor (Schulze / Ursprung 1999). Es ist durchaus möglich, dass ein Land seine KSt deutlich senkt, ohne dass die Steuereinnahmen aus der KSt zurückgehen müssen. Wenn eine steigende Profitabilität im Unternehmenssektor die entgangenen Einnahmen aufgrund der Steuersenkung überkompensiert, kommt es sogar zu einer Erhöhung des Steueraufkommens.

Schließlich kann auch Steuerwettbewerb zu einer Erhöhung des Steueraufkommens führen. Wenn einige Länder – aus welchen Gründen auch immer – sich nicht am Abwärtswettlauf beteiligen, können diejenigen Länder, die eine Steuersenkung durchgeführt haben, ihr Körperschaftsteueraufkommen, selbst bei konstanter Profitabilität im Unternehmenssektor, steigern. Denn in diesem Fall führt der Kapitalzufluss aus dem Ausland zu einem erhöhten Steueraufkommen. Für das Ausland würde die Quote dagegen signalisieren, dass eine Steuersenkung durchgeführt wurde, während aber tatsächlich ausländische Unternehmen ihren Standort in das günstigere Inland verlagert haben.

Da Unternehmenssteueraufkommensquoten die Einnahmen aus der KSt nicht in Bezug zu den Gewinnen im unternehmerischen Sektor setzen, vermitteln die beiden Maße einen bestenfalls groben Anhaltspunkt über die Steuerpolitik von Regierungen. Schließlich können politische Entscheidungsträger den Steuersatz und die BMG beeinflussen, jedoch nur begrenzt den Vorsteuergewinn der Unternehmen. Als Maß für eine ökonometrische Analyse sind Unternehmenssteueraufkommensquoten deshalb nicht zu gebrauchen.

### 4.1.2. Implizite Steuerquoten

Im Gegensatz zu den Aufkommensquoten des letzten Abschnitts, versuchen implizite Steuerquoten die effektive Steuerbelastung der Unternehmen zu ermitteln. Empirisch ermittelte Steuerquoten lassen sich in Mikro- und Makroverfahren untergliedern. Bei der Mikro-Methode steht die Unternehmung im Mittelpunkt der Analyse. Eine Quote der effektiven Steuerbelastung für eine Volkswirtschaft erhält man mit diesem Verfahren, indem man die Steuerbelastung der einzelnen Unternehmen aggregiert. Dagegen verwendet die Makro-Methode Daten aus der VGR. Im Folgenden soll die Makro-Methode etwas näher erläutert werden (eine ausführliche Beschreibung der Mikro-Methode gibt: Nicodeme 2001). Die Vor- und Nachteile dieses Verfahrens treffen aber grundsätzlich auch auf die Mikro-Methode zu, so dass ein Vergleich mit anderen Verfahren relativ unabhängig von der Wahl der Aggregationsebene ist.

Empirisch ermittelte implizite Steuerquoten sind statische, vergangenheitsorientierte Maße. Im Vergleich zu den prospektiven Ansätzen des übernächsten Abschnitts, sind sie vor allem auch die Folge vergangener Entscheidungen. Der implizite Steuersatz in einer Periode ist u. a. das Ergebnis: 1. früherer Investitionen der Unternehmung; 2. von Steuerzahlungen, die möglicherweise an verschiedenen Orten angefallen sind; 3. vergangener Verluste, sofern ein Verlustvortrag eingeleitet wurde; und 4. des Nominalsteuersatzes und der BMG in früheren Perioden (Devereux et al. 2002 469). Die Bezeichnung „implizit" hat sich in der Literatur eingebürgert, da in dieser Quote indirekt alle Bestandteile eines Steuersystems, wie z.B. der Nominalsteuersatz, Abschreibungsmodalitäten, die Finanzierungsstruktur der Unternehmen aber auch die Effizienz des Steuervollzugs enthalten sind (Winner 2001 483).

Die Makro-Methode wurde als erstes von Mendoza et al. (1994) angewandt. Die Autoren ermitteln die effektive Belastung mit KSt für eine Volkswirtschaft, indem sie die Ertragssteuereinnahmen von Kapitalgesellschaften durch die BMG des Unternehmenssektors dividieren. Als BMG verwenden Mendoza et. al. den Betriebsüberschuss in einer Volkswirtschaft, der das Einkommen aus wirtschaftlicher Tätigkeit nach Abzug der Personalkosten im Unternehmenssektor angibt. Der Ansatz zur Ermittlung makroökonomischer Steuerquoten ist mittlerweile von vielen Autoren erweitert worden (Carey / Rabesona 2002; 2004; Volkerink / de Haan 2001). Hierbei wäre einmal die Frage zu klären, ob das Einkommen aus wirtschaftlicher Tätigkeit in einer Brutto- oder Nettovariante im Nenner verwendet werden soll. Verwendet man den Netto- statt dem Bruttobetriebsüberschuss, so wird die Steuerbelastung höher ausgewiesen, da der Verschleiß des Kapitals aus dem Betriebsüberschuss herausgerechnet wird. In empirischen Untersuchungen ist sowohl der Bruttobetriebsüberschuss (z. B. Gordon / Tchilingurian 1998) als auch der Nettobetriebsüberschuss (z.B. Bretschger / Hettich 2002) verwendet worden.

In der später durchzuführenden empirischen Analyse wird meist der Bruttobetriebsüberschuss im Nenner verwendet. Denn die Steuereinnahmen in einer Volkswirtschaft werden durch den Nominalsteuersatz und die Gewinnermittlungsvorschriften determiniert. Wenn aber schon im Zähler dieser Größe die Abschreibungen berücksichtigt worden sind, dann sollte die Steuerquote bei Verwendung des Nettobetriebsüberschußes eher Aufschluss über die nominale Steuerbelastung in einer Volkswirtschaft geben, da die Abschreibungen sowohl im Zähler als auch im Nenner enthalten sind (Nicodeme 2002 15-16).[42] Ferner gibt es einige praktische Einwände gegen die Verwendung des Nettobetriebs-

[42] Vorraussetzung hierfür ist, dass tatsächliche und bilanzielle Abschreibung übereinstimmen.

überschusses. Einmal dürfte die Berechnung des Kapitalverschleißes insbesondere bei der Makro-Methode eher von statistischen als von substanziell ökonomischen Erwägungen getrieben sein (Devereux 2004 61). Zudem ist die Steuerquote bei Verwendung des Gewinns nach Abschreibungen und Zinsen sehr volatil (Nicodeme 2002). Selbst bei Verwendung von 4-Jahresdurchschnitten sind weiterhin einige Ausreißer in den Daten präsent. Im empirischen Teil werden jedoch für den Mikrosteuersatz auch einige Schätzergebnisse präsentiert, die die Gewinne nach Zinsaufwand und Abschreibungen im Nenner verwenden.

Problematischer als die Frage, ob der Nenner den Brutto- bzw. Nettobetriebsüberschuss enthalten soll, ist jedoch, dass frühere Untersuchungen für einige Länder das gesamte Einkommen aus wirtschaftlicher Tätigkeit im Nenner verwendet haben. Wenn im Zähler die Steuerbelastung von Kapitalgesellschaften steht, ist die Verwendung des gesamten Einkommens aus unternehmerischer Tätigkeit als BMG ungeeignet. Vielmehr müsste eine an Kapitalgesellschaften angepasste BMG verwendet werden. Das Ausmaß der Verzerrung wird dabei umso stärker sein, je größer die Bedeutung von Personengesellschaften in einer Volkswirtschaft ist. Denn dann steht im Zähler ausschließlich die Steuerzahlung von Kapitalgesellschaften, während der Nenner das Einkommen *aller* Unternehmen enthält. Diesem wichtigen Kritikpunkt wird im ökonometrischen Teil Rechnung getragen, indem nicht der gesamte Betriebsüberschuss einer Volkswirtschaft im Nenner enthalten ist, sondern lediglich der von Kapitalgesellschaften. Für Deutschland, Portugal und Österreich stellt sich bei dem Makroverfahren das Problem, dass der Betriebsüberschuss in den OECD-Statistiken nicht getrennt nach Personen- und Kapitalgesellschaften ausgewiesen wird. Dieses Problem kann dann umgangen werden, wenn im Zähler die Steuerzahlungen der Personengesellschaften hinzuaddiert werden. Die Kosten einer solchen Bereinigung sind jedoch, dass diese Quote nur noch als globale Unternehmenssteuerquote interpretiert werden kann, da sowohl Personen- als auch Kapitalgesellschaften erfasst werden. Letztere Option wird umso praktikabler sein, je geringer die Unterschiede in der Steuerbelastung von Personen- und Kapitalgesellschaften sind. Im empirischen Teil der Untersuchung werden deshalb Ergebnisse mit und ohne diese drei Staaten präsentiert.

Die Makro-Methode birgt eine Reihe weiterer, kleinerer Probleme in sich. Einmal kann nicht ausgeschlossen werden, dass in der von Personengesellschaften bereinigten BMG auch staatliche Institutionen wie z.B. die Bundesbank oder gemeinnützige Organisationen wie etwa Kirchen enthalten sind. Dieses Problem taucht bei der Mikro-Methode nicht auf, da hier nur Körperschaften erfasst werden, deren primäre Absicht die Gewinnerzielung ist. Des Weiteren haben vorangegangene Studien aufgezeigt, dass die Zeitreihen teilweise sehr starken zyklischen Schwankungen unterworfen sind. In den Zeitreihen sind analog zu den Aufkommensquoten des letzten Abschnitts somit konjunkturelle Effekte enthalten. Ältere Studien (Volkerink / de Haan 2001) haben nachgewiesen, dass insbesondere in Rezessionen die ermittelte Belastung in manchen Fällen sogar negativ werden kann, da viele Unternehmen nicht mehr profitabel arbeiten. Die Schätzungen im ökonometrischen Teil werden deshalb mit Hilfe von 4-Jahresdurchschnitten durchgeführt, um die konjunkturellen Schwankungen aus den Daten zu eliminieren.

Weitere Anomalien können sich ergeben, wenn Länder *dauerhaft* unterschiedlich stark wachsen. Ein Grund, warum die OECD-Daten eine relativ moderate Steuerbelastung für Deutschland ausweisen, während andere Verfahren Deutschland eher als Hochsteuerland klassifizieren, könnte in der enttäuschenden wirtschaftlichen Entwicklung Deutschlands nach der Wiedervereinigung liegen. Da einige Unternehmen dauerhaft mit Verlusten operieren, wird die BMG auch über den Konjunkturzyklus hinweg geringer ausgewiesen als in Staaten mit einer höheren Unternehmensprofitabilität. Auf der anderen Seite muss eine niedrige Profitabilität der Unternehmen nicht zwangsläufig durch die wirtschaftliche Entwicklung bedingt sein; vielmehr können niedrige Vorsteuerrenditen auch ein Indiz für Gewinnverlagerungen sein.[43]

Nachdem die Probleme bzgl. des Nenners erörtert wurden, sei auf den Zähler der Quote eingegangen. Die meisten Untersuchungen haben lediglich die Ertragssteuern im Zähler erfasst. Körperschafts- und Gewerbesteuerzahlungen der Unternehmen sind sicherlich diejenige Komponente, die Unternehmen am stärksten belastet. Neben den Ertragssteuern empfehlen Volkerink /de Haan (2001) auch Steuern auf unbewegliches Vermögen der Kapitalgesellschaften (Kategorie 4220 in den OECD-Einnahmestatistiken) und Steuern aus unbeweglichen Eigentum (Kategorie 4120) in den Zähler miteinzubeziehen. Letztere Kategorie enthält vor allem die Grundsteuer. Da die OECD-Statistiken diese Kategorie nicht zwischen Haushalten und Unternehmen aufspalten, werden die Grundsteuern im empirischen Teil nicht berücksichtigt.[44] Jedoch werden die Vermögenssteuern zu den Gewinnsteuereinnahmen im Zähler hinzuaddiert. Im Vgl. zum ursprünglichen Ansatz von Mendoza et. al. (1994) ist der Zähler somit erweitert worden, wenngleich die Änderung in der Steuerbelastung für die meisten Länder nur marginal ist.[45] Der im ökonometrischen Teil verwendete makroökonomische Steuerbelastungsindikator lässt sich wie folgt beschreiben:

*Gewinn- und Vermögenssteuern / Betriebsüberschuß Kapitalgesellschaften* (1)

[43] Dieser Zusammenhang wird in Abschnitt 5.3 näher erläutert.

[44] Die Einnahmen aus unbeweglichen Eigentum sind im Vgl. zu den Ertragssteuern so gering, so dass ein Einschluss der Grundsteuern die Steuerbelastung kaum verändern würde.

[45] Viele Länder erheben keine Substanzsteuern (mehr). In denjenigen Staaten, in welchen Vermögenssteuern erhoben werden, steigt das Ausmaß der Belastung um ca. 1-2%-Punkte.

Implizite Steuerquoten sind geeignete Indikatoren, die Aufschluss über die effektive Steuerbelastung in einer Volkswirtschaft geben können. Sie sind im Vgl. zu Unternehmenssteueraufkommensquoten das bessere Maß, da sie das Einkommen der Kapitalgesellschaften statt dem BIP oder den gesamten Steuereinnahmen im Nenner berücksichtigen. In implizite Steuerquoten gehen Parameter ein, die ein politischer Entscheidungsträger zumindest indirekt beeinflussen kann. Da alle Informationen eines Steuersystems in Steuerquoten enthalten sind, sind implizite Steuerquoten weitreichender als Nominalsteuersätze. Trotzdem ist bei Steuerbelastungsvergleichen auf Basis dieses Verfahrens Vorsicht geboten, da implizite Quoten zumindest kurzfristig nicht immer ein realistisches Bild über die Steuerbelastung in einer Volkswirtschaft liefern.

## 4.2. Theoretische Indikatoren der Steuerbelastung

### 4.2.1. Nominalsteuersatz

Häufig wurden in empirischen Analysen auch Nominalsteuersätze verwendet (s. Abschnitt 5.2). In der öffentlichen Diskussion spielen sie ebenfalls eine große Rolle. Ein wichtiger Grund warum der Nominalsteuersatz oft herangezogen wird, ist seine relativ leichte Verfügbarkeit über längere Perioden hinweg.

Im Gegensatz zu den in Abschnitt 4.1.1 diskutierten Aufkommensquoten geben Nominalsteuersätze (teilweise) Aufschluss über die Steuerbelastung von Unternehmen. Unter bestimmten Umständen können Vergleiche zwischen einzelnen Ländern auf Basis des Nominalsteuersatzes durchaus Sinn ergeben. Diese sind dann aufschlussreich, wenn sich die Länder nicht allzu stark im Hinblick auf ihre BMG unterscheiden. Ist dies nicht der Fall dann sind Nominalsteuersätze keine gute Grundlage für (effektive) Steuerbelastungsvergleiche. Da die Abschreibungsmodalitäten sowie intertemporale Verlustverrechnungsmöglichkeiten mit diesem einfachen Maß nicht berücksichtigt werden, kann die Rangfolge der Länder bei der effektiven Steuerbelastung deutlich von der der Nominalsteuersätze abweichen. Steuerbelastungsvergleiche, die allein auf Basis des Nominalsteuersatzes erfolgen, können ähnlich wie Aufkommensquoten somit ein verzerrtes Bild bzgl. der effektiven Steuerbelastung liefern. Selbst wenn sich Länder hinsichtlich der BMG nicht gravierend unterscheiden, überschätzen Vergleiche auf Basis des Nominalsteuersatzes das Niveau der effektiven Steuerbelastung, wenngleich die Reihenfolge der Länder in diesem Spezialfall nicht verzerrt werden würde.

Da der Nominalsteuersatz nur einen Teilaspekt des Steuersystems wiedergibt, stellt er ein relativ grobes Maß dar. Jedoch lässt sich dessen Verwendung in ökonometrischen Analysen eher rechtfertigen als die Verwendung von Aufkommensquoten. Einmal dürfte in den letzten Jahren infolge steigender

Marktintegration die Chancen zur Manipulation der Verrechnungspreise stark gestiegen sein. Eine mögliche Ursache warum man in der Vergangenheit eine Verbreiterung der BMG bei gleichzeitiger Reduktion des Nominalsteuersatzes in fast allen OECD-Ländern beobachten konnte, besteht möglicherweise in den gestiegenen Möglichkeiten multinationaler Unternehmen im konzerninternen Handel die Verrechnungspreise zu manipulieren. Da für Gewinnverlagerungen weniger der effektive Steuersatz sondern der Nominalsteuersatz relevant sein sollte (vgl. das Modell von Haufler / Schjelderup in Abschnitt 2.2.4), macht eine Analyse des nominalen Steuersatzes Sinn. Wenn Unternehmen Gewinne verlagern können, sollten politische Entscheidungsträger einen Anreiz haben über eine Senkung des Nominalsteuersatzes diese zu attrahieren. Da die Gewinne eines Unternehmens im Zweifelsfall mobiler sein dürften als das Unternehmen selbst, dürfte man vor allem bei den Nominalsteuersätzen einen aggressiven Wettbewerb erwarten.

Ferner wäre der Nominalsteuersatz das relevante Entscheidungskriterium, wenn man von einem eingeschränkten Entscheidungshorizont der Wirtschaftssubjekte ausgeht. Multinationale Konzerne würden unter diesem Gesichtspunkt bei der Standortentscheidung nach wie vor Steuern als Kriterium heranziehen, aufgrund der „beschränkten" Rationalität der Unternehmer würde die Standortwahl aber auf Basis des Nominalsteuersatzes erfolgen. Da die Informationskosten aufgrund der leichten Verfügbarkeit des Nominalsteuersatzes recht gering sind, hätte dieser eine wichtige psychologische Wirkung bei der Ansiedlungsentscheidung (BMF-Beirat 1999 12; Stöwhase 2005 23). Die Strategie, Konzernen mit Hilfe eines niedrigen Nominalsteuersatzes eine niedrige Steuerbelastung zu suggerieren, wird dabei umso ertragreicher sein, je irreversibler die Kosten sind, die mit der Durchführung einer Direktinvestition verbunden sind. Wenn das Unternehmen kurz- bis mittelfristig an den Standort gebunden ist, kann die Option, über einen niedrigen Nominalsteuersatz eine (scheinbar) niedrige Steuerbelastung zu signalisieren, aufgehen. Selbst wenn ein Unternehmen, nachdem es sich niedergelassen hat, bemerken würde, dass lediglich der Nominalsteuersatz nicht aber die effektive Steuerbelastung gering ist, kann es kurzfristig den Standort nicht wechseln.

Nominalsteuersätze geben nur ein partielles Bild über die Ausgestaltung der Steuerpolitik in einer Volkswirtschaft wieder. Die deutliche Reduktion der Nominalsteuersätze in manchen Ländern verklärt die wahre Steuerbelastung von Unternehmen. Da die meisten Länder gleichzeitig ihre BMG durch Verschärfung der Abschreibungsmodalitäten verbreitert haben, ist der Nettoeffekt deutlich geringer. Nichts desto weniger hat eine Untersuchung von Nominalsteuersätzen ihre Berechtigung, wenn sie in eine umfassendere Analyse zur Steuerpolitik eingebettet ist.

### 4.2.2. Der Ansatz von Devereux und Griffith

Prospektive Verfahren unterscheiden sich von vergangenheitsorientierten Methoden, indem der effektive Steuersatz theoretisch und nicht empirisch ermittelt wird. Neben dem Nominalsteuersatz gehen auch die Abschreibungsmodalitäten, die Finanzierungsstruktur und die Art des Wirtschaftsgutes, in welches investiert wird, in die Ermittlung des Steuersatzes mit ein. Effektive Steuersätze, die modelltheoretisch hergeleitet werden, nutzen somit mehr Informationen des Steuersystems aus, als dies ein reiner Vergleich der Nominalsteuerbelastung leisten könnte. Zudem können sowohl effektive marginale als auch effektive durchschnittliche Steuersätze berechnet werden. Da empirisch ermittelte implizite Steuerquoten lediglich als effektiver durchschnittlicher Steuersatz interpretiert werden können, bieten prospektive Methoden somit einen reichhaltigeren Vergleich an. Insbesondere die Modelle vollständiger Konkurrenz beziehen sich auf den EGS, so dass ein Vergleich marginaler Steuersätze zwischen Ländern nur auf Basis von prospektiven Verfahren möglich ist.[46]

Die im Folgenden zu bestimmenden Grenz- und Durchschnittssteuersätze basieren auf dem neoklassischen Modell von Devereux / Griffith (2003). Ihr Verfahren zur Ermittlung der Steuersätze ist wiederum eng an das Konzept des EGSes, wie es von King / Fullerton (1984) entwickelt wurde, angelehnt. Zentraler Unterschied zwischen den beiden Verfahren ist, dass ersteres eine einmalige Änderung des Kapitalstocks betrachtet, während King / Fullerton (1984) eine permanente Änderung des Kapitalstocks analysieren. Als marginale Investitionsprojekte sollen die Projekte einer Unternehmung bezeichnet werden, die den Kapitalgeber indifferent zwischen der Durchführung und einer alternativen Anlage lassen. Ziel ist es diejenige Rendite p* zu finden, bei welcher ein Investor indifferent zwischen der Durchführung des Projektes und einer alternativen Anlage am Kapitalmarkt ist.[47] Da die im ökonometrischen Teil der Untersuchung verwendeten Daten nicht die Belastung des Anteilseigners mit ESt modellieren, wird im Folgenden bei der Herleitung der Steuerbelastung für ein selbstfinanziertes Investitionsprojekt von der ESt abstrahiert. Zudem wird unterstellt, dass die Inflationsrate null ist (eine Herleitung unter Berücksichtigung der Inflationsrate und der Steuerbelastung des Aktionärs findet sich in: Devereux / Griffith 2003; Spengel 2003).

---

[46] Von Gordon et. al. (2004) gibt es jedoch einen Ansatz, der mit Hilfe eines empirischen Verfahrens versucht einen EGS zu berechnen. Da dieser Ansatz jedoch auf einer ganzen Reihe von Annahmen beruht, handelt es sich streng genommen nicht um einen empirischen Ansatz.

[47] Es wird von den unterschiedlichen Risiken zwischen dem Kauf einer Anleihe und dem Kauf von Aktien abstrahiert. Zur Ermittlung von risikoangepaßten Kapitalkosten: s. Devereux (2004).

Betrachtet wird ein Unternehmen, welches zum Zeitpunkt t seinen Kapitalstock um eine Einheit erhöht. Diese Erhöhung wird in der folgenden Periode wieder rückgängig gemacht, indem das Investitionsobjekt (z.B. eine Maschine) zum Restwert veräußert wird. In allen folgenden Perioden ändert sich der Kapitalstock nicht, d.h. es wird eine einmalige Änderung dessen untersucht. Abstrahiert man zuerst von den Auswirkungen des Steuersystems auf die Anlageentscheidung, so ergibt sich der folgende Kapitalwert (KW) für die Investition:

$$KW = -1 + \frac{F(K) + 1 - \delta}{1 + r} \tag{2}$$

wobei r den realen Zinssatz und δ die Abschreibungsrate des Investitionsprojektes darstellt. Wenn man die Steuerbelastung des Aktionärs, die Inflationsrate sowie das Risiko der Investition vernachlässigt, dann entspricht seine Diskontrate gleich dem realen Zinssatz. Der Kapitalwert der (selbstfinanzierten) Investition setzt sich einmal aus den Kosten der Finanzierung des um eine Einheit erhöhten Kapitalstocks zusammen (erster Summand). Indem eine Investition getätigt wird, stehen die gebundenen Mittel nicht mehr für Ausschüttungen in der jetzigen Periode zur Verfügung. Dem stehen positiv die durch die Investition ausgelöste Änderung des Outputs in der Periode t+1 gegenüber. 1-δ stellt den Restwert dar, zu welchem die Maschine in der Periode t+1 veräußert werden kann, so dass der Kapitalstock wieder auf sein ursprüngliches Niveau zurückfällt. Der Restwert setzt sich aus dem Anschaffungspreis abzüglich des realen Verschleißes (δ) zusammen.

Durch die Einführung des Steuersystems verändert sich der Kapitalwert der Investition, da einmal der Rückfluss aus dem Investitionsprojekt nun dem Nominalsteuersatz (T) unterworfen wird. Neben dem Nominalsteuersatz gehen aber auch die Abschreibungsmodalitäten des Steuersystems in die Berechnung des Kapitalwertes mit ein, wobei ω die steuerliche Abschreibung darstellt. Wenn ω gleich 1 ist, sind die Investitionsausgaben voll abzugsfähig. Formal impliziert der Einschluss des Steuersystems:

$$T^*[F(K) + (1-\delta) - \omega] \tag{3}$$

Führt man nun die Auswirkungen des Steuersystems in (2) ein, so beträgt der Kapitalwert nach Steuern (KWs) für eine marginale Investition:

$$KWs = -1 + \frac{1}{1+r}\,[F_K + (1-\delta) - T^*[F_K + (1-\delta) - \omega]] \tag{4}$$

Der Term in der großen Klammer gibt den Betrag an, der für Ausschüttungszwecke in der Periode t+1 zur Verfügung steht, während der erste Term von (4) die Kosten infolge der Eigenfinanzierung widerspiegelt. Durch Umformung erhält man:

$$KWs=\frac{1}{1+r}\ [(F_K-\delta-r)(1-T)\ -T[1+r-\omega]] \qquad (5)$$

Setzt man denn Kapitalwert nach Steuern null, indem man nach der kritischen Rendite p* bzw. nach den Kapitalkosten der Unternehmung auflöst, erhält man:

$$p^{*}=F_K-\delta=r+\frac{T(1+r-\omega)}{1-T} \qquad (6)$$

Die Kapitalkosten p* sind der kritische Wert bei welchem der Aktionär indifferent hinsichtlich der Durchführung des Projektes ist. Hierbei gibt der Term T(1+r-ω)/1-T den Steuerkeil an. Wie man sieht erhöht ein Anstieg des Nominalsteuersatzes die Kapitalkosten, während verbesserte Abschreibungsbedingungen diese senken. Den EGS erhält man schließlich, indem der Steuerkeil durch die Kapitalkosten skaliert wird:

$$EGS=\frac{T(1+r-\omega)}{(1-T)r+T(1+r-\omega)} \qquad (7)$$

Ein Unternehmen, dessen Kapitalkosten gerade dem realen Zinssatz und der Abschreibung in der Ökonomie entsprechen, hat demzufolge einen EGS von 0. In manchen Ländern ist jedoch auch ein negativer EGS möglich. Dies ist insbesondere bei fremdkapitalfinanzierten Projekten nicht unwahrscheinlich.[48]

Neben einem EGS lässt sich auch ein EDS berechnen. Auf Basis dessen lassen sich Vergleiche zwischen impliziten Steuerquoten und einem EDS ziehen, wenngleich die beiden Verfahren sich deutlich in der Methodik unterscheiden. Der EDS wird oft gerechtfertigt, indem darauf verwiesen wird, dass multinationale Konzerne oftmals eine Rendite erwirtschaften, die über den Kapitalkosten liegt (Devereux et. al. 2002; Spengel 2003). Obwohl mit Modellen vollständiger Konkurrenz nicht im Einklang, da diese marginale Investitionen

---

[48] In allen OECD-Volkswirtschaften sind Schuldzinsen von der BMG der KSt abzugsfähig. Da bei der Kalkulation der prospektiven Steuerbelastungsindikatoren von der Steuerbelastung des Kapitalgebers abstrahiert wird, ergibt sich immer ein Vorteil für fremdkapitalfinanzierte Investitionen.

betrachten, kann man einer solchen Interpretation zustimmen, wenn man bedenkt, dass multinationale Konzerne hohe Transaktionskosten in der Realität zu bewältigen haben. Um überhaupt gegen inländische Unternehmen wettbewerbsfähig zu sein, sollten multinationale Unternehmen somit zu den profitableren Unternehmen gehören (Devereux et. al. 2002; Dunning 1994). Oftmals ist die Ansiedlungsentscheidung eines multinationalen Unternehmens wegen hoher versunkener Kosten eine diskrete Entscheidung. In diesem Fall ist der EDS relevanter als der EGS. Den EDS erhält man, indem der Kapitalwert nach Steuern (KWs) von dem Kapitalwert vor Steuern (KW) subtrahiert und durch den Barwert des aus der Investition fließenden Einkommensstromes dividiert wird, d.h.:

$$EDS = \frac{KW - KWs}{p/1+r} \qquad (8)$$

Für die Kalkulation eines EDSes muss von Seiten des Forschers eine feste Vorsteuerrendite vorgegeben werden, da diese nicht wie die Kapitalkosten aus den Annahmen bzgl. der Finanzierungsstruktur, den Abschreibungen und dem Nominalsteuersatz hergeleitet werden kann. Abstrahiert man von der Steuerbelastung des Aktionärs, dann ist der EDS im Ansatz von Devereux / Griffith ein gewogener Durchschnitt aus dem nominalen Steuersatz und dem EGS (2003 112-113). Die Gewichte setzen sich dabei aus der Rendite der infra-marginalen und der marginalen Investition zusammen. Gilt z.B. $p = p^*$ dann entspricht der EDS dem EGS. Für sehr profitable Investitionen nähert sich der EDS dagegen dem nominalen Steuersatz an.

**Abbildung 4: Profitabilität und Steuerbelastungskennziffern**

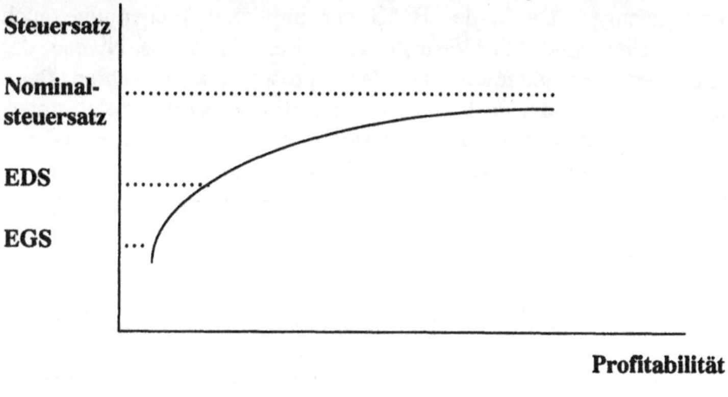


Quelle: Gianninni / Maggiulli 2002 641

Abbildung 4 gibt den Zusammenhang zwischen EDS, EGS und dem Nominalsteuersatz wieder. Schon für Renditen, die geringfügig über den Kapitalkosten liegen, nähert sich der EDS recht schnell dem Nominalsteuersatz an. Aus diesem Grund kann der Nominalsteuersatz eine geeignete Proxy-Größe für eine empirische Analyse sein, da bei einer hohen Unternehmensprofitabilität eine hohe Korrelation zwischen dem Nominalsteuersatz und dem EDS bestehen sollte.

Theoretische Verfahren zur Ermittlung der effektiven Steuerbelastung verwerten mehr Informationen als reine Nominalsteuersätze, da die Finanzierungsart, die Abschreibungsbedingungen sowie die Art des Investitionsgutes bei der Ermittlung der Steuerbelastung berücksichtigt werden. Zudem kann (zumindest in komplexeren Verfahren) die Interaktion zwischen Gesellschafts- und Aktionärsebene im Falle einer Ausschüttung modelliert werden. Mit Hilfe prospektiver Verfahren kann ein reichhaltiges Bild über die Steuerbelastung in einer Volkswirtschaft gewonnen werden, da sowohl ein EGS als auch ein EDS neben dem Nominalsteuersatz berechnet werden kann. Theoretische Verfahren sind somit zusammen mit impliziten Steuerquoten ein geeignetes Instrument für eine ökonometrische Analyse der Steuerbelastung. Jedoch sind auch gegen prospektive Verfahren kritische Anmerkungen angebracht. Diese werden im nächsten Abschnitt bei einem Vergleich mit impliziten Steuerquoten genauer beleuchtet.

### 4.3. Vergleich von theoretischen und empirischen Verfahren

Sowohl empirisch ermittelte Steuerquoten als auch prospektive Verfahren eignen sich besser zur Beurteilung der Steuerbelastung als der Gebrauch von Steueraufkommensquoten. Beide Methoden haben jedoch auch Nachteile. Einmal sollte es nicht verwundern, wenn die Indikatoren zu unterschiedlichen Niveaus der Steuerbelastung gelangen. Da in der BMG der impliziten Steuerquote auch Unternehmen enthalten sind, die Verluste ausweisen, kann das Niveau der Belastung bei Steuerquoten höher ausfallen als bei prospektiven Verfahren. Denn eine Analyse, die auf Basis der neoklassischen Investitionstheorie erfolgt, unterstellt ja gerade, dass Unternehmen keine Verluste realisieren. Auf der anderen Seite kann das Steuerbelastungsniveau bei impliziten Steuerquoten aber auch zu gering ausgewiesen werden. Dies ist dann der Fall, wenn die Vorsteuerprofitabilität der Unternehmen in der Realität geringer ist, als diejenige, die bei einem prospektiven Ansatz vom Forscher unterstellt wird.

In diesem Punkt mögen prospektive Verfahren impliziten Steuerquoten überlegen sein. Wenn die Volkswirtschaft klein ist, kann ein politischer Entscheidungsträger die Profitabilität vor Steuern kaum beeinflussen. Da aber empirische Steuerquoten auch von der Profitabilität des Unternehmenssektors abhängen, geben implizite Steuerquoten in nur geringerem Maße Aufschluss über das Verhalten von politischen Entscheidungsträgern. Theoretische Verfahren berücksichtigen dagegen nur den Nominalsteuersatz, die Abschreibungsmodalitäten und (eventuell) intertemporale Aspekte des Steuersystems. Diese Parameter kann ein politischer Entscheidungsträger beeinflussen, während die Vorsteuerrendite der Unternehmen aus seiner Sicht exogen sein sollte. Um das Verhalten von politischen Entscheidungsträgern zu studieren, sind prospektive Verfahren besser geeignet, da die ermittelte Steuerbelastung nicht von Größen verzerrt wird die außerhalb des Steuerungspotentials eines Politikers liegen.

Ein weiterer Nachteil impliziter Steuerquoten besteht darin, dass sie kurzfristig ein unstimmiges Bild über die Steuerbelastung in einer Volkswirtschaft liefern können. Dies ist einmal auf konjunkturelle Effekte zurückzuführen. Zum zweiten können sich aber auch vergangene unternehmerische Entscheidungen auf die jetzige Steuerbelastung auswirken. Zudem kann es bei impliziten Steuerquoten zu einem zeitlichen Mismatch zwischen Zähler und Nenner kommen, da die Steuerzahlung aus den OECD-Einnahmestatistiken stammen, während der Betriebsüberschuss in den Statistiken der VGR ausgewiesen wird. Da die Steuerzahlung der jetzigen Periode von den Gewinnen der Vorperiode determiniert wird, können Zähler und Nenner zeitlich auseinanderklaffen (Nicodeme 2001 7-8). Dieses Problem lässt sich jedoch mildern, indem Durchschnitte über mehrere Perioden gebildet werden.

Diese Nachteile bestehen bei prospektiven Verfahren nicht, da die Steuersätze aufgrund der Bestimmungen des Steuersystems hergeleitet werden. Dagegen haben implizite Steuerquoten den Vorteil, dass sie sämtliche Aspekte des Steuersystems erfassen. Dies ist bei prospektiven Verfahren nicht der Fall. Selbst ein so umfassendes Modell, wie der ETA ist nicht in der Lage sämtliche Details eines Steuersystems in ein Modell zu integrieren (eine Beschreibung dieses Verfahrens findet sich in: Jacobs / Spengel 1996). Dies trifft umso mehr auf das Verfahren von Devereux / Griffith (2003) zu, welches eine geringere Anzahl von Parametern berücksichtigt. Allen prospektiven Verfahren ist z.B. gemein, dass die Möglichkeit Steuern zu hinterziehen nicht in der Modellstruktur enthalten ist. Ebenso wird die Effizienz des Steuervollzugs nicht erfasst. Der in dieser Arbeit angewandte hypothetische Steuerbelastungsvergleich berücksichtigt zusätzlich weder Verlustvor- noch rückträge. Zusätzlich ist die hypothetische Investition auf eine Anlage in Gebäude und Maschinen beschränkt.[49] Die ermittelten Steuersätze dürften daher eher Aufschluss über die Steuerbelastung im industriellen Sektor geben, während für Unternehmen aus dem Dienstleistungssektor Güter des Umlauf- bzw. Finanzanlagevermögens wichtiger sein dürften.

[49] Der ETA berücksichtigt dagegen die intertemporalen Verlustverrechnungsmöglichkeiten und betrachtet statt zwei fünf Investitionsgüter.

Auf der anderen Seite sind theoretische Verfahren impliziten Steuerquoten überlegen, wenn es darum geht ein spezifisches Merkmal eines Steuersystems zu untersuchen. Die Frage, wie unterschiedliche Abschreibungsmodalitäten bzw. Finanzierungsstrukturen mit dem Nominalsteuersatz interagieren, lässt sich nicht mit impliziten makroökonomischen Steuerquoten beantworten, da diese lediglich den gesamten Effekt eines Steuersystems messen. Jedoch bestünde mit der Mikro-Methode die Möglichkeit solche Effekte ebenfalls zu untersuchen.[50]

Implizite Steuerquoten sind dagegen nicht nur im Vorteil, weil sie das Steuersystem vollständig berücksichtigen, sondern weil sie auch ohne Spezifikation steuerrelevanter Parameter auskommen können. Dagegen muss man bei einem theoretischen Ansatz die Parameter vorher festlegen. Diese sollten idealerweise nicht allzu weit von den Realität abweichen. Beispielsweise wird die Finanzierungsstruktur der Unternehmen bei Anwendung prospektiver Ansätze als exogen unterstellt. Unternehmen haben aber (in begrenzten Maße) in der Realität die Möglichkeit ihre Finanzierungsstruktur an die Ausgestaltung des Steuersystems anzupassen. Da eigenkapitalfinanzierte Investitionen i.d.R. gegenüber Fremdkapital diskriminiert werden, könnten Unternehmen insbesondere in Hochsteuerländern der Steuerbelastung partiell ausweichen, indem die Durchführung von Investitionen verstärkt über eine Aufnahme von Fremdkapital erfolgt (einen Überblick über die Beziehung von Steuerbelastung und Fremdkapitalintensität gibt: Graham 2003).

Auf der anderen Seite zeigt aber eine Sensitivitätsanalyse der theoretischen Verfahren, welche in einer Studie der EK zur Besteuerung im Binnenmarkt durchgeführt wurde, dass die Ergebnisse relativ unabhängig von den Annahmen des Verfahrens sind. Eine Variation der relevanten Parameter wie z. B. der Rendite des Kapitalgebers, der Inflationsrate, der Finanzierungsstruktur etc. wirkt sich kaum auf die Reihenfolge der Länder aus. Bei einer Variation der Annahmen treten zwar insbesondere Niveaueffekte auf, die Reihenfolge der Länder wird aber kaum berührt, wenngleich es im „Mittelfeld" zu einigen Positionswechseln kommen kann, da in diesem Bereich die Länder besonders dicht beianander liegen (EK 2001 111 ff.). Solange die Variation der Modellparameter in allen Ländern gleichzeitig erfolgt, sind die Ergebnisse in nur geringem Maße durch die Annahmen des Forschers bedingt.

Allerdings führt eine Annahme zu größeren Schwankungen in der Reihenfolge. Wenn man länderspezifische Investitionsanreize berücksichtigt, wird die Reihenfolge der Länder doch etwas stärker beeinträchtigt (EK 2001 151). Werden

---

[50] Bspw. kann man mit Hilfe des Mikro-Verfahrens die Steuerbelastung von Unternehmen vergleichen, bei denen die Bedeutung von Anlagevermögen und immateriellem Gütern variiert. Auf Basis dieses Vergleichs lassen sich Rückschlüsse hinsichtlich der Großzügigkeit der Abschreibungsmodalitäten herstellen.

national spezifische Investitionsanreize modelliert, so zeigt sich, dass Länder wie z.B. Schweden und Finnland, die seit den Steuersenkungen zu Beginn der 90er Jahre, eher zu den Niedrigsteuerländern gerechnet werden können, u. U. doch eine relativ hohe Steuerbelastung aufweisen, da sie nur geringe Investitionsanreize anbieten. Andere Länder, die sich viel stärker auf diese Praktiken eingelassen haben, können durch diese teils diskriminierenden Maßnahmen im Ranking besser abschneiden. Z.B. können Frankreich, Deutschland und die Niederlande, die sowohl auf Basis der Nominalsteuersätze als auch bei Betrachtung eines EGSes eher Hochsteuerländer darstellen, viel an „Boden" gutmachen. Dies deckt sich mit den qualitativen Befunden aus 1.3. Die im Primarolo-Bericht (2000) beanstandeten Steueranreize waren insbesondere in Frankreich und den Benelux-Staaten zahlreich vorhanden. Wenn Unternehmen in der Lage sind diese zu nutzen, dann sind implizite Steuerquoten einem prospektiven Verfahren überlegen, da theoretische Verfahren niemals alle Details eines Steuersystems erfassen können.

Ein Nachteil von empirischen Verfahren ist jedoch, dass mit steigender Internationalisierung der Unternehmen, die ermittelten nationalen Steuerquoten an Aussagekraft verlieren können. Wenn die nationalen Steuern auf das Welteinkommen des Konzerns bezogen werden, ist die BMG zu breit gewählt, so dass die Steuerbelastung in einer Volkswirtschaft unterschätzt wird (Spengel 2003 201). Wird dagegen eine Konzernsteuerquote ausgewiesen, so stimmen Steuerzahlung und BMG überein; jedoch kann dann nur noch bedingt von der Steuerzahlung des Konzerns auf die Steuerbelastung einer Volkswirtschaft geschlossen werden, da Teile des Konzernergebnisses im Ausland erwirtschaftet wurden.

Beide Verfahren haben jedoch auch einige Gemeinsamkeiten. Sowohl prospektive als auch empirische Verfahren abstrahieren i.d.R. von der Belastung des Anteilseigners. Diese Annahme ist dann nicht bedeutend, wenn sich eine Kapitalgesellschaft durch Nichtausschüttung der Besteuerung entziehen kann. Ein weiterer Grund warum Steuern auf der Anteilseignerebene weniger relevant sein sollten, besteht in der Unkenntnis der (persönlichen) Steuerbelastung der Anteilseigner. Bei der Beurteilung von Investitionsalternativen müsste der Grenzanteilseigner („marginal shareholder") herangezogen werden. Da dieser sowohl eine natürliche oder juristische Person darstellen und im In- oder Ausland ansässig sein kann, dürfte dessen Steuerbelastung nicht bekannt sein. Zudem lassen sich empirische Belege anführen, dass multinationale Unternehmen bei der Formulierung der Kapitalkosten die Sphäre des Anteilseigners vernachlässigen (Spengel 2003 82-83 u. Fußnote 105). Schließlich ist zu berücksichtigen, dass in einer kleinen Volkswirtschaft bei perfekt mobilem Finanzkapital, die Belastung des Anteilseigners keine Rolle spielen sollte. Solange durch die Steuerpolitik einer Volkswirtschaft keine Wirkungen auf das Weltzinsniveau ausgehen, schmälert die Steuerbelastung des Anteilseigners lediglich seine Nettorendite und hemmt damit die Ersparnisbildung (EK 2001 79).

Ferner unterscheiden sich beide Verfahren nicht in der Annahme hinsichtlich der Inzidenz der Steuer.[51] Sowohl implizite Steuerquoten als auch prospektive Verfahren unterstellen, dass die Ertrags- und Substanzsteuern vom Unternehmen getragen werden. Dies dürfte in der Realität meist auch der Fall sein. Jedoch können auch hier Ausnahmen von der Regel eintreten. Beispielsweise wäre es bei einer marktbeherrschenden Stellung möglich, dass ein Unternehmen in der Lage ist, seine Steuer partiell auf den Konsumenten oder kleinere Lieferanten zu überwälzen. Zudem kann die Standortentscheidung eines Unternehmens nicht nur von der KSt, sondern auch von der Interaktion von KSt und ESt abhängen (Giannini / Maggiulli 2002 646; Elschner et. al. 2004). Wenn eine hohe Est für einen Rückgang des Arbeitsangebots sorgt, und gleichzeitig die Arbeitsnachfrage relativ preisunelastisch ist, dann müsste ein Land nicht nur seine Unternehmenssteuern senken, sondern auch seine Est relativ moderat gestalten. Da beide Methoden eine Überwälzung der KSt auf Verbraucher wie auch eine Überwälzung der ESt auf Kapitalgesellschaften ausschließen, sind diese beiden Annahmen implizit auch im empirischen Teil enthalten. Es wird also im empirischen Teil unterstellt, dass die Belastung mit KSt von der Kapitalgesellschaft getragen wird, während die Est eine Belastung der Arbeitnehmer darstellt.

Sowohl implizite Steuerquoten als auch theoretische Verfahren sind geeignete Instrumente um die Steuerbelastung von Unternehmen in einer Volkswirtschaft zu ermitteln. Den in frühen ökonometrischen Arbeiten benutzten Aufkommensquoten sind sie überlegen. Trotzdem hat jede der beiden Methoden ihre spezifischen Vor- und Nachteile, so dass der ökonometrische Teil dieser Arbeit bei der Ermittlung der Steuerbelastung auf beide Verfahren zurückgreifen wird.

---

[51] Für die allokativen Auswirkungen der Besteuerung ist die Inzidenz der Steuer jedoch nicht relevant, da hierfür die Elastizität des zu besteuernden Faktors maßgeblich ist. Die Inzidenz gibt vielmehr Aufschluß über die Verteilungswirkungen einer Steuer.

## 5. Empirische Evidenz zum Steuerwettbewerb

### 5.1. Ökonometrische Untersuchungen auf Basis von Steuerquoten

Von Ökonomen sind erst in der jüngsten Vergangenheit Anstrengungen unternommen worden, die empirische Relevanz der Steuerwettbewerbstheorien zu untersuchen, während sich schon frühzeitig politikwissenschaftliche Studien mit den Auswirkungen steigender Kapitalmobilität befasst haben (ausführlich hierzu: Schulze / Ursprung 1999). Diese Untersuchungen sind jedoch nur sehr lose an die Implikationen der Modelle gekoppelt. Ferner nutzt die Mehrzahl der Arbeiten als abhängige Variable Steuersätze, die mit Hilfe empirischer Verfahren generiert worden sind. Diese werden in diesem Abschnitt diskutiert, während Arbeiten, die prospektive Steuerbelastungsindikatoren als abhängige Variable heranziehen, im nächsten Abschnitt betrachtet werden.

Eine Analyse zu den Determinanten der Kapitalbesteuerung wurde zuerst von Politikwissenschaftlern unternommen (Garett 1995; Garett / Mitchell 2001; Hallerberg / Basinger 1998; Quinn 1997; Swank 2001; Swank / Steinmo 2002). Der Schwerpunkt der Studien liegt auf parteipolitischen und institutionellen Einflussgrößen. Die Arbeiten aus dieser frühen Phase der empirischen Steuerwettbewerbsliteratur haben dazu beigetragen unterschiedliche Formen der Kapitalmobilität zu erfassen und einer Operationalisierung zugänglich zu machen. In der empirischen Literatur wurden mehrere verschiedene Maße für die unterschiedlichen Formen der Globalisierung verwendet. Die zunehmende Verflechtung der Gütermärkte wurde über die Handelsintegration der Länder gemessen. Da einige Autoren (Rodrik 1997) zudem die Hypothese aufstellen, dass eine steigende Handelsintegration die Einkommensunsicherheit erhöhe, wurde als weiteres Maß die Volatilität der Terms-of-Trade als Indikator benutzt.

Um das Konstrukt Kapitalmobilität zu messen, hat die empirische Literatur sich mehrerer Indikatoren bedient. Einmal lässt sich Kapitalmobilität – analog zur Handelsintegration – direkt über die Ströme messen. In diesem Fall kann man den Offenheitsgrad einer Volkswirtschaft berechnen, indem die Zu- und Abströme von Direktinvestitionen oder Portfoliokapital durch das BIP skaliert werden. Diese Größe ist ein geeigneter Indikator, da in den Strömen alle Ursachen zunehmender Kapitalmobilität kulminieren. Einige Autoren wählen deshalb den Offenheitsgrad als die von ihnen bevorzugte Größe (Schulze / Ursprung 1999). Gegen den Offenheitsgrad spricht jedoch die mangelnde Verzahnung mit der Theorie des Steuerwettbewerbs. Erinnert man sich an die Befunde des Grundmodells von Zodrow / Mieszkowski (s. Kapitel 2.1.1), dann sollte man in der Realität keine Kapitalströme erwarten, da schon die *potentielle* Mobilität des

Kapitals ausreichend ist, um Steuersenkungen herbei zu führen. Hierzu lassen sich einige Beispiele aus der jüngsten Vergangenheit anführen: Zwar war die Drohung den Standort zu verlagern bei Siemens in Kamp Lintfort und bei Daimler Chrysler in Sindelfingen hauptsächlich durch hohe Arbeitskosten motiviert; beide Unternehmen haben es jedoch erreicht Zugeständnisse von der Arbeitnehmerseite zu erzwingen, ohne dass im Endeffekt eine Produktionsverlagerung stattfand.[52] Die Drohung den Standort zu verlassen war in diesen beiden Fällen somit hinreichend, um Anpassungsreaktionen bei den beteiligten Parteien auszulösen.

Ein anderes Maß, welches dem Konstrukt potentiell mobilen Kapitals eher näher kommt, ist dagegen ein Kapitalverkehrskontrollenindex. Ein solcher ist in einigen der Arbeiten auch verwendet worden und wurde beispielsweise von Quinn (1997) entwickelt. Kapitalverkehrskontrollen messen eher die potentielle Mobilität des Kapitals, denn ein Abbau der Regulierungen des grenzüberschreitenden Kapitalverkehrs bedeutet nicht automatisch, dass Direktinvestitionen getätigt werden. Der Abbau von Kapitalverkehrskontrollen impliziert lediglich, dass ein Unternehmen Direktinvestitionen tätigen *kann*, da die politischen Hemmnisse des Kapitalverkehrs beseitigt worden sind. Aber auch ein solcher Index hat seine Nachteile. Im Gegensatz zum Offenheitsgrad gehen in eine solche Maßzahl lediglich politische Barrieren des Kapitalverkehrs ein. Dies lässt sich dann rechtfertigen, wenn man der Meinung ist, dass die technischen Ursachen steigender Kapitalmobilität von geringerer Bedeutung sind, da die gesunkenen Transaktionskosten im Bereich des Telekommunikations- bzw. Transportwesens in einem solchen Index nicht erfasst werden. Ferner sind solche Indizes nicht zuletzt auch bis zu einem bestimmten Grad subjektiv, da der Forscher einen gewissen Entscheidungsspielraum bei der Konstruktion des Index hat.

Die frühen Untersuchungen zum Steuerwettbewerb haben auch Größen untersucht, die die Mobilität des Finanzkapitals erfassen. Neben der als Feldstein-Horioka-Paradox (1980) bekannt gewordenen Korrelation zwischen nationalen Investitions- und Sparquoten ist die gedeckte Zinsparität eine Kennziffer für mobiles Finanzkapital. Alle Modelle des theoretischen Teils unterstellen, dass die Nachsteuerrendite des Kapitals zwischen den Ländern unterschiedslos ist. Diese Annahme kann mit Hilfe der gedeckten Zinsparität überprüft werden, da sich die reale Vorsteuerrendite nur aufgrund von Steuerbelastungsdifferenzen unterscheiden sollte.

Die erste Arbeit zu den Steuerquoten stammt von Garett (1995). Dieser untersucht den Zusammenhang zwischen dem Abbau von Kapitalverkehrs-

---

[52] Folge des Tarifergänzungsvertrages in Kamp Lintfort war die Wiedereinführung der 40-Stundenwoche ohne Lohnausgleich sowie die Reduktion des Urlaubs- und Weihnachtsgeldes (Huss 2005).

kontrollen und der Kapitalbesteuerung für ein Panel hoch entwickelter Länder im Zeitraum 1967-1990. Abhängige Variable sind die Körperschaftsteuereinnahmen skaliert durch das BIP. Der Koeffizient der Kapitalverkehrskontrollen ist wie auch die meisten der Kontrollgrößen nicht signifikant. Dieses Ergebnis lässt sich darauf zurückführen, dass Garett – wie auch viele andere Autoren – die Körperschaftsteuereinnahmen aus der Vorperiode als Regressor einschließt. Da Änderungen im Steuersystem in der Realität nicht allzu oft vorgenommen werden, ist die Korrelation zwischen der Steuerquote der jetzigen Periode und der der Vorperiode entsprechend hoch. Diese Vorgehensweise ist nicht unproblematisch, da ein Großteil der Varianz durch den Einschluss der verzögerten endogenen Variable gebunden wird, ohne dass die gebundene Varianz eine inhaltliche Substanz aufweist. Denn ein signifikanter Effekt des Steuersatzes aus der Vorperiode gibt lediglich an, dass „Pfadabhängigkeit" existiert, ohne zu begründen durch welchen Effekt diese verursacht wird.

Noch weniger im Einklang mit der Theorie sind die Ergebnisse von Quinn (1997). In seiner Querschnittsuntersuchung von 36 Ländern führt ein Abbau von Kapitalverkehrskontrollen sogar zu einer Erhöhung der Körperschaftsteuereinnahmen. Diese ersten Befunde werden auch in späteren politikwissenschaftlichen Untersuchungen gestützt (Garett / Mitchell 2001; Hallerberg / Basinger 1998; Swank 2001). Tabelle 4 gibt einen Überblick, über die weiteren Arbeiten, die empirische Steuerquoten als abhängige Variable benutzt haben. Unabhängig ob Kapitalmobilität eher als Zunahme der Real- oder Finanzkapitalmobilität interpretiert wird, lässt sich keine nennenswerte Beziehung zwischen jener und der Steuerbelastung von Kapital ausmachen. Es ist wohl keine Übertreibung, wenn man zu dem Ergebnis kommt, dass fast alle politikwissenschaftlichen Untersuchungen keine – oder wenn überhaupt dann eine positive – Beziehung zwischen Kapitalmobilität und den Kapitalsteuersätzen ermittelt haben. Dieses Ergebnis ist nicht im Einklang mit der Theorie des Steuerwettbewerbs.

Mehrere Gründe lassen sich für dieses überraschende Ergebnis anführen. Erstens hängt die Spezifikation der abhängigen Variable nicht besonders eng mit der Größe zusammen, die die ökonomische Theorie im Auge hat. Als Maß für die Steuerbelastung wurden oft Körperschaftsteueraufkommensquoten verwendet. Dieses Maß ist aber – wie in 4.1. bereits erläutert – nicht sehr überzeugend, da die Höhe der Körperschaftsteuereinnahmen sowohl von der Steuerbelastung als auch von den Gewinnen im unternehmerischen Sektor abhängen. Zudem können in offenen Volkswirtschaften eventuell diejenigen Staaten höhere Steuereinnahmen verzeichnen, welche eine günstige Steuerbelastung offerrieren. Wenn aufgrund des niedrigen Steuersatzes Kapital aus dem Ausland in das Land fließt, steigen die Einnahmen aus der KSt, ohne dass die Steuerbelastung erhöht wurde.[53] Ferner ist diese Größe auch vom Verhältnis der Kapitalgesellschaften zu den Personengesellschaften abhängig, so dass sich sowohl im Querschnitt als auch in der zeitlichen Entwicklung Verzerrungen ergeben können. Diese spiegeln sich dann in den Körperschaftsteuereinnahmen wieder, ohne dass die Steuerbelastung von Kapitalgesellschaften sich geändert haben muss.

Einen anderen Weg sind stattdessen die Arbeiten gegangen, die statt den Aufkommensquoten einen Kapitalsteuersatz als abhängige Variable gewählt haben (Rodrik 1997; Garett / Mitchell 2001; Dreher 2004; Plümper et. al. 2004; Swank 2001; Winner 2005). Statt die Unternehmenssteuerbelastung zu quantifizieren wurde auf Basis der Methode von Mendoza et al. (1994) versucht, die Steuereinnahmen auf die Produktionsfaktoren Arbeit und Kapital zu verteilen. Darauf aufbauend lässt sich ein impliziter Kapitalsteuersatz errechnen. Neben den methodischen Problemen, die sich bei der Konstruktion eines solchen Maßes ergeben,[54] gibt dieser Kapitalsteuersatz lediglich ein sehr grobes Bild hinsichtlich der Steuerbelastung von mobilem Kapital wieder. Denn in diese Größe gehen sowohl die Steuerzahlungen von Kapitalgesellschaften, als auch Steuereinnahmen aus der Besteuerung von Finanzkapital ein. Während bei diesen beiden Komponenten immerhin noch vermutet werden kann, dass diese mehr oder weniger mobil sind, dürfte dies bei anderen Komponenten des Kapitaleinkommens einer Volkswirtschaft eher nicht der Fall sein. Z.B. stellen Einkünfte aus Vermietung und Verpachtung standortgebundenes Kapitaleinkommen dar. Zusammenfassend lässt sich daher feststellen, dass die Verwendung eines effektiven Kapitalsteuersatzes, zwar die Probleme aus der Verwendung von Aufkommensquoten umgeht, sich dies aber dadurch erkauft, indem in die Ermittlung des Kapitalsteuersatzes auch Bestandteile des Kapitals eingehen, die nicht mobil sind. Zudem können auch die Untersuchungen, die einen Kapitalsteuersatz verwenden mit Ausnahme von Plümper et. al. (2004) und Winner (2005) keine nennenswerte negative Beziehung zwischen dem Kapitalsteuersatz und den Indikatoren der Kapitalmobilität feststellen.

---

[53] Selbst in einer geschlossenen Volkswirtschaft kann eine Steuersenkung zu einem erhöhten Steueraufkommen führen, wenn man sich davor auf dem falschen „Ast" der Laffer-Kurve befunden hat.

[54] Z. B. unterstellt eine solche Kalkulation identische Grenzsteuersätze für Arbeits- und Kapitaleinkommen. Dies ist offenkundig falsch, da immer mehr Staaten einen ermäßigten Steuersatz bei der Kapitalbesteuerung anwenden. Daneben können Zuordnungsprobleme entstehen, wenn nicht klar ist welche Einkommensbestandteile dem Lohn- oder Kapitaleinkommen zuzurechnen sind. Schließlich werden viele Menschen, da sie ein nur geringes Lohneinkommen beziehen, kaum durch die ESt belastet. Da es sich bei den so errechneten Quoten um durchschnittliche statt marginale Steuersätze handelt, dürfte die Belastung von Kapital im Verhältnis zu Arbeit überschätzt werden.

**Tabelle 3: Ökonometrische Untersuchungen: Empirische Steuerquoten**

| Studien | Modell | Abhängige Variable | Hypothesen Steuerwettbewerb | Kontroll-größen |
|---|---|---|---|---|
| Garett (1995) | Dynamische Paneldaten-analyse | Einnahmen KSt/BIP | Kapitalverkehrs-kontrollen n.s. Interaktionseffekt aus Kapitalkontrollen mit Stärke Sozial-demokraten n.s. Handelsintegration +*** | BIP-Wachstum n.s. Stärke Sozial-demokraten +*** Arbeitslosen-quote n.s. |
| Quinn (1997) | Querschnitts-analyse 1974-1989 | Einnahmen KSt/BIP Einnahmen KSt skaliert durch gesamte Steuer-einnahmen | Veränderung der Kapitalverkehrs-kontrollen +* | Leistungsbilanz-überschuss in % des BIP n.s. BIP-Wachstum n.s. |
| Rodrik (1997) | Statische Paneldaten-analyse mit fixen Zeit-effekten | Impliziter Kapitalsteuer-satz | Kapitalverkehrs-kontrollen -*** Interaktionseffekt Handelsintegration / Kapitalkontrollen +*** Handelsintegration -* | BIP pro Kopf n.s. |
| Garett/ Mitchell (2001) | Dynamische Paneldaten-analyse mit fixen Länder- und Zeiteffekten | Impliziter Kapital-steuersatz<br><br>Verhältnis Kapital zu Arbeits- bzw. Mehrwertsteuer satz | Kapitalverkehrs-kontrollen n.s. Anteil Direkt-investitionen am BIP+* Gedeckte Zinsparität n.s. Importe aus Schwellenländern n.s. Handelsintegration n.s. | Anteil sozial-demokratischer Minister n.s. Anteil der Nichterwerbs-tätigen +* Anteil christ-demokratischer Minister +* Arbeitslosen-quote -** |
| Swank (2001) | Dynamisches Paneldaten-modell | Impliziter Kapital-steuersatz<br><br>Einnahmen KSt/BIP | Kapitalverkehrs-kontrollen +* Anteil Direkt-investitionen am BIP n.s. Gedeckte Zinsparität n.s. | Unternehmens-gewinne -* Anteil sozial-demokratischer Minister +* Anteil christ-demokratischer Minister n.s. Investitions-Ausgaben n.s. |

| | | | | |
|---|---|---|---|---|
| Bretschger/ Hettich (2002) | Statisches und dynamisches Panel (Random Effects) | Makro-ökonomischer Körperschaft-steuersatz | Kapitalverkehrs-kontrollen n.s. Handels-integration -*** Ländergrößen n.s. Anteil Direkt-investitionen/BIP n.s. | BIP-Wachstum -*** Unternehmens-gewinne -*** Anteil sozial-demokratischer Minister -*** |
| Goodsped/ Altshuler (2002) | Paneldaten-analyse in Veränderungs-raten mit fixen Zeiteffekten | Einnahmen KSt skaliert durch BIP | Reaktionsfunktion -** | Staatsausgaben/ BIP + *** Einnahmen aus der ESt -*** BIP / Kopf n.s. |
| Dreher (2004) | Statisches und dynamisches Panel GMM-Schätzer 5-Jahres-intervalle | Impliziter Kapital-steuersatz | Globalisierungsindex bestehend aus ökonomischer, kultureller und politischer Komponente +** Ökonomische Komponente +* Kulturelle Komponente +* Politische Komponente n.s. Handelskosten Cib- und Fob-Werte n.s. | Anteil der Nichterwerbs-tätigen -* Beschäftigung im staatlichen Sektor n.s. Arbeitslosen-quote n.s. Dummy Sozial-demokraten n.s. BIP-Wachstum n.s. |
| Plümper et. al. (2004) | Dynamische Paneldaten-analyse mit fixen Länder-effekten | Impliziter Kapital-steuersatz<br><br>Verhältnis Kapital- zu Arbeitssteuer-satz | Reaktionsfunktion +*** Ländergrößen +*** Handelsintegration n.a. | Bevölkerungs-dichte n.a. BIP / Kopf +* Gini-Maß +*** Staatsausgaben/ BIP +*** |
| Winner (2005) | Statisches und dynamisches Panel mit fixen Länder-effekten | Impliziter Kapital-steuersatz<br><br>EGS | Korrelation Ersparnis-Investitionsquoten -*** Kapitalverkehrs-kontrollen -* | Defizit in % des BIP +* Arbeitslosen-quote -*** |

Anmerkung: Ein + bzw. – gibt das Vorzeichen des geschätzten Koeffizienten wieder. ***; **; * bedeutet Signifikanz auf dem 1%-, 5%- und 10%-Niveau; n.s. steht für „nicht signifikant"; n.a.= Signifikanzniveau wird von den Autoren nicht angegeben.

Ferner ist kritisch anzumerken, dass die Arbeiten sich auf einen Zeitraum, der nicht unbedingt als das „Zeitalter" des Steuerwettbewerbs bezeichnet werden kann, konzentrieren. Die meisten Regressionen beginnen in den sechziger Jahren und enden Anfang der 90er Jahre. Folglich sind in den Regressionen auch Perioden enthalten, in denen Steuerwettbewerb von geringerer Relevanz sein dürfte. Angesichts des deskriptiven Befundes, dass bei Portfolio- und Direktinvestitionen erst zu Beginn der 80er Jahre ein deutlicher Anstieg in diesen Größen zu verzeichnen war (Kumpmann 2004 147 ff.) ist die Inklusion der sechziger/siebziger Jahre in die Schätzungen unter diesem Gesichtspunkt diskussionswürdig. Auf der anderen Seite sind die 90er Jahre in den meisten Schätzungen nicht enthalten. Dies ist aber die Periode, in der die Integration der Märkte am weitesten fortgeschritten ist. Aus Sicht der Theorie hat man die interessanteste Periode vernachlässigt, während weniger relevante Perioden Teil der Regressionsanalyse sind.

Gerade dann, wenn so unterschiedliche Perioden Teil des Regressionsmodells sind, wäre die Annahme, dass die Parameter über die Zeit hinweg stabil sind, zu überprüfen. Dies ist aber in keiner der Arbeiten geschehen. Für die Ausgabenseite des Staates hat Schwarz (2004) gezeigt, dass die mangelnde Beziehung zwischen den beiden Größen auf der inkorrekten Annahme konstanter Parameter fußt, während für die Steuerbelastung von Kapital Kittel / Winner (2005) und Winner (2005) einen solchen Nachweis erbracht haben. Insbesondere seit den achtziger Jahren scheint es folglich eine negative Beziehung zwischen Kapitalmobilität und der Staatstätigkeit zu geben.

Neben den politikwissenschaftlichen Arbeiten, existiert auch eine kleinere Anzahl volkswirtschaftlicher Untersuchungen, die Steuerquoten verwenden. Als einziges Autorenpaar haben Bretschger / Hettich (2002) weder eine Steueraufkommensquote noch einen impliziten Kapitalsteuersatz als abhängige Variable verwendet. Stattdessen wird die implizite Steuerbelastung von Kapitalgesellschaften – wie in 4.1.2 beschrieben – als abhängige Variable genutzt. Dies ist sicherlich ein methodischer Fortschritt, da weder implizite Kapitalsteuersätze noch Aufkommenssteuerquoten ein wirklich befriedigendes Maß für eine ökonometrische Analyse sind. Ferner berücksichtigen die Autoren Unterschiede in der Ländergröße als Regressor. Auch dies ist ein Fortschritt, da keine der politikwissenschaftlichen Untersuchungen auf die Hypothesen von Bucovetsky (1991) und Wilson (1991) Bezug genommen hat (s. Abschnitt 2.1.2). Jedoch finden auch Bretschger / Hettich keine Belege für Steuerwettbewerb. Weder ist der Koeffizient des Kapitalverkehrskontrollenindexes noch derjenige der Ländergröße signifikant von null verschieden. Immerhin deutet ihre zweite Proxy für Globalisierung – das Ausmaß der Handelsintegration – darauf hin, dass zunehmende Marktintegration eine bremsende Wirkung auf die Steuerbelastung der Unternehmen ausübt.

Ab Mitte der neunziger Jahre hat sich ein verstärktes empirisches Interesse hinsichtlich der Auswirkungen steigender Kapitalmobilität auf die Steuerbelastung herausgebildet. Diese frühen Untersuchungen haben jedoch mit einigen methodischen Problemen zu kämpfen. Zum einen haben die Studien (unrealistischerweise) eine konstante Beziehung im Zeitablauf zwischen den Indikatoren der Kapitalmobilität und der Steuerbelastung unterstellt. Zweitens ist die abhängige Variable oft fragwürdig spezifiziert worden. Drittens wurden außer den Indikatoren zur Kapitalmobilität kaum weitere Bausteine der Steuerwettbewerbstheorie untersucht. Schließlich vernachlässigen die meisten Untersuchungen die 90er Jahre als Untersuchungszeitpunkt. Neben diesen Analysen haben in jüngster Vergangenheit auch mehrere Autoren die abhängige Variable mit Hilfe von theoretischen Verfahren erfasst. Diese sind Gegenstand des nächsten Kapitels.

## 5.2. Ökonometrische Untersuchungen auf Basis theoretischer Verfahren

Während im letzten Abschnitt ökonometrische Arbeiten zu den Steuerquoten diskutiert wurden, werden in diesem Abschnitt Untersuchungen vorgestellt, die entweder den Nominalsteuersatz als abhängige Variable verwenden oder aber am EGS oder EDS anknüpfen. Die Zahl der Arbeiten ist deutlich geringer als die zu den Steuerquoten. Dies mag damit zusammenhängen, dass noch bis in die jüngste Vergangenheit keine länderübergreifenden Daten zu den effektiven Steuersätzen vorhanden waren.

Beispielhaft für die Arbeiten aus diesem Gebiet ist die Untersuchung von Devereux et al. (2003). Die Autoren untersuchen die Determinanten des EGSes bzw. EDSes sowie des Nominalsteuersatzes für den Zeitraum 1982-1999. Der EGS bzw. EDS wurde auf Basis des von Devereux / Griffith (2003) entwickelten Verfahrens ermittelt (vgl. Abschnitt 4.2.2). Im Vgl. zur Studie der EK (2001) (s. Abschnitt 4.3) ist die Anzahl der Investitionsformen bei diesem Steuerbelastungsindikator jedoch begrenzt. Es wurde lediglich die Steuerbelastung bei Investitionen in Gebäude und Maschinen analysiert, während die Kommissionsuntersuchung fünf Arten von Investitionsgütern untersucht hat.[55] Aufgrund der Konzentration auf Investitionen in Gebäude und Maschinen dürften die Steuersätze eher Aufschluss über die Steuerbelastung eines Unternehmens aus dem industriellen Sektor geben. Für Banken oder Versicherungen dürfte der ermittelte Steuersatz weniger relevant sein, da bei diesen die Abschreibungsmodalitäten im Bereich des Finanzvermögens von größerer Bedeutung sein sollten.

Als Indikator für Kapitalmobilität benutzen die Autoren Kapitalverkehrskontrollenindizes. Neben dem bereits erwähnten Maß von Quinn, wird ein Index, der von Grili / Milesi-Fereti (1995) entwickelt wurde, verwendet. Im Vgl. zum Quinn-Index ist dieser ein gröberes Maß, da die Offenheit der Volkswirtschaft

---

[55] Neben Gebäuden und Maschinen, werden in der Untersuchung der EK zusätzlich das Finanz- und Vorratsvermögen sowie intangible Vermögenswerte berücksichtigt.

lediglich über eine Dummy-Variable angezeigt wird, die die Volkswirtschaft als offen bzw. geschlossen klassifiziert.

Zusammen mit den Untersuchungen von Goodspeed / Altshuler (2002) und Plümper et al. (2004) ist diese Studie eine der Arbeiten, in welcher die Reaktionsfunktion eines Landes berechnet wird. Die Gewichtungsmatrix enthält alle N-1 anderen Länder, d.h. ein spezielles Land reagiert auf den ungewichteten Durchschnitt der Steuersatzänderungen aller in der Analyse eingeschlossenen Staaten. Ferner wird neben den Kapitalverkehrskontrollen des eigenen Landes, die durchschnittliche Höhe der Kapitalkontrollen in den N-1 anderen Länder einbezogen. Die Autoren begründen dieses Vorgehen damit, dass steigende Kapitalmobilität im eigenen Land nur die notwendige Bedingung für Steuerwettbewerb sei. Solange die anderen Länder relativ geschlossene Volkswirtschaften darstellten, gehe vom Offenheitsgrad eines Landes kein Steuersenkungsdruck aus, da das inländische Kapital zwar die Volkswirtschaft verlassen, aber aufgrund der Abschottung des Auslands nicht dort investiert werden könne (Devereux et al. 2003). Ferner wird noch ein Interaktionseffekt aus der Reaktionsfunktion und dem Grad der Kapitalmobilität untersucht. Denn die Sensitivität eines Landes in Bezug auf Steueränderungen im Ausland sollte dann besonders ausgeprägt sein, wenn die Kapitalmobilität sehr hoch ist.

Im Einklang mit der Theorie haben die Kapitalverkehrskontrollenindizes das erwartete negative Vorzeichen. Der Koeffizient ist jedoch nicht durchgehend signifikant. Während zunehmende Kapitalmobilität einen deutlich negativen Effekt auf den Nominalsteuersatz und den EDS hat, ist die Entwicklung des EGSes davon unbeeinflusst. Dieser Befund wurde bereits in einer früheren Schrift zu folgender These komprimiert (Devereux et. al. 2002 482 ff.): Im Gegensatz zu den Implikationen der meisten Steuerwettbewerbsmodelle, welche auf den EGS abzielen, sei für hochprofitable multinationale Konzerne der EDS relevant. Die Regierungen der einzelnen EU-Staaten hätten daraufhin die Nominalsteuersätze gesenkt und gleichzeitig die BMG verbreitert, um hochprofitable Konzerne anzulocken. Gegen diese These lässt sich jedoch einwenden, dass eine negative Beziehung zwischen der Kapitalmobilität und dem Nominalsteuersatz bzw. dem EDS auch durch andere Faktoren erklärt werden kann. Denn eine negative Korrelation könnte sich ebenfalls bei Gewinnverlagerungen bzw. bei beschränkt rationalem Verhalten der Unternehmer einstellen. Der negative Zusammenhang zwischen Kapitalmobilität und dem Nominalsteuersatz bzw. dem EDS ist deshalb nicht zwingend auf die hohe Profitabilität multinationaler Konzerne zurückzuführen.

Neben den Kapitalverkehrskontrollenindizes und der Reaktionsfunktion werden einige Kontrollgrößen sowie weitere Hypothesen aus der Steuerwettbewerbsliteratur getestet. Diese setzen sich aus der Arbeitslosenquote, der Handelsintegration, der Neuverschuldung, dem Anteil älterer Menschen, dem Spitzensteuersatz der Est sowie der Größe des BIP's im Verhältnis zum BIP der USA zusammen. Von den weiteren Größen sind die meisten insignifikant. Sowohl der Anteil älterer Menschen als auch die Höhe des Bugetdefizits spielen keine Rolle bei der Erklärung der Steuersätze. Dagegen hat die Arbeitslosenquote einen signifikant negativen Einfluss auf die Steuersätze. Dies ist im Einklang mit den Implikationen des Modells von Haaparanta (1996) (s. Abschnitt 2.2.3). Wenn Länder unter hoher Arbeitslosigkeit leiden, entsteht zwar aufgrund steigender Sozialausgaben Druck auf die Einnahmeseite; auf der anderen Seite hat jeder Staat einen Anreiz durch niedrige Steuern Investoren ins Land zu locken, um mit Hilfe von Direktinvestitionen die Arbeitslosigkeit abzubauen.

**Tabelle 4: Ökonometrische Tests: Theoretische Steuerbelastungsindikatoren**

| Studien | Modell | Abhängige Variable | Steuerwettbewerbs-Hypothesen | Kontrollgrößen |
|---|---|---|---|---|
| Devereux et. al. (2003) | Dynamisches Paneldaten-modell mit fixen Länder-effekten | Nominal-steuersatz<br>EGS<br>EDS | Kapitalverkehrs-kontrollen -***<br>Reaktionsfunktion + ***<br>Interaktionseffekt aus Kapitalverkehrs-kontrollen und Reaktionsfunktion +***<br>Ländergröße -** | Budgetdefizit n.s.<br>Spitzensteuersatz der Est +***<br>Anteil älterer Menschen n.s.<br>Arbeitslosen-quote -** |
| Devereux et. al. (2002) | Dynamisches Paneldaten-modell mit fixen Länder-effekten | Nominal-steuersatz<br>EGS<br>EDS | Direktinvestitionen /BIP n.s.<br>Reaktionsfunktion +***<br>Hochsteuerland -***<br>Ländergrößen +** | Anteil älterer Menschen n.s.<br>Anteil jüngerer Menschen -**<br>Anteil Menschen in städtischen Gebieten +**<br>Staatliche Konsum-ausgaben n.s. |
| Slemrod (2004) | Statisches Panel mit fixen Länder- und Zeiteffekten 5-Jahres-intervalle | Nominal-steuersatz des Zentral-staates<br>Körperschaft steuer-einnahmen | Freihandel -**<br>Logarithmierte Ländergrößen n.s. | Logarithmierter Pro-Kopf Elektrizitäts-verbrauch +***<br>Staatsausgaben / BIP n.s.<br>Spitzensteuersatz der Est +***<br>Ölpreis +** |
| Krogstrup (2004) | Paneldaten-analyse in | Impliziter Kapitalsteuer- | Gedeckte Zins-parität -** | Arbeitslosen-quote -** |

| | | | | |
|---|---|---|---|---|
| | Veränder-<br>ungsraten | satz<br><br>EDS<br><br>Verhältnis<br>Kapital zu<br>Arbeitssteuer-<br>satz | Kapitalverkehrs-<br>kontrollen (instabil)<br>Wertschöpfung<br>industrieller Sektor +**<br>BIP der Volks-<br>wirtschaft relativ zum<br>EU-BIP +***<br>Ausländische Direkt-<br>investitionen/BIP +*** | Dummy sozial-<br>demokratische<br>Regierung -**<br>Wahljahr -**<br>Inflationsrate -**<br>Anteil Erwerbs-<br>fähige +***<br>Wachstumsrate<br>BIP n.s. |
| Swank /<br>Steinmo<br>(2002) | Dynamische<br>Paneldaten-<br>analyse mit<br>fixen<br>Länder-<br>effekten | Nominal-<br>steuersatz | Kapitalverkehrs-<br>kontrollen -**<br>Handelsintegration -**<br>Offenheitsgrad<br>Direktinvestitionen * | Veränderung der<br>Unternehmens-<br>gewinne n.s.<br>Ältere<br>Bevölkerung n.s.<br>Wachstumsrate<br>BIP n.s.<br>Investitions-<br>quote n.s.<br>Arbeitslosen-<br>quote n.s. |
| Hallerberg /<br>Basinger<br>(1998) | Querschnitts-<br>analyse<br>1986-1990 | Veränderung<br>des Nominal-<br>steuersatzes | Kapitalverkehrs-<br>kontrollen n.s.<br>Handelsintegration n.s. | Inflationsrate -**<br>Wachstumsrate<br>des BIPs -***<br>Steuersatz 1986<br>+**<br>Vetospieler -**<br>Stärke Sozial-<br>demkoratie -** |

Anmerkung: Ein + bzw. – gibt das Vorzeichen des geschätzten Koeffizienten wieder. ***; **; * bedeutet Signifikanz auf dem 1%, 5% und 10%-Niveau; n.s. steht für „nicht signifikant".

Nicht im Einklang mit der Theorie ist das Vorzeichen der Ländergröße. Sowohl die Modelle von Haufler / Wooton (1999) als auch von Bucovestky (1991) und Wilson (1991) postulieren ein positives Vorzeichen. Die Autoren begründen das falsche Vorzeichen mit dem Einschluss der Länderdummies, die einen Großteil der Varianz im Querschnitt absorbieren (Devereux et. al. 2003 14). Da die Größe eines Landes durch das BIP der Volkswirtschaft im Verhältnis zum US-BIP gemessen wird, ist eine Veränderung dieser Größe über die Zeit nur bei unterschiedlichen Wachstumsraten der USA im Verhältnis zur jeweiligen Volkswirtschaft möglich. Bei ähnlichen Wachstumsraten ist diese Größe faktisch eine Konstante. Leider geben die Autoren keine Ergebnisse wieder, wenn die Regression ohne fixe Ländereffekte geschätzt wird. Da eine Eliminierung der Heterogenität im Querschnitt, d. h. der Varianz zwischen den Ländern, dazu führt, dass Variablen, die sich in der Zeit kaum ändern keinen Einfluss mehr ausüben, werden im empirischen Teil der Arbeit sowohl Schätzungen mit als auch ohne fixe Ländereffekte präsentiert (s. Kapitel 6).[56]

Neben der Untersuchung von Devereux et. al. (2003) gibt es einige wenige Arbeiten, die ebenfalls prospektive Steuerbelastungsindikatoren als abhängige Variable verwenden. Tabelle 4 fasst die Ergebnisse der weiteren Studien zusammen. In einer früheren Untersuchung von Devereux et. al. (2002) widmen sich die Autoren insbesondere der Frage der Konvergenz. Sie zeigen, dass sich vor allem Hochsteuerländer in den letzten 20 Jahren besonders stark angepasst haben. Ferner reagieren Hochsteuerländer sensitiver auf Steuersatzänderungen des Auslandes. Dieser Befund ist im Einklang mit Steuerwettbewerb.

Slemrod (2004) dagegen verwendet in seiner Untersuchung den Nominalsteuersatz des Zentralstaats. Im Unterschied zu den meisten anderen Untersuchungen werden auch Länder berücksichtigt, die nicht in der OECD sind. Die Proxy-Größe für Marktintegration ist ebenfalls signifikant und hat das erwartete negative Zeichen. Es handelt sich hierbei allerdings um eine einfache Dummy, die angibt ob ein Land freien Handel zulässt oder nicht. Diese geht auf Sachs / Warner (1995) zurück. Zwar ist steigende Handelsintegration nicht direkt mit Steuerwettbewerb verknüpft, jedoch zeigen insbesondere die Modelle der neuen ökonomischen Geografie, dass Handel und Kapitalmobilität miteinander interagieren und ein "Race to the bottom" insbesondere bei extrem hoher Handelsintegration zu erwarten ist (s. Abschnitt 2.2.2).

Schließlich ist die Arbeit von Krogstrup (2004) erwähnenswert, da viele Hypothesen aus der Steuerwettbewerbsliteratur getestet werden. Als abhängige Variable fungiert der EDS aus der bereits schon erwähnten Untersuchung von Devereux et. al. (2003), wobei die Autorin nicht einen (gewichteten) Steuersatz verwendet, sondern ihre Hypothesen immer für einzelne Finanzierungsformen und Investitionsgüter testet.[57] Neu ist, dass Krogstrup als einzige Autorin das Modell nicht in Niveaugrößen, sondern in Veränderungsraten spezifiziert. Der Index von Quinn, wie auch die gedeckte Zinsparität – das zweite Maß für Kapitalmobilität – haben das erwartete negative Vorzeichen. Schließlich werden auch die Hypothesen der ökonomischen Geografie getestet. Als Proxy-Größen für Agglomerationsvorteile fungieren die Wertschöpfung des verarbeitenden Gewerbes und die mit dem BIP gewichteten Distanzen der Länder zueinander. Die Ergebnisse für die beiden Indikatoren lassen darauf schließen, dass Agglomerationsvorteile eine Rente in Form von höheren Steuersätzen induzieren können.

---

[56] Dieses Problem betrifft neben den (fast) konstanten Ländergrößen auch institutionelle Größen, welche ebenso kaum über die Zeit, sondern fast nur zwischen den Ländern variieren.

[57] Bei zwei Investitionsgütern (Gebäude und Maschinen) und zwei Finanzierungsalternativen (Fremd- bzw. Eigenkapital) ergeben sich vier unterschiedliche, abhängige Variablen.

Die Untersuchungen auf Basis prospektiver Verfahren haben das Verständnis über die Funktionsweise des Steuerwettbewerbs zusätzlich erweitert. Einmal, weil mit Hilfe prospektiver Steuerbelastungsindikatoren einige Probleme, die eine Analyse empirischer Steuerquoten in sich birgt, gelöst werden können. Denn ein politischer Entscheidungsträger kann die Entwicklung empirischer Steuerquoten nur indirekt beeinflussen. Dagegen können die beiden zentralen Parameter – die BMG und der Nominalsteuersatz – von theoretischen Verfahren durch einen Politiker direkt beeinflusst werden. Zweitens ist die Auswahl der unabhängigen Variablen in den Arbeiten der jüngsten Vergangenheit deutlich enger an die ökonomische Theorie angelehnt. Kritisch ist aber auch hier anzumerken, dass eine ganze Reihe von in Frage kommenden Variablen bisher ausgespart wurde. Weder wurden Variablen aus der Leviathantheorie des Steuerwettbewerbs in das Regressionsmodell aufgenommen, noch wurde sich der Problematik zeitinkonsistenter Politiken gewidmet. Mit Ausnahme der Untersuchung von Krogstrup wurden auch die Hypothesen der ökonomischen Geografie vernachlässigt. Zudem wurden die Beziehungen zwischen theoretisch und empirisch ermittelten Steuersätzen nicht hinreichend untersucht. Korrelieren diese sehr stark oder gibt es bedeutende Unterschiede? Und wenn ja, durch welche Ursachen werden die Unterschiede hervorgerufen?

Schließlich haben alle Arbeiten – mit Ausnahme von Slemrod (2004) und Dreher (2004) – das Modell mit jährlichen Daten gerechnet. Kaum eine Untersuchung hat die Entwicklung der Steuersätze auf Basis von Mehrjahresdurchschnitten untersucht. Dies ist insbesondere bei den Steuerquoten des letzten Abschnitts problematisch, da die Ergebnisse durch konjunkturelle Schocks verzerrt sein könnten. Neben konjunkturellen Schocks kann es aber auch grundsätzlich sinnvoll sein Modelle der „mittleren“ Frist zu berechnen, da Steuern nicht unbedingt jährlich angepasst werden. Zusammengefasst haben die jüngeren Arbeiten einige Mängel der älteren Studien beseitigt, während weiterhin einige Fragen offen stehen.

## 5.3. Untersuchungen zur Bedeutung von Gewinnverlagerungen

Um die Relevanz von Gewinnverlagerungen zu analysieren, bieten sich mehrere Teststrategien an. Einmal kann man untersuchen, inwiefern multinationale Unternehmen sich spezieller Instrumente für Gewinnverlagerungen bedienen. Diese sind in Abbildung 5 wiedergegeben. Multinationale Konzerne können einmal versuchen den Verrechnungspreis im konzerninternen Handel zu manipulieren. Neben diesem Instrument können die Gewinne aber auch über die Finanzierungsbeziehungen und den Handel mit immateriellen Wirtschaftsgütern zwischen den Volkswirtschaften verschoben werden. Ein empirischer Test über das Ausmaß von Gewinnverlagerungen kann neben einer Analyse der Instrumente, auch bei dem Ergebnis von Gewinnverlagerungen ansetzen. Wenn es Konzernen gelingt Steuersubstrat aus Hochsteuerländern zu verlagern, dann sollte die Profitabilität der Unternehmen in Niedrigsteuerländern deutlich höher sein.[58]

Neben der Möglichkeit am Ergebnis der Gewinnverlagerung anzusetzen, muss ferner unterschieden werden, ob die Volkswirtschaft die Freistellungs- oder die Anrechnungsmethode anwendet. Bei der Freistellungsmethode sind die erwähnten Teststrategien hinreichend, während bei Anrechnungsstaaten die hinreichende Bedingung für eine erfolgreiche Gewinnverlagerung dann erfüllt ist, wenn die Gewinne nicht in Form von Dividenden repartriert werden. M.a.W.: Damit die erfolgreiche Gewinnverlagerung von der Mutter- zur Tochtergesellschaft nicht doch wieder durch eine Ausschüttung der Tochter an die Mutter rückgängig gemacht wird, sollten die Gewinne bei der Tochter verbleiben und im Ausland reinvestiert werden. Hierdurch lässt sich eine Abschirmwirkung vor dem heimischen Fiskus erzielen (s. Abschnitt 1.1). Für Anrechnungsstaaten müsste man daher zusätzlich untersuchen, ob Gewinne, die in Steueroasen anfallen, verhältnismäßig selten an die Konzernmutter ausgeschüttet werden.

Es existieren kaum ökonometrische Untersuchungen zu Gewinnverlagerungen in Europa, was vor allem der schlechten Datenlage geschuldet ist. Jedoch gibt es einige Arbeiten zu den Steuervermeidungsstrategien multinationaler Unternehmen aus den USA. Grubert / Mutti (1991) untersuchen, inwiefern die Vorsteuerprofitabilität amerikanischer Tochterunternehmen im Ausland negativ durch Steuern beeinflusst wird. Ihre Untersuchung setzt somit am Ergebnis des Gewinnverlagerungsprozesses an. Die Querschnittsuntersuchung umfasst 33 Länder, u. a. auch einige Steueroasen. Als Indikatoren für die Steuerbelastung verwenden sie den effektiven (makroökonomischen) Steuersatz der Auslandstöchter, sowie den Nominalsteuersatz. Letzterer sollte für Gewinnverlagerungen der relevantere Indikator sein, wenn die Kosten der Gewinnverlagerung nur von der Abweichung des manipulierten Verrechnungspreises von seinem wahren Preis abhängen. Jedoch können effektive Steuersätze dann relevant werden, wenn sich die Kapitalkosten eines Unternehmens infolge von Gewinnverlagerungen ändern (s. die Diskussion in Abschnitt 2.2.4.1). Zudem haben effektive Steuerbelastungsindikatoren dann einen Vorteil gegenüber dem Nominalsteuersatz, wenn das Steuersystem eine hohe Selektivität aufweist. Z.B. ist der Nominalsteuersatz Luxemburgs mit 30% im Jahre 2002 nicht extrem niedrig; jedoch wirbt Luxemburg mit speziellen Steuervergünstigungen für Holdinggesellschaften und Finanzintermediäre, so dass eine alleinige Konzentration auf den Nominalsteuer-

---

[58] Wenn eine Tochtergesellschaft in einem Niedrigsteuerland ein Produkt zu überhöhten Preisen an einen Konzernteil in einem Hochsteuerland veräußert, steigt der Umsatz pro Stück stärker an, wie wenn ein adäquater Preis im konzerninternen Handel vereinbart worden wäre. Gesellschaften in Niedrigsteuerländern sollten deshalb c.p. die höheren Umsatzrenditen aufweisen.

satz ein verzerrtes Bild wiedergeben würde. Während der Periode 1996-2001 betrug die effektive Steuerbelastung von US-Finanzunternehmen in Luxemburg gerade 1%.[59] Effektive Steuersätze eines multinationalen Unternehmens in der jeweiligen Volkswirtschaft sind daher u. U. besser in der Lage die Selektivität des Steuersystems aufzuzeigen.

**Abbildung 5: Ansatzpunkte zur Untersuchung von Gewinnverlagerungen**

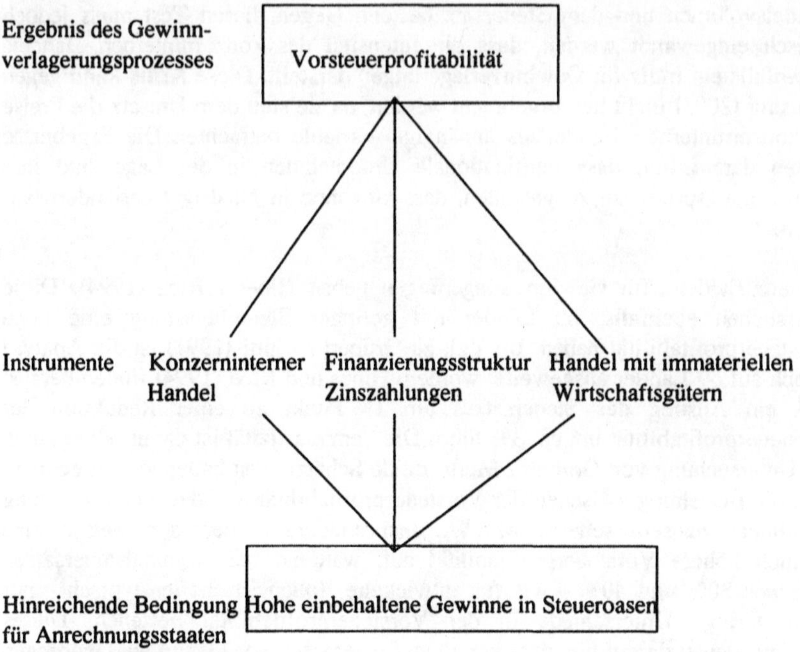


Quelle: eigene Darstellung

Grubert / Mutti (1991) zeigen – unabhängig vom Steuerbelastungsindikator -, dass US-Unternehmen in Ländern mit niedriger Steuerbelastung eine hohe Vorsteuerprofitabilität aufweisen. Dieses Ergebnis bleibt auch dann robust, wenn man die Wachstumsrate des BIP`s als Kontrollgröße einschließt, da unterschiedliche Umsatzrenditen auch durch konjunkturelle bzw. strukturelle Faktoren bedingt sein können. Die negative Beziehung zwischen der Vorsteuerprofitabilität und der Steuerbelastung ist damit konsistent mit Gewinnverlagerungen und

---

59 Diese Zahl ergibt sich bei Auswertung der Daten des „Bureau of Economic Analysis“ für US-Finanzunternehmen, die in Luxemburg eine Niederlassung haben (vgl. Tabelle 26 in Abschnitt 8.3).

steht in diametralen Gegensatz zu den Befunden der Steuerwettbewerbsliteratur um Realkapital. Denn das grundlegende Modell des Steuerwettbewerbs aus 2.1.1. postuliert, dass Länder mit höherer Steuerbelastung eine höhere Vorsteuerrendite haben sollten, da andernfalls eine Reallokation des Kapitals einsetzen würde.

Neben diesem Test untersuchen die Autoren ferner, inwiefern Töchter in Ländern mit geringeren Steuersätzen mehr Handel betreiben. Was die Exporte zu den Töchtern betrifft, ist der Koeffizient signifikant, während bei Exporten von der Tochter- an die Muttergesellschaft keine signifikante Beziehung zwischen dem Handelsvolumen und dem Steuersatz besteht. Gegen diesen Test muss jedoch kritisch eingewandt werden, dass die Intensität des konzerninternen Handels bestenfalls ein Indiz für Gewinnverlagerungen darstellt. Diese Kritik kann gegen Clausing (2003) nicht hervorgebracht werden, da sie statt dem Umsatz die Preise im konzerninternen Handel als abhängige Variable betrachtet. Die Ergebnisse deuten darauf hin, dass multinationale Unternehmen in der Lage sind ihre Verrechnungspreise so zu gestalten, dass Gewinne in Niedrigsteuerländern anfallen.

Weitere Evidenz für Gewinnverlagerungen geben Hines / Rice (1994). Diese untersuchen ebenfalls, ob Länder mit geringer Steuerbelastung eine hohe Vorsteuerprofitabilität haben. Im Vgl. zu Grubert / Mutti (1991) ist die Analyse jedoch auf 59 Länder ausgeweitet worden. Hines und Rice (1994) finden heraus, dass ein Anstieg des Steuersatzes um 1%-Punkt zu einer Reduktion der Vorsteuerprofitabilität um ca. 3% führt. Die Semielastizität ist damit höher als in der Untersuchung von Grubert / Mutti. Beide Schätzungen haben jedoch gemein, dass die Beziehung zwischen der Vorsteuerprofitabilität und der Steuerbelastung nichtlinear zu sein scheint. M.a.W.: Insbesondere Steueroasen weisen eine deutlich höhere Vorsteuerprofitabilität auf, während bei Nominalsteuersätzen zwischen 30% und 40% – wie für entwickelte Volkswirtschaften typisch – nur noch geringe Unterschiede in der Vorsteuerprofitabilität bestehen. Dieses Ergebnis deutet darauf hin, dass vor allem Steueroasen von Gewinnverlagerungen profitieren. Darüber hinaus zeigen beide Untersuchungen, dass Investitionen in Gebäude und Maschinen ebenfalls negativ vom Steuersatz abhängen. Dieses Ergebnis wird zudem von Grubert / Slemrod (1998) zusätzlich untermauert. In ihrer Analyse von US-Direktinvestitionen in Puerto Rico stellen die Autoren fest, dass Gewinnverlagerungsmotive einen positiven Effekt auf die Ansiedlung von Realkapital ausüben. Ohne die Möglichkeit Gewinnverlagerungen durchzuführen würde die Zahl der Unternehmen in Puerto Rico um ca. 50% zurückgehen.[60] Dies lässt den Schluss zu, dass Gewinn- und Produktionsverlagerungen nicht perfekte

---

[60] Auch hier handelt es sich um einen indirekten Test, da Grubert / Slemrod unterstellen, dass Gewinnverlagerungen mit der Höhe der Forschungs- und Werbeausgaben steigen. Die Effekte hinsichtlich der Wirkungen von Gewinnverlagerungen lassen sich dann berechnen, indem diese beiden Ausgabekomponenten auf null gesetzt werden.

Substitute sind. Auf der anderen Seite zeigt aber Hines (2004), dass die Bedeutung von Steueroasen bei Direktinvestitionen in Gebäude und Produktionsstätten deutlich geringer ist als für den aggregierten Bestand an Direktinvestitionen. Da in letzterem neben Realkapital auch passive Einkommensbestandteile eingehen (zur Unterscheidung von aktiven und passiven Einkünften: s. Abschnitt 1.5), spricht dieses Ergebnis eher dafür, dass Steueroasen als Produktionsstätten weniger bedeutend sind. Alles in allem sind die bisherigen empirischen Ergebnisse bzgl. der Beziehung von Produktions- und Gewinnverlagerungen nicht eindeutig. Am ehesten ist noch die Sichtweise gerechtfertigt, dass Gewinn- und Produktionsverlagerungen nicht unbedingt in einem substitutiven Verhältnis stehen müssen; jedoch sind Steueroasen Länder, in denen vor allem passive Einkünfte erwirtschaftet werden. Ihre Bedeutung als Produktionsstätte ist deutlich geringer.

Die einzige Studie, welche die Beziehung zwischen der Vorsteuerprofitabilität und der Steuerbelastung für 32 europäische Länder im Jahr 1999 untersucht ist von Huizinga / Laeven (2007). Analog zu den beiden US-Studien unterstellen die Autoren, dass die Verlagerung von Gewinnen von dem Verhältnis zwischen verlagerten und „echten" Gewinnen abhängt. Um die „echten" Gewinne zu approximieren wird, anders als bei Grubert / Mutti, aber im Einklang mit Hines / Rice, eine Produktionsfunktion geschätzt, indem als Proxy für das eingesetzte Kapital das logarithmierte Betriebsvermögen sowie die Entlohnung des Produktionsfaktors Arbeit in die Regression eingehen. Anders als die beiden US-Studien nutzen Huizinga / Laeven Mikrodaten.

Die von den Autoren geschätzte Semielastizität beträgt ca. 1. Dieser Wert ist sehr viel geringer als der von Hines / Rice. In einer Sensitivitätsanalyse gehen die Autoren den Unterschieden in den geschätzten Parametern nach. Weder eine Aggregation der Daten noch eine Regression mit empirischen Steuerquoten statt den Nominalsteuersätzen, kann die Unterschiede in den Parametern erklären. Auch eine Eliminierung derjenigen Unternehmen, die eine negative Profitabilität aufweisen, verändert die geschätzte Semielastizität kaum. Da sich die beiden Querschnittsanalysen lediglich im Analysezeitraum (1982 bei Hines / Rice bzw. 1999 bei Huizinga / Laeven) und der Zahl der betrachteten Länder unterscheiden, ist davon auszugehen, dass sich die höhere Semielastizität in der Studie von Hines / Rice vor allem auf den Einschluss vieler Steueroasen zurückführen lässt.[61]

[61] Ansonsten unterscheiden sich die Untersuchungen nur in der betrachteten Periode. Da man aber davon ausgehen sollte, dass die Kapitalmobilität im Jahre 1999 deutlich größer als noch im Jahre 1982 ist, würde eine Rechtfertigung der unterschiedlichen Koeffizienten aufgrund unterschiedlicher Betrachtungsperioden keinen Sinn ergeben. Denn in diesem Fall müssten in der Untersuchung von Huizinga / Laeven der Koeffizient deutlich größer sein als in der Untersuchung von Hines / Rice.

Huizinga / Laeven diskutieren ferner die Auswirkungen von Gewinnverlagerungen auf die Steuereinnahmen, indem die geschätzten Parameterwerte in das Modell eingeführt werden. Überraschenderweise verliert kaum ein Staat Steuereinnahmen durch Gewinnverlagerungen. Dieses Ergebnis kommt deswegen zustande, da sich alle untersuchten Länder auf Kosten Italiens und vor allem Deutschlands besser stellen können. Deutschland ist in der Modellsimulation somit der große Verlierer, da deutsche Unternehmen einmal viele Direktinvestitionen tätigen. Zudem hatte Deutschland bis zum Jahre 2001 den mit Abstand höchsten Nominalsteuersatz aller hoch entwickelten Länder. Dass speziell für Deutschland Gewinnverlagerungen von Bedeutung sein können, wird in der Untersuchung von Stöwhase (2002) nochmals untermauert. Dieser zeigt für deutsche Großunternehmen, dass für Konzernfunktionen, die dem Servicebereich zugeordnet werden können, der Nominalsteuersatz relevant ist, während die effektive Steuerbelastung bei Produktionsverlagerungen bedeutsam ist. Da insbesondere unternehmensinterne Dienstleistungen für Gewinnverlagerungen anfällig sind, ist dieses Ergebnis ebenfalls ein indirekter Beleg für die Relevanz von Gewinnverlagerungen.

Neben einer ökonometrischen Analyse, die an den Resultaten des Gewinnverlagerungsprozesses ansetzt, kann man auch die Instrumente, mit denen Gewinnverlagerungen durchgeführt werden, untersuchen. Wie bereits erwähnt, handeln multinationale Konzerne öfter mit ihren Töchtern und setzen die Transferpreise im konzerninternen Handel in einer Art fest, die im Einklang mit Gewinnverlagerungsaktivitäten ist. Neben dem konzerninternen Handel stellen aber auch Dividenden-, Zins und Patentzahlungen Instrumente der Steuerplanung dar. Deren Beziehung untereinander ist Ausgangspunkt der Untersuchung von Grubert (1998). Dieser analysiert in separaten Regressionsgleichungen die Determinanten der Zins-, Patent- und Dividendenzahlungen von 3467 US-Unternehmen im Jahre 1990. Während der Nominalsteuersatz für Dividenden- und Zinszahlungen an die amerikanische Muttergesellschaft den erwarteten negativen bzw. positiven Effekt hat, sind die Patentzahlungen negativ vom Nominalsteuersatz abhängig. Letzteres Ergebnis ist nicht im Einklang mit Gewinnverlagerungen. Dagegen werden amerikanische Tochterunternehmen in Hochsteuerländern vor allem über Fremdkapital finanziert, da die Schuldzinsen von der BMG abzugsfähig sind und dadurch eine Steuerersparnis erzielt werden kann. Zudem fallen die Zinszahlungen an Drittparteien deutlich höher aus als an die amerikanische Konzernmutter (ebenda 284). Aufgrund der relativ hohen Steuerbelastung in den USA überrascht dieses Ergebnis nicht. Vielmehr bedienen sich multinationale Konzerne konzerninterner Finanzierungsgesellschaften in Drittländern, um die Steuerersparnis zu maximieren.

Nicht nur was den Einsatz von Holdingstrukturen betrifft, deuten die Ergebnisse darauf hin, dass US-Unternehmen Detailregelungen der einzelnen Steuersysteme zu ihren Gunsten nutzen können. Wenn die Quellensteuern auf Zins- und Patentzahlungen als Regressor in die Gleichung für die Dividendenzahlungen aufgenommen werden, zeigt sich, dass die beiden Instrumente als Substitute fungieren. Dieselben Effekte lassen sich auch nachweisen, wenn die Zins- bzw. Patentzahlungen die abhängige Variable darstellen. Kurzum: Konzerne planen ihre Leistungsbeziehungen so, dass der Steueraufwand minimal ist. Hohe Quellensteuern auf das jeweilige Instrument führen zu einem crowding-out von ebendiesem, während hohe Quellensteuern auf andere Instrumente konzerninterner Leistungsbeziehungen aufgrund der hohen Substituierbarkeit zu einem crowding-in führen. Aus diesem Grund ist eine Nichtausschüttung von Dividenden nicht automatisch ein Beleg dafür, dass die Gewinne bei der Tochtergesellschaft reinvestiert werden, da US-Unternehmen auch mittels Zins- und Patentzahlungen steuergünstig Einkommen von den Töchtern zur Mutter transferieren können.

In einer weiteren Untersuchung von Grubert (2003) wird insbesondere die Rolle von intangiblen Vermögenswerten thematisiert. In einem ersten Schritt werden, wie auch in den bereits erwähnten Untersuchungen, die Determinanten der Vorsteuerprofitabilität analysiert. Hierbei zeigt sich wiederum die negative Beziehung zwischen dem Nominalsteuersatz und der Vorsteuerrendite. Jedoch werden auch Interaktionseffekte des Nominalsteuersatzes mit den Forschungs- und Werbeausgaben getestet. Während der Interaktionseffekt für Unternehmen, die hohe Werbeausgaben tätigen nicht signifikant ist, deutet der zweite Interaktionseffekt darauf hin, dass insbesondere technologieintensive Unternehmen Möglichkeiten zur Gewinnverlagerung offen stehen. Schließt man zudem die Fremdkapitalquote der Tochtergesellschaft ein, so verschwindet der autonome Effekt des Nominalsteuersatzes vollständig. Die Untersuchung Gruberts ist damit in der Lage zu zeigen, mit welchen Instrumenten US-Unternehmen Einkommensverlagerungen betreiben, die im Ergebnis zu höheren Vorsteuerrenditen führen. Die Resultate lassen den Schluss zu, dass eine Fremdkapitalzufuhr und der konzerninterne Handel mit Patenten diejenigen Instrumente sind, mit denen Einkommensverlagerungen durchgeführt werden, während die Werbeausgaben weniger bedeutend sind.

Die (meines Wissens) einzige Untersuchung, welche die Konzernfinanzierung für deutsche Inbound-Direktinvestitionen untersucht, stammt von Ramb / Weichenrieder (2005). Mit Hilfe von Paneldaten wird für die Periode 1996-2001 analysiert, inwiefern die Finanzierungsstruktur von Inbound-Investitionen steuerlich motiviert ist. Hypothese ist hierbei, dass die deutsche Tochtergesellschaft umso eher von der ausländischen Muttergesellschaft mit Fremdkapital finanziert wird, je höher das Steuersatzgefälle zwischen Deutschland und dem Ausland ist. Dieses beinhaltet dabei nicht nur die Unterschiede in den Nominalsteuersätzen, sondern es werden ferner auch Quellensteuern auf Dividenden berücksichtigt. Analog zu

Grubert (1998) unterstellen Ramb / Weichenrieder (2005), dass eine substitutive Beziehung zwischen einer Dividendenausschüttung und einer Darlehensrückzahlung besteht.

Als abhängige Variable wird das Ausmaß an ausländischem Fremdkapital skaliert durch das Betriebsvermögen der deutschen Tochter verwendet. Als Indikator für das Steuersatzgefälle wird das Verhältnis von in- und ausländischer Nominalsteuerbelastung genutzt. Zudem spalten die Autoren diesen Indikator in einem zweiten Schritt in den aus- und inländischen Steuersatz auf. Unter dieser Modellvariante lassen die Autoren die deutsche Steuerbelastung mit der Profitabilität der deutschen Tochtergesellschaft interagieren. Grund für diesen Interaktionseffekt ist die Annahme, dass eine möglichst hohe Fremdkapitalfinanzierung nur deutschen Töchtern hilft, die auch profitabel arbeiten. Denn deutsche Tochtergesellschaften, die während eines Jahres Verluste ausweisen, können die Abzugsfähigkeit von Schuldzinsen erst in späteren Perioden nutzen, so dass sich hier zumindest ein Liquiditätseffekt einstellt.[62]

Weder bei dem globalen Indikator noch bei einer Aufspaltung in in- und ausländische Steuersätze lässt sich eine nennenswerte Beziehung hinsichtlich der Höhe des Fremdkapitalanteils ausmachen. Dabei spielt es keine Rolle ob die deutsche Tochter über ein direktes oder ein indirektes Beteiligungsverhältnis gehalten wird. Die Koeffizienten sind in den allermeisten Fällen nicht signifikant. Lediglich, wenn der deutsche Körperschaftsteuersatz mit einer hohen Profitabilität interagiert zeigt sich die erwartete positive Beziehung. Die Autoren führen die insgesamt enttäuschenden Ergebnisse auf die hohen Verluste vieler deutscher Tochtergesellschaften zurück. Denn bei hohen Verlusten steigt die Wahrscheinlichkeit, dass die Tochter- von der Muttergesellschaft finanziert werden muss, da Banken als Kreditgeber nicht mehr infrage kommen. Neben dieser Interpretation lässt sich die größtenteils insignifikante Beziehung möglicherweise aber auch auf gesetzliche Vorkehrungen zurückführen. Deutschland hat in den 90er Jahren verstärkt defensive Maßnahmen ergriffen, um einer Verlagerung von Gewinnen entgegenzuwirken. Die Einführung von § 8a KStG könnte damit einer extensiven Nutzung von Fremdkapitalfinanzierungen einen Riegel vorgeschoben haben (s. Abschnitt 1.5). Da § 8a KStG im Jahre 1994 eingeführt wurde, während das Sample der Autoren aber nur die Zeitspanne von 1996-2001 umfasst, ist letztendlich nicht eindeutig, welche Interpretation schlüssiger ist.

Büttner et. al. (2006) weisen dagegen mit Hilfe von Paneldaten signifikante steuerliche Effekte bei deutschen Outbound-Investitionen nach. Ein Anstieg des Nominalsteuersatzes um 10%-Punkte im Ausland korrespondiert mit einem Anstieg der internen Fremdkapitalfinanzierung deutscher Tochtergesellschaften

[62] In Deutschland ist auch ein auf ein Jahr begrenzter Verlustrücktrag zulässig, so dass sich der postulierte Liquiditätsnachteil nicht zwangsläufig einstellen muss.

von ca. 2%-Punkten. Ähnliche Ergebnisse resultieren auch in der Untersuchung von Mintz / Weichenrieder (2006). Schließlich zeigen Büttner et. al. auch, dass Unterkapitalisierungsvorschriften in anderen Ländern erfolgreich waren eine extensive Fremdkapitalzuführung einzuschränken. Verglichen mit Volkswirtschaften, die keine Regeln zur Gesellschafter-Fremdfinanzierung erlassen haben, sinkt der Fremdkapitalanteil deutscher Direktinvestitionen im Ausland um ca. 5%-Punkte ab. Alles in allem kann für deutsche Unternehmen zumindest bei Outbound-Investitionen ein steuerminimierendes Verhalten nachgewiesen werden.

Fasst man die Erkenntnisse aus ökonometrischen Untersuchungen zu Gewinnverlagerungen zusammen, dann lassen sich folgende Ergebnisse festhalten: Unternehmen weisen in Ländern mit niedriger Steuerbelastung eine höhere Profitabilität auf. Obwohl es unterschiedliche Ursachen für eine Divergenz in den Vorsteuerrenditen gibt, ist der negative Effekt des Nominalsteuersatzes durch alle Untersuchungen hindurch robust. Dieses Indiz für Gewinnverlagerungen wird zusätzlich erhärtet, wenn man die konzerninternen Leistungsbeziehungen analysiert. Hierbei scheinen vor allem die Finanzierungsstruktur sowie der Handel mit immateriellen Wirtschaftsgütern eine herausragende Bedeutung einzunehmen. Einschränkend gegen diese Befunde muss jedoch erwähnt werden, dass ein Großteil der Untersuchungen Gewinnverlagerungen von US-Unternehmen betrachtet hat. Daher bietet es sich speziell für Deutschland, aufgrund seiner hohen Steuerbelastung an, zu untersuchen, inwiefern Einkommensverlagerungen ebenfalls nachgewiesen werden können.

## 5.4. Ökonometrische Untersuchungen zur Finanzkapitalmobilität

Bisher gibt es keine Arbeit, welche die Auswirkung steigender Finanzkapitalmobilität auf die Besteuerung von Zinserträgen analysiert. Die steuerliche Belastung von Zinserträgen war somit in keiner der empirischen Schätzungen abhängige Variable. Zudem gibt es keine Untersuchung, die der Frage, warum Staaten Informationsaustausch betreiben, nachgeht, da die EU-Zinsrichtlinie erst seit 1.7.2005 in Kraft getreten ist. Es gibt jedoch zwei Arbeiten die immerhin die Steuerbelastung von Zinserträgen als unabhängige Variable analysieren: Dies ist zum einen die Untersuchung von Grilli (1989) und zum anderen die von Huizinga / Nicodeme (2004). Neben diesen beiden Untersuchungen ist zudem die Arbeit von Nöhrbaß / Raab (1990) erwähnenswert, welche die Wirkungen einer Quellensteuer auf Zinsen am Beispiel Deutschlands diskutiert. Im Oktober 1987 kündigte die Bundesregierung an eine Quellensteuer in Höhe von 10% auf alle von inländischen Schuldnern gezahlten Zinsen zu erheben. Darauf hin änderte sich das Renditeverhältnis von Bundes- und (vergleichbaren) Weltbankanleihen, wobei letztere von der Quellensteuer ausgenommen waren. Nöhrbaß / Raab haben mit Hilfe der Änderung des Renditeverhältnisses gezeigt, dass die Anleger der Quellensteuer mittels Portfolioumschichtungen ausweichen konnten. Dieses Ergebnis ist ein Beleg für die hohe Mobilität von Finanzkapital.

Die Arbeit von Grilli (1989) analysiert, welche Faktoren die Höhe des Finanzkapitalzuflusses in eine Volkswirtschaft determinieren. Die abhängige Variable – die Höhe der Bankeinlagen in einer bestimmten Periode – wird dabei für Nichtbanken und Banken getrennt untersucht. Das Panel von Grilli umfasst zehn Länder im Zeitraum 1972-1987. Als Kontrollgrößen werden verwendet: Das BIP einer Volkswirtschaft, welches eine Proxy-Größe zur Erfassung steigender Skalenerträge im Bankensektor darstellt; zwei Dummy's, die die Bedeutung von Kapitalverkehrskontrollen bei Kapitalzu- und abflüssen angeben, sowie der Zeittrend. Neben diesen Kontrollgrößen wird ein Indikator in die Regression eingeschlossen, der die Strenge des Bankgeheimnisses widerspiegelt. Darüber hinaus wird auch die Quellensteuerbelastung von Zinsen und Dividenden in die Regression miteingeschlossen. Die Berücksichtigung der Steuerbelastung von Dividenden begründet Grilli mit der These, dass Finanztitel in Form von Bankeinlagen oftmals nur „geparkt“ werden, um für andere Anlageformen zur Verfügung zu stehen (ebenda 404).

Die beiden Regressionen führen zu unterschiedlichen Ergebnissen. Während der Markt für Interbankeinlagen vor allem von Agglomerationsvorteilen und einer niedrigen Quellensteuer auf Dividenden abhängt, sind zur Erklärung der Kapitalströme im Nichtbankensektor vor allem das Bankgeheimnis und die Quellensteuern auf Zinserträge von großer Bedeutung. Beide Befunde sind mit der Intuition kompatibel. Während Finanzzentren wie London oder New York vor allem für den Interbankenhandel relevant sein dürften, spezialisieren sich kleinere Länder wie z. B. Luxemburg stärker auf vermögende Haushalte.

Die bisher einzige Untersuchung zu den Auswirkungen eines Informationsaustauschs stammt von Huizinga / Nicodeme (2004). Analog zu Grilli wird der Einfluss der Besteuerung auf den Zustrom von Bankeinlagen analysiert. Zwar verwenden die Autoren ebenfalls Paneldaten; jedoch wird – im Gegensatz zu Grilli – das Modell auf einer bilateralen Ebene geschätzt. D.h. die abhängige Variable für ein bestimmtes Land ist nicht mehr der über alle Länder aggregierte Zustrom von Einlagen aus dem Banken- bzw. Nichtbankensektor, sondern der Zustrom aus dem Land j in Land i. Zudem ist die Fallauswahl erweitert worden. Während Grilli's Schätzung auf 10 hoch entwickelte Länder begrenzt war, werden nunmehr 23 Länder untersucht, darunter auch wichtige Offshore-Zentren wie Hong Kong, Singapur, die Bahamas oder Bahrain.

Die Autoren schätzen ein „Gravitationsmodell“ der bilateralen Finanzkapitalströme. Dieses hat sich vor allem bei der Analyse der Handelsbeziehungen und

Direktinvestitionen gut bewährt (Büttner 2002, Stöwhase 2005). Neben Kontrollgrößen, die das Kapitalexport- und importland charakterisieren, werden in Gravitationsmodellen auch die Beziehungen zwischen den Ländern erfasst. Eine gemeinsame Sprache bzw. Grenze sowie die Entfernung zwischen den beiden Ländern sind demnach wichtige Determinanten des Zustroms von Bankeinlagen (Huizinga / Nicodeme 2004 1111ff.). Diese Größen deuten darauf hin, dass selbst Finanzkapital in der Realität nicht perfekt mobil ist. Denn die Sprache bzw. große Distanzen sind Indikatoren für kulturelle bzw. physische Transaktionskosten. Die negativen Koeffizienten signalisieren, dass selbst bei Finanzkapitalbewegungen Transaktionskosten nicht völlig unerheblich sind.

In der grundlegenden Spezifikation für den Zeitraum von 1983-1999 sind die Steuerbelastungsindikatoren nicht sehr robust. Sowohl der Spitzensteuersatz auf Zinserträge im Heimatland des Anlegers als auch der Quellensteuersatz im Anlageland wechseln mehrmals das Vorzeichen. Die Ursache für die Instabilität ist auf unterschiedliche periodische Einflüsse zurückzuführen. Wenn die Steigungsparameter der einzelnen Steuerbelastungsindikatoren zwischen den Perioden variieren dürfen, zeigt sich, dass eine hohe Steuerbelastung von Zinserträgen im Heimatland eine Abwanderung von Finanzkapital lediglich in der Periode 1983-1991 induziert. Dies ist insofern überraschend, da man vermuten sollte, dass in den 90er Jahren die Kosten der Steuerflucht – nicht zuletzt aufgrund des Wegfalls von Grenzkontrollen – weiter gesunken sein dürften. Hierzu führen die Autoren zwei Gründe an:

- Beim Übergang zu einer dualen Est bzw. bei der Senkung des Spitzensteuersatzes auf Zinserträge könnten einige Regierungen über das Ziel hinausgeschossen sein. Für diese Hypothese lässt sich anführen, dass einige OECD-Länder während der 90er Jahre zu einer dualen Einkommensteuer übergewechselt sind, in welcher Finanzkapital mit maximal 30% belastet wird. Zudem sind die Quellensteuern auf Zinserträge, die schon in den 80er Jahren in nur noch wenigen Ländern bestanden, in den 90er Jahren nahezu vollständig wegkonkurriert worden.
- Der zweite Grund für dieses anomale Ergebnis könnte in der abnehmenden relativen Bedeutung von (steuerflüchtigen) Haushalten liegen. Da die Statistiken nur zwischen dem Banken- und dem Nichtbankensektor unterscheiden, sind im letzteren neben den privaten Haushalten auch Unternehmen und Regierungen enthalten (ebenda 1113). Wenn in den 90er Jahren die Bedeutung der Unternehmen bzw. Regierungen bei den Nichtbankeneinlagen gewachsen ist, dann ist die mangelnde Signifikanz des Koeffizienten auf die mangelnde Disaggregation der Statistiken zurückzuführen.

Obwohl die Koeffizienten nicht sehr robust sind, ist die Elastizität des Kapitals in Bezug auf eine Erhöhung der Est recht hoch. Je nach Schätzung geht eine Erhöhung der Steuerbelastung um 1% mit einem Kapitalabfluss von 2-3% einher. Wichtiger als die Steuerbelastung scheint jedoch die institutionelle Ausgestaltung der Besteuerung im Heimatland zu sein. Denn neben einer Kapitalflucht in das Ausland, könnte die Steuerhinterziehung auch im Inland erfolgen, sofern die Kontrollregeln des Inlandes lax sind. Einige OECD-Staaten – darunter auch Deutschland – hatten nicht einmal auf nationaler Ebene ein Kontrollmitteilungssystem.[63] Wenn keine automatische Informationspflicht der Banken existiert, dann ist die Steuerhinterziehung im Heimatland – nicht zuletzt dank der niedrigeren Transaktionskosten – mindestens genauso bedeutend. Die meisten OECD-Länder haben im Laufe der 80er Jahre ein nationales Kontrollmitteilungssystem etabliert, so dass diese Option in nur noch wenigen Staaten zur Verfügung steht. Die Dummy, die im Falle einer Existenz eines solchen Systems, auf 1 kodiert ist, hat durchgehend ein positives Vorzeichen. Ein nationales Kontrollmitteilungssystem führt demnach zu einem crowding-out, da Finanzkapital in das Ausland verlagert wird.

Obwohl ein europaweites Kontrollmitteilungssystem erst im Jahre 2005 implementiert worden ist, haben einige Länder bereits auf bilateraler Basis Informationen untereinander ausgetauscht. Für das Jahr 1999 haben Huizinga / Nicodeme die nationalen Steuerbehörden befragt, mit welchen Ländern die einzelnen Staaten intensiv Informationen austauschen. Hierbei sind insbesondere die skandinavischen Länder hervorzuheben, die bereits seit Beginn der 90er Jahre mit einigen ausgewählten Ländern Informationen austauschen.[64] In der Schätzgleichung ist der Koeffizient jedoch insignifikant. Eine Ursache für dieses Ergebnis kann darin bestehen, dass der Empfängerstaat nicht in der Lage ist, die Informationen effizient zu verwerten (ebenda 1115). Folgt man dieser Interpretation, so lässt sich schlussfolgern, dass bei der Versendung von grenzüberschreitenden Kontrollmitteilungen ab dem 1.7.2005 zumindest mit Anlaufschwierigkeiten zu rechnen ist.

Ergebnis der beiden Untersuchungen ist, dass eine hohe Steuerbelastung von Zinserträgen zu einem Kapitalabfluss führt, wenngleich die Ergebnisse von Huizinga / Nicodeme nicht ganz so eindeutig sind wie die von Grilli. Dies erklärt warum die meisten Nationalstaaten verstärkt seit den späten 80er Jahren auf eine Harmonisierung bei der Besteuerung von Zinserträgen gedrängt haben. Offen

---

[63] Mittlerweile können deutsche Finanzbehörden bei der Einkommenssteuererklärung einen Nachweis über die Bankkonten des Einkommensteuerpflichtigen anfordern. Im Zeitraum der Untersuchung (1983-1999) war jedoch kein nationales Kontrollmitteilungssystem vorhanden.

[64] Es sei angemerkt, dass die Länder nicht mit allen Staaten mit denen sie ein DBA unterhalten, Informationen austauschen. Der Kreis der Teilnehmer ist sehr viel exklusiver. Eine wichtige Bedingung für einen Austausch scheint Reziprozität zu sein.

geblieben ist jedoch die Frage warum einige Länder keine Informationen austauschen wollen? Diese Frage wird im achten Kapitel im Zentrum der Analyse stehen.

# 6. Empirische Untersuchung der Unternehmenssteuerbelastung

## 6.1. Fallauswahl

Steuerwettbewerb um die Ansiedlung von Produktionsstätten ist ein Phänomen, welches vor allem zwischen hoch entwickelten Staaten stattfindet. Denn ein Großteil der Direktinvestitionen aus OECD-Ländern wird wiederum in anderen OECD-Ländern getätigt. Nur ein kleiner Teil wandert in Entwicklungsländer. In diese werden vor allem arbeitsintensive Bereiche ausgegliedert. Steuerwettbewerb um Realkapital besteht damit fast ausnahmslos zwischen den hoch entwickelten OECD-Staaten.

Deshalb werden in die Fallauswahl die EU-15 Mitgliedsstaaten sowie weitere hoch entwickelte Länder eingeschlossen. Es gibt zudem einige Gründe zu der Annahme, dass zusehends auch die neuen EU-Beitrittsländer am Steuerwettbewerb beteiligt sind. Hierbei handelt es sich jedoch um ein Phänomen, welches es erst seit kurzem in Gange ist. Zweitens sind die neuen Beitrittsländer deshalb nicht Teil der Analyse, da es zu diesen Staaten keine Daten zu dem EGS bzw. EDS gibt. Soweit wie möglich wird deshalb die Entwicklung der Steuerbelastung anhand der 20 am höchsten entwickelten Staaten analysiert.[65]

Was jedoch die Möglichkeit Gewinne zu verlagern betrifft, stehen nicht nur die OECD-Staaten im Wettbewerb zueinander; in diesem Bereich locken gerade Steueroasen mit attraktiven Steuersätzen, da für Gewinnverlagerungen eine gut ausgebaute Infrastruktur oder hervorragend qualifizierte Arbeitnehmer eher von geringerer Bedeutung sind. Im siebten Kapitel, in welchem speziell für Deutschland Steuervermeidungsstrategien multinationaler Unternehmen genauer betrachtet werden, sind deshalb auch einige der bekannteren Steueroasen Teil der Analyse. Eine Auflistung der jeweils eingeschlossenen Staaten findet sich im Anhang der Arbeit.

## 6.2. Hypothesen

In diesem Abschnitt werden die Hypothesen zu den Modellen aus 2.1. und 2.2 formuliert und operationalisiert. Wie in Kapitel 4 gezeigt wurde, gibt es nicht den Steuersatz bzw. das Verfahren zur Ermittlung der Steuerbelastung von Kapitalgesellschaften. Sowohl theoretische Verfahren als auch empirische Steuerquoten

---

[65] Für manche Steuerbelastungsindikatoren kann die Zahl der eingeschlossenen Länder bis auf 13 absinken, so dass nicht immer alle 20 Länder Teil der Analyse sind. Ursache hierfür ist die mangelnde Verfügbarkeit von Daten für einzelne Indikatoren der Steuerbelastung.

haben spezifische Vor- und Nachteile (s. Abschnitt 4.3). Es werden daher in Abschnitt 6.5 unterschiedliche Steuerbelastungsindikatoren als abhängige Variable fungieren, nicht zuletzt da die Modelle des zweiten Kapitels die Steuerbelastung relativ grob modellieren. In Kapitel 4 wurde ferner festgestellt, dass Steueraufkommensquoten keine guten Indikatoren zur Messung der Steuerbelastung von Kapitalgesellschaften sind. Diese werden daher nicht weiter untersucht.

Implizite Makrosteuersätze wurden mit Hilfe von OECD-Statistiken kalkuliert.[66] Dazu wurden die Steuereinnahmen aus Ertrags- und Substanzsteuern durch das Einkommen aus wirtschaftlicher Tätigkeit skaliert. Die Einnahmen aus Ertrags- und Substanzsteuern sind den „OECD Revenue Statistics" entnommen. Der Betriebsüberschuss der Kapitalgesellschaften wurde mit Hilfe von VGR-Daten („OECD National Accounts") ermittelt. Neben diesem Makrosteuersatz wird auch ein mikroökonomischer Steuersatz in 6.5 verwendet. Dieser erfasst jedoch nur Unternehmen aus dem industriellen Sektor. Zudem ist die Analyse auf 13 Länder eingeschränkt.

Neben empirischen Steuerquoten wird der Nominalsteuersatz im empirischen Teil untersucht. Dieser setzt sich aus den nominalen Körperschaftsteuersatz zuzüglich eventuell auf kommunaler Ebene anfallender Steuern (z.B. für Deutschland die GewSt) zusammen. Werden in einem Land auf kommunaler Ebene Steuern erhoben, so wird der durchschnittliche kommunale Steuersatz für die Ermittlung des nominalen Steuersatzes zugrunde gelegt.[67] Da der Nominalsteuersatz nicht Aufschluss über die BMG einer Volkswirtschaft gibt, sind darüber hinaus auch der EGS und der EDS Teil der empirischen Analyse. Deren Ermittlung basiert auf dem in 4.2.2 vorgestellten Verfahren von Devereux / Griffith (2003) (bzgl. der getroffenen Annahmen: vgl. den Anhang der Arbeit).

Da fast alle Modelle des 2. Kapitels die Steuerbelastung relativ grob modellieren, ist eine Diskriminierung der einzelnen Hypothesen nach bestimmten Steuersätzen relativ schwierig. Zumindest lässt sich jedoch nach Modellen der vollständigen Konkurrenz, die in Abschnitt 2.1 besprochen wurden, oder Modellen imperfekten Wettbewerbs, wie sie in den Abschnitten 2.2.1-2.2.3 Gegenstand der Analyse waren, unterscheiden. Speziell für letztere Modellklasse sollten sich die Hypothesen eher bei Durchschnittssteuersätzen verifizieren lassen, während die bei marginalen Steuersätzen unterstellte unendliche Teilbarkeit der Investitionsprojekte nicht im Einklang mit Modellen imperfekten Wettbewerbs ist. Die nachfolgend formulierten Hypothesen beziehen sich soweit nicht anders gekennzeichnet auf alle Indikatoren der Steuerbelastung.

---

[66] Eine genaue Definition der einzelnen Variablen und deren Quellen findet sich im Anhang der Arbeit.

[67] Für Deutschland im Speziellen ist folglich der durchschnittliche Hebesatz der Kommunen verwendet worden.

Zentrale Schlussfolgerung des Grundmodells des Steuerwettbewerbs aus 2.1.1 ist, dass steigende Kapitalmobilität zu einer Reduktion der Steuerbelastung führen sollte. Wie in Kapitel 5 gezeigt wurde, haben vorangegangene Untersuchungen Kapitalmobilität unterschiedlich operationalisiert. Da in diesem Kapitel Steuerwettbewerb um Unternehmen untersucht wird, ist ein Indikator wie z.B. die gedeckte Zinsparität weniger brauchbar, da dieses Maß eher über die Mobilität von Finanzkapital Aufschluss gibt. Zur Messung der Realkapitalmobilität wird stattdessen ein Kapitalverkehrskontrollenindex benutzt. Dieser hat den Vorteil eher dem Konstrukt potentiell mobilen Kapitals gerecht zu werden, als bspw. der Offenheitsgrad eines Landes. Denn letzterer misst lediglich die aktuelle Mobilität des Kapitals. Der Nachteil eines Kapitalverkehrskontrollenindex besteht darin, dass von den technischen Faktoren zunehmender Kapitalmobilität abstrahiert wird. Ein zusätzlicher Nachteil des Index ist, dass bei der Konstruktion des Kapitalverkehrskontrollenindex keine Unterscheidung von Portfolio- und Realkapital vorgenommen wird. Eine Trennung der Finanz- von der Realkapitalmobilität ist mit diesem Index somit nicht möglich, da sowohl Restriktionen bei der Durchführung von Direktinvestitionen als auch bei Finanzkapitalbewegungen erfasst werden (eine detaillierte Beschreibung des Index gibt: Quinn 1997, s. auch den Anhang der Arbeit).

Das Grundmodell des Steuerwettbewerbs geht von identischen Ländern aus. Wie jedoch die Ergebnisse in 2.1.2 gezeigt haben, können Unterschiede in den Steuersätzen auf Unterschiede in den Ländergrößen zurückgeführt werden. Es sei hierbei angemerkt, dass Bucovetsky (1991) und Wilson (1991) ex-ante ein identisches Einkommen der beiden Länder unterstellen. Dies ist in der Realität nicht der Fall. Da es jedoch bei den Einkommen keine Systematik gibt,[68] ist eine Konzentration auf die Ländergrößen ausreichend. Je größer der Anteil eines Landes an der Gesamtbevölkerung aller in der empirischen Analyse enthaltenen Länder ist, desto höher sollte sein Steuersatz sein.[69]

Aus der Public Choice-Theorie lässt sich ableiten, dass Steuerwettbewerb nicht unbedingt schädlich sein muss, wenn der politische Prozess zu einer Überbesteuerung des mobilen Faktors in der Ausgangsbedingung führt. Der Wettbewerb zwischen den Staaten kann dann als Substitut für fehlende institutionelle Schranken genutzt werden. Regierungen, die eher dem Idealtyp eines Leviathan-Staates ähneln, sollten demnach höhere Steuersätze haben. Wenn beide Idealtypen im Steuerwettbewerb stehen, kann es zu einer Annäherung kommen; jedoch wird ein Leviathan-Staat auch im Steuerwettbewerb niemals geringere

---

[68] Spanien und Italien sind arme und relativ große Länder, während es auch große und reiche Länder wie z. B. die USA gibt.

[69] Wenn die Ländergröße stattdessen als Anteil des BIP's eines Landes am gesamten BIP operationalisiert wird, sind die Ergebnisse aus den in Fußnote 68 erwähnten Gründen nahezu identisch.

Steuersätze festsetzen als eine benevolente Regierung. Die Operationalisierung dieser Hypothese geschieht mit Hilfe zweier Indikatoren: Bei einer sehr wörtlichen Interpretation der Leviathan-Theorie kann das Ausmaß an Korruption in einer Volkswirtschaft als Indikator für Verschwendung dienen.[70] Je größer die Neigung zur Bereicherung auf Kosten der Bürger ist, desto höher sollten die Steuersätze in einer Gesellschaft sein. Ein Korruptionsindex, dessen Wertebereich zwischen 1 und 10 schwankt, wobei eine 10 vollständige Abwesenheit von Korruption impliziert, wird daher als erster Indikator verwendet. Neben dieser sehr wörtlichen Interpretation der Leviathan-Theorie gibt es aber auch hinreichend Anlass zu der Annahme, dass nicht nur Politiker eigennützig sind, sondern oftmals auch gut organisierte Interessengruppen im politischen Prozess ihre Ziele durchsetzen können (Edwards / Keen 1996 117). Da viele Wähler in der Realität nur unvollständig informiert sind und aus Sicht eines politischen Entscheidungsträgers Interessengruppen Multiplikatoren darstellen, die es – im Hinblick auf eine Wiederwahl – nicht zu enttäuschen gilt, können diese Gruppierungen einen sehr bedeutenden Einfluss ausüben. Ein Maß mit dessen Hilfe die Stärke solcher Gruppierungen gemessen werden kann ist der Anteil der Subventionen an den Staatsausgaben. Auf der anderen Seite wäre aber auch zu bedenken, dass Unternehmen i.d.R. Nutznießer von Subventionen sind, so dass statt komplementären auch substitutive Effekte auftreten können. Wenn die Leviathan-Theorie mit Hilfe des Anteils staatlicher Subventionsausgaben operationalisiert wird, ist das Vorzeichen demnach nicht eindeutig. Betrachtet man dagegen die relative Steuerbelastung von Kapital so sollte der Korruptionsindex ein positives und die Subventionsausgaben ein negatives Vorzeichen aufweisen. Während das Modell von Keen / Edwards (s. Abschnitt 2.1.4) postuliert, dass steigende Kapitalmobilität zu Wohlfahrtssteigerungen führen kann, zeigt Apolte (2001), dass dies nur für den mobilen Faktor gilt. Steht auch eine Arbeitssteuer zur Verfügung werden Leviathan-Staaten verschwenderische Ausgaben verstärkt über den immobilen Faktor finanzieren. Dies wird insbesondere dann der Fall sein, wenn Arbeit relativ unelastisch angeboten wird. Im Vgl. zu einer benevolenten Regierung werden Leviathan-Staaten den Produktionsfaktor Arbeit folglich zu stark belasten. Das Verhältnis von Kapital- zu Arbeitssteuern sollte bei einer Leviathan-Regierung deshalb geringer sein.

Auf der anderen Seite kann ein Land sich durchaus hohe Steuersätze erlauben, wenn es den Unternehmen über die Ausgabenseite nützliche Güter bereitstellt. Um die Hypothese von Keen / Marchand (1997) zu testen, wird der Anteil der staatlichen Investitionsausgaben an den gesamten Staatsausgaben als Regressor eingeschlossen. Problematisch an den staatlichen Investitions- wie auch den Subventionsausgaben ist, dass beide Variablen von den politischen Entscheidungsträgern gesteuert werden können. Zwar ist in den Steuer-

[70] Kritisch gegen diese Sicht wäre einzuwenden, dass korrupte Staaten nicht hoher Steuereinnahmen bedürfen, da sie diese in Form von Seitenzahlungen erhalten.

wettbewerbsmodellen die Steuerbelastung der Unternehmen die Zielgröße des Politikers; in der Realität dürften politische Entscheidungsträger jedoch sowohl die Einnahme- als auch die Ausgabenseite des Staates gleichermaßen berücksichtigen. Da beide Komponenten der Ausgabenseite endogen sind, werden analog zu vorangegangenen empirischen Untersuchungen (Swank / Steinmo 2002; Winner 2005) die Werte der Vorperiode als Instrument genutzt.

Neben dem Leviathan-Modell des Steuerwettbewerbs wurde im theoretischen Teil ein Modell von Person / Tabellini (1992) vorgestellt. Ergebnis des Modells war, dass unter steigender Kapitalmobilität der Medianwähler eher eine linke Regierung präferieren wird. Durch die Wahl linker Regierungen kann der Steuerwettbewerbseffekt gemildert werden. In der empirischen Literatur zur Parteienforschung wurden bisher mehrere Indikatoren verwendet, um die Stärke sozialdemokratischer Regierungen zu messen. In dieser Arbeit wird der Anteil sozialdemokratischer Minister an der Gesamtministerzahl des Kabinetts, welcher der in der empirischen Forschung wohl am häufigsten verwendete Indikator ist (z. B. Garett 1995; Garett / Mitchell 2001; Swank / Steinmo 2002), als Maß für die Stärke sozialdemokratischer Parteien genutzt. Dieser Indikator ist metrisch skaliert und schwankt zwischen 0 und 1. Implizite Annahme des Indikators ist, dass sich sozialdemokratische von konservativen Parteien unterscheiden, innerhalb der Klasse sozialdemokratischer Parteien jedoch keine ideologischen Unterschiede bestehen.[71]

Unabhängig von der ideologischen Ausrichtung läuft jedes multinationale Unternehmen Gefahr Opfer einer Überbesteuerung zu werden, sobald es sich im Ausland niedergelassen hat. Wenn eine Ansiedlung mit hohen versunkenen Kosten verbunden ist, steigt die Wahrscheinlichkeit einer zeitinkonsistenten Politik. Diese kann durch wiederholte Interaktion der Spieler oder aber durch einen Import an Glaubwürdigkeit beseitigt werden (vgl. Abschnitt 2.2.1). Regierungen können an Glaubwürdigkeit gewinnen, je stärker sie institutionell beschränkt sind. Die institutionellen Fesseln eines politischen Systems sind umso stärker je mehr Vetoakteure dieses aufweist. Vetoakteure sind Spieler, die kraft der Verfassung in der Lage sind, Regierungen bei der Ausrichtung ihrer Politik zu behindern oder diese gar zu verhindern (Tsebelis 1995; 2002). Bei der Kalkulation eines solchen Index müssen die unterschiedlichen Charakteristika der einzelnen politischen Systeme zusammengefasst werden. Während z. B. in Zweikammersystemen die Beschränkung durch die zweite Kammer erfolgt, ist sie in präsidentiellen Regierungssystemen das Ergebnis einer Spaltung von Präsident

[71] Streng genommen impliziert das Modell von Person / Tabellini (s. Abschnitt 2.1.4), dass sowohl konservative als auch sozialdemokratische Parteien im Zuge der Globalisierung nach „links" rücken sollten. Deshalb wurde auch einen Indikator getestet, der einen ideologischen Wandel über die Zeit für beide Gruppierungen berücksichtigt. Die Ergebnisse sind jedoch nahezu identisch, so dass keine gesonderten Schätzungen ausgewiesen werden.

und Kongress. Bei der Bildung eines solchen Indexes ist ein einfaches Abzählen der Vetopunkte jedoch nicht ausreichend. Denn diese treten nur dann in Erscheinung, wenn als hinreichende Bedingung die Macht über diesen Vetopunkt in den Händen von Spielern liegt, die gegenläufige Interessen im Verhältnis zur Regierung vertreten. Um ein Beispiel zu geben: Der Bundesrat ist, da viele Gesetze in der BRD zustimmungspflichtig sind, ein wichtiger Vetopunkt. Eine institutionelle Beschränkung stellt er aber besonders dann dar, wenn die Opposition die Mehrheit im Bundesrat hat. Höhere Werte auf diesem ordinalen Index stehen für eine stärkere Beschränkung der Regierung. Je stärker die institutionellen Fesseln eines Landes sind, desto niedriger sollte die Steuerbelastung sein. Auf der anderen Seite sorgen Vetopunkte auch für einen Status Quo Bias. Damit die Staaten überhaupt in einen Abwärtswettlauf treten können, müssen die institutionellen Bedingungen für eine Regierung günstig stehen. Eine hohe Anzahl an Vetospielern kann also neben einem Glaubwürdigkeitsimport auch zu einem Verharren der Steuerbelastung auf hohem Niveau führen. Das Vorzeichen des Koeffizienten ist daher nicht eindeutig.

Modelle der ökonomischen Geografie weisen darauf hin, dass sich bestimmte Länder eine Agglomerationsrente sichern können (Haufler / Wooton 1999; Ludema / Wooton 2000; Baldwin / Krugman 2004). Um diesen Ansatz der Steuerwettbewerbstheorie zu testen wird die durchschnittliche Distanz eines Landes zu den N-1 anderen Ländern ermittelt. In der empirischen Literatur fungieren die Distanzen zwischen den Ländern als Indikator für Handelskosten (Krogstrup 2004; Plümper et. al. 2004). Länder, die sehr weit an der Peripherie liegen, müssten demnach einen niedrigeren Steuersatz als relativ zentral liegende Staaten wählen. Jedoch können die Länderdistanzen nicht den infolge der Marktintegration zu erwartenden fallenden Verlauf der Handelskosten abbilden, da ein solcher Indikator über die Zeit hinweg konstant ist. Ein Nachteil dieses Indikators ist folglich, dass er identische Handelskosten zu verschiedenen Zeitpunkten unterstellt. Als zweites Maß wird daher die Handelsintegration, definiert als die Summe von Ex- und Importen skaliert durch das BIP, gebraucht. Wenn die Handelsintegration hinreichend hoch ist, dann kann sich kein Land eine Agglomerationsrente mehr sichern, da die Transportkosten gegen null konvergieren werden. Ist die Handelsintegration dagegen sehr gering, dann kann sich ein Land ebenfalls keine Rente sichern, da in diesem Fall der Export des Gutes zu teuer ist. Unter diesen Umständen werden multinationale Konzerne aufgrund der hohen Handelskosten in allen Ländern eine Produktionsstätte unterhalten müssen. Die Rente sollte also dann am höchsten sein, wenn die Handelsintegration sich auf mittlerem Niveau befindet. Folglich sollten die Steuersätze mit steigender Handelsintegration zuerst ansteigen, um dann wieder zu fallen. Der Effekt der Handelsintegration auf den Steuersatz sollte demnach glockenförmig sein.

## Tabelle 5: Hypothesen zur Entwicklung der Steuerbelastung

| Hypothese | Vorzeichen | Operationalisierung |
|---|---|---|
| **Zodrow / Mieszkowski (1986)**<br>Wenn die Kapitalmobilität steigt, sinken die Steuersätze. | Negativ | Kapitalverkehrskontrollen-index |
| **Bucovetsky (1991); Wilson (1991)**<br>Größere Länder haben die höheren Körperschaftsteuersätze. | Positiv | Anteil eines Landes an der Gesamtbevölkerung der untersuchten Länder |
| **Keen / Edwards (1996)**<br>Je ausgeprägter die Verschwendung in einer Volkswirtschaft ist, desto höher ist die Unternehmenssteuerbelastung. | Negativ (Positiv bei relativem Steuersatz)<br>Negativ/Positiv | 1. Korruptionsindex (10= Freiheitvon Korruption)<br>2. Anteil der Subventionen an den Staatsausgaben (t-1) |
| **Keen / Marchand (1997)**<br>Je höher die Ausgaben für nützliche öffentliche Güter sind, desto höher sind die Körperschaftsteuersätze. | Positiv | Anteil der Investitions-ausgaben an den gesamten Staatsausgaben (t-1) |
| **Doyle / van Wijnbergen (1994)**<br>Je stärker eine Regierung gebunden ist, desto geringer sind die Steuersätze. | Negativ / Positiv | Zahl der Vetopunkte eines politischen Systems (1= keine institutionellen Beschränkungen) |
| **Person / Tabellini (1992)**<br>Je stärker die Präferenz für Umverteilung, desto höher ist die Steuerbelastung. | Positiv | Anteil sozialdemokratischer Minister |
| **Haufler / Wooton (1999); Baldwin/ Krugman (2004)**<br>Je größer die Agglomerationsvorteile eines Landes sind, desto höher ist sein Steuersatz. | Negativ | Durchschnittliche Distanz eines Landes zu den N-1 anderen Ländern |
| Wenn die Handelsintegration steigt, so steigen auch die Steuersätze auf Kapital an, während sie bei sehr hoher Handels-integration wieder sinken. | Glockenförmig | Handelsintegration: (Exporte + Importe)/BIP in quadrierter Form eingeschlossen |
| **Haaparanta (1996)**<br>Je höher die Arbeitslosigkeit in einem Land ist, desto niedriger ist sein Körperschaftsteuersatz. | Negativ | Standardisierte Arbeitslosenquoten |
| **Haufler / Schjelderup (2000)** | - | Keine; |

Staaten konkurrieren nicht nur um Direktinvestitionen, um mehr Steuereinnahmen zu generieren. Wenn durch multinationale Unternehmen positive Effekte auf den Arbeitsmarkt ausgehen, werden politische Entscheidungsträger stärker mit niedrigen Steuern um diese werben (Haaparanta 1996). Je höher die Arbeitslosigkeit in einer Volkswirtschaft ist, desto niedriger sollte die Steuerbelastung der Unternehmen sein.[72]

Schließlich ist das Modell von Haufler / Schjelderup (2000) eines der wenigen Modelle, in welchem die Regierung nicht nur einen geeigneten Steuersatz, sondern auch die Höhe der Abschreibungen wählen muss. Deshalb ist es in der Lage besser zwischen einzelnen Steuerbelastungskennziffern zu diskriminieren. Das Modell postuliert, dass infolge von Gewinnverlagerungsaktivitäten der EGS steigen wird, während der Nominalsteuersatz sinken sollte. Wenn Gewinnverlagerungen in der Realität von großer Bedeutung sind, dürften politische Entscheidungsträger vor allem den Nominalsteuersatz senken, während ein Steuerwettbewerb bei anderen Indikatoren der Steuerbelastung weniger deutlich auszumachen sein sollte. Tabelle 5 fasst die einzelnen Hypothesen zusammen und gibt das erwartete Vorzeichen an.

Zwischen den einzelnen Hypothesen können auch Interaktionseffekte von Bedeutung sein. Bspw. kann ein Interaktionseffekt zwischen der Parteienstärke und den Vetoakteuren bestehen. Wenn Vetoakteure die Handlungsfähigkeit der Regierung beschränken, dann sollten sozial-demokratische Regierungen nur dann in der Lage sein ihre Politik zu verfolgen, wenn sie nicht institutionell beschränkt sind. Zudem kann ein Interaktionseffekt zwischen der Arbeitslosenquote und der Handelsintegration bestehen. Ein Land würde in diesem Fall nur dann die Agglomerationsrente abschöpfen können, wenn die Arbeitslosenquote gering ist. Daneben sind weitere Interaktionseffekte mit dem Kapitalverkehrskontrollenindex vorstellbar. Die beschriebenen Interaktionseffekte wurden untersucht, und waren alle insignifikant. Da zudem die Korrelation der Interaktionseffekte mit den ursprünglichen Variablen hoch ist, ist ein Einschluss dieser aufgrund von Multikollinearität problematisch. Deshalb werden in 6.5 keine Schätzungen zu den Interaktionseffekten präsentiert.

---

[72] Hierbei wäre jedoch zu erörtern, inwiefern die Arbeitslosenquote nicht selbst endogen ist. Denn eine eher keynesianische Sichtweise würde argumentieren, dass sinkende Steuereinnahmen den staatlichen Spielraum eine aktive Konjunturpolitik zu betreiben, einengen. Als Instrument wurden die Arbeitslosenquote der Vorperiode bzw. die Gewerkschaftsdichte getestet. Der Hausman-Test hat eine endogene Beziehung abgelehnt, so dass in 6.5 keine Instrumentvariablen verwendet werden.

## 6.3. Einige Bemerkungen zur Methode

Bevor die Ergebnisse der Untersuchung präsentiert werden, scheint es sinnvoll das methodische Vorgehen etwas genauer zu erläutern. Die abhängigen Variablen des sechsten Kapitels sind metrisch skalierte Variablen. Da die Ausprägung der abhängigen Variable nicht auf eine einzige Ursache zurückgeführt werden kann, ist die Regressionsanalyse als Verfahren geeignet. Im Gegensatz zu einfachen bivariaten Korrelationsmustern kann mit Hilfe der Regressionsanalyse der Einfluss einer bestimmten Variable auf die Steuersätze untersucht werden, während gleichzeitig der Effekt anderer Einflussgrößen kontrolliert wird.

Untersuchungen auf der Makroebene haben einen zentralen Nachteil im Vgl. zu Arbeiten, die an der Mikroebene ansetzen. Auf der Makroebene ist die Anzahl der Entitäten (Bundesländer, Staaten) begrenzt, so dass die Zahl der Beobachtungen i.d.R. deutlich geringer ist als bei einer Individualdatenanalyse. Da die vorliegende Untersuchung die Steuerpolitik von Nationalstaaten analysiert, hat auch diese Untersuchung mit dem Problem niedriger Fallzahlen umzugehen. Dieses Problem kann jedoch abgeschwächt werden, wenn die Untersuchung mit Hilfe von Paneldaten erfolgt, da eine Paneldatenanalyse zwei unterschiedliche Ansätze kombiniert. Erstens analysieren Paneldaten für ein spezielles Land Entwicklungen über die Zeit hinweg. Paneldaten enthalten somit das Element einer Zeitreihenuntersuchung. Zweitens können auch Unterschiede zwischen den Staaten zu einem Zeitpunkt abgebildet werden. In Paneldaten werden somit die Elemente einer Zeitreihen- als auch einer Querschnittsregression kombiniert. Das relative Gewicht der beiden Komponenten wird dabei von der Anzahl der Beobachtungen über die Zeit und der Zahl der Länder abhängen.

In der Untersuchung zu den Determinanten der Steuerbelastung von Kapitalgesellschaften sind in der grundlegenden Modellspezifikation die beiden Dimensionen ungleich gewichtet. Es überwiegt das Querschnittselement, da die Daten zu 4-Jahresdurchschnitten zusammengefasst und somit bis zu sechs Perioden analysiert werden.[73] Wie die Zusammenfassung der bisherigen ökonometrischen Untersuchungen zum Steuerwettbewerb gezeigt hat, haben die meisten Autoren mit jährlichen Daten gearbeitet (s. Abschnitt 5.1 bzw. 5.2). Da Steuersätze jedoch nicht unbedingt jährlich angepasst werden, kann das Intervall für eine Beobachtung auch eine Legislaturperiode sein. Eine Konzentration auf 4-Jahresdurchschnitte ist zusätzlich sinnvoll, da in den empirisch ermittelten Steuerquoten konjunkturelle Schocks enthalten sind. Da die durch konjunkturelle Schocks gesteuerte Gewinnentwicklung der Unternehmen und damit die Steuereinnahmen eines Landes kaum von einem Politiker beeinflusst werden können,

[73] Die Intervalle sind: 1979-1982; 1983-1986; 1987-1990; 1991-1994; 1995-1998; 1999-2002.

sollten die konjunkturellen Effekte aus den Daten herausgefiltert werden.[74] Dagegen wird die Untersuchung des siebten Kapitels sowohl mit 4-Jahresdurchschnitten als auch mit jährlichen Daten durchgeführt. Da die abhängige Variable im siebten Kapitel – die Patentausgaben Deutschlands – in geringerem Maße konjunkturellen Schwankungen unterliegt als Steuersätze, kann hier auch ein jährliches Modell gerechnet werden. Zudem variieren die Patentausgaben stärker über die Zeit als die Steuersätze. Die Ergebnisse von Modellen mit 4-Jahresdurchschnitten und solchen mit jährlicher Spezifikation unterscheiden sich jedoch kaum.

Paneldaten bieten eine ganze Reihe von Vorteilen im Vgl. zu herkömmlichen Quer- oder Längsschnittuntersuchungen. Der für diese Untersuchung, sicherlich wichtigste Vorteil besteht in der Maximierung der Fallzahl. Für eine reine Querschnittsanalyse sind 20 Länder fast zu wenig. Ebenso lassen sich kaum inferenzstatistische Aussagen bei einer reinen Zeitreihenanalyse treffen, da eine Untersuchung der Körperschaftsteuersätze ab Ende der siebziger Jahre bis zum Anfang des neuen Jahrtausends aufgrund der geringen Fallzahl ebenfalls problematisch ist. Durch die Kombination des Längs- und Querschnittselements kann man dagegen weitaus mehr Beobachtungen gewinnen.

Neben der Maximierung der Fallzahl bieten Paneldaten weitere Vorteile. So können länderspezifische Effekte nur mit Hilfe von Paneldaten kontrolliert werden. Dies setzt jedoch voraus, dass die Heterogenität in den Ländern zeitlich invariant ist. Bei vielen institutionellen Eigenschaften einer Volkswirtschaft dürfte dies zumindest mittelfristig der Fall sein. Eine reine Querschnittsanalyse kann dies nicht und läuft daher Gefahr verzerrte Parameter zu schätzen, wenn unbeobachtete Einflussfaktoren in die Störgröße aufgenommen werden.

Paneldaten haben aber auch einige Nachteile, die nicht unerwähnt bleiben sollen. Durch die Kombination von Zeitreihen- und Querschnittsuntersuchung treten die für diese beiden Verfahren typischen Probleme bei Paneldaten meist gleichzeitig auf. Reine Querschnittsuntersuchungen leiden oft unter einer heteroskedastischen Störgröße, während in Zeitreihenuntersuchungen die Residuen meist seriell korreliert sind. Bei Paneldaten sind die Residuen oft seriell korreliert und heteroskedastisch. Zwar sind die Parameter auch bei Autokorrelation und Heteroskedastie noch unverzerrt, jedoch sind die Hypothesentests aufgrund der

[74] Neben der Bildung von mehrjährigen Durchschnitten können konjunkturelle Schocks auch durch Periodendummies kontrolliert werden. Diese kontrollieren die konjunkturellen Bewegungen jedoch nur dann adäquat, wenn die Konjunkturzyklen synchron verlaufen. Da die Volkswirtschaften sich jedoch nicht immer in derselben konjunkturellen Phase befinden, ist eine Kontrolle dieser mit Hilfe der Dummies im Zweifelsfall der schlechtere Ansatz.

Ineffizienz unscharf. Die Schätzungen im ökonometrischen Teil verwenden deshalb robuste Standardfehler und sind um Autokorrelation korrigiert worden.[75]

Ein weiteres Problem besteht in der gruppenspezifischen Heterogenität. Die Kontrolle der Heterogenität zwischen den Ländern kann mit unterschiedlichen Verfahren geschehen. Neben einem gepoolten Modell, welches von einer möglichen Heterogenität zwischen den Ländern vollkommen abstrahiert, können auch „Fixed-Effects- oder „Random-Effects"-Modelle in Frage kommen (eine einführende Diskussion in diese Modelle geben z.B.: Greene 2003 Kapitel 14; Maddala 2001 Kapitel 15; weiterführend: Baltagi 2003). Anders als Modelle mit fixen Ländereffekten interpretieren Random-Effects-Modelle die Auswahl der Länder als Stichprobe aus einer Grundgesamtheit. Dieser Ansatz hat den Nachteil, dass keinerlei Korrelation zwischen den Regressoren und den nicht-beobachtbaren, länderspezifischen Charakteristika unterstellt wird (Greene 2003 576). Ist diese Annahme verletzt, so sind die Schätzer verzerrt. Fixed-Effects-Schätzungen kommen dagegen ohne diese Annahme aus. Es sei daher bereits jetzt schon erwähnt, dass ein Lagrange-Multiplikatoren-Test das „Random-Effects"-Modell verworfen hat. Ergebnisse zu dieser Modellvariante werden im ökonometrischen Teil deshalb nicht präsentiert.

Dagegen berechnen „Fixed-Effects"-Modelle die β-Koeffizienten, indem – im Gegensatz zum klassischen OLS-Modell – nicht die Abweichung der Variablen vom Durchschnitt des Samples und damit aller Länder zugrunde gelegt wird, sondern indem die Abweichung vom Durchschnitt des jeweiligen Landes berechnet wird. Die Heterogenität zwischen den Ländern wird bei „Fixed-Effects"-Modellen durch unterschiedliche Achsenabschnitte modelliert. Anders als das OLS-Modell erlauben „Fixed-Effects"-Schätzungen N individuelle Achsenabschnitte für die N Länder. Wie bereits erwähnt, kann die Kontrolle länderspezifischer Effekte vorteilhaft sein, um unbeobachtbare länderspezifische Effekte zu modellieren; auf der anderen Seite haben Modelle mit fixen Ländereffekten den Nachteil, dass durch die Achsenabschnitte viele Freiheitsgrade verloren gehen und die Schätzungen dadurch unpräzise werden können. Zudem kommen Variablen, die sich nur sehr träge über die Zeit entwickeln, kaum noch zur Geltung, da die Querschnittsvarianz faktisch eliminiert wird. Speziell für die im letzten Abschnitt betrachteten Hypothesen zur Ländergröße, den Länderdistanzen, der ideologischen Ausrichtung sowie den Vetoakteuren gilt, dass die Parameter in einer Regression mit fixen Ländereffekten kaum noch präzise geschätzt werden, da diese Variablen sich nicht bzw. kaum über die Zeit ändern. Die Untersuchung in 6.5 wird daher Schätzungen mit und ohne fixe Ländereffekte präsentieren. Die Schätzungen mit fixen Ländereffekten werden die vier erwähnten Variablen jedoch nicht berücksichtigen. Stattdessen wird nochmals in

[75] Die Ergebnisse der Prais-Winsten-Regression unterscheiden sich jedoch oft nicht allzu stark von den Ergebnissen des OLS-Modells.

einer gesonderten Regression untersucht, inwiefern diese Variablen die geschätzten Achsenabschnitte erklären können. Schließlich werden auch Ergebnisse zu Regressionen präsentiert, in denen der Trend mit Hilfe von Periodendummies kontrolliert wird.

Paneldaten sind ein geeignetes Instrument zur Analyse der Steuerpolitik entwickelter Staaten. Die wichtigsten Vorteile liegen in der Maximierung der Fallzahl und der Möglichkeit besondere Fragestellungen zu analysieren, die mit einer reinen Querschnitts- bzw. Zeitreihenregression nicht zugänglich sind. Paneldaten haben aber auch eine Reihe von Nachteilen, die insbesondere durch die Heterogenität der Panelstruktur bedingt sind. Deshalb werden in Abschnitt 6.5. sowohl Schätzungen mit und ohne fixe Ländereffekte präsentiert. Zusätzlich wird – wo nötig – die Zeit kontrolliert. Vorher soll jedoch der deskriptive Befund diskutiert werden.

## 6.4. Deskriptiver Befund

Die Modelle zum Steuerwettbewerb um multinationale Unternehmen liefern neben einer Reihe von testbaren Hypothesen auch deskriptive Anhaltspunkte für zunehmenden Steuerwettbewerb. So sollte, wenn keine Einflussfaktoren existieren, die ein „Race to the Bottom" konterkarieren, die Steuerbelastung von Kapitalgesellschaften in den letzten 20 Jahren gesunken sein. Zudem werden in geschlossenen Volkswirtschaften die Körperschaftsteuersätze vor allem durch innenpolitische Gesichtspunkte determiniert, während bei steigender Marktintegration die Bedeutung innenpolitischer Motive abnehmen sollte. Mit zunehmender Marktintegration sollte folglich eine Konvergenz in den Steuersätzen zu beobachten sein, da innenpolitische Unterschiede zunehmend durch den Globalisierungsdruck eingeebnet werden. Im Folgenden sollen diese beiden Hypothesen anhand theoretischer und empirischer Steuerbelastungsindikatoren untersucht werden. Die prospektiven Indikatoren setzten sich im Einzelnen aus dem Nominalsteuersatz, dem EDS und dem EGS zusammen. Empirische Steuerquoten wurden mit Hilfe der Mikro- und Makromethode ermittelt.

Abbildung 6 zeigt den (ungewichteten) Durchschnitt der einzelnen Steuersätze. Am oberen Rand von Abbildung 6 ist die Entwicklung des Nominalsteuersatzes wiedergegeben. Wie man sieht, ist die nominale Steuerbelastung während der letzten 20 Jahre um ca. 10%-Punkte zurückgegangen. Am unteren Rand von Abbildung 6 ist der Verlauf des EGSes zu sehen. Anders als beim Nominalsteuersatz kann man hier keinen Abwärtstrend erkennen. Betrachtet man allein den ungewichteten Durchschnitt, so war die Entwicklung des EGSes während der letzten 20 Jahre relativ stabil. Dieser schwankt im Wertebereich zwischen 10- und 12%-Punkten. Beide Steuersätze geben daher ein unterschiedliches Bild hinsichtlich des Trends wieder. Politische Entscheidungsträger haben in den letzten 20 Jahren die nominale Steuerbelastung gesenkt, während gleichzeitig die BMG verbreitert wurde. Deswegen ist auch das Steueraufkommen aus der KSt relativ konstant geblieben (Devereux et. al. 2002). Zudem deckt sich dieses Bild gut mit den Implikationen des Modells von Haufler / Schjelderup (s. Abschnitt 2.2.4.2). In jenem wurde eine Reduktion des Nominalsteuersatzes bei einem gleichzeitigen Abbau der Abschreibungsmöglichkeiten prognostiziert. Ursache hierfür waren Gewinnverlagerungen der Unternehmen. Die Prognose in Bezug auf den Nominalsteuersatz ist richtig; was den EGS betrifft, so ist dieser in den letzten 20 Jahren zumindest nicht gesunken, wenngleich das Modell einen Anstieg vorhersagen würde.[76]

**Abbildung 6: Entwicklung der einzelnen Steuerbelastungsindikatoren**

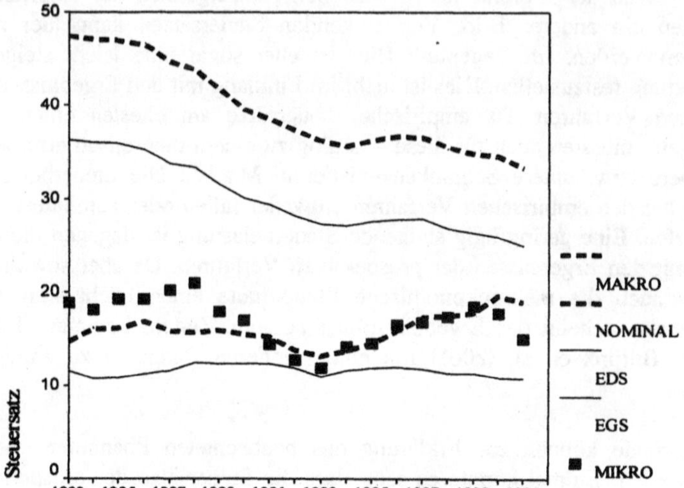


Sehr ähnlich zum Verlauf des Nominalsteuersatzes ist die Entwicklung des EDSes. Hierzu sei jedoch angemerkt, dass prinzipiell viele unterschiedliche Entwicklungen bei dieser Kennziffer möglich wären. Für einen theoretisch hergeleiteten EDS gilt, dass der Nominalsteuersatz bzw. der EGS eine obere bzw. untere Schranke für die Kalkulation dessen darstellt. Da bei der Kalkulation des EDSes eine hohe Vorsteuerrendite unterstellt wurde (s. den Anhang der Arbeit),

[76] In dem Modell wird jedoch unterstellt, dass die Investitionsentscheidung der Unternehmung in einer Welt ohne Gewinnverlagerungen nicht verzerrt wird. Der EGS hätte folglich null sein müssen.

hat der nominale Steuersatz bei der Ermittlung der Steuerbelastung ein größeres Gewicht als die BMG. Insofern sollte es nicht verwundern, dass der EDS einen fast identischen Trendverlauf zum Nominalsteuersatz aufweist. Wäre dagegen eine nur geringfügig über den Kapitalkosten liegende Vorsteuerrendite gewählt worden, so hätte der Verlauf des EDSes eher dem des EGSes entsprechen müssen.

Neben den drei Kennziffern, die die Steuerbelastung der Unternehmen mit Hilfe der Steuergesetzgebung bestimmen, sind auch die beiden empirisch ermittelten Durchschnittssteuersätze abgebildet. Da für die 80er Jahre nicht für alle Länder Daten zur Kalkulation der empirischen Steuersätze zur Verfügung standen, ist der Verlauf des Trends erst ab 1991 wiedergegeben. Für die Kalkulation des Mikrosteuersatzes sind lediglich für 13 Länder Daten vorhanden, was eine direkte Vergleichbarkeit mit den anderen Steuerbelastungskennziffern aber nicht erschwert.[77] Was den Verlauf des Trends betrifft, zeigt sich bei empirischen Steuerquoten ein anderes Bild. Von sinkenden Steuersätzen kann hier nicht ausgegangen werden. Im Gegenteil: Hier ist eher sogar eine leicht steigende Steuerbelastung festzustellen. Dies ist nicht im Einklang mit den Ergebnissen der theoretischen Verfahren. Da empirische Steuersätze am ehesten einen EDS widerspiegeln, müssten auch für diese – analog zu einem theoretisch ermittelten EDS – obere bzw. untere Schranken existieren. M.a.W.: Die Steuerbelastung hätte auch bei den empirischen Verfahren entweder fallen oder zumindest nicht steigen dürfen. Eine geringfügig steigende Steuerbelastung ist dagegen nicht im Einklang mit den Ergebnissen der prospektiven Verfahren. Da aber sowohl die mikro- als auch die makroökonomische Steuerquote einen leicht steigenden Trend aufweist, scheint das Ergebnis robust zu sein. Zudem kommen Büttner (2002) und Buijink et. al. (2001) mit einem anderen Datensatz zu ähnlichen Ergebnissen.

Mehrere Gründe können zur Erklärung des beobachteten Phänomens herangezogen werden. Einmal könnte es sein, dass die Steuersätze der prospektiven Verfahren zu „plump" sind, um die reale Steuerbelastung angemessen wiederzugeben. Da theoretische Methoden von einer ganzen Reihe steuerlicher Detailregelungen abstrahieren, könnte die mangelnde Berücksichtigung sämtlicher steuerlicher Details ein Grund für die beobachtete Divergenz sein. Diesem Argument ist entgegenzuhalten, dass multinationale Unternehmen solche Detailregelungen jedoch eher zu ihren Gunsten nutzen sollten, wie das Beispiel um „Vodafone" gezeigt hat (s. Fußnote 8). In diesem Fall hätten die empirischen Steuerquoten stärker sinken müssen als die theoretischen Indikatoren der Steuer-

[77] Der Verlauf des Trends ändert sich für die übrigen Kennziffern nicht gravierend, wenn man nur die dreizehn Staaten heranzieht, die für die Kalkulation des Trends des Mikrosteuersatzes benutzt wurden. Es treten zwar Niveaueffekte auf, der Trend selbst wird jedoch nicht durch die unterschiedliche Anzahl der Länder beeinflusst.

belastung. Stattdessen sind die empirischen Kennziffern leicht gestiegen. Sofern man diesem Argument folgen will, müsste man annehmen, dass politische Entscheidungsträger auch bei sehr komplizierten und auf den ersten Blick unmerklichen Detailregelungen, die aber unter bestimmten Umständen eine große Wirkung entfalten können, die BMG während der 90er Jahre weiter verbreitert haben.

**Abbildung 7: Entwicklung des Fremdkapitalanteils in 13 OECD-Ländern**

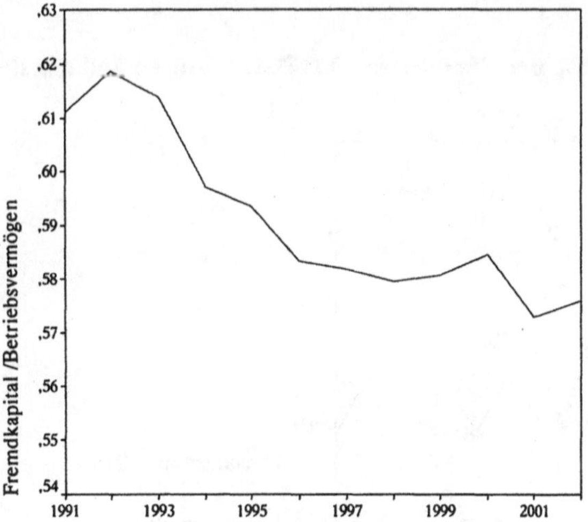


Da das Argument, prospektive Verfahren seien ein zu grober Indikator für die Steuerbelastung, unterstellt, dass politische Entscheidungsträger viele „Steuerschlupflöcher" geschlossen haben, muss es andere Ursachen geben, die das divergierende Verhalten erklären können. Diese müssen an den Annahmen der prospektiven Verfahren ansetzen. Prospektive Verfahren unterstellen dass sowohl die relative Bedeutung einzelner Investitionsgüter als auch die Finanzierungsstruktur der Unternehmen sich im Zeitablauf nicht wandelt. Die Modellparameter sind somit exogen. Da Eigenkapital gegenüber Fremdkapital diskriminiert wird, könnte man vermuten, dass in den 90er Jahren eine stärkere Gewichtung der Eigenkapitalfinanzierung zu beobachten ist. Abbildung 7 zeigt die Entwicklung des Fremdkapitalanteils für 13 OECD-Länder. Während Anfang der 90er Jahre der Fremdkapitalanteil noch bei 61% lag, ist dieser im neuen Jahrtausend auf 57% abgesunken. Die etwas stärkere Gewichtung von Eigenkapital kann somit eine Ursache für den leicht steigenden Trend sein, wenngleich der Wandel in der Finanzierungsstruktur der Unternehmen in den letzten 10 Jahren vergleichsweise moderat ausfällt.

Neben einem Wandel in der Finanzierungsstruktur kann die divergente Entwicklung auch auf unterschiedliche Vorsteuerrenditen zurückgeführt werden. Bei Ermittlung eines EDSes muss die Vorsteuerrendite vom Forscher festgelegt werden. Annahme hierbei ist, dass die Vorsteuerrendite weder zwischen den Ländern noch im Zeitverlauf schwankt. Eine steigende Vorsteuerrendite im Zeitverlauf würde dann mit steigenden Steuersätzen einhergehen. Mit steigender Profitabilität müsste die Steuerbelastung in einer Volkswirtschaft sich zunehmend von einem EGS entfernen. Wenn die Vorsteuerprofitabilität sehr hoch ist, sollte die Steuerbelastung schließlich gegen den Nominalsteuersatz konvergieren (vgl. Abbildung 4 in Abschnitt 4.2.2).

**Abbildung 8: Entwicklung der Renditen in 13 OECD-Ländern und der BRD**

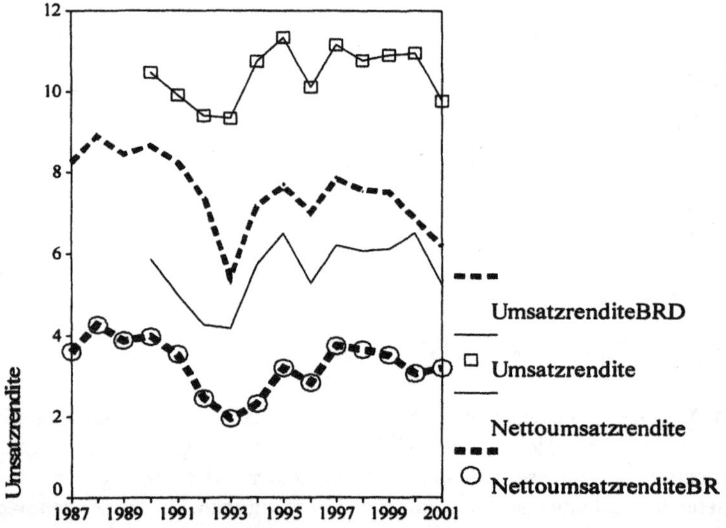


Abbildung 8 zeigt die Entwicklung der Umsatzrendite für die 13 Länder, die bei der Kalkulation der mikroökonomischen Steuerquote herangezogen wurden. Die Umsatzrendite ist – abgesehen von konjunkturellen Bewegungen – in den 90er Jahren um etwas mehr als 1%-Punkt gestiegen, unabhängig davon ob der Bruttogewinn („*Umsatzrendite*") oder das Ergebnis nach Zinsen und Abschreibungen („*Nettoumsatzrendite*") im Zähler verwendet wird. M.a.W.: Die 90er Jahre waren für Unternehmen ein relativ erfolgreiches Jahrzehnt. Da die Vorsteuerprofitabilität der Unternehmen in den 90er Jahren gestiegen ist, lässt sich der anwachsende Trend bei den empirischen Größen zumindest zum Teil auf die gewachsene Profitabilität im Unternehmenssektor zurückführen. Eine steigende

Profitabilität führt dazu, dass die Steuerbelastung der Unternehmen sich stärker an den Nominalsteuersatz annähert, da die Effekte der BMG zunehmend unbedeutender werden. Die Anomalien zwischen den empirischen und den prospektiven Verfahren lassen sich also teilweise aufgrund unterschiedlicher Annahmen bezüglich der Vorsteuerprofitabilität und der Finanzierungsstruktur erklären.[78]

Für den deutschen industriellen Sektor im speziellen gilt dies jedoch nicht. Einmal ist das Niveau der Vorsteuerprofitabilität geringer als die durchschnittliche Vorsteuerrendite der dreizehn betrachteten Staaten. Zum anderen ist die Profitabilität der Unternehmen in Deutschland – unabhängig davon ob der Gewinn vor oder nach Zinsen und Abschreibungen im Zähler verwendet wird – seit 1987 eher zurückgegangen. Eine im Niveau niedrige und im Zeitverlauf sinkende Profitabilität kann einmal durch die enttäuschende wirtschaftliche Entwicklung bedingt sein; zum anderen kann sie Ausdruck von Gewinnverlagerungsaktivitäten deutscher Unternehmen sein (s. Abschnitt 5.3). Welcher der beiden Effekte für Deutschland bedeutender ist, lässt sich auf Basis dieser Fakten nicht entscheiden. Deshalb werden in Kapitel 7 speziell am Beispiel Deutschlands Gewinnverlagerungen untersucht.

Die verschiedenen Verfahren zur Ermittlung der Steuerbelastung geben ein unterschiedliches Bild bzgl. des Trendverlaufs wieder. Zumindest partiell, beruhen die Unterschiede auf unterschiedlichen Annahmen bzgl. der Vorsteuerprofitabilität und der Finanzierungsstruktur. Dies bedeutet jedoch nicht notwendigerweise, dass prospektive bzw. empirische Methoden zu völlig unterschiedlichen Ergebnissen kommen, wenn es darum geht Länder nach der Steuerbelastung zu klassifizieren.

Tabelle 6 gibt die Korrelationsmatrix der einzelnen Kennziffern wieder. Die Korrelation zwischen den Steuerbelastungsindikatoren *darf* nicht perfekt sein, da es zwar auf der einen Seite zwei unterschiedliche Methoden zur Ermittlung der Steuerbelastung gibt, aber auf der anderen Seite drei unterschiedliche Kennziffern zur Steuerbelastung relevant sein können. Anhand der Korrelationsmatrix lässt sich erkennen, dass alle Indikatoren positiv miteinander korreliert sind. Die Hypothese, dass kein Zusammenhang zwischen den einzelnen Kennziffern besteht kann auf dem 10%-Niveau für jedes Steuersatzpaar verworfen werden.

---

78 Regressiert man den Nominalsteuersatz und die Vorsteuerprofitabilität zusammen mit fixen Ländereffekten auf den Mikrosteuersatz erhält man folgendes Ergebnis für den Koeffzienten der Vorsteuerprofitabilität (t-Werte in Klammern): 0,55 (2,41)**. Das $R^2$ beträgt 45,4%. M.a.W. Da die Vorsteuerprofiabilität um knapp zwei Prozentpunkte gestiegen ist, kann dieser Effekt einen Anstieg der empirischen Steuerquoten um ca. 1%-Punkt erklären.

Jedoch scheint der makroökonomische Steuerbelastungsindikator am wenigsten mit den anderen Maßen gemein zu haben. Dass die Korrelationen bei den übrigen Indikatoren nicht immer sehr hoch sind, ist auf die unterschiedliche Konzeption der Kennziffern zurückzuführen. Während Nominalsteuersätze nur den Tarif erfassen, geht in die Berechnung eines EGSes auch die BMG mit ein. Ferner lässt sich anhand der Korrelationen ablesen, wie stark die Beziehung zwischen dem Nominalsteuersatz und dem theoretisch ermittelten EDS ist. Bei einer Korrelation von 0,98 wird faktisch dasselbe Konstrukt gemessen. Da sich die Ergebnisse der ökonometrischen Untersuchung für den Nominalsteuersatz ohne Abstriche auf den EDS übertragen lassen würden, werden keine gesonderten Schätzungen für den EDS ausgewiesen. Denn hierbei wäre zu bedenken, dass ein theoretisch ermittelter EDS sehr stark durch die Annahmen des Forschers beeinflusst wird. Bei einer Änderung der Annahmen bzgl. der Vorsteuerprofitabilität würde man andere Resultate erhalten.

**Tabelle 6: Korrelationsmatrix der einzelnen Steuerbelastungsindikatoren**

| | Nominal-steuersatz | EDS | EGS | Mikro-Steuersatz | Makro-Steuersatz |
|---|---|---|---|---|---|
| Nominalsteuersatz | 1,00 | 0,98*** | 0,336*** | 0,498*** | 0,181* |
| EDS | | 1,00 | 0,482*** | 0,607*** | 0,217* |
| EGS | | | 1,00 | 0,469*** | 0,277** |
| Mikrosteuersatz | | | | 1,00 | 0,525*** |
| Makrosteuersatz | | | | | 1,00 |

Anmerkungen: ***,**, * bedeutet Signifikanz auf dem 1%; 5% and 10%-Niveau; beidseitiger Test.

Der Grund, warum empirische Steuerquoten doch mit den prospektiven Verfahren positiv korrelieren, ist in der Querschnittsdimension der Daten zu suchen. Zwar geben die beiden Methoden unterschiedliche Antworten bzgl. des Trendverlaufs in den Steuersätzen; jedoch klassifizieren die unterschiedlichen Verfahren die Staaten im Querschnitt ähnlich. Anders formuliert: Zu einem bestimmten Zeitpunkt kommen empirische und prospektive Verfahren zu ähnlichen Ergebnissen, wenn es um die Beantwortung der Frage geht welches Land ein Hochsteuerland ist. Beide Verfahren weisen z.B. Frankreich und Japan als Hochsteuerländer aus. Auch unter diesem Gesichtspunkt lassen sich Regressionen mit Hilfe von 4-Jahresdurchschnitten rechtfertigen. Nicht nur können durch ein solches Vorgehen konjunkturelle Effekte abgemildert werden; zusätzlich wird der Fokus der Untersuchung stärker auf diejenige Dimension gelenkt bei welcher die unterschiedlichen Verfahren ein ähnliches Bild liefern.

Speziell für Deutschland sind die Befunde jedoch widersprüchlich. Während das Makro-Verfahren Deutschland eine eher unterdurchschnittliche Steuerbelastung attestiert, kommen prospektive Steuerbelastungsvergleiche zu dem Schluss, dass

Deutschland ein Hochsteuerland ist. Letztere Verfahren scheinen jedoch eher in der Lage zu sein ein realistisches Bild über die Steuerbelastung von deutschen Unternehmen zu geben, da auch auf Basis des Mikroverfahrens Deutschland als Hochsteuerland ausgewiesen wird. In diesem Datensatz hat Deutschland nach Japan die höchste Steuerbelastung. Zudem zeigen auch Untersuchungen mit alternativen Mikro-Datensätzen, dass die Steuerbelastung von Kapitalgesellschaften in Deutschland überdurchschnittlich hoch ist (Buijink et. al. 2001).

Neben dem Trendverlauf machen die Modelle des Steuerwettbewerbs auch Aussagen zur Variabilität der Steuersätze. Die zu untersuchende Hypothese lautet, dass c.p. die Streuung der Steuersätze abgenommen haben muss, da länderspezifische Faktoren im Zuge der Globalisierung an Bedeutung verlieren. Abbildung 9 gibt die Variationskoeffizienten für die einzelnen Kennziffern wieder.[79] Auch hier zeigt sich kein eindeutiges Bild. Am deutlichsten ist der Befund beim Nominalsteuersatz. Dieser zeichnet sich einmal durch eine grundsätzlich niedrige Variabilität aus, welche in der jüngsten Vergangenheit nochmals etwas abgenommen hat.[80] Der Nominalsteuersatz ist nach den deskriptiven Befunden also derjenige Steuersatz, bei denen die Hypothesen des Steuerwettbewerbs am ehesten zutreffen. Neben einem eindeutigen Abwärtstrend ist die Variabilität des Nominalsteuersatzes, ausgehend von einem geringen Niveau, in der jüngsten Vergangenheit weiter zurückgegangen.

Neben dem Nominalsteuersatz weist auch der Variationskoeffizient des Mikro- bzw. Makrosteuersatzes einen sinkenden Verlauf auf. Nach einem kurzen, wohl durch die europaweite Rezession begünstigten Anstieg zu Beginn der 90er Jahre, ist die Variation der empirischen Steuerquoten kontinuierlich zurückgegangen. Völlig konträr zu den Modellen des Steuerwettbewerbs ist jedoch dagegen die Entwicklung der Variabilität des EGSes. Hier lässt sich kein eindeutiges Muster ausmachen. Ferner ist neben dem sehr uneinheitlichen Verlauf auch das Niveau der Variabilität recht hoch. Der EGS ist zwar – wie in Abbildung 6 gezeigt – im Länderdurchschnitt nahezu konstant, jedoch gibt es innerhalb der Länder extrem divergierende Entwicklungen. Würde man nur den durchschnittlichen Trendverlauf des EGSes zu Rate ziehen, so käme man zu dem Schluss, dass wenig „Bewegung" in dieser Kennziffer ist. Dieser Eindruck verflüchtigt sich jedoch, wenn man die Variabilität des EGSes analysiert. Einige Länder, wie z.B.

---

[79] Der Variationskoeffizient wurde statt der Standardabweichung gewählt, da die einzelnen Steuersätze unterschiedliche arithmetische Mittel haben. Variationskoeffizienten erleichtern in solchen Fällen die Vergleichbarkeit, da höhere arithmetische Mittel i.d.R. mit einer höheren Standardabweichung einhergehen. Zudem sind die arithmetischen Mittel nicht über die Zeit hinweg konstant, so dass auch bei einer Betrachtung über die Zeit hinweg eine bessere Vergleichbarkeit durch eine Analyse der prozentualen Abweichungen gewährleistet ist.

[80] Ähnlich sind auch die Ergebnisse für den EDS, der aus Gründen der Übersichtlichkeit nicht abgebildet ist.

Großbritannien, haben den EGS drastisch erhöht, während andere Länder (z.B. Italien) den EGS deutlich gesenkt haben. Die Hypothese, dass steigende Marktintegration zu einer Abnahme der Variabilität in den Steuersätzen führt, lässt sich für den EGS folglich nicht verifizieren.

**Abbildung 9: Entwicklung der Variabilität der Steuerbelastungsindikatoren**

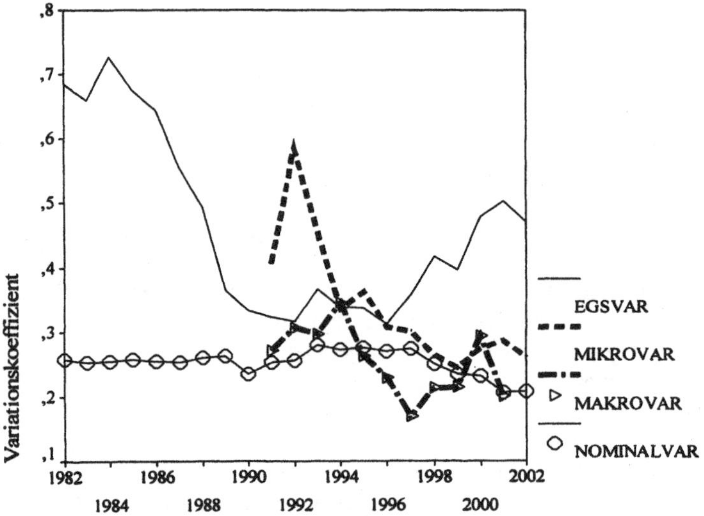


Mit Hilfe einer ersten deskriptiven Analyse lassen sich die Ergebnisse wie folgt zusammenfassen: Ob man eher zu einer stützenden bzw. ablehnenden Einschätzung bzgl. eines sich intensivierenden Steuerwettbewerbs gelangt hängt sehr stark von dem einzelnen Steuerbelastungsindikator ab. Für den Nominalsteuersatz kommt man zu dem Ergebnis, dass sowohl das Niveau als auch die Variabilität in den letzten 20 Jahren gesunken ist. Etwas schwieriger ist dagegen die Bewertung der empirischen Steuerquoten. Diese suggerieren einen leicht steigenden Trend in der Steuerbelastung, dessen Ursache jedoch teilweise in der gestiegenen Profitabilität der Unternehmen zu sehen ist. Berücksichtigt man diesen Umstand, dann muss ein leicht steigender Trend nicht zwangsläufig gegen Steuerwettbewerb sprechen. Weiter kommt erhärtend hinzu, dass auch die Variabilität der Steuerbelastung bei den empirischen Steuerquoten zurückgegangen ist. Insofern scheinen auch implizite Steuerquoten prinzipiell mit den Befunden der Steuerwettbewerbsliteratur vereinbar zu sein. Nicht im Einklang ist dagegen die Entwicklung des EGSes. Dieser ist bei einem ungewichteten Durchschnitt der Länder während der letzten 20 Jahre nahezu konstant geblieben. Innerhalb der Länder gibt es jedoch bedeutende Unterschiede, so dass die

Variabilität des EGSes eher gestiegen ist. Insofern fällt es schwer dieses sehr heterogene Bild mit Hilfe eines steigenden Systemwettbewerbs der Nationalstaaten begründen zu können. Ob diese ersten Befunde sich auch ökonometrisch erhärten lassen, wird Gegenstand des nächsten Abschnitts ein.

## 6.5. Ergebnisse

Im vorangegangenen Abschnitt wurde gezeigt, dass der Nominalsteuersatz in den letzten 20 Jahren gesunken ist, während beim EGS bzw. den empirischen Steuerquoten kein Abwärtstrend zu verzeichnen war. Eine rein deskriptive Analyse kann jedoch nicht erklären, warum einzelne Steuersätze nicht gesunken sind. Z.B. könnte es sein, dass die mangelnden deskriptiven Anhaltspunkte für Steuerwettbewerb beim EGS durch gegenläufige Effekte bei der Kapitalmobilität und der Handelsintegration zustande kommen. In diesem Fall wäre jede Hypothese für sich genommen relevant, da aber beide Effekte gegenläufig wirken würde eine rein deskriptive Analyse diese übersehen. Deshalb sollen in diesem Abschnitt die einzelnen Steuerwettbewerbshypothesen überprüft werden. Unter Vernachlässigung der Zeit- und Länderindizes bildet das nachfolgende Modell für die Schätzungen die Ausgangsbasis:

$$Steuersatz = \beta_0 + \beta_1\,Veto + \beta_2\,Ideologie + \beta_3\,ALQ + \beta_4\,Log(\%Bevölkerung) + \beta_5\,Subventionen + \beta_6\,Investitionen + \beta_7\,Handel + \beta_8\,Handel^2 + \beta_9\,Distanz + \beta_{10}\,Kapitalkontrollen + \varepsilon \qquad (9)$$

wobei die Störgröße bei einer Spezifikation mit Perioden- bzw. Länderdummies nochmals in eine autonome Zeit- bzw. Länderkomponente aufgespalten wird. Eine Definition der einzelnen Variablen findet sich im Anhang der Arbeit. Der Anteil eines Landes an der Gesamtbevölkerung aller untersuchten Länder wird aufgrund eines Ausreißers in logarithmierter Form in die Regression eingeschlossen. Dieser lässt sich auf die USA, deren Bevölkerung ca. 1/3 der gesamten Bevölkerung aller untersuchten Länder ausmacht, zurückführen. Da die Steuerbelastung in den USA bei den meisten Steuerbelastungsindikatoren nur geringfügig über dem Durchschnitt liegt, kann die lineare Spezifikation diesen Ausreißer nicht einfangen.

Tabelle 7 zeigt die Ergebnisse für den EGS in einem statischen Modell mit 4-Jahresdurchschnitten. Wie anhand des geringen $R^2$ zu sehen ist, ist das Modell nicht in der Lage die Entwicklung des EGS zufrieden stellend zu erklären. Es stellt sich daher die Frage, warum das Modell nicht besonders gut abschneidet? Wie noch zu zeigen sein wird, lässt sich die schlechte Erklärungskraft nicht so sehr auf die unabhängigen Variablen zurückführen, da diese bei den übrigen Steuerbelastungsindikatoren von Bedeutung sind. Stattdessen mag der EGS in der

Realität nicht der relevante Indikator für Steuerwettbewerb um multinationale Unternehmen sein. In der theoretischen Literatur zur Unternehmensbesteuerung hat man sich zwar lange Zeit auf den EGS fokussiert (Hall / Jorgenson 1967; King / Fullerton 1984); neuere empirische Untersuchungen (Devereux / Griffith 1998; Büttner / Ruf 2007) kommen jedoch eher zu dem Schluss, dass für die Ansiedlungsentscheidung von multinationalen Unternehmen die effektive durchschnittliche Steuerbelastung – nicht zuletzt aufgrund von Unteilbarkeiten – von größerer Bedeutung ist. Da in der Realität Wettbewerbsprozesse eher auf imperfekten Märkten stattfinden und multinationale Konzerne profitabler als standortgebundene Unternehmen sein dürften, ist die Aussagekraft des EGSes für die Analyse von Steuerwettbewerb begrenzt.

**Tabelle 7: Ergebnisse EGS**

| 1 | 2 | 3 | 4 | 5 | 6 |
|---|---|---|---|---|---|
| Veto | -0,04<br>(-0,13) | -0,17<br>(-0,53) | | -0,38<br>(-1,08) | |
| Ideologie | 0,01<br>(0,75) | 0,01<br>(0,78) | | 0,01<br>(1,03) | |
| ALQ | -0,40<br>(-2,82)** | -0,53<br>(-2,43)** | -0,56<br>(-3,05)*** | -0,43<br>(-1,69) | -0,69<br>(-2,55)** |
| % Bevölkerung | 1,22<br>(1,04) | 2,44<br>(2,13)** | 2,48<br>(2,16)** | 2,38<br>(2,47)** | |
| % Subventionen Staatsausgaben t-1 | 0,29<br>(0,67) | 0,24<br>(0,45) | | | -0,05<br>(-0,07) |
| Korruption | | | | 0,94<br>(1,37) | |
| % Investitionen Staatsausgaben t-1 | 0,04<br>(0,15) | 0,11<br>(0,54) | | 0,18<br>(0,87) | -0,07<br>(-0,18) |
| Handel | 0,09<br>(0,82) | 0,18<br>(1,57) | 0,18<br>(1,75)* | 0,14<br>(1,07) | 0,39<br>(3,14)*** |
| $Handel^2$ | -0,000<br>(-0,66) | -0,001<br>(-1,28) | -0,001<br>(-1,55) | -0,001<br>(-0,77) | -0,001<br>(-2,70)** |
| Distanz | 0,001<br>(3,53)*** | 0,001<br>(3,29)*** | 0,000<br>(2,74)** | 0,000<br>(1,66) | |
| Kapitalkontrollen | -0,04<br>(-0,60) | -0,13<br>(-1,79)* | -0,19<br>(-3,15)*** | -0,17<br>(-2,46)** | -0,14<br>(-1,46) |
| Beobachtungen | 99 | 99 | 108 | 99 | 99 |
| Periodendummies | Nein | Ja | Ja | Ja | Ja |
| Länderdummies | Nein | Nein | Nein | Nein | Ja |
| Adj. $R^2$ | 15,1 | 22,6 | 23,8 | 24,7 | 57,3 |

Anmerkungen: t-Werte in Klammern. ***,**, * bedeutet Signifikanz auf dem 1%; 5% and 10%-Niveau.

In der zweiten Spalte werden die um Autokorrelation bereinigten Schätzungen wiedergegeben, während in den Spalten 3-6 zusätzlich Periodendummies berücksichtigt wurden. In Spalte 6 sind zudem Schätzungen für ein abgespecktes Modell, welches fixe Ländereffekte enthält, abgebildet. Generell sind die Befunde eher im Einklang mit Steuerwettbewerb, wenn in die Regression Periodendummies aufgenommen werden. Kapitalmobilität hat den erwarteten negativen Einfluss auf das Niveau der Steuerbelastung, wenngleich der Kapitalverkehrskontrollenindex nicht durchgehend signifikant ist. Ebenfalls ist der Einfluss der Ländergröße von der Spezifikation des Modells abhängig. Dagegen haben Staaten, deren durchschnittliche Distanz zu den anderen Ländern hoch ist, durchgehend einen höheren EGS. Während die ideologische Ausrichtung der Regierung und der Anteil der Subventionen an den gesamten Staatsausgaben keinerlei Wirkung auf die Entwicklung des EGSes entfalten, ist die Handelsintegration schwach signifikant. Immerhin sind die Vorzeichen der Koeffizienten bei t-Werten von meist größer als 1 sehr robust. Zusammenfassend lässt sich jedoch festhalten, dass die Ergebnisse für den EGS nur geringe Anhaltspunkte für Steuerwettbewerb liefern. Damit bestätigt sich der Eindruck, der bereits bei der deskriptiven Analyse des letzten Abschnitts gewonnen wurde.

Tabelle 8 gibt die Ergebnisse für den Nominalsteuersatz wieder. Bemerkenswert ist, dass der Effekt der Kapitalmobilität sich im Vgl. zum EGS deutlich verstärkt hat. Da der Kapitalverkehrskontrollenindex in den letzten 20 Jahren um ca. 25 Punkte angestiegen ist, ist der Abbau von Kapitalverkehrskontrollen von einem Rückgang des Nominalsteuersatzes um ca. 5%-Punkte (-0,25*25) begleitet worden. Die durchschnittliche Reduktion in den Nominalsteuersätzen betrug ca. 10%-Punkte (vgl. Abbildung 6: Abschnitt 6.4), so dass ca. 50-60% der Reduktion des Nominalsteuersatzes auf den Effekt steigender Kapitalmobilität zurückgehen. Dieser Effekt wird jedoch schwächer, wenn zusätzlich Periodendummies in die Regression eingeführt werden (vgl. Spalte 5); der grundsätzlich negative Effekt bleibt jedoch weiterhin bestehen. Die geringe Signifikanz bei Einschluss von Periodendummies lässt sich auf die geringe Varianz des Kapitalverkehrskontrollenindex im Querschnitt erklären. Das negative Vorzeichen resultiert damit maßgeblich aus der zeitlichen Dimension. Dies wird nochmals in Spalte 6 deutlich, in welcher die Ergebnisse eines Modells mit fixen Ländereffekten wiedergegeben sind.[81] In diesem Fall steigt der Einfluss der Kapitalmobilität wieder deutlich an. Kapitalmobilität hatte in den letzten 20 Jahren somit einen beachtlichen negativen Effekt auf den Nominalsteuersatz ausgeübt. Damit deckt sich dieses Ergebnis ebenfalls mit dem deskriptiven Befund aus Abschnitt 6.4.

---

[81] Die Ergebnisse sind nur der Vollständigkeit halber abgebildet, da der Einschluss von fixen Ländereffekten zu keiner substanziellen Verbesserung der Erklärungskraft beiträgt.

**Tabelle 8: Ergebnisse Nominalsteuersatz**

| 1 | 2 | 3 | 4 | 5 | 6 |
|---|---|---|---|---|---|
| Veto | -0,05 (-0,08) | -0,10 (-0,17) | | -0,64 (-1,56) | |
| Ideologie | 0,003 (0,17) | 0,003 (0,21) | | 0,003 (0,24) | |
| ALQ | -0,77 (-2,65)** | -0,75 (-2,36)** | -0,76 (-2,62)** | -1,00 (-2,79)** | -0,56 (-1,46) |
| % Bevölkerung | 4,64 (3,04)*** | 4,12 (3,06)*** | 4,60 (3,10)*** | 3,66 (2,19)** | |
| % Subventionen an Staatsausgaben t-1 | 0,72 (1,30) | | 0,71 (1,31) | | 0,27 (0,50) |
| Korruption | | 0,13 (0,17) | | | |
| % Investitionen an Staatsausgaben t-1 | -0,04 (-0,13) | 0,01 (0,02) | -0,03 (-0,11) | | 0,59 (1,28) |
| Handel | 0,07 (0,72) | 0,07 (0,68) | 0,06 (0,70) | 0,11 (0,90) | -0,19 (-1,09) |
| Handel$^2$ | -0,001 (-0,92) | -0,001 (-0,96) | -0,001 (-0,93) | -0,001 (-0,98) | 0,001 (0,83) |
| Distanz | -0,001 (-1,64) | -0,001 (-2,13)** | -0,001 (-1,65) | -0,000 (-0,74) | |
| Kapitalkontrollen | -0,25 (-3,01)*** | -0,30 (-3,76)*** | -0,25 (-3,91)*** | -0,09 (-1,30) | -0,25 (-2,52)** |
| Beobachtungen | 105 | 105 | 105 | 114 | 105 |
| Periodendummies | Nein | Nein | Nein | Ja | Nein |
| Länderdummies | Nein | Nein | Nein | Nein | Ja |
| Adj. $R^2$ | 75,7 | 75,4 | 76,4 | 80,4 | 75,6 |

Anmerkungen: s. Tabelle 7

Neben der Kapitalmobilität übt insbesondere die Ländergröße einen bedeutenden Einfluss auf den Nominalsteuersatz aus. Wenn sich der Anteil eines Landes an der Weltbevölkerung verdoppelt, dann geht dies mit einem um ca. 4%-Punkte höherem Nominalsteuersatz einher. Aufgrund der Logarithmierung wird der Effekt der Ländergröße bei steigendem Anteil an der Weltbevölkerung jedoch immer schwächer. Der nichtlineare Zusammenhang deutet folglich darauf hin, dass insbesondere kleine Staaten, wie etwa Irland, eine aggressive Steuerpolitik betreiben, während Unterschiede in den Ländergrößen bevölkerungsreicherer Staaten, wie z.B. zwischen Spanien und Deutschland, an Bedeutung verlieren. Jedoch lässt sich mit Hilfe der Korrelationen keine Aussage treffen, inwiefern eine Koordination der Unternehmensbesteuerung auch für kleine Länder sinnvoll ist. Erinnert man sich an die Arbeiten von Bucovetsky (1991) und Wilson (1991)

(s. Abschnitt 2.1.2), so haben sehr kleine Länder ohne einen Fiskalausgleich keinen Anreiz zu einer Koordination. Die gemessene Korrelation kann zwar aufzeigen, dass bevölkerungsarme Staaten geringere Steuern erheben, eine Aussage über die Spielstruktur kann dagegen nicht getroffen werden. Wenn man jedoch das extrem aggressive Verhalten einiger kleinerer Staaten bei der Festsetzung der Unternehmenssteuern in der Vergangenheit bedenkt, dann scheint es plausible Gründe zu der Annahme zu geben, dass sehr kleine Staaten kein Eigeninteresse an einer Koordination der Unternehmenssteuern haben. Insbesondere haben kleinere Länder, neben einer generellen Senkung der Unternehmenssteuern, in der Vergangenheit selektive Steueranreize angeboten. Aufgrund des EU-Beitritts der ehemaligen Ostblockstaaten, dürfte eine Koordination bei der Unternehmensbesteuerung zusätzlich erschwert werden. Zudem werden die Ergebnisse des übernächsten Kapitels bei der Zinsbesteuerung zeigen, dass kleine Länder in der Realität relativ hohe Steuereinnahmen infolge des Steuerwettbewerbs generieren können, was die Möglichkeit einer Koordination ohne einen geeigneten Transfer nochmals fragwürdiger erscheinen lässt.

Interessanterweise zeigen sich bei den Ergebnissen bzgl. des Nominalsteuersatzes einige wichtige Änderungen im Vgl. zum EGS. Einmal scheint die Entfernung eines Landes zu seinen N-1 Konkurrenten für die Höhe des Nominalsteuersatzes von geringerer Bedeutung zu sein; des weiteren übt auch die Handelsintegration keinen Effekt auf den Nominalsteuersatz aus. Beim EGS war immerhin ein schwacher Effekt dieser beiden Größen zu verzeichnen. Dies ist insofern bemerkenswert, da die beiden Indikatoren besonders für die Allokation von Realkapital wichtig sein dürften.

Neben prospektiven Größen sollen nun auch empirische Steuerquoten etwas eingehender betrachtet werden. Tabelle 9 zeigt die Schätzungen für den Makrosteuersatz. Im Gegensatz zu den vorangegangenen Schätzungen werden keine Ergebnisse mit Periodendummies ausgewiesen, da diese nicht signifikant waren. Steigende Kapitalmobilität übt auch unter diesem Indikator weiterhin einen negativen Effekt auf die Steuerbelastung aus. Dieser ist jedoch sehr bescheiden. Da sich in empirischen Steuerquoten kein Abwärtstrend ausmachen lässt und der Effekt der Kapitalmobilität – wie die Schätzungen zum Nominalsteuersatz gezeigt haben – vor allem aus der zeitlichen Dimension resultiert, ist der schwache Effekt nicht verwunderlich. Legt man den Koeffizienten in Spalte 2 zugrunde, so hat ein Abbau von Kapitalverkehrskontrollen in den letzten 20 Jahren zu einer ca. 1,5%-igen Reduktion der effektiven Steuerbelastung geführt. Dieser ohnehin schon schwache Effekt vergeht vollständig, wenn fixe Ländereffekte in das Modell eingeschlossen werden (Spalte 6).

**Tabelle 9: Ergebnisse Makrosteuersatz**

| 1 | 2 | 3 | 4 | 5 | 6 |
|---|---|---|---|---|---|
| Veto | -0,33<br>(-1,58) | -0,18<br>(-0,89) | -0,28<br>(-1,28) | | |
| Ideologie | 0,001<br>(0,12) | -0,000<br>(-0,03) | 0,004<br>(0,30) | | |
| ALQ | -0,29<br>(-2,17)** | -0,43<br>(-2,59)** | -0,26<br>(-1,93)* | -0,32<br>(-2,84)** | -0,32<br>(-1,63) |
| % Bevölkerung | 2,21<br>(2,35)** | 2,45<br>(3,31)*** | 1,92<br>(1,90)* | 2,55<br>(3,26)*** | |
| % Subventionen an Staatsausgaben t-1 | -0,46<br>(-1,09) | | -0,43<br>(-0,90) | | 0,42<br>(1,10) |
| Korruption | | -1,07<br>(-1,76)* | | | |
| % Investitionen an Staatsausgaben t-1 | 0,23<br>(1,21) | 0,15<br>(0,90) | 0,25<br>(1,18) | 0,28<br>(2,00)* | -0,06<br>(-0,18) |
| Handel | 0,28<br>(2,64)** | 0,32<br>(-2,59)** | 0,24<br>(2,30)** | 0,28<br>(2,40)** | 0,36<br>(2,31)** |
| Handel$^2$ | -0,001<br>(-2,17)** | -0,001<br>(-2,71)** | -0,001<br>(-1,79)* | -0,001<br>(-1,91)* | -0,001<br>(-1,03) |
| Distanz | 0,001<br>(3,29)*** | 0,001<br>(6,06)*** | 0,001<br>(3,10)*** | 0,001<br>(5,53)*** | |
| Kapitalkontrollen | -0,06<br>(-1,12) | -0,02<br>(-0,32) | -0,06<br>(-1,08) | | -0,01<br>(-0,08) |
| Beobachtungen | 83 | 83 | 77 | 83 | 83 |
| Periodendummies | Nein | Nein | Nein | Nein | Nein |
| Länderdummies | Nein | Nein | Nein | Nein | Ja |
| Adj. $R^2$ | 43,8 | 45,7 | 40,5 | 46,5 | 60,6 |

Anmerkungen: s. Tabelle 7

Hinsichtlich der ideologischen Ausrichtung der Regierung zeigen die Ergebnisse, dass von dieser Größe keine Effekte auf die Steuerbelastung ausgehen. Diese hatte bereits auf den Nominalsteuersatz und den EGS keinen Einfluss. Die Finanzierung umverteilender Maßnahmen geschieht hauptsächlich über Sozialversicherungsbeiträge und über die ESt. Die Unternehmenssteuern sind von ihrem Umfang möglicherweise zu unbedeutend, als dass sie als Instrument ehrgeiziger Umverteilungsziele taugen könnten. Die geringe fiskalische Relevanz der Unternehmenssteuern mag daher eine Ursache für den mangelnden Unterschied zwischen sozialdemokratischen und konservativen Regierungen sein. Belege für diese These liefern die Handlungen zahlreicher sozialdemokratischer Regierungen während der 90er Jahre. Weder in Schweden noch in Großbritannien wurden Steuersenkungen der konservativen Vorgängerregierungen in der Steuerpolitik wieder rückgängig gemacht. Deren Änderungen zielten vor allem auf eine

Senkung des Nominalsteuersatzes bei gleichzeitiger Verbreiterung der BMG. Auch das deutsche Beispiel zeigt – wenngleich in abgeschwächter Form -, dass sozialdemokratische Regierungen in der Lage sind Steuersenkungen durchzuführen. So hat die SPD die Steuerreformvorschläge der CDU zwar 1997 im Bundesrat blockiert; nachdem sie aber seit 1998 in Regierungsverantwortung steht, ist es zu einer Senkung der nominellen Belastung mit KSt um ca. 15%-Punkte gekommen. Der Nettoeffekt hinsichtlich der effektiven Steuerbelastung ist zwar wesentlich geringer, da Maßnahmen zur Verbreiterung der BMG mit der Steuersatzreduktion verabschiedet wurden (BDI / VCI 2004); jedoch stellt die Steuerreform aus dem Jahr 2001 einen ersten Schritt dar den Anschluss an andere Staaten im Bereich der Unternehmensbesteuerung wiederherzustellen. Insgesamt lässt sich festhalten, dass Unterschiede in der Steuerbelastung zwischen den Ländern nicht durch ideologische Unterschiede motiviert sind.

Vergleicht man die Ergebnisse des Makrosteuersatzes mit denen des EGSes und dem Nominalsteuersatz, dann sind insbesondere Änderungen bei der Handelsintegration festzustellen. Die schwachen Effekte, die sich bereits beim EGS gezeigt hatten, treten bei diesem Steuerbelastungsindikator deutlich stärker hervor. Da empirische Steuerquoten einen effektiven durchschnittlichen Steuersatz darstellen, überrascht der nun signifikante Koeffizient bei der Handelsintegration nicht. Denn die Modelle der neuen Handelstheorie heben insbesondere die Bedeutung von Handelsfriktionen und versunkenen Kosten hervor, welche zu diskreten Investitionsentscheidungen führen, so dass empirische Durchschnittssteuersätze diejenigen Indikatoren sein dürften, die am ehesten Modellen imperfekten Wettbewerbs gerecht werden. Neben der Handelsintegration übt eine hohe Anzahl an Vetospielern eine bremsende Wirkung auf die Steuerbelastung aus, während Staaten sich bei hohen Investitionsausgaben etwas höhere Steuersätze erlauben können. In beiden Fällen sind die Koeffizienten jedoch nur schwach signifikant. Spalte 4 gibt die Ergebnisse wieder, wenn Österreich, Deutschland und Portugal aus der Regression entfernt werden, da für diese Länder Datenprobleme bestehen (s. Abschnitt 4.1.1). Wie man sieht, führt ein Ausschluss dieser Länder nicht zu Änderungen in den Ergebnissen.

Verwendet man Steuersätze mit Hilfe von Unternehmensbilanzdaten, ergibt sich ein ähnliches Bild wie bei dem Makrosteuersatz. Analog zu den Ergebnissen des Makrosteuersatzes gibt es auch beim Mikrosteuersatz Anhaltspunkte, die für einen kurvilinearen Effekt der Handelsintegration sprechen. Das Maximum ist bei einem Offenheitsgrad von ca. 108% des BIP`s erreicht. In den Spalten 2-4 und 6 sind die Ergebnisse auf Basis des Bruttogewinns angegeben, während in Spalte 5 die Schätzergebnisse für den Gewinn nach Zinsen und Abschreibungen ausgewiesen sind. Aufgrund der größeren Volatilität der abhängigen Variable wurde in Spalte 5 ein Ausreißer entfernt, so dass eine Beobachtung weniger zur

Verfügung steht.[82] Abgesehen von den Länderdistanzen ergeben sich trotz unterschiedlicher Nenner keine allzu großen Änderungen. Die Ergebnisse der Regressionen sind daher nicht vom zugrunde liegenden Konzept des Nenners beeinflusst. Was die Gesamtgüte des Modells betrifft, sind die Regressoren besser in der Lage die Entwicklung empirischer Steuerquoten abzuschätzen als den EGS. Auf der anderen Seite ist die Erklärungskraft des Modells jedoch deutlich schlechter als das $R^2$ beim Nominalsteuersatz.

**Tabelle 10: Ergebnisse Mikrosteuersatz**

| 1 | 2 | 3 | 4 | 5 | 6 |
|---|---|---|---|---|---|
| Veto | 0,32<br>(0,61) | | 0,28<br>(0,55) | -0,14<br>(-0,18) | |
| Ideologie | -0,03<br>(-1,30) | -0,03<br>(-2,01)* | -0,01<br>(-0,60) | -0,04<br>(-1,17) | |
| ALQ | -0,19<br>(-0,94) | -0,32<br>(-1,70) | -0,03<br>(-0,13) | -0,85<br>(-2,14)* | 0,08<br>(0,21) |
| % Bevölkerung | 3,44<br>(2,38)** | 3,31<br>(2,21)** | 2,04<br>(1,40) | 7,30<br>(2,55)** | |
| % Subventionen an Staatsausgaben t-1 | -0,20<br>(-0,37) | | -0,55<br>(-1,27) | | 0,25<br>(0,24) |
| Korruption | | | | -1,60<br>(-1,20) | |
| % Investitionen an Staatsausgaben t-1 | -0,19<br>(-0,60) | | -0,12<br>(-0,31) | -0,26<br>(-0,38) | -0,54<br>(-1,33) |
| Handel | 0,52<br>(2,61)** | 0,47<br>(2,55)** | 0,42<br>(2,16)* | 0,67<br>(2,75)* | 0,51<br>(1,94)* |
| Handel² | -0,003<br>(-2,59)** | -0,002<br>(-2,61)** | -0,002<br>(-2,29)** | -0,003<br>(-2,52)** | -0,002<br>(-1,48) |
| Distanz | 0,003<br>(2,07)* | 0,002<br>(3,05)*** | 0,003<br>(1,83)* | 0,001<br>(0,28) | |
| Kapitalkontrollen | -0,06<br>(0,69) | 0,01<br>(0,01) | 0,07<br>(0,84) | 0,01<br>(0,09) | -0,16<br>(-1,38) |
| Beobachtungen | 60 | 60 | 60 | 59 | 60 |
| Periodendummies | Nein | Nein | Ja | Nein | Nein |
| Länderdummies | Nein | Nein | Nein | Nein | Ja |
| Adj. $R^2$ | 39,3 | 40,2 | 49,6 | 36,1 | 58,9 |

Anmerkungen: s. Tabelle 7

Der Kapitalverkehrskontrollenindex ist nun nicht mehr signifikant. Zudem sind – wie auch bei allen anderen Steuerbelastungsindikatoren – die Subventionsausgaben nicht signifikant. Die Leviathan-Theorie des Steuerwettbewerbs würde

[82] Es handelt sich um Spanien während der Periode 1991-1994.

postulieren, dass Staaten mit höheren Subventionsausgaben die höheren Steuersätze haben sollten. Da zudem die ideologische Ausrichtung der Regierung bei allen Steuerbelastungsindikatoren insignifikant ist, gibt es wenig Grund zu der Annahme, dass die Unternehmenssteuerbelastung durch Umverteilungsziele oder durch den Einfluss bestimmter Interessengruppen determiniert wird.

Neben der Steuerbelastung von Kapitalgesellschaften lassen sich auch Regressionen bzgl. des Verhältnisses von Unternehmens- und Arbeitssteuerbelastung durchführen. Die Steuerbelastung des Produktionsfaktors Arbeit kann man ebenfalls mit Hilfe von Daten aus der VGR und den OECD-Einnahmestatistiken ermitteln (eine genaue Beschreibung der Vorgehensweise geben: Carey / Rabesona 2002). Diese geben die durchschnittliche Belastung des Produktionsfaktors Arbeit mit ESt und Sozialabgaben an. Neben diesen empirischen Quoten gibt es seit kurzer Zeit auch Versuche mit Hilfe prospektiver Verfahren die Steuerbelastung von Arbeitnehmern zu ermitteln (Elschner et. al. 2005; OECD 2005). Wie de Haan et. al. (2004) jedoch gezeigt haben, korrelieren theoretische und empirische Indikatoren zur Steuerbelastung von Arbeitnehmern hoch miteinander. Die Konzentration auf einen Indikator ist somit ausreichend.

Folgt man den Aussagen von Bucovestky / Wilson (1991) dann sollte auch das Verhältnis von Kapital- zu Arbeitssteuern unter steigender Kapitalmobilität abnehmen. Annahme dieser Sichtweise ist, dass die Mobilität des Produktionsfaktors Arbeit nicht zugenommen hat. Analog zur Kapitalmobilität dürfte auch bei Arbeitskräften die potentielle Mobilität bereits ausreichend sein, um prinzipiell eine Steuersatzreduktion herbei zu führen (Sinn 1995). Da es nicht möglich ist die potentielle Mobilität von Arbeitskräften zu messen, wird auch in dieser Regression lediglich die Kapitalmobilität als Indikator verwendet. Sieht man von einigen wenigen hochqualifizierten Arbeitnehmern ab, dürfte die Mobilität von Arbeitskräften in Europa relativ gering sein (Straubhaar 1998; 2000). Selbst wenn es zu Wanderungen – wie bspw. im wissenschaftlichen Bereich – kommt, ist oftmals nicht die Steuerbelastung, sondern die Möglichkeit einer anspruchsvollen Tätigkeit nachzugehen, entscheidend (Sachverständigenrat et. al. 2006 10). Zudem ist die Zahl der Asylbewerber, die meist ein geringes Humankapital aufweisen, in den 90er Jahren deutlich gesunken. Ich halte daher die Annahme immobiler Arbeitnehmer für realistisch und werde – nicht zuletzt aufgrund mangelnder Indikatoren zur potentiellen Mobilität von Arbeitskräften – lediglich die Kapitalmobilität als Regressor verwenden.

Tabelle 11 gibt die Ergebnisse für das Verhältnis von Kapital- zu Arbeitssteuerbelastung wieder. Die Variablen können die Entwicklung des Verhältnisses ähnlich gut wie den Verlauf des Nominalsteuersatzes erklären. Der Kapitalverkehrskontrollenindex hat das erwartete Vorzeichen ist aber nur schwach signifikant. Hohe Arbeitslosigkeit geht nicht nur mit einer niedrigen (absoluten)

Steuerbelastung von Kapitalgesellschaften einher, sondern wirkt sich auch auf das Verhältnis von Kapital- zu Arbeitssteuerbelastung negativ aus. Politiker haben in den vergangenen 20 Jahren auf steigende Arbeitslosenquoten nicht nur mit einer Reduktion der Unternehmenssteuersätze reagiert, sondern haben auch Kapital relativ zu Arbeit entlastet. Dieser Effekt ist zudem über alle Indikatoren der Steuerbelastung hinweg robust, da die Arbeitslosenquote auch auf den Nominalsteuersatz und den EGS einen negativen Effekt ausübt.

**Tabelle 11: Ergebnisse Unternehmens- zu Arbeitssteuerbelastung**

| 1 | 2 | 3 | 4 | 5 | 6 |
|---|---|---|---|---|---|
| Veto | -0,012 (-1,44) | -0,015 (-1,88)* | -0,022 (-2,37)** | -0,013 (-1,66) | |
| Ideologie | 0,00 (0,02) | 0,00 (0,17) | | 0,00 (0,15) | |
| ALQ | -0,012 (-3,12)*** | -0,013 (-3,33)*** | -0,017 (-3,55)*** | -0,016 (-3,35)*** | -0,015 (-2,30)** |
| %Bevölkerung | 0,12 (3,31)*** | 0,11 (3,86)*** | 0,12 (4,42)*** | 0,12 (4,72)*** | |
| % Subventionen an Staatsausgaben t-1 | -0,010 (-0,72) | -0,017 (-1,26) | | | 0,017 (0,94) |
| Korruption | | | | -0,018 (-0,88) | |
| % Investitionen an Staatsausgaben t-1 | 0,016 (2,62)** | 0,019 (2,97)*** | | 0,017 (2,90)*** | 0,016 (2,30)** |
| Handel | 0,009 (2,37)** | 0,010 (2,87)*** | 0,008 (2,34)** | 0,010 (3,00)*** | 0,01 (1,60) |
| Handel$^2$ | -0,00 (-1,97)* | -0,00 (-2,42)** | -0,00 (-2,03)** | -0,001 (-2,44)** | -0,00 (-0,71) |
| Distanz | 0,0001 (7,91)*** | 0,0001 (7,68)*** | 0,0001 (6,71)*** | 0,0001 (9,60)*** | |
| Kapitalkontrollen | -0,002 (-1,23) | -0,002 (-1,29) | -0,003 (-1,55) | -0,001 (-0,49) | -0,000 (-0,23) |
| Beobachtungen | 76 | 82 | 82 | 82 | 82 |
| Periodendummies | Nein | Nein | Nein | Nein | Nein |
| Länderdummies | Nein | Nein | Nein | Nein | Ja |
| Adj. $R^2$ | 70,2 | 69,0 | 65,2 | 68,3 | 80,8 |

Anmerkungen: s. Tabelle 7

Darüber hinaus können Länder, die hohe Infrastrukturausgaben tätigen, sich auch eine höhere Relation von Kapital- zu Arbeitssteuern erlauben. Staaten können im Wettbewerb um Realkapital hohe Steuersätze zumindest partiell ausgleichen, solange sie auf der Ausgabenseite den Unternehmen nützliche Güter bereitstellen. Mit Blick auf die Osterweiterung der EU kann man daher schlussfolgern, dass die besseren Standortbedingungen der neuen Beitrittsländer im Hinblick auf Löhne und Steuersätze, zumindest teilweise durch die schlechtere Infrastruktur wieder ausgeglichen werden. Jedoch ist der Koeffizient für die Investitionsausgaben bestenfalls noch in der Regression, in welcher der Makrosteuersatz verwendet wurde, signifikant.

**Tabelle 12: Determinanten der Länderachsenabschnitte**

| 1 | 2 | 3 | 4 | 5 | 6 |
|---|---|---|---|---|---|
| | **Nominal-steuersatz** | **EGS** | **Makro-steuersatz** | **Mikro-steuersatz** | **Kapital- zu Arbeitsteuer** |
| Veto | 1,66<br>(1,26) | -1,44<br>(-1,16) | -1,56<br>(-1,03) | 0,74<br>(0,30) | -0,06<br>(-1,33) |
| Ideologie | 0,07<br>(0,68) | 0,02<br>(0,41) | 0,09<br>(1,26) | -0,02<br>(-0,20) | 0,004<br>(1,98)* |
| Anteil an Weltbevölkerung | 2,96<br>(1,46) | 4,74<br>(4,37)*** | 5,63<br>(4,90)*** | 4,75<br>(2,58)** | 0,21<br>(6,41)*** |
| Distanz | -0,001<br>(-2,12)** | 0,001<br>(6,23)*** | 0,001<br>(4,71)*** | 0,004<br>(2,70)** | 0,0001<br>(8,89)*** |
| Beobachtungen | 20 | 19 | 19 | 13 | 19 |
| Adj. $R^2$ | 8,0 | 68,8 | 65,0 | 69,4 | 79,2 |

Anmerkungen: s. Tabelle 7

In allen Regressionen sind die „Fixed-Effects"-Schätzungen nur mit den Variablen durchgeführt worden, für welche eine hinreichend hohe Variabilität über die Zeit hinweg besteht. Die Länderdistanzen, die ideologische Ausrichtung, die Vetospieler sowie der Anteil eines Landes an der Gesamtbevölkerung aller analysierten Länder wurden deshalb ausgeschlossen. Mit Ausnahme des Nominalsteuersatzes führte der Einschluss von Länderdummies zu einer substanziellen Verbesserung des Modells. Abschließend kann man sich daher fragen, inwiefern diese vier Variablen in der Lage sind die ermittelten Länderachsenabschnitte zu erklären. Die Ergebnisse sind in Tabelle 12 abgebildet. Wie man sieht, bestätigen sich die Resultate, die bereits bei Modellen ohne fixe Ländereffekte sichtbar wurden. Während die ideologische Ausrichtung der Regierung und die Anzahl der Vetospieler die Varianz in den Achsenabschnitten nicht erklären können, sind die Länderdistanzen und der Bevölkerungsanteil in (fast) allen Regressionen signifikant. Insgesamt erklären diese beiden Größen die Achsenabschnitte relativ gut.

Die Ergebnisse in diesem Abschnitt zeigen, dass einige Theorien des Steuerwettbewerbs auch über verschiedene Steuerbelastungsindikatoren hinweg, einen robusten Einfluss auf die Steuerbelastung ausüben. Steigende Kapitalmobilität, hohe Arbeitslosigkeit und vor allem die Größe einer Volkswirtschaft übt einen systematisch negativen Einfluss auf die Unternehmensbesteuerung aus. Neben diesen drei Größen, haben die Handelsintegration, die institutionelle Struktur und die Investitionsausgaben des Staates in manchen der Regressionen den von der Theorie postulierten Effekt.

Dagegen sollten Länder, die sehr weit an der Peripherie liegen einen niedrigeren Steuersatz als relativ zentral liegende Staaten wählen. Die Ergebnisse zeigen jedoch, dass Peripheriestaaten i.d.R. höhere Steuersätze haben. Dieser Effekt ist – sieht man vom Nominalsteuersatz ab – robust über alle Indikatoren. Ein Grund für dieses Ergebnis könnte sein, dass weiter entfernt liegende Länder sich eine höhere Rente sichern können, da – aufgrund der hohen Handelskosten – die Unternehmung kaum einen Anreiz hat, das Gut in das weit entfernte Ausland zu exportieren. Denn, wenn das Ausland (z.B. Japan oder die USA) zu weit entfernt ist, lohnt es sich für multinationale Konzerne eventuell mehrere Produktionsstätten zu unterhalten, statt Güter in Peripheriestaaten zu exportieren. Z. B. zeigen Befragungen deutscher Unternehmen, dass bei weiter entfernt liegenden Zielländern absatzpolitische Motive gegenüber kostenorientierten Gesichtspunkten zunehmen (Fraunhofer-Institut 2004 20).

Kapitalmobilität übt bei allen Indikatoren mit Ausnahme der mikroökonomischen Steuerquote einen negativen Einfluss auf die Entwicklung der Steuerbelastung aus. Jedoch treten die Effekte nur im Falle des Nominalsteuersatzes besonders deutlich hervor. Während steigende Kapitalmobilität eine Verringerung des Nominalsteuersatzes um ca. 5%-Punkte bewirkt hat, sind die Effekte mit 1-3%-Punkten bei den empirischen Steuerquoten und dem EGS sehr viel moderater. Damit bestätigt die ökonometrische Analyse das deskriptive Bild aus Abschnitt 6.4. Neben dem unterschiedlich starken Einfluss der Kapitalmobilität ist zudem festzuhalten, dass das Regressionsmodell auf der einen Seite die Entwicklung des Nominalsteuersatzes sowie das Verhältnis aus Unternehmens- zu Arbeitssteuern gut beschreiben kann, während die Ergebnisse bei den empirischen Steuerquoten und vor allem beim EGS schlechter sind.

Drei Erklärungsansätze sind denkbar, die Aufschluss darüber geben können, warum die Ergebnisse bei den empirischen Steuerquoten und dem EGS auf der einen Seite und dem Nominalsteuersatz auf der anderen Seite unterschiedlich sind. Die Reduktion des Nominalsteuersatzes durch politische Entscheidungsträger in den letzten beiden Jahrzehnten ließe sich dann erklären, wenn man unterstellt, dass Unternehmen Investitionsentscheidungen unter einem beschränkt rationalen Horizont durchführen. In diesem Fall existiert zwar Steuerwettbewerb zwischen den einzelnen Ländern; dieser wird aber vor allem über den Nominalsteuersatz geführt, da bei beschränkt rationalen Verhalten die Ansiedlungsentscheidung auf Basis der leicht verfügbaren Nominalsteuersätze getätigt werden würde (BMF-Beirat 1999 12; Stöwhase 2005 23). Gegen diese Sichtweise spricht jedoch, dass multinationale Unternehmen über die Mittel verfügen sollten sich ein genaues Bild über die effektive Steuerbelastung in einer Volkswirtschaft zu machen. Einige deskriptive Befunde sprechen ferner gegen das Bild des beschränkt rationalen Unternehmers. So zeigt der Ruding-Bericht beispielsweise, dass insbesondere für die Errichtung von Koordinationszentren oder Finanzierungsgesellschaften die Steuerbelastung relevant ist (1992 114). Die These beschränkt rationalen Handelns scheint daher nicht besonders stimmig zu sein.[83]

Neben beschränkt rationalem Handeln, kann der Nominalsteuersatz der relevante Steuersatz sein, wenn das Ziel von Regierungen darin besteht, vor allem hochprofitable Unternehmen anzuwerben. Für sehr profitable Unternehmen ist der Nominalsteuersatz eine geeignete Approximation an die effektive Steuerbelastung, da mit steigender Profitabilität die Bedeutung der BMG geringer wird. Insbesondere Devereux et. al. (2002 483 ff.) interpretieren die Senkung des Nominalsteuersatzes bei gleichzeitiger Verbreiterung der BMG als rationales Verhalten politischer Entscheidungsträger, um hochprofitable Unternehmen für die Volkswirtschaft zu gewinnen.

Unabhängig ob der Fokus der Erklärung auf profitablen oder beschränkt rationalen Unternehmen liegt unterstellen beide Hypothesen, dass der Wettbewerb der Staaten weiterhin einem Wettbewerb um Realkapital gleicht. Gegenstand der Erklärung sinkender Nominalsteuersätze ist damit weiterhin der Wettbewerb um die Ansiedlung von Produktionsstätten. Gegen die These eines Wettbewerbs um Realkapital sprechen jedoch die Ergebnisse aus zahlreichen Unternehmensbefragungen. Die meisten Unternehmen geben zwar an, dass Steuern bei der Ansiedlungsentscheidung eine Rolle spielen; absatzpolitische Motive scheinen jedoch das dominierende Motiv zu sein (Fraunhofer-Institut 2004; KfW 2004). Steuern sind demnach nur einer von mehreren Parametern, den Unternehmen bei der Standortwahl berücksichtigen.

Die dritte Erklärung, die konsistent mit der herausragenden Bedeutung des Nominalsteuersatzes ist, setzt stattdessen an der Mobilität einzelner Unternehmensteile an. Einige Teilfunktionen von Unternehmen dürften international sehr viel mobiler sein als eine Produktionsverlagerung, d.h. die Standortelastizität dürfte selbst innerhalb eines Unternehmens sehr unterschiedlich sein. Wenn dies so ist, dann sollte die Steuerbelastung im Vgl. zu anderen Standortfaktoren eine geringere Bedeutung für die Allokation von Realkapital haben, da die weltweite Allokation des Gewinnes nicht standortgebunden ist. Während die beiden anderen Erklärungsansätze von einem Wettbewerb um Realkapital ausgehen, erklärt die dritte Hypothese sinkende Nominalsteuersätze somit über einen

[83] Weitere empirische Evidenz, die gegen die These beschränkt rationalen Handelns spricht, wird im nächsten Kapitel bei den Finanzierungsentscheidungen von Direktinvestitionen gegeben.

Wettbewerb um Steueraufkommen. Unter dieser Sichtweise wären Unternehmen begrenzt mobil, während Unternehmensgewinne sehr leicht in Länder mit niedrigem Nominalsteuersatz verschoben werden könnten.

Es gibt in den durchgeführten Schätzungen einige Indizien, die eher für den dritten Erklärungsansatz sprechen. Wenngleich auch bei Gewinnverlagerungen Kosten entstehen, so sollten diese unabhängig von der Entfernung zwischen den Ländern sein, da es sich hier oft um buchhalterische Transaktionen handelt.[84] Die Regression, in welcher der Nominalsteuersatz die abhängige Variable ist, ist jedoch die einzige, in der die Entfernung zu den anderen Staaten nur schwach signifikant ist. Während die geografische Lage einer Volkswirtschaft einen Effekt auf die Allokation von Realkapital hat, dürfte kein Zusammenhang zwischen Gewinnverlagerungen und der Entfernung zweier Staaten bestehen. Da die Länderdistanzen aber in allen anderen Regressionen signifikant sind, ist das insignifikante Vorzeichen bei Betrachtung des Nominalsteuersatzes ein Indiz für Gewinnverlagerungen. Darüber hinaus sind die Investitionsausgaben und die Handelsintegration nur bei den empirischen Steuerquoten signifikant. Der Nominalsteuersatz wird stattdessen von diesen Größen nicht beeinflusst. Auch dies ist ein Indiz, welches eher mit Gewinnverlagerungen in Einklang zu bringen ist. Während die Handelsintegration und eine gut ausgebaute Infrastruktur für die Ansiedlungsentscheidung von Unternehmen wichtig sein können, ist ihre Bedeutung bei Gewinnverlagerungen eher gering. Insbesondere Steueroasen sind weniger wegen ihrer gut ausgebauten Infrastruktur als vielmehr durch ihr striktes Bankgeheimnis und ihre niedrige Unternehmenssteuerbelastung bekannt. Die mangelnde Signifikanz der Handelsintegration und der Investitionsausgaben auf den Nominalsteuersatz wäre damit eher mit dem dritten Erklärungsansatz vereinbar.

Anhand der Ergebnisse dieses Abschnitts lässt sich der Schluss ziehen, dass Steuerwettbewerb aufgrund steigender Kapitalmobilität politische Entscheidungsträger dazu veranlasst hat die Steuerbelastung von Unternehmen zu senken. Die Reduktion der Steuerbelastung infolge steigender Kapitalmobilität ist jedoch relativ bescheiden. Die Ergebnisse lassen zudem erste Vermutungen zu, dass die Reduktion des Nominalsteuersatzes weniger auf den Wettbewerb um Realkapital zurückzuführen ist, sondern eher durch einen Wettbewerb um Steueraufkommen bedingt ist. Im nächsten Kapitel sollen für den Fall Deutschlands deshalb weitere Untersuchungen durchgeführt werden.

---

[84] Werden bei Gewinnverlagerungen vor allem homogene Wirtschaftsgüter eingesetzt, dann wären die Gewinne ebenfalls eine Funktion der Transportkosten. Bei immateriellen Wirtschaftsgütern bzw. bei der Wahl einer geeigneten Finanzierungsstruktur dürften die Länderdistanzen aber unerheblich sein.

## 6.6. Zusammenfassung der Ergebnisse

Zur Ermittlung der Steuerbelastung können verschiedene Verfahren eingesetzt werden. Der deskriptive Befund des Abschnitts 6.4 hat gezeigt, dass die unterschiedlichen Indikatoren der Steuerbelastung positiv miteinander korreliert sind, wenngleich die Korrelationen – insbesondere mit dem makroökonomischen Indikator – moderat sind. Ursache hierfür ist, dass die Kennziffern teilweise auf unterschiedlichen Konzepten der Steuerbelastung beruhen, welche es erlauben neben dem Nominalsteuersatz auch marginale bzw. durchschnittliche Steuersätze zu berechnen. Zum anderen ist für die unterschiedliche Entwicklung über die Zeit von Bedeutung, ob pro- oder retrospektive Verfahren eingesetzt werden. Anders als das theoretische Verfahren zeigen empirische Methoden keinen fallenden Verlauf der Steuersätze an. Die Unterschiede in der zeitlichen Entwicklung sind auf Unterschiede in den Annahmen der beiden Methoden zurückzuführen: Während bei dem theoretischen Verfahren von Devereux / Griffith (2003) die relevanten Parameter stabil sind, schwanken diese bei empirischen Methoden. Der mangelnde Abwärtstrend bei empirischen Steuerquoten während der 90er Jahre beruht deshalb u. a. auf einer gestiegenen Eigenkapitalfinanzierung sowie einer gestiegenen Profitabilität der Unternehmen. In einem weiteren Schritt wurde untersucht, inwiefern die Variabilität der Steuersätze in den letzten zwei Jahrzehnten abgenommen hat. Dies trifft auf den Nominalsteuersatz und empirische Steuerquoten zu, während die Variabilität des EGSes nicht gesunken ist. Insgesamt lässt sich feststellen, dass vor allem die Entwicklung des Nominalsteuersatzes im Einklang mit der Theorie des Steuerwettbewerbs ist. Nicht im Einklang mit der Idee eines Steuerwettbewerbs ist dagegen die Entwicklung des EGSes. Der EGS ist in den letzten zwanzig Jahren weder gesunken noch hat sich die Variabilität zwischen den Ländern verringert, so dass dessen Entwicklung unabhängig von einer zunehmenden Integration der Nationalstaaten zu sein scheint.

In der ökonometrischen Untersuchung wurden die Determinanten der einzelnen Kennziffern der Steuerbelastung analysiert. Folgende Ergebnisse lassen sich dabei festhalten:

- Kapitalmobilität, operationalisiert mit Hilfe eines Kapitalverkehrskontrollenindexes, hat den erwarteten negativen Effekt auf die Steuersätze. Dieser ist aber beim EGS und den empirischen Steuerquoten sehr moderat; lediglich der Nominalsteuersatz ist aufgrund erhöhter Kapitalmobilität deutlich gesunken.
- Einen stärkeren Einfluss als die Kapitalmobilität auf die Entwicklung der Steuersätze üben die Arbeitslosenquote und die Ländergröße aus. Kleine Länder haben gegen Ende der 80er Jahre bzw. zu Beginn der 90er Jahre ihre Steuern teilweise deutlich gesenkt. Da einige dieser Länder auch

selektive Steueranreize anbieten, gehen sie gestärkt aus dem Steuerwettbewerb hervor.

- Neben diesen Größen sind zudem die Länderdistanzen sowie die Handelsintegration – außer beim Nominalsteuersatz – statistisch signifikant. Agglomerationseffekte, scheinen demnach ein Grund zu sein, um die mangelnde Reduktion der effektiven Steuerbelastung erklären können.
- Während staatliche Investitionsausgaben und institutionelle Schranken zumindest bei einigen Modellspezifikationen bzw. Steuerbelastungsindikatoren signifikant sind, verfügen der Anteil der staatlichen Subventionsausgaben sowie die ideologische Ausrichtung der Regierung über keinerlei Erklärungskraft. Die Entwicklung der Unternehmenssteuerbelastung ist folglich nicht von ideologischen Erwägungen oder einem Hang zu verschwenderischen Ausgaben getrieben.

Fasst man die Ergebnisse der empirischen Untersuchung des sechsten Kapitels zusammen und berücksichtigt man zudem die Ergebnisse vorangegangener Untersuchungen, die im fünften Kapitel diskutiert wurden, dann lässt sich folgendes Fazit ziehen: Während der letzten 20 Jahre hat Steuerwettbewerb zwischen den Nationalstaaten infolge steigender Kapitalmobilität zu einer geringfügigen Reduktion der effektiven Steuerbelastung der Unternehmen beigetragen. Insbesondere kleinere Länder haben die Unternehmenssteuern teilweise deutlich gesenkt. Insgesamt sind die Effekte einer gestiegenen Kapitalmobilität auf die Steuerbelastung aber verhältnismäßig gering. Ein „Race to the bottom" existiert bei effektiven Steuersätzen nicht. Politische Entscheidungsträger haben zwar die Nominalsteuersätze gesenkt; gleichzeitig wurde jedoch die BMG verbreitert, so dass der Nettoeffekt relativ gering war. Da sowohl die deskriptive als auch die ökonometrische Untersuchung zu dem Ergebnis kommen, dass vor allem die Nominalsteuersätze deutlich gesunken sind, stellt sich daher die Frage nach den Ursachen. Als Kandidaten wären hierbei anzuführen:

- Beschränkte Rationalität der Unternehmer, die zu einer – aufgrund der leichten Verfügbarkeit – Ausrichtung an den Nominalsteuersätzen bei der Standortwahl führt,
- Versuche, insbesondere hochprofitable Unternehmen zu attrahieren, da mit steigender Profitabilität der Nominalsteuersatz gegenüber der BMG an Bedeutung gewinnt,
- Steigende Möglichkeiten Gewinnverlagerungen durchzuführen.

Inwiefern Gewinnverlagerungen ein möglicher Kandidat sind, um die gesunkenen Nominalsteuersätze zu erklären, soll daher im nächsten Kapitel am Beispiel Deutschlands untersucht werden.

# 7. Steuervermeidungsstrategien multinationaler Unternehmen: Der Fall Deutschland

## 7.1. Hypothesen

Bisher wurde mit Ausnahme der Arbeit von Haufler / Schjelderup (2000) unterstellt, dass Steuerwettbewerb um Realkapital geführt wird. Neben einem Wettbewerb um Realkapital gibt es jedoch, vor allem auf Basis von US-Untersuchungen, einige Hinweise, dass Steuerwettbewerb auch um „paper profits“ stattfindet (s. Abschnitt 5.3). Zudem hat die Analyse des letzten Kapitels gezeigt, dass Kapitalmobilität nur bei den Nominalsteuersätzen einen deutlich negativen Effekt ausübt. Daher sollen Gewinnverlagerungen am Beispiel Deutschlands genauer untersucht werden, nicht zuletzt, da sinkende Nominalsteuersätze auch durch andere Ursachen hervorgerufen werden können.

In den 90er Jahren wurden in Deutschland einige weitreichende Gesetzesänderungen beschlossen, mit dem Ziel Gewinnverlagerungen von multinationalen Konzernen entgegen zu wirken. Für Outbound-Investitionen existiert die Hinzurechnungsbesteuerung, welche im Jahr 1992 nochmals verschärft wurde, während für Inbound-Investitionen § 8a KStG im Jahre 1994 erlassen wurde (s. Abschnitt 1.5). Hierbei wäre zu untersuchen, wie effektiv die gesetzlichen Regelungen in der Realität sind? Denn, einige wenige Untersuchungen (Büttner et. al. 2006; Stöwhase 2002; Huizinga / Laeven 2007) weisen darauf hin, dass Deutschland von Gewinnverlagerungen besonders betroffen ist. Diese Ergebnisse werfen daher Zweifel bzgl. der Effektivität der Abwehrmaßnahmen auf. Auf der anderen Seite zeigen Ramb / Weichenrieder (2005), dass keine Beziehung zwischen der Steuerbelastung und der Finanzierung von Inbound-Direktinvestitionen besteht. Deswegen werden in dieser Arbeit einige Instrumente, derer sich multinationale Unternehmen bei Gewinnverlagerungen bedienen, empirisch untersucht.

Ein Instrument, um Gewinne zu verlagern, sind immaterielle Wirtschaftsgüter. Insbesondere im Bereich immaterieller Wirtschaftsgüter ist es den Finanzbehörden kaum möglich zu überprüfen, ob die Verrechnungspreise im konzerninternen Handel adäquat festgelegt sind. Deshalb soll Deutschlands Verflechtung im Bereich der Patente, Erfindungen und Verfahren zu anderen Ländern analysiert werden. Abhängige Variable sind hierbei die Ausgaben Deutschlands für Patente und Erfindungen. Die Ausgaben sind wiederum das Produkt aus den festgesetzten Preisen und den gehandelten Mengen an Patenten. Korrigiert man den Mengeneffekt, bleibt der Preiseffekt übrig. Hinsichtlich des Preiseffektes lässt sich schließlich überprüfen, inwiefern die Festsetzung der Verrechnungspreise steuerlich motiviert ist. Hierbei ist zu untersuchen, inwiefern Deutschlands

Patentausgaben negativ vom Steuersatz des Auslands abhängen. Je niedriger der ausländische Nominalsteuersatz ist, desto höher sollten die Patentausgaben Deutschlands sein. Neben dem ausländischen Nominalsteuersatz kann auch die Differenz zwischen dem deutschen und dem ausländischen Nominalsteuersatz als Indikator fungieren. Die deutsche Nominalsteuerbelastung ist jedoch in einer bestimmten Periode für alle anderen Länder eine Konstante, so dass dieser Indikator Unterschiede über die Zeit betont. Schließlich kann als dritter Indikator eine „Steueroasendummy" gebildet werden. Wie der Primarolo-Bericht gezeigt hat, bieten insbesondere die Benelux-Länder und Irland selektive Steueranreize an (s. Abschnitt 1.3). Die Dummy ist für die Benelux-Staaten, Irland sowie die Schweiz auf 1 codiert und im anderen Fall 0.

**Tabelle 13: Hypothesen zu Gewinnverlagerungsaktivitäten**

| Hypothese | Vorzeichen | Operationalisierung |
|---|---|---|
| Je höher die Steuerbelastung im Ausland ist, desto niedriger werden die Ausgaben für Patente sein. | Negativ<br><br>Positiv<br><br><br>Positiv | 1. Ausländischer Nominal-steuersatz<br>2. Differenz des deutschen zum ausländischen Steuer-satz<br>3. Steueroasendummy |
| Je höher der ausländische Nominal-steuersatz ist, desto eher sollten Inbound-Investitionen eigenkapitalfinanziert sein. | Positiv | Ausländischer Nominal-steuersatz |
| Je niedriger der ausländische Nominal-steuersatz ist, desto eher sollten Outbound-Investitionen eigenkapital-finanziert werden. | Negativ | Ausländischer Nominal-steuersatz |
| Je höher der Quellensteuersatz auf Zinsen ist, desto eher sollten sowohl Inbound- als auch Outbound-Investitionen eigenkapital-finanziert werden. | Positiv | Quellensteuer auf Zins-Zahlungen |
| Gewinnverlagerungen sollten bei Inbound-Investitionen eher 1993 als in der Periode 2003 nachgewiesen werden können. | | Hypothese zielt auf Unterschiede in den Koeffizienten ab. |

Neben dem Handel mit immateriellen Wirtschaftsgütern nutzen multinationale Unternehmen auch die Finanzierungsbeziehungen zu ihren Tochtergesellschaften, um Steuern in Hochsteuerländern zu vermeiden. Diese sollen für die Direktinvestitionsbestände in den Jahren 1993 und 2003 analysiert werden. Untersucht wird die Finanzierungsstruktur sowohl bei Inbound- als auch bei Outbound-Investitionen. Für ein ausländisches Unternehmen, dessen Tochtergesellschaft in

Deutschland tätig ist, ist eine Finanzierung dieser mit Eigenkapital umso vorteilhafter je höher der ausländische Steuersatz ist. Bei sehr hohen ausländischen Nominalsteuersätzen dürfte kaum noch ein Unterschied zu den deutschen Nominalsteuersätzen bestehen. Ist der ausländische Steuersatz dagegen sehr niedrig wird die ausländische Muttergesellschaft eher eine Fremdkapitalfinanzierung vorziehen. Die Fremdkapitalzinsen mindern die BMG der deutschen Tochtergesellschaft, während die Zinszahlungen den Gewinn im Land der Muttergesellschaft erhöhen.

Umgekehrt verhält es sich dagegen, wenn man Direktinvestitionen deutscher Konzerne im Ausland betrachtet. Für deutsche Unternehmen ist es vorteilhaft ausländische Töchter mit möglichst viel Eigenkapital zu finanzieren. Dieser Effekt wird dabei umso stärker hervortreten, je niedriger die Steuerbelastung im Ausland ist. Neben den Unternehmenssteuersätzen können sich auch Quellensteuern auf die Finanzierungsstruktur auswirken. Hohe Quellensteuersätze auf Zinszahlungen sollten daher sowohl bei Inbound- als auch bei Outbound-Investitionen eine Eigenkapitalfinanzierung attraktiver erscheinen lassen. Tabelle 13 fasst die Hypothesen nochmals zusammen.

Schließlich lässt sich auch eine Hypothese hinsichtlich der Stärke der Zusammenhänge in den beiden Perioden aufstellen. Mit der Einführung der Gesellschafter-Fremdfinanzierung hat Deutschland Anfang der 90er Jahre defensive Maßnahmen ergriffen, um Gewinnverlagerungen zu vermeiden. Falls diese Regelung sich bewährt hat, sollten die postulierten Zusammenhänge im Jahre 1993 deutlicher zu beobachten sein als im Jahre 2003. Eine Untersuchung beider Perioden kann deshalb dazu beitragen die Effektivität der neuen Regeln zu bestimmen.

## 7.2. Ergebnisse

Deutschland ist diejenige Volkswirtschaft, welche zusammen mit Japan die höchste Nominalsteuerbelastung unter den Industriestaaten aufweist. Da die Ergebnisse des letzten Kapitels gezeigt haben, dass vor allem die Nominalsteuersätze infolge steigender Kapitalmobilität gesunken sind, soll in diesem Abschnitt am Beispiel Deutschlands untersucht werden, inwiefern Gewinnverlagerungen als mögliche Ursache dafür in Frage kommen. Erste Indizien, dass Deutschland Opfer von Gewinnverlagerungen sein könnte, wurden in 6.4 aufgezeigt. Die Profitabilität deutscher Unternehmen ist einmal sehr gering; zudem hat sich diese in den 90er Jahren weiter verringert, während in anderen Volkswirtschaften die Unternehmensprofitabilität gestiegen ist (s. Abbildung 8; Abschnitt 6.4). Wie Grubert (2003) für den US-Fall dargestellt hat, werden Einkommensverlagerungen vor allem mittels einer extensiven Fremdkapitalfinanzierung sowie mit Hilfe von Lizenzgebühren im F&E-Bereich durchgeführt

(s. Abschnitt 5.3). Diese beiden Instrumente der Gewinnverlagerung sollen im Folgenden analysiert werden. Einmal wird geprüft, inwiefern Deutschlands Ausgaben für Patente und Verfahren steuerlich motiviert sind. Daneben wird für die Direktinvestitionsbestände im Jahre 1993 bzw. 2003 analysiert, wie deutsche Direktinvestitionen im Ausland bzw. ausländische Direktinvestitionen im Inland finanziert werden. Es handelt sich hierbei um unmittelbare Direktinvestitionen, d.h. das Beteiligungs- bzw. Fremdkapital stammt von der Muttergesellschaft oder einem anderen verbundenen Unternehmen der jeweiligen Volkswirtschaft.

Für die Patentausgaben Deutschlands stehen Daten von 1986-2000 zur Verfügung. Hierbei wird Deutschlands Verflechtung mit 20 weiteren hoch entwickelten Ländern analysiert. Jedoch sind nur für 12 Länder Daten ab 1986 vorhanden. Das Panel ist damit – wie auch im letzten Kapitel – „unbalanced". Da Makrodaten verwendet werden ist es nicht sicher, ob die Patentzahlungen zwischen verbundenen oder fremden Unternehmen stattfinden. Vorangegangene Untersuchungen zur technologischen Dienstleistungsbilanz legen jedoch den Schluß nahe, dass eine überwältigende Mehrheit der Patentzahlungen aus Leistungsbeziehungen zwischen verbundenen Unternehmen resultiert (Deutsche Bundesbank 1992; Belitz 2004). In der grundlegenden Spezifikation werden alle Patentausgaben betrachtet. Ferner werden Schätzergebnisse bei Konzentration auf deutsche Unternehmen präsentiert. Die ökonomische Theorie macht keine Aussagen zum funktionalen Zusammenhang, so dass neben einer linearen Spezifikation auch andere Zusammenhänge untersucht wurden. Am vorteilhaftesten erwies sich hierbei eine logarithmische Beziehung, die als Grundlage für das folgende Modell dient:

$$\text{Log}\left(\frac{\text{Ausgaben}}{\text{Bevölkerung}_{it}}\right) = \alpha_0 + \beta_1 \text{Log}\left(\frac{\text{Patente}_{it}}{\text{Bevölkerung}_{it}}\right) + \beta_2 \text{Log(Kapitalverkehrs-}$$

$$\text{kontrollen}_{it}) + \beta_3 \text{ gemeinsame Grenze} + \beta_4 \text{Log (Steuern}_{it-1}) + e_{it} \qquad (10)$$

wobei i das Ausland kennzeichnet und t die Zeit angibt. Zum einen sind die Patentausgaben Deutschlands eine Funktion der Innovationsstärke der ausländischen Volkswirtschaft. Unter sonst gleichen Umständen sollten Deutschlands Patentausgaben pro Kopf in denjenigen Ländern größer sein, die technologisch weiter fortgeschritten sind. Deshalb wurde die logarithmierte ausländische Patentproduktion als Regressor in die Schätzgleichung eingeschlossen. Hierbei handelt es sich um die Zahl der angemeldeten Patente in einer Volkswirtschaft. Um einen geografischen Bias zu vermeiden berücksichtigt dieser Indikator neben europäischen Patenten auch solche, die in den USA und Japan angemeldet worden sind. Da die Patentausgaben das Ergebnis der importierten Mengen und Preise sind, wird durch diesen Regressor der Mengeneffekt kontrolliert. Das Vorzeichen von $\beta_1$ sollte somit positiv sein.

Ferner werden zwei weitere Kontrollgrößen eingeschlossen, die Marktimperfektheiten berücksichtigen. Zum einen wurde der Kapitalverkehrskontrollenindex von Quinn (1997), welcher auch im letzten Abschnitt als Maß für die Kapitalmobilität verwendet wurde, herangezogen. Ein Abbau von Kapitalverkehrskontrollen begünstigt auf zwei Arten höhere Patentausgaben: 1. Die Ansiedlung der Tochtergesellschaft im Ausland wird um so weniger gestört, je größer die Offenheit des Auslandes ist. 2. Selbst, wenn die Tochterkapitalgesellschaft sich im Ausland problemlos ansiedeln kann, stören weitreichende Kapitalverkehrskontrollen die Leistungsbeziehungen in verbundenen Konzernen. Da Entgelte für Patente und Erfindungen an die ausländische Gesellschaft überwiesen werden müssen, hemmen Kapitalverkehrskontrollen den Kapitalfluss. Je geringer die Kapitalverkehrskontrollen sind, desto höher sollten folglich die Patentausgaben sein. Ein positives Vorzeichen wird daher erwartet. Neben Kapitalverkehrskontrollen wird zusätzlich eine Dummy in die Regression aufgenommen, die angibt ob das Ausland an Deutschland angrenzt. Da technologieintensive Branchen eher durch imperfekte Wettbewerbsverhältnisse charakterisiert sein dürften, kann es sinnvoll sein sich möglichst nah am Lizenznehmer anzusiedeln. Das Vorzeichen der Dummy-Variable sollte ebenfalls positiv sein.

Schließlich können Patentausgaben auch getätigt werden, um mit Hilfe von Verrechnungspreismanipulationen Gewinne aus Deutschland zu verlagern. Deshalb wird als erster Steuerbelastungsindikator der logarithmierte Nominalsteuersatz des Auslandes verwendet. Je niedriger der ausländische Steuersatz ist, desto höher sollten die Patentausgaben sein. Neben diesem Maß kann aber auch der Logarithmus der Steuersatzdifferenzen zwischen Deutschland und dem Ausland als Maß für die Sensitivität steuerlicher Entscheidungen herangezogen werden. Schließlich wird als dritter Indikator eine Steueroasendummy eingeschlossen. Wie der Primarolo-Bericht gezeigt hat, bieten insbesondere die Benelux-Länder und Irland selektive Steueranreize an. Ebenso kommt Weichenrieder (1995 168-169) zu dem Schluss, dass Irland und die Benelux-Länder aufgrund selektiver Steueranreize für Gewinnverlagerungen interessant sind. Die Dummy ist für die Benelux-Staaten, Irland sowie die Schweiz auf 1 codiert und im anderen Fall 0. Zudem hat Deutschland – sieht man von der Schweiz ab – mit keinem dieser Länder eine Aktivitätsklausel in seinen DBA vereinbart (Jacobs / Spengel 1999 840). Eine Verlagerung von Gewinnen in diese Länder dürfte deshalb relativ einfach fallen.

In der grundlegenden Spezifikation wird das in (10) beschriebene gepoolte Modell geschätzt. Neben diesem werden auch die Ergebnisse von Fixed-Effects-Schätzungen präsentiert. Analog zum letzten Kapitel können auch hier Größen, die keine Varianz über die Zeit hinweg aufweisen, nicht (präzise) geschätzt werden. In den Fixed-Effects-Schätzungen wird deshalb die Dummy für die gemeinsame Grenze ausgeschlossen. Eine Kontrolle der Zeit mittels Periodendummies erwies sich als nicht erforderlich, so dass hierzu keine Schätzungen ausgewiesen werden.

Ein weiteres Problem ergibt sich aus der endogenen Beziehung von Steuersatz und Patentausgaben. Im letzten Kapitel war der Steuersatz die zu erklärende Variable. Da die Modelle des Steuerwettbewerbs unterstellen, dass politische Entscheidungsträger auf zunehmenden Steuerwettbewerb mit einer Senkung der Steuersätze antworten, besteht auch hier die Möglichkeit einer endogenen Beziehung. Deshalb werden die Schätzungen die Steuersätze der Vorperiode als Instrument verwenden. Streng genommen könnten zudem auch die Kapitalverkehrskontrollen als Proxy für den Nominalsteuersatz interpretiert werden. Schließlich wurden auch weiter zurückliegende Lags der Steuersätze sowie die Ländergröße als weitere mögliche Instrumente untersucht. Die Ergebnisse sind in dieser Hinsicht robust, so dass nur die Schätzungen zum Nominalsteuersatz ausgewiesen werden.

**Tabelle 14: Deskriptive Statistik zur technologischen Verflechtung und Finanzierungsstruktur**

| 1 | 2 | 3 | 4 | 5 | 6 |
|---|---|---|---|---|---|
| | **1986** | **1990** | **1995** | **2000** | **2003** |
| Patentausgaben (Millionen €) | 1728 | 2430 | 2946 | 3796 | 2747 |
| Nettoexporte (Millionen €) | -1003 | -1187 | -1341 | -1429 | -38 |
| Durchschnittlicher Nominalsteuersatz (Ausland) | 45,6 | 38,3 | 35 | 33,4 | 32,4 |
| Nominalsteuersatz Deutschland | 63 | 58 | 57 | 52 | 40 |
| Anzahl Patente pro Kopf Durchschnitt (Ausland) | 0,24 | 0,29 | 0,33 | 0,40 | NV[1] |
| Anzahl Patente pro Kopf Deutschland | 0,58 | 0,62 | 0,59 | 0,78 | NV |
| Kapitalverkehrskontrollen Durchschnitt (Ausland) | 75 | 82,9 | 92,1 | 95,1[2] | NV |
| Eigenkapitalanteil Outbound Direktinvestitionen | NV | 0,73[3] | NV | NV | 0,80 |
| Eigenkapitalanteil Inbound Direktinvestitionen | NV | 0,45[3] | NV | NV | 0,59 |

Anmerkungen: 1= Nicht verfügbar; 2= Daten beziehen sich auf 1999; 3= Gibt die Bestände in 1993 statt 1995 an.

Tabelle 14 gibt einige deskriptive Anhaltspunkte zu den einzelnen Variablen wieder. Wie man sieht, ist Deutschland ein Nettokapitalimporteur im Bereich des Patenthandels. Dies ist insofern überraschend, da die deutsche Volkswirtschaft über eine hohe technologische Leistungsfähigkeit verfügt. Vergleicht man die Zeilen 7 und 8 so zeigt sich, dass die Anzahl der Patente in Deutschland fast doppelt so hoch ist als der (ungewichtete) Durchschnitt des Auslands. Auf der anderen Seite ist Deutschlands Nominalsteuersatz deutlich höher als der (ungewichtete) Durchschnitt der anderen Länder. Ein weiteres Indiz, welches für die Bedeutung steuerlich motivierter Transaktionen spricht, ist in der Entwicklung der Nettokapitalimporte über die Zeit zu sehen. Das Defizit konnte in jüngster Vergangenheit abgebaut werden. Möglicherweise steht dies im Zusammenhang mit der Steuerreform der ehemaligen rot-grünen Bundesregierung, die eine Senkung des Nominalsteuersatzes hervorgebracht hat. Dadurch wurde der Abstand zu anderen Volkswirtschaften verkleinert und somit der Anreiz Gewinnverlagerungen durchzuführen verringert. Zusammenfassend gibt es auf Basis dieses ersten Eindrucks einige Indizien, die darauf hindeuten, dass Gewinnverlagerungen durch Patentzahlungen einen Teil des technologischen Handels erklären können.

Die beiden unteren Zeilen geben den Anteil der Eigenkapitalfinanzierung an der gesamten Finanzierung von Direktinvestitionen an.[85] Der Anteil eigenkapitalfinanzierter Direktinvestitionen ist bei Outbound-Investitionen deutlich höher als bei Inbound-Investitionen. Da eine Finanzierung mit Fremdkapital das Einkommen der deutschen Konzernmutter aufgrund der Zinszahlungen der ausländischen Tochtergesellschaft erhöhen würde, ist dieses Bild im Einklang mit einer steuerminimierenden Strategie. Dagegen sind die Zahlen bei den Inbound-Investitionen etwas überraschend, da immerhin knapp die Hälfte der ausländischen Direktinvestitionen in Deutschland mit Hilfe von Eigenkapital finanziert wird. Zudem ist der Eigenkapitalanteil in den letzten 10 Jahren gestiegen, was aber möglicherweise mit der Einführung von § 8a KStG im Zusammenhang steht. Dieser schreibt vor, dass das Verhältnis von Fremd- zu Eigenkapital nicht größer als 1,5 sein darf. Zusammengenommen deutet der erste deskriptive Eindruck darauf hin, dass auch die Finanzierungsstruktur von In- und Outbound-Investitionen durch Gewinnverlagerungen beeinflusst sein könnte.

Tabelle 15 zeigt die Resultate für das gepoolte Modell. In den Spalten 2 und 3 sind die Ergebnisse für ein Modell auf Basis von 4-Jahresdurchschnitten wiedergegeben, während die Spalten 4-6 eine jährliche Spezifikation verwenden. Vergleicht man die Koeffizienten der einzelnen Variablen, so sind keine gravierenden Unterschiede zwischen diesen beiden unterschiedlichen Spezifikationen auszumachen. Alle Kontrollgrößen sind durchgehend auf dem 1%-Niveau signifikant. Sowohl ein Abbau von Kapitalverkehrskontrollen als auch

---

[85] Diese Verhältniszahl ist definiert als: Eigenkapital / Eigenkapital + Fremdkapital

eine gemeinsame Grenze führen zu einem signifikanten Anstieg der Patentausgaben Deutschlands. Zudem lassen die Ergebnisse darauf schließen, dass Patentzahlungen zumindest teilweise substanziell ökonomischen Erwägungen folgen. Deutschlands Patentzahlungen fallen in wissensintensiven Ländern deutlich höher aus als in technologisch weniger entwickelten Volkswirtschaften. Die gemessene Elastizität signalisiert, dass ein Anstieg der Patente pro Kopf um 1% im Ausland mit einer Erhöhung der Patentausgaben um ca. 0,6% einhergeht. Der Anstieg ist somit unterproportional.

**Tabelle 15: Ergebnisse Patentausgaben: Gepooltes Modell**

| 1 | 2 | 3 | 4 | 5 | 6 |
|---|---|---|---|---|---|
| | **4-Jahres-Modell** | **4-Jahres-Modell** | **1-Jahres Modell** | **1-Jahres Modell** | **1-Jahres Modell** |
| Kapital-Kontrollen | 1,76 (2,98)*** | 1,84 (3,35)*** | 2,37 (5,50)*** | 2,02 (3,61)*** | 2,51 (4,52)*** |
| Patente pro Kopf | 0,68 (7,22)*** | 0,71 (7,16)*** | 0,63 (8,64)*** | 0,59 (6,02)*** | 0,59 (6,42)*** |
| Gemeinsame Grenze | 1,60 (3,67)*** | 1,51 (3,33)*** | 0,66 (4,14)*** | 1,58 (13,50)*** | 1,48 (13,68)*** |
| Nominalsteuersatz t-1 | -0,84 (-2,05)** | | | -1,08 (-1,99)** | |
| Nominalsteuersatz Differenz | | 0,25[a] (1,30) | | | 0,20 (1,91)* |
| Steueroase | | | 1,51 (4,88)*** | | |
| Beobachtungen | 62 | 62 | 229 | 229 | 229 |
| Länder | 20 | 20 | 20 | 20 | 20 |
| Adj. $R^2$ | 90,8 | 90,3 | 80,9 | 79,2 | 78,2 |

Anmerkungen: s. Tabelle 7; a): „Nominalsteuersatz Differenz" ist die logarithmierte Differenz von deutschem und ausländischem Nominalsteuersatz.

Betrachtet man die Koeffizienten der Steuerbelastungsindikatoren, so lässt sich der Schluss ziehen, dass Deutschlands Patentausgaben von steuerlichen Erwägungen determiniert werden. Dieses Ergebnis ist zudem unabhängig davon, ob ein Modell mit jährlichen Daten oder mit 4-Jahresdurchschnitten gerechnet wird.[86] Bei Betrachtung des ausländischen Nominalsteuersatzes ergibt sich eine Elastizität von ca. 1, d. h. ein Anstieg des ausländischen Nominalsteuersatzes um 1% geht mit einer Senkung der Patentausgaben um ebenfalls 1% einher. Legt man stattdessen die logarithmierte Differenz zwischen dem deutschen und dem ausländischen Nominalsteuersatz zugrunde, so wechselt das Vorzeichen. Das

[86] Die „Steueroasendummy", deren Ergebnisse für ein Modell mit 4-Jahresdurchschnitten nicht abgebildet sind, ist auch in diesem Fall auf dem 1%-Niveau signifikant.

positive Vorzeichen ist jedoch im Einklang mit Gewinnverlagerungen, da bei einem steigenden Steuersatzgefälle zwischen Deutschland und dem Ausland die Patentausgaben besonders hoch sein sollten. Am deutlichsten sind die Effekte jedoch bei der „Steueroasendummy“. Möglicherweise werden durch die Nominalsteuersätze nicht alle Anreize zur Gewinnverlagerung eingefangen, da der Nominalsteuersatz selektive Steueranreize nicht berücksichtigt.

**Tabelle 16: Ergebnisse Patentausgaben: Deutsche Unternehmen**

| 1 | 2 | 3 | 4 | 5 | 6 | 7 |
|---|---|---|---|---|---|---|
| | **Deutsche Unter-nehmen** | **Deutsche Unter-nehmen** | **Deutsche Unter-nehmen** | **Kontroll-Gruppe** | **Kontroll-Gruppe[a]** | **Kontroll-Gruppe** |
| Kapital-Kontrollen | 1,53 (2,96)*** | 1,82 (3,49)*** | 1,67 (3,15)*** | 2,26 (4,69)*** | 2,58 (6,08)*** | 2,55 (6,30)*** |
| Patente pro Kopf | 0,68 (6,45)*** | 0,65 (6,03)*** | 0,63 (8,64)*** | 0,83 (8,81)*** | 0,84 (9,60)*** | 0,81 (11,5)*** |
| Gemeinsame Grenze | 0,41 (2,17)** | 0,42 (2,28)** | 0,17 (0,80) | 1,20 (7,47)*** | 1,13 (8,76)*** | 0,50 (3,37)*** |
| Nominal-steuersatz t-1 | -0,76 (-1,75)* | | | -0,82 (-2,20)** | | |
| Nominal-steuersatz Differenz t-1 | | 0,09 (0,67) | | | 0,15 (1,86)* | |
| Steueroase | | | 0,54 (2,45)** | | | 1,12 (8,47)*** |
| Fälle | 170 | 170 | 170 | 170 | 170 | 170 |
| Länder | 12 | 12 | 12 | 12 | 12 | 12 |
| Adj. $R^2$ | 62,7 | 62,4 | 63,3 | 78,9 | 79,1 | 80,6 |

Anmerkungen: s. Tabelle 7. a): In der Kontrollgruppe sind ebenfalls die in Fußnote 87 erwähnten Länder enthalten.

Bisher wurde gezeigt, dass Deutschlands Patentausgaben bei einer hohen Steuerbelastung im Ausland sinken. Die Daten bezogen sich jedoch sowohl auf inländische Unternehmen als auch auf Tochtergesellschaften, die an ihre ausländische Konzernmutter Entgelte überweisen. Daher kann man sich fragen, inwiefern dieser Sachverhalt auch dann noch zutrifft, wenn nur die Verflechtung zwischen *deutschen* Unternehmen und ihren ausländischen Töchtern betrachtet wird. Leider sind Daten bzgl. der Verflechtung deutscher Unternehmen mit dem Ausland nur für 12 Länder verfügbar.[87] Die Ergebnisse hierzu sind in Tabelle 16

[87] Dies waren im Einzelnen: Belgien, Frankreich, Italien, Japan, Niederlande, Spanien, Großbritannien, USA, Österreich, Norwegen, Australien und Luxemburg.

abgebildet. Da nicht sicher ist, ob Unterschiede in den Parametern aufgrund der Konzentration auf deutsche Unternehmen bedingt sind oder aber auf Unterschiede in der Zahl der eingeschlossenen Staaten zurückgeführt werden können, werden zur Kontrolle nochmals die Ergebnisse für *sämtliche* Patentausgaben in den Spalten 5-7 abgebildet.

Wie man sieht ist die Elastizität des ausländischen Nominalsteuersatzes etwas zurückgegangen (-0,76 statt der -1,08 in Tabelle 15, Spalte 5). Dies bedeutet jedoch nicht, dass die Patentzahlungen deutscher Unternehmen nicht auf steuerliche Anreize reagieren. Wie die Ergebnisse in Spalte 5 zeigen, ist die etwas zurückgegangene Elastizität eher auf die unterschiedliche Zahl der eingeschlossenen Länder zurückzuführen. Denn die beiden Elastizitäten in den Spalten 2 und 5 sind nahezu identisch. Auf der anderen Seite sind die Differenzen in den Nominalsteuersätzen bei einer reinen Konzentration auf deutsche Unternehmen nicht mehr statistisch signifikant. Ebenso hat sich die Effektstärke der „Steueroasendummy" halbiert, wenn man die Analyse auf deutsche Unternehmen fokussiert. Alles in allem zeigen die Ergebnisse, dass bei einer reinen Konzentration auf deutsche Unternehmen die Elastizität etwas zurückgeht; nichts desto weniger kann weiterhin eine steuerliche Sensitivität der Patentzahlungen nachgewiesen werden. Inwiefern die Hinzurechnungsbesteuerung für die etwas abgesunkenen Elastizitäten verantwortlich ist, ist nicht aus den Daten ersichtlich. Da Deutschland zu den hier analysierten Ländern ein DBA unterhält, ist die Hinzurechungsbesteuerung nur auf diejenigen Staaten anwendbar deren DBA mit Deutschland einen Aktivitätsvorbehalt aufweißt. Schließlich müsste für die Anwendbarkeit der Hinzurechungsbesteuerung auch gewährleistet sein, dass die Patente zumindest teilweise in Deutschland mitentwickelt worden sind (§ 8 Abs. 1 Nr.6 AStG).

Neben dem gepoolten Modell lassen sich auch Schätzungen mit fixen Ländereffekten durchführen. Diese sind in Tabelle 17 abgebildet. Unter rein statistischen Gesichtspunkten, ist das Modell mit fixen Ländereffekten dem gepoolten Modell vorzuziehen, da die Erklärungskraft des Modells nochmals etwas zugenommen hat. Auf der anderen Seite absorbieren die Länderdummies die Varianz im Querschnitt, so dass die Koeffizienten der Regressoren aus der zeitlichen Entwicklung resultieren. Es ist daher nicht überraschend, dass die Signifikanz bei allen Regressoren sinkt. Die Elastizität des ausländischen Nominalsteuersatzes ist um ca. die Hälfte gesunken und ist schwach signifikant. Dagegen ist die Differenz zwischen dem deutschen und dem ausländischen Nominalsteuersatz insignifikant. Da durch die Länderdummies die Varianz im Querschnitt absorbiert wird und gleichzeitig der Kapitalverkehrskontrollenindex vor allem die zeitliche Varianz bindet, sind in Spalte 4 nochmals die Ergebnisse bei Ausschluss des Kapitalverkehrskontrollenindexes abgebildet. In diesem Fall ist der ausländische Nominalsteuersatz wieder auf dem 1%-Niveau signifikant. Zuletzt sind in den Spalten 5 und 6 Ergebnisse abgebildet, wenn der Fokus der Betrachtung nur auf deutschen Unternehmen bzw. der Kontrollgruppe liegt. In beiden Fällen ist der ausländische Nominalsteuersatz nicht mehr signifikant.

**Tabelle 17: Ergebnisse Patentausgaben: Modell mit fixen Ländereffekten**

| 1 | 2 | 3 | 4 | 5 | 6 |
|---|---|---|---|---|---|
| | **1986-2000** | **1986-2000** | **1986-2001** | **Deutsche Firmen** | **Kontrollgruppe** |
| Kapitalkontrollen | 1,31<br>(2,68)*** | 1,53<br>(3,25)*** | | 0,00<br>(0,05) | 1,02<br>(2,34)** |
| Patente pro Kopf | 0,29<br>(1,85)* | 0,30<br>(1,90)* | 0,42<br>(2,46)** | 0,87<br>(2,31)** | 0,58<br>(2,91)*** |
| Nominalsteuersatz t-1 | -0,43<br>(-1,45) | | -0,75<br>(-2,81)*** | -0,12<br>(-0,26) | -0,36<br>(-1,19) |
| Nominalsteuersatz Differenz t-1 | | 0,04<br>(0,52) | | | |
| Beobachtungen | 229 | 225 | 248 | 170 | 170 |
| N | 20 | 20 | 20 | 12 | 12 |
| Adj. $R^2$ | 86,4 | 86,2 | 86,2 | 67,8 | 86,8 |

Anmerkungen: s. Tabelle 7

Fasst man die Ergebnisse zusammen so lässt sich feststellen, dass Deutschlands Patentzahlungen steuerlich motiviert sind, wenngleich die Effektstärken in einem Modell mit fixen Ländereffekten gegenüber einem gepoolten Modell etwas abnehmen. Trotz der insgesamt auf Einkommensverlagerungen hindeutenden Ergebnisse ist jedoch anzumerken, dass sich Verzerrungen ergeben können, wenn sich die Volkswirtschaften in der Patentqualität deutlich unterscheiden. Bieten Niedrigsteuerländer auch qualitativ hochwertige Patente an, so wird das Ausmaß an Gewinnverlagerungen überschätzt, während die Elastizitäten der Steuerbelastungsindikatoren eher zu niedrig sind, wenn die Qualität der Patente in Niedrigsteuerländern ebenfalls niedrig ist. Korreliert die Patentqualität dagegen positiv mit der Patentmenge, so sollten keinerlei Verzerrungen bestehen, da die Patentmenge in der Regression kontrolliert wurde.

Abschließend soll untersucht werden, inwiefern die Koeffizienten der beiden Steuerbelastungsindikatoren durch den Einschluss bestimmter Länder determiniert werden. Hierzu wurde eine „Jackknife-Analyse" durchgeführt. Mit diesem Verfahren wird immer ein Land aus der Regression entfernt, so dass sich obere und untere Schranken für die Koeffizienten ermitteln lassen. Die Ergebnisse dieser Untersuchung sind in Tabelle 18 zusammengefasst. Hinsichtlich der Schätzung mit fixen Ländereffekten zeigt sich eine mangelnde Konstanz der Parameter. Die Koeffizienten sind extrem instabil und schwierig interpretierbar, da weder Australien noch Norwegen sich durch eine besonders hohe bzw. niedrige Steuerbelastung auszeichnen. Anders verhält es sich dagegen bei dem gepoolten Modell. Hier führt ein Ausschluss der USA zu besonders hohen Elastizitäten. Dies lässt sich sowohl mit der relativ hohen Steuerbelastung als auch mit der Innovationskraft der USA erklären. Patentausgaben in die USA scheinen demnach stärker durch rein ökonomische Erwägungen motiviert zu sein. Dies kann dagegen von Irland nicht behauptet werden. Ein Ausschluss Irlands aus der Regression führt zu einem Absinken der Elastizitäten und der Signifikanzniveaus. Dies ist im Einklang mit qualitativen Befunden. So weist Weichenrieder (1996 43) darauf hin, dass die Einführung der verschärften Hinzurechnungsbesteuerung nicht zuletzt der mangelnden Bereitschaft Irlands das DBA mit Deutschland um eine Aktivitätsklausel anzupassen zu verdanken war. Die Einfügung einer Aktivitätsklausel hätte es den deutschen Steuerbehörden ermöglicht, den Schutz, welche passive Einkünfte aus Irland (und einigen anderen DBA-Ländern) bis 1992 genossen, zu umgehen. Irland scheint somit dasjenige Land zu sein, bei denen die Patentausgaben Deutschlands hauptsächlich auf steuerlichen Erwägungen beruhen.

**Tabelle 18: Jackknife-Analyse**

| | Minimum | Land | Maximum | Land |
|---|---|---|---|---|
| **Prais Winsten:** | | | | |
| Nominalsteuersatz t-1 | -0,43 (-1,42) | Irland | -1,33 (-2,33)** | USA |
| Nominalsteuersatz Differenz t-1 | 0,10 (1,44) | Irland | 0,24 (2,11)** | Finnland |
| **Fixed Effects:** | | | | |
| Nominalsteuersatz t-1 | -0,17 (-0,52) | Australien | -1,35 (-6,00)*** | Norwegen |
| Nominalsteuersatz Differenz t-1 | 0,00 (0,01) | Italien | 0,16 (3,00)*** | Norwegen |

Anmerkungen: s. Tabelle 7

Nachdem nachgewiesen wurde, dass deutsche Patentzahlungen steuerlichen Erwägungen folgen, soll abschließend die Finanzierungsstruktur von Direktinvestitionen genauer analysiert werden. Tabelle 19 zeigt die Ergebnisse einer Befragung von 113 multinationalen Unternehmen durch die EK (2004). Es wurden nur Unternehmen befragt, die eine Betriebsstätte oder eine Tochterkapitalgesellschaft in einem anderen Mitgliedsstaat der EU haben. Die Antwort in Zeile 2 zeigt, dass sich multinationale Unternehmen von steuerlichen Überlegungen insbesondere bei der Wahl der Rechtsform leiten lassen. Daneben geben aber auch ca. 75% aller Unternehmen an, dass die Art der Finanzierung der Tochtergesellschaft von Einfluss ist. Für die folgende Analyse ist insbesondere die dritte Frage wichtig: Hier geben 77% der Unternehmen an, dass bei der Finanzierung der ausländischen Einheit über die Muttergesellschaft die Wahl zwischen Fremd- und Eigenkapital von Bedeutung sein kann. Alles in allem scheinen sich multinationale Konzerne bewusst zu sein, dass durch eine geeignete Ausgestaltung der Finanzierungsstruktur Steuersubstrat aus Hoch- in Niedrigsteuerländer verlagert werden kann. Daher gibt es auch wenig Grund zu der Annahme, dass Investitionsentscheidungen unter beschränkt rationalen Verhalten durchgeführt werden.

**Tabelle 19: Besteuerung und grenzüberschreitende Steuerplanung**

| | Nie | Manchmal / Immer | Weiß nicht |
|---|---|---|---|
| Überlegungen zur Rechtsformwahl? | 4,8% | 87,3% | 7,9% |
| Finanzierung ausländischer Einheiten lokal, statt über die Muttergesellschaft? | 14,1% | 74,9% | 11,0% |
| Eigen- vs. Fremdkapital bei Finanzierung über die Konzernmutter? | 12,5% | 77,2% | 10,3% |
| Route des Einkommensflusses zur oder von der ausländischen Einheit über Holdings oder Einheiten in Drittstaaten | 13,5% | 60,9% | 25,7% |
| Eigen- vs. Fremdkapital oder einbehaltene Gewinne bei der lokalen Finanzierung? | 11,3% | 70,0% | 18,7% |

Quelle: EK 2004 93

Nachdem gezeigt wurde, dass multinationale Unternehmen sich der steuerlichen Konsequenzen einzelner Finanzierungsformen bewusst sind, soll speziell für Deutschland untersucht werden, inwiefern die Finanzierungsstruktur durch steuerliche Erwägungen determiniert wird. Hierbei ist zu vermuten, dass deutsche Direktinvestitionen im Ausland um so eher eigenkapitalfinanziert werden, je niedriger der ausländische Steuersatz ist. Denn bei einer Fremdkapitalfinanzierung würde der Gewinn der ausländischen Tochter aufgrund der Abzugsfähigkeit von Fremdkapitalzinsen sinken, während die Gewinne der deutschen Muttergesellschaft steigen würden. Aufgrund der hohen Steuerbelastung in Deutschland ist dies i.d.R. keine sehr sinnvolle Strategie. Umgekehrt verhält es sich dagegen bei Inbound-Investitionen: Ausländische Direktinvestitionen in Deutschland sollten umso stärker eigenkapitalfinanziert werden, je höher der ausländische Steuersatz ist. Zudem wird vermutet, dass sich Quellensteuern auf Zinszahlungen auf die Finanzierungsstruktur auswirken. Hohe Quellensteuern sollten eher eigenkapitalfinanzierte Direktinvestitionen attraktiver machen. Die abhängige Variable der Untersuchung ist der Anteil eigenkapitalfinanzierter Direktinvestitionen. Die Daten stellen Direktinvestitionsbestände dar, so dass für das Jahr 1993 der durchschnittliche Nominalsteuersatz von 1980-1993 zugrunde gelegt wurde, während für das Jahr 2003 der durchschnittliche Nominalsteuersatz der Periode 1990-2003 gilt. Da nur Daten für weniger als 25 Länder zur

Verfügung stehen, sollten die Signifikanzniveaus der Koeffizienten nicht überinterpretiert werden.

Tabelle 20 zeigt die Ergebnisse für Inbound-Investitionen an. Hierbei sind deutliche Unterschiede zwischen den beiden Perioden zu erkennen. Während die Koeffizienten für das Jahr 2003 insignifikant sind, gehen von den Steuersätzen im Jahre 1993 deutliche Effekte auf die Finanzierungsstruktur aus. Eine Erhöhung des Nominalsteuersatzes um 1%-Punkt geht in dieser Periode mit einer Erhöhung der Eigenkapitalfinanzierung von 0,7%-Punkten einher. Bei hohen Nominalsteuersätzen des Auslands ist es für den ausländischen Mutterkonzern weniger attraktiv das deutsche Tochterunternehmen mit Fremdkapital zu finanzieren, so dass das Vorzeichen den theoretischen Erwartungen entspricht. Dieser Zusammenhang bleibt auch dann robust, wenn man die nichteuropäischen Steueroasen aus dem Sample ausschließt. Ähnliche Effekte lassen sich auch bei den Quellensteuern auf Zinsen feststellen, deren positives Vorzeichen die Attraktivität eigenkapitalfinanzierter Investitionen widerspiegelt. Beide Größen haben dagegen keinerlei Erklärungskraft für das Jahr 2003. Dies deckt sich mit den Ergebnissen von Ramb / Weichenrieder (2005), die mit Hilfe von Mikrodaten für die Periode 1996-2001 ebenfalls keinerlei Effekte von Steuern auf die Finanzierungsstruktur nachweisen. Ihre Erklärung der insignifikanten Beziehung setzt an der Profitabilität der Unternehmen an. Da viele in Deutschland operierende Tochterunternehmen in dieser Periode Verluste ausgewiesen hätten, sei der steuerliche Vorteil aus einer erhöhten Fremdkapitalfinanzierung gering.

Eine andere Interpretation der mangelnden Erklärungskraft des Modells für das Jahr 2003 mag an den institutionellen Änderungen während dieses Zeitraums ansetzen. Deutschland hat im Jahre 1994 spezielle Regelungen zur Gesellschafter-Fremdfinanzierung erlassen, die eine Begrenzung fremdkapitalfinanzierter Direktinvestitionen zur Folge hatten (s. Abschnitt 1.5). Möglicherweise ist die insignifikante Beziehung im Jahre 2003 daher weniger auf die schlechte Ertragslage der Tochterunternehmen zurückzuführen, sondern ein Resultat der restriktiveren Regeln, die mit Verabschiedung des § 8a KStG eingeführt wurden. Ein Indiz, welches für diese Interpretation sprechen würde, sind die Schätzergebnisse für das Jahr 1993. Da sich hier – im Einklang mit der Theorie – steuerliche Effekte auf die Finanzierungsstruktur nachweisen lassen, mag die mangelnde Erklärungskraft des Modells für das Jahr 2003 auf der Einführung der Gesellschafter-Fremdfinanzierung beruhen. Diese wurde zudem immer restriktiver ausgelegt, da der safe haven im Zeitablauf von 3:1 auf 1,5:1 reduziert wurde.

**Tabelle 20: Steuern und Finanzierungsstruktur: Inbound-Investitionen**

| 1 | 2 | 3 | 4 | 5 | 6 |
|---|---|---|---|---|---|
| **Abhängige Variable** | **EK-Anteil 1993** | **EK-Anteil 1993** | **EK-Anteil 2003** | **EK-Anteil 2003** | **EK-Anteil 2003** |
| Quellen-steuer 1993 | 0,71 (1,27) | 0,30 (0,30) | | | 0,25 (0,44) |
| Quellen-steuer 2003 | | | -0,48 (-1,12) | -0,31 (-0,68) | |
| Nominalst. 1980-1993 | 0,71 (2,64)** | 0,92 (3,96)*** | | 0,19 (0,63) | 0,37 (1,06) |
| Nominalst. 1990-2003 | | | 0,03 (0,06) | | |
| Nur OECD-Staaten? | Nein | Ja | Nein | Nein | Ja |
| N | 24 | 20 | 23 | 23 | 19 |
| Adj. $R^2$ | 8,4 | 8,9 | -1,0 | 1,0 | -4,0 |

Anmerkungen: s. Tabelle 7

Auf der anderen Seite ist der Erklärungsgehalt des Modells auch für die Bestände im Jahr 1993 relativ gering. Es ist daher nicht auszuschließen, dass, neben der bereits erwähnten Wachstumsschwäche Deutschlands, auch andere Faktoren für die Zunahme der Eigenkapitalfinanzierung verantwortlich sein könnten. Einmal unterscheiden sich die beiden Perioden bzgl. der Höhe der Zinssätze. Während die 80er Jahre durch relativ hohe Zinssätze charkterisiert waren, waren die Zinssätze in den 90er Jahren in Deutschland eher niedrig. Insofern kann das gestiegene Eigenkapitalverhältnis für die Direktinvestitionsbestände 2003 auch durch die gesunkenen Zinsen motiviert sein, da multinationale Unternehmen die konzerninternen Zinssätze bei der Fremdkapitalvergabe nicht willkürlich festlegen können. Zweitens könnte das Eigenkapitalverhältnis auch durch Änderungen in der strukturellen Zusammensetzung der Unternehmen hervorgerufen werden. Wenn es sektorale Unterschiede in der Unternehmenskultur bzgl. einer agressiven Steuerplanung gibt, dann könnte eine erhöhte Eigenkapitalfinanzierung auch auf einer Zunahme von Dienstleistungsunternehmen in Deutschland beruhen. Totz dieser Einwände lässt sich jedoch insgesamt feststellen, dass die Ergebnisse im Einklang mit einer Sichtweise sind, die der Gesellschafter-Fremdfinanzierung eine hohe Wirksamkeit attestieren. Deutschland scheint es im Fall von Inbound-Investitionen gelungen zu sein, durch die gesetzliche Einschränkung fremdkapitalfinanzierter ausländischer Direktinvestitionen einer Verlagerung von Gewinnen vorzubeugen.

**Tabelle 21: Steuern und Finanzierungsstruktur: Outbound-Investitionen**

| 1 | 2 | 3 | 4 | 5 | 6 |
|---|---|---|---|---|---|
| **Abhängige Variable** | **EK-Anteil 1993** | **EK-Anteil 1993** | **EK-Anteil 2003** | **EK-Anteil 2003** | **EK-Anteil 2003** |
| Quellen-steuer 1993 | -0,50 (-0,84) | -0,57 (-0,95) | | | |
| Quellen-steuer 2003 | | | 0,67 (3,51)*** | 0,49 (2,66)** | 0,61 (3,26)*** |
| Nominalst. 1980-1993 | -0,43 (-2,45)** | -0,74 (-4,23)*** | | -0,53 (-6,98)*** | |
| Nominalst. 1990-2003 | | | -0,67 (-7,6)*** | | -0,46 (-4,29)*** |
| Nur OECD Staaten? | Nein | Ja | Nein | Nein | Ja |
| N | 24 | 20 | 24 | 24 | 20 |
| Adj. $R^2$ | 25,4 | 21,6 | 46,8 | 48,8 | 13,7 |

Anmerkungen: s. Tabelle 7

Lässt sich ein steuerminimierendes Verhalten auch bei Outbound-Investitionen nachweisen? Tabelle 21 gibt hierzu Aufschluss. Anders als bei Inbound-Investitionen ist die Gesamtgüte des Modells im Jahr 2003 größer als in der Periode vor 1993. Diesmal kann auch für beide Zeiträume ein steuerlicher Effekt auf die Finanzierungsstruktur nachgewiesen werden. So bedeuten die negativen Koeffizienten der Nominalsteuersätze, dass hohe Nominalsteuersätze der ausländischen Volkswirtschaft mit einem niedrigen Anteil eigenkapitalfinanzierter Investitionen einhergehen. Bei sehr geringen Nominalsteuersätzen des Auslandes lohnt es sich die ausländische Gesellschaft mit Eigenkapital zu finanzieren, da andernfalls der in Deutschland zu versteuernde Gewinn ansteigen würde. Zudem führen hohe Quellensteuersätze auf Zinszahlungen für die Bestände im Jahre 2003 zu einem Anstieg eigenkapitalfinanzierter Investitionen. Der Effekt von Quellensteuern ist aber nicht robust, da der Koeffizient in der Regression für die Bestände im Jahre 1993 insignifikant ist. Alles in allem lässt sich feststellen, dass bei Outbound-Investitionen die gemessenen Effekte im Einklang mit der Theorie sind. Zudem ist die Erklärungskraft des Modells bei Outbound-Investitionen deutlich besser als für Inbound-Investitionen. Da bei Outbound-Investitionen weder die Gesellschafter-Fremdfinanzierung noch die Hinzurechnungsbesteuerung angewendet wird, können deutsche Unternehmen ihre ausländischen Gesellschaften relativ frei finanzieren.[88] Dies könnte eine Ursache für die bessere Erklärungskraft des Modells sein.

[88] Theoretisch kann die Freiheit bei der Finanzierung der ausländischen Gesellschaft, durch die ausländische Volkswirtschaft eingeschränkt werden, wenn diese ebenfalls Unterkapitalisierungsvorschriften anwendet. Da Deutschland jedoch zusammen mit Japan die höchste Nominalsteuerbelastung aufweist, wird eine extensive Finanzierung der ausländischen

Zusammenfassend lässt sich für den Fall Deutschlands feststellen, dass Unternehmen Steuervermeidungsstrategien sowohl im Bereich der Patentausgaben als auch bei der Finanzierung von Direktinvestitionen einsetzen. Die Ergebnisse sind damit komplementär zu denen von Stöwhase (2002) und Huizinga / Laeven (2007). Insbesondere letztere Untersuchung identifiziert Deutschland als den großen Verlierer von Gewinnverlagerungen. In diesem Abschnitt wurde gezeigt, dass Gewinnverlagerungen mit Hilfe der Konzernfinanzierung und immaterieller Wirtschaftsgüter erfolgen. Dabei waren die Bemühungen Deutschlands mittels der Gesellschafter-Fremdfinanzierung einer Verlagerung von Steuersubstrat vorzubeugen erfolgreich, während die Patentausgaben im Untersuchungszeitraum nur dann von der Hinzurechungsbesteuerung erfasst werden konnten, wenn das jeweilige DBA einen Aktivitätsvorbehalt aufwies und die Patente in Deutschland entwickelt worden waren.

## 7.3. Zusammenfassung der Ergebnisse

In diesem Kapitel wurde speziell am Beispiel Deutschlands untersucht, inwiefern Deutschlands Patentausgaben im Einklang mit Steuervermeidungsstrategien multinationaler Unternehmen sind. Zudem wurde die Finanzierungsstruktur von In- und Outbound-Direktinvestitionen analysiert. Die Ergebnisse sind im Einzelnen:

- Patentausgaben werden dazu genutzt, um Gewinne aus Deutschland in andere, niedrig besteuernde Gebiete zu verlagern. Insbesondere die Patentausgaben in der Verflechtung mit Irland sind durch steuerliche Erwägungen motiviert.
- Deutsche Direktinvestitionen im Ausland werden hauptsächlich eigenkapitalfinanziert. Dieser Effekt lässt sich um so eher beobachten, je niedriger die ausländische Steuerbelastung ist.
- Ausländische Direktinvestitionen in Deutschland werden um so eher mit Fremdkapital finanziert, je niedriger der Nominalsteuersatz der ausländischen Gesellschaft ist. Dies gilt jedoch nur für die Direktinvestitionsbestände im Jahre 1993. Für die Bestände im Jahre 2003 lässt sich ein solcher Effekt nicht mehr nachweisen.
- Mit Einführung der Gesellschafter-Fremdfinanzierung und der Revision der Hinzurechnungsbesteuerung wurden 1994 bzw. 1992 zwei defensive Maßnahmen verabschiedet, um Gewinnverlagerungen multinationaler Unternehmen vorzubeugen. Die Einführung von Unterkapitalisierungsregeln hat dazu beigetragen, den Fremdkapitalanteil von ausländischen Direktinvestitionen in Deutschland abzubauen. Als Indiz für die Relevanz

---

Gesellschaft mit Fremdkapital i.d.R. nicht in Betracht kommen, so dass die Unterkapitalisierungsregeln des Auslands keine gravierende Restriktion darstellen.

von § 8a KStG kann angeführt werden, dass im Jahre 2003 die Finanzierungsstruktur von Inbound-Investitionen nicht durch den Quellen- bzw. Nominalsteuersatz erklärt werden kann, während dies bei den Direktinvestitionsbeständen im Jahre 1993 der Fall war. Die Einführung von Unterkapitalisierungsregeln scheint demnach ein wirkungsvolles Instrument gegen Gewinnverlagerungen zu sein.

Die Ergebnisse des siebten Kapitels haben gezeigt, dass Gewinnverlagerungen ein Kandidat sind um den Abwärtswettlauf in den Nominalsteuersätzen erklären zu können. Dies bedeutet nicht zwangsläufig, dass andere Interpretationsmuster in der Praxis keinerlei Relevanz aufweisen; jedoch können Gewinnverlagerungen zumindest teilweise für den Abwärtswettlauf verantwortlich gemacht werden. Zudem kommen diejenigen Studien, die Gewinnverlagerungen untersuchen (s. Abschnitt 5.3) fast ausnahmslos zu dem Schluss, dass multinationale Konzerne Gewinne in niedrig besteuernde Länder verlagern. Steuerwettbewerb um mobile Unternehmensgewinne scheint demnach in der Realität von größerer Bedeutung zu sein als ein Steuerwettbewerb um Realkapital.

# 8. Empirische Untersuchung zur Zinsbesteuerung

## 8.1. Fallauswahl

Während um ausländische Direktinvestitionen fast ausnahmslos hoch entwickelte Staaten konkurrieren ist der Kreis der Wettbewerber im Bereich des Finanzkapitals größer. Da ca. 80% aller Direktinvestitionen in den OECD-Staaten verbleiben, war eine Konzentration auf hoch entwickelte Länder in dem vorangegangenen Kapitel zur Unternehmensbesteuerung zumeist ausreichend. Lediglich bei Gewinnverlagerungsaktivitäten multinationaler Unternehmen spielen Steueroasen eine wichtige Rolle. Ebenso sind Steueroasen hinsichtlich des Wettbewerbs um mobile Zinserträge von großer Bedeutung. Deshalb wird die Fallauswahl erweitert werden müssen.

Wie auch im empirischen Teil zur Unternehmensbesteuerung, sind die EU-15 Mitgliedsstaaten Gegenstand der empirischen Analyse. Die neuen Mitgliedsstaaten wurden nicht einbezogen, da diese – anders als die alten Mitgliedsländer – keine Wahl zwischen einem Regime des Informationsaustauschs und einer Quellensteuer hatten. Um überhaupt der EU beitreten zu können, mussten sich diese Länder zu einem Informationsaustausch verpflichten. Neben den EU-15-Staaten werden jedoch weitere Länder Teil der empirischen Untersuchung sein. Denn die Anwendung der EU-Zinsrichtlinie ist nicht nur auf die EU-Mitgliedsstaaten begrenzt. Mit einigen Drittstaaten sowie mit den abhängigen Gebieten wurden ebenfalls Verhandlungen geführt und zu einem Abschluss gebracht (s. Abschnitt 1.4). Da die EK diese Länder als „wichtig" eingestuft hat, sollen diese auch Gegenstand der Analyse sein. Bereits jetzt muss jedoch angemerkt werden, dass für viele dieser Länder kein umfangreiches Datenmaterial zur Verfügung steht, so dass einzelne Hypothesen immer wieder an unterschiedlichen Ländern untersucht werden müssen.

Neben den Ländern, mit denen die EK verhandelt hat, ist es ratsam weitere Drittstaaten einzuschließen. Wie das Modell von Huizinga / Nielsen (2003) gezeigt hat (s. Abschnitt 3.5), können nicht an der Richtlinie teilnehmende Drittländer einen bedeutenden Einfluss auf die zukünftige Stabilität eines grenzüberschreitenden Informationsaustauschs ausüben. Hinsichtlich der Auswahl von Drittstaaten wurde in zwei Schritten vorgegangen: Zuerst wurden Untersuchungen (Hines / Rice 1994; Luca / Musalem 1999), die bestimmte Staaten als Steueroasen klassifiziert haben, herangezogen, um den in Frage kommenden Kreis an Ländern zu definieren. Die Zahl von potentiellen Ländern ist jedoch deutlich höher als die in der Analyse letztendlich berücksichtigten Staaten, da – ähnlich wie auch bei den partizipierenden Drittstaaten und den abhängigen

Gebieten – Grenzen aufgrund der Datenverfügbarkeit vorgegeben waren. Diejenigen Drittstaaten, für die ausreichend statistisches Material vorhanden ist, gehören jedoch zu den bedeutenderen Offshore-Zentren. Im Einzelnen sind dies: Bermuda, Bahamas, Barbados, Hong Kong, Panama und Singapur. Diese Länder sind ebenfalls Teil der empirischen Analyse.

Aufgrund der geringen Fallzahlen ist eine weitergehende Analyse leider nicht möglich. Da für Steueroasen kaum Datenmaterial zur Verfügung steht (eine Ausnahme sind: Williams et. al. 2005), besteht das Ziel des übernächsten Abschnitts vielmehr darin, sich vor allem mit Hilfe deskriptiver Statistiken ein genaueres Bild zu verschaffen. Zusätzlich werden für die einzelnen Hypothesen (bivariate) Korrelationskoeffizienten berechnet. Das grenzüberschreitende Besteuerungsregime besteht aus einer einfachen Dummy-Variablen, die den Wert 1 im Falle eines Informationsaustausches annimmt, und im anderen Fall 0 beträgt. Da so gut wie keine Untersuchungen zur grenzüberschreitenden Besteuerung von Finanzkapital existieren (s. Abschnitt 5.4), ist diese Untersuchung als ein erster Schritt zu einem besseren Verständnis der Wirkungsweise des Steuerwettbewerbs um Finanzkapital zu interpretieren.

## 8.2. Hypothesen

In diesem Abschnitt sollen die Hypothesen zu den einzelnen Modellen aus Kapitel 3 formuliert werden. Die Modelle von Eggert / Kolmar (2004) und Janeba / Peters (1999) postulieren, dass der Wettbewerb um Finanzkapital ohne Kosten verbunden ist. Wenn Kapital vollständig mobil ist, können Staaten den mobilen Faktor nicht mehr besteuern, so dass der Weg zu einem Kontrollmitteilungssystem ermöglicht wird. Die Modelle beinhalten zwei prüfbare Aussagen: 1. Zum einen muss nachgewiesen werden, dass Kapital international nicht mehr besteuert wird, d.h. perfekt mobil ist. 2. Wenn der vollständig mobile Faktor nicht mehr besteuert wird, dann tauschen die Staaten Informationen untereinander aus, da mit einem Austausch von Informationen keinerlei negative Externalitäten verbunden sind.[89]

Insbesondere letztere Hypothese stimmt offenkundig nicht, da einige Staaten eine Quellensteuer erheben, statt Informationen auszutauschen. Dies muss jedoch nicht zwingend gegen ein Koordinationsspiel sprechen. Der Wettbewerb um Finanzkapital könnte auch dann einem Koordinationsspiel gleichen, wenn es zwischen den Ländern keine Systematik hinsichtlich der Wahl der einzelnen Regime gibt. M.a.W.: Wenn die drei, noch zu diskutierenden Hypothesen, sich

[89] Das Modell von Eggert / Kolmar (2004) hat multiple Gleichgewichte. Da ein Nichtaustausch von Informationen aber eine schwach dominierte Strategie darstellt, soll dieses Gleichgewicht im Folgenden vernachlässigt werden.

empirisch nicht bewähren sollten, dann folgt daraus zwar nicht zwingend, dass der Wettbewerb um Finanzkapital einem Koordinationsspiel entspricht; jedoch kann dies als Indiz für die Existenz eines Koordinationsspiels gewertet werten.[90]

Neben einem Koordinationsproblem kann auch ein Kooperationsproblem auftreten. Bacchetta / Espinosa (1995; 2000) haben in ihren Untersuchungen postuliert, dass ein Zufluss von Finanzkapital für eine Volkswirtschaft wertvoll ist, da dieses in Realkapital umgewandelt wird. Implizite Annahme war, dass der Bankensektor die beiden Teilmärkte nicht voneinander separieren kann. Wenn ein Land ein Nettokapitalimporteur ist, dann profitiert es folglich vom Steuerwettbewerb, da der Finanzkapitalzufluss in diesem Land verbleiben würde. Der Anreiz Informationen auszutauschen wird folglich umso geringer sein, je stärker die Nettokapitalzuflüsse in eine Volkswirtschaft sind. Ein Kapitalexporteur wird dagegen eher bereit sein, Informationen auszutauschen.

Neben dieser Hypothese wird untersucht, inwiefern durch Finanzkapitalzuflüsse positive Spill-over-Effekte auf den Arbeitsmarkt ausgehen. Eggert / Kolmar (2002a) weisen darauf hin, dass im Falle von Finanzkapitalzuflüssen, aufgrund der ansteigenden Bedeutung des Bankensektors, gut bezahlte Arbeitsplätze entstehen können. Neben Preiseffekten wäre es aber auch möglich, dass Mengeneffekte zu beobachten sind. In diesem Fall würden Länder keine Informationen austauschen wollen, da zusätzliche Beschäftigung entstehen kann. Unabhängig ob der genaue Mechanismus über Preis- bzw. Mengeneffekte läuft, postuliert dass Modell, dass der Anreiz keine Informationen auszutauschen durch positive Spill-over-Effekte auf den Arbeitsmärkten hervorgerufen wird.

Eine dritte Hypothese, die ebenfalls auf ein Kooperationsproblem hindeutet, setzt an der Profitabilität des Bankensektors an. Wie Huizinga / Nielsen (2003) bemerken, sollten Länder mit hochprofitablem Bankensektor sich eher für eine Quellensteuer statt für einen Austausch von Informationen entscheiden. Kritisch gegen dieses Argument ist dagegen anzuführen, dass implizit unterstellt wird, der Finanzsektor sei vollständig im Eigentum inländischer Aktionäre, da andernfalls nicht einzusehen ist, warum ein politischer Entscheidungsträger die Profitabilität des Finanzsektors in seiner sozialen Wohlfahrtsfunktion berücksichtigen sollte. Allerdings könnte eine hohe Profitabilität im Finanzsektor indirekt wohlfahrtssteigernd wirken, wenn dadurch die Steuereinnahmen aus der Unternehmensbesteuerung steigen. Länder, die hohe Steuereinnahmen durch den Bankensektor generieren, sollten ebenfalls einen geringeren Anreiz haben, für einen Informationsaustausch zu plädieren.

---

[90] Streng genommen darf man dies nicht aus der Ablehnung der drei Hypothesen schließen, da eine Ablehnung auch implizieren kann dass es andere, noch nicht „entdeckte" Ursache-Wirkungszusammenhänge gibt, die nicht mit einem Koordinationsproblem kompatibel sind.

**Tabelle 22: Hypothesen Informationsaustausch**

| Hypothese | Vorzeichen | Operationalisierung |
|---|---|---|
| **Eggert / Kolmar (2004); Janeba / Peters (1999)**<br>Wenn die Steuerbelastung des mobilen Faktors entfällt, ist ein Kontrollmitteilungssystem kostenlos. | | Keine; Beleg durch Falsifizierung der drei anderen Hypothesen |
| **Bachetta / Espinosa (1995; 2000)**<br>Je eher ein Finanzkapitalzufluss in derselben Volkswirtschaft verbleibt, desto geringer ist der Anreiz Informationen auszutauschen. | Negativ | Nettokapitalimporte von zinstragenden Wertpapieren mit dem<br>1. Nichtbankensektor<br>2. allen Sektoren |
| **Eggert / Kolmar (2002a)**<br>Der Anreiz Informationen auszutauschen sinkt, wenn dadurch viele oder gut bezahlte Arbeitsplätze entstehen. | Negativ | Geschaffene Arbeitsplätze durch:<br>1. deutsche Direktinvestitionen<br>2 US-Direktinvestitionen<br>3. Arbeitskosten |
| **Huizinga / Nielsen (2003)**<br>Je höher die Profitabilität des Finanzsektors, desto geringer der Anreiz Informationen auszutauschen. | Negativ | 1. Umsatzrendite<br>2. Gewinne / Betriebsvermögen<br>3. Steuereinnahmen pro Kopf |

Schließlich kann sich statt eines Gefangenendilemmas eine asymmetrische Konfliktstruktur einstellen. In diesem Fall könnten sich insbesondere kleinere Länder durch eine internationale Kooperation nicht mehr besser stellen. Diese Konfliktkonstellation ist dabei nicht auf eine der drei konkurrierenden Hypothesen beschränkt. In kleinen Ländern könnten sowohl zahlreiche gut bezahlte Arbeitsplätze entstehen als auch besonders hohe Steuereinnahmen aus dem Finanzsektor generiert werden, wenn unterschiedlich große Länder um Finanzkapital konkurrieren. Ob die Konfliktstruktur der eines Gefangenendilemmas gleicht oder ob Pareto-Verbesserungen nur mit Hilfe von Transferzahlungen möglich sind, wird daher im nächsten Abschnitt untersucht. Tabelle 22 fasst die Hypothesen nochmals zusammen.

Insbesondere zu sehr kleinen Steueroasen existiert kaum Datenmaterial. Deshalb müssen die einzelnen Hypothesen immer wieder an unterschiedlichen Ländern untersucht werden. Um die Hypothese von Bacchetta / Espinosa zu testen, werden Daten der „Bank für Internationalen Zahlungsausgleich" herangezogen, die auch schon von Huizinga / Nicodeme (2004) in ihrer Untersuchung verwendet worden sind (vgl. Abschnitt 5.4). Die Daten haben den Nachteil, dass Finanzkapitalbestände nur nach dem Banken- und Nichtbankensektor untergliedert sind. Die Statistiken sind deshalb nicht sehr disaggregiert. Spill-over Effekte auf dem Arbeitsmarkt werden mit Hilfe von Statistiken des „Bureau of Economic Analysis" analysiert. Diese geben den Beschäftigungsaufbau von US-Unternehmen im Ausland wieder. Um einen geografischen Bias zu minimieren werden zusätzlich Statistiken der „Deutschen Bundesbank" herangezogen. Der US-Datensatz enthält ferner die Steuerzahlungen von US-Finanzunternehmen in den einzelnen Ländern. Zudem lassen sich mit diesem auch Profitabilitätskennziffern ermitteln, so dass auch die Hypothese von Huizinga / Nielsen untersucht werden kann.

## 8.3. Ergebnisse

Mit der EU-Zinsrichtlinie wurde erstmalig ein globales Instrument geschaffen, um die grenzüberschreitende Steuerhinterziehung von Kapitalerträgen einzudämmen. Falls sich dieses Instrument bewähren sollte, wird der Abwärtswettlauf in der Besteuerung von Kapitalerträgen gestoppt werden können. Tabelle 23 zeigt, dass ein solcher in den letzten 20 Jahren zu beobachten war. Diese gibt die Steuerbelastung von Zinserträgen für einen *einheimischen* Investor wieder. Was die Besteuerung von ausländischen Investoren betrifft, so wurden ausländische Anleger bereits zu Beginn der 80er Jahre kaum noch steuerlich belastet (Huizinga / Nicodeme 2004 1104). Wie man anhand von Tabelle 23 erkennen kann, haben fast alle EU-Staaten 1985 Kapitalerträge höher besteuert als im Jahre 2004. Zwar gibt es zu jedem Zeitpunkt auch große Differenzen zwischen den Ländern; diese ebnen sich jedoch aufgrund des allgemeinen Abwärtstrends ein. Hierbei handelt es sich um die Spitzensteuersätze, in welchen die Effekte der BMG nicht berücksichtigt sind. Würde man die BMG ebenfalls berücksichtigen, so würde die Besteuerung von Zinserträgen nochmals geringer ausfallen. Beispielsweise belastet Deutschland die Zinserträge seiner Bürger weiterhin mit hohen Steuersätzen; seit der Einführung hoher Sparerfreibeträge im Jahre 1993 kann sich jedoch zumindest die Mittelschicht der Besteuerung entziehen, ohne dass unbedingt hierzu ins Ausland ausgewichen werden müsste.[91]

Die einzelnen Staaten haben folglich unterschiedliche Instrumente in den letzten 20 Jahren angewandt, um die Einlagen der einheimischen Sparer im Land zu halten. Das gängigste Instrument bestand jedoch in einer Steuersatzreduktion, welche insbesondere in den skandinavischen Ländern besonders markant ausgefallen ist. Diese besteuern seit Anfang der 90er Jahre Kapital und Arbeit mit getrennten Steuersätzen. Während der Spitzensteuersatz auf unselbständige Arbeit nur wenig im Vgl. zu den 80er Jahren gesunken ist, übersteigen die Kapitalsteuersätze in diesen Ländern nicht mehr die 30%-Marke. Weitere Länder,

---

[91] Der Sparerfreibetrag wurde jedoch in den letzten Jahren wieder sukzessive gesenkt.

wie z.B. Österreich, sind dem Beispiel der skandinavischen Länder (in abgewandelter Form) gefolgt.

Spalte 4 gibt an, inwiefern die einzelnen Länder bis zum Jahre 2003 über ein nationales Kontrollmitteilungssystem verfügten.[92] Während einige Länder ab den 80er Jahren ein Kontrollmitteilungssystem errichtet haben, haben einzelne Länder – darunter auch Deutschland – nicht einmal im Jahr 2003 in einem nationalen Rahmen Kontrollmitteilungen versendet. Auffallend ist, dass diejenigen Länder, die die stärksten Steuersatzsenkungen auf Finanzkapital beschlossen haben, gleichzeitig die Erfassung von Zinserträgen im Heimatland verstärkt haben. Was den Anreiz zur Steuerhinterziehung betrifft ist der Nettoeffekt somit unklar: Auf der einen Seite führen sinkende Steuersätze zu einem geringeren Anreiz eine grenzüberschreitende Steuerhinterziehung von Zinserträgen durchzuführen; auf der anderen Seite bewirkt ein nationales Kontrollmitteilungssystem, dass der Ansporn auf internationaler Ebene Steuern zu hinterziehen steigt. Unterstellt man, dass vermögende Bürger i.d.R. mobiler sind, so dürfte der Anreiz zur internationalen Steuerhinterziehung bei diesen eher gestiegen sein, während die Mittelschicht aufgrund der Steuersatzreduktion eher dazu bewogen werden konnte, Kapitalerträge im Inland zu versteuern. Zudem gibt es eine Reihe von Untersuchungen, die darauf hindeuten, dass bereits in den 70/80er Jahren bei einem Großteil der Kapitaleinkommen Steuern hinterzogen wurden (s. die Auflistung in: Genschel 2002b 258). Speziell für Deutschland hat der Sachverständigenrat (2003 459-460) mit Hilfe von Daten aus der Einkommenssteuerstatistik ermittelt, dass im Jahre 1992 28 Milliarden € Einkünfte aus Kapitaleinkommen bei der Einkommensteuerveranlagung angegeben wurden, während die Kapitaleinkünfte deutscher Haushalte bei einer zum damaligen Zeitpunkt geltenden Umlaufrendite von 8,1% ca. 69 Milliarden € hätten betragen müssen. Das Volumen nicht deklarierter Einkünfte aus Kapitaleinkommen betrug daher ca. 40 Milliarden €. Bei mehr als der Hälfte der Erträge aus Kapitaleinkommen ist demnach Steuerhinterziehung begangen worden.

Zusammenfassend lässt sich feststellen, dass Finanzkapital schon vor 20 Jahren recht mobil war, da schon damals ausländische Einlagen kaum noch besteuert wurden. Dessen Mobilität ist noch weiter angestiegen, sofern sinkende Steuersätze bei einheimischen Anlegern als Indiz für eine erhöhte Mobilität interpretiert werden können.[93] Die Länder haben zudem zwischen aus- und

[92] Einige der Länder, die einen grenzüberschreitenden Informationsaustausch praktizieren, haben nun auch ein nationales Kontrollmitteilungssystem errichtet. Zu diesen gehört u. a. auch Deutschland. Seit 2005 ist es deutschen Finanzämtern gestattet Kontrollmitteilungen aus inländischen Bankeinlagen zu erhalten.

[93] Die Mobilität des Finanzkapitals kann auch mit Hilfe der Korrelation von Investitions- und Sparquoten oder durch die Zunahme der grenzüberschreitenden Portfoliokapitalströme gemessen werden. Beide Indikatoren signalisieren, dass die Mobilität des Finanzkapitals in den

inländischen Kapitalanlagen diskriminiert, da es sich bei ausländischem Kapital ja per Definition um mobile, weil bereits getätigte, grenzüberschreitende Anlagen handelt, Ferner hat eine Reihe von Staaten den Versuch unternommen, über ein nationales Kontrollmitteilungssystem Zinserträge besser zu erfassen.

Zudem ist auffällig, dass Steueroasen die Zinserträge ihrer Bürger – selbst zu Beginn der 80er Jahre – kaum steuerlich belastet haben. Einige Staaten, wie z.B. die Bermudas oder die Kaimaninseln, erheben grundsätzlich keine Est. Hierbei stellt sich die Frage inwiefern Länder, die die Zinserträge ihrer Staatsbürger nicht besteuern, sich durch eine Koordination von Steuern besser stellen können? Denn es ist ja gerade das Ziel der EU-Zinsrichtlinie, die Besteuerung von Kapitalerträgen wiederherzustellen. Wenn aber ein Land Einkünfte aus Zinserträgen gar nicht besteuert, kann es folglich nur ein geringes Interesse an einer Kooperation haben. Denn der einzige Vorteil an einer Teilnahme am Informationsaustausch besteht darin, die ausländischen Zinserträge der einheimischen Staatsbürger wieder besteuern zu können. Ohne ein steuerliches Anknüpfungselement im Heimatland muss der Anreiz am Informationsaustausch zu partizipieren folglich gering sein.

Spalte 5 in Tabelle 23 listet auf, für welches Verfahren sich die einzelnen Staaten entschieden haben. Von den EU-Staaten werden Luxemburg, Österreich und Belgien eine Quellensteuer einbehalten, ebenso wie alle an der Richtlinie teilnehmenden Drittstaaten. Etwas heterogener ist das Bild bei den abhängigen Gebieten: Die Kaimaninseln, Montserrat, Aruba, Anguilla und Gibraltar werden Informationen mit den anderen Staaten austauschen, während die anderen assoziierten Gebiete eine Quellensteuer erheben. Unabhängig für welche Variante sich die Teilnehmer entschieden haben, werden alle Drittstaaten und assoziierten Gebiete Informationen über die Zinserträge ihrer Staatsbürger von den EU-Mitgliedsstaaten bekommen. Dies gilt jedoch nicht für diejenigen Länder, die nicht an der Richtlinie teilnehmen. Weder werden diese Staaten Kontrollmitteilungen übermitteln, noch eine Quellensteuer erheben; im Gegenzug erhalten sie von den anderen Ländern auch keine Informationen bzw. Quellensteuereinnahmen. Diejenigen Länder, die die Zinserträge ihrer Staatsbürger kaum besteuern, sind auch diejenigen Länder, die sich gegen einen Informationsaustausch entschieden haben.

---

letzten 20 Jahren deutlich angestiegen ist (vgl. Garett / Mitchell 2001 156; Winner 2005 673). Zudem zeigen Nöhrbaß / Raab (1990) exemplarisch am Beispiel Deutschlands, dass die Einführung einer Quellensteuer auf private Zinseträge im Endeffekt nicht von den Anlegern getragen wurde (s. Abschnitt 5.4).

**Tabelle 23: Institutionelle Details bei der Besteuerung privater Zinserträge**

| 1 | 2 | 3 | 4 | 5 |
|---|---|---|---|---|
| **Land** | **Steuersatz private Zinserträge 1985** | **Steuersatz private Zinserträge 2004** | **Nationale Kontrollmitteilungen bis 2003? In Klammern: Startzeitpunkt** | **Regimewahl** |
| Belgien | 25 | 15 | Nein | 15%[a] |
| Dänemark | 64,6 | 59 | Ja (1977) | IE[b] |
| Deutschland | 56 | 47 | Nein | IE |
| Finnland | 51 | 29 | Ja (70er Jahre) | IE |
| Frankreich | 26 | 25 | Ja (1984) | IE |
| Griechenland | 63 | 15 | Nein | IE |
| Großbritannien | 60 | 40 | Ja (1952) | IE |
| Irland | 61 | 20 | Ja (1992) | IE |
| Italien | 25 | 12,5 | Nein | IE |
| Luxemburg | 57 | 39 | Nein | 15% |
| Niederlande | 72 | 60 | Ja (1987) | IE |
| Österreich | 62 | 25 | Nein | 15% |
| Portugal | 70 | 20 | Nein | IE |
| Schweden | 80 | 30 | Ja (1986) | IE |
| Spanien | 66 | 45 | Ja (1985) | IE |
| Norwegen | 40 | 28 | Ja (1986) | IE |
| **Drittländer** | | | | |
| Andorra | | 0 | Nein | 15% |
| Liechtenstein | | 0 | Nein | 15% |
| Monaco | | 0 | Nein | 15% |
| San Marino | | | Nein | 15% |
| Schweiz | 42,7 | 39 | Nein | 15% |
| Anguilla | | | Nein | IE |
| Aruba | | 60 | Nein | IE |
| British V. Islands | 20 | 0 | Nein | 15% |
| Kaimaninseln | 0 | 0 | Nein | IE |
| Guernsey | 20 | 20 | Nein | 15% |
| Isle of Man | 18 | 18 | Nein | 15% |
| Jersey | 20 | 20 | Nein | 15% |
| Montserrat | | | Nein | IE |
| Niederländische A. | | | Nein | 15% |
| Turks & Caicos I. | | | Nein | 15% |
| Gibraltar | | | Nein | IE |
| **Offshore-Zentren** | | | | |
| Bermuda | 0 | 0 | Nein | -[c] |
| Barbados | | 40 | Nein | - |
| Hong Kong | 0 | 0 | Nein | - |
| Singapur | | 26 | Nein | - |
| Bahamas | 0 | 0 | Nein | - |
| Panama | | 27 | Nein | - |

Quellen: Steuersätze: BMF (2004); Genschel 2002b; Office of Tax Policy Research und www.lowtax.net; Nationale Kontrollmitteilungen: Huizinga / Nicodeme (2004, 1105); Internationaler Informationsaustausch: www.europa.eu.int/comm/taxation.customs/index a= Land erhebt Quellensteuer; b= Land tauscht Informationen aus; c= behält weder einer Quellensteuer ein noch werden Informationen ausgetauscht.

Tabelle 24 gibt Aufschluss über die Finanzkapitalbestände in den einzelnen Ländern. Betrachtet werden sämtliche Bankeinlagen sowie Anleihen. Leider sind die Statistiken der Bank für internationalen Zahlungsausgleich nicht genügend disaggregiert, da nur die Bestände einer Volkswirtschaft mit dem ausländischen Banken- bzw. Nichtbankensektor in den Statistiken ausgewiesen sind. Spalte 2 gibt die Einlagen in die jeweilige Volkswirtschaft im Handel mit dem ausländischen Nichtbankensektor an, während Spalte 3 die Nettoposition der beiden Größen anzeigt. Bedeutende Steueroasen, die nicht an der Richtlinie teilnehmen, wie etwa Singapur oder Hong Kong, sind hierbei durchaus in der Lage große Summen vom ausländischen Nichtbankensektor zu attrahieren. Unter diesem Gesichtspunkt muss ein Nichteinschluss dieser Länder in das Vertragswerk bedenklich stimmen. Obwohl der Nichtbankensektor nicht ausschließlich Privathaushalte umfasst, lässt sich erkennen, dass die meisten Offshore-Zentren im Handel mit dem Nichtbankensektor eine Nettokapitalimportposition aufweisen. M.a.W.: Steueroasen bekommen mehr Einlagen vom ausländischen Nichtbankensektor als an diesen Kredite vergeben werden. In Spalte 4 ist das Verhältnis von Importen zu Exporten wiedergegeben, wobei eine Ziffer, die größer als 1 ist, eine Nettokapitalimportposition impliziert.[94]

Der Korrelationskoeffizient in Spalte 4 bestätigt zudem das in den deskriptiven Statistiken angedeutete Muster: Länder, die eine Nettokapitalimportposition aufweisen, haben sich eher gegen einen Informationsaustausch entschieden.[95] Dieser Eindruck lässt sich jedoch nicht mehr Aufrecht erhalten, wenn die Verflechtung aller Sektoren betrachtet wird. Spalte 5 gibt die Nettoimportposition an, wenn zusätzlich der Bankensektor Teil der Analyse ist. Bei einer aggregierten Betrachtung aller Sektoren sind Steueroasen nicht mehr Importeure von Finanzkapital; vielmehr weisen die meisten Steueroasen eine Kapitalexportposition auf. Bildet man – analog zu Spalte 4 – das Verhältnis von Im- zu Exporten, so wird die Beziehung noch etwas deutlicher, da die meisten Steueroasen einen Wert annehmen, der kleiner als „1“ ist. Diejenigen Länder, die keinen Informationsaustausch betreiben, haben einen Mittelwert dieser Verhältniszahl von 0,97, während Kontrollmitteilungen versendende Staaten im Durchschnitt das 1,4fache an Kapital importieren als sie exportieren. Berechnet man für diese Variable den Korrelationskoeffizienten mit der Informationsaustauschdummy, dann ist die Beziehung zwischen den Nettokapitalimporten und dem Besteuerungsregime

[94] Das Verhältnis von Im- zu Exporten wurde gewählt, da mit steigender Verflechtung auch die (absolute) Höhe des Überschusses bzw. Defizits zunimmt.

[95] Das Besteuerungsregime besteht aus einer einfachen Dummy-Variablen, die den Wert 1 im Falle eines Informationsaustausches annimmt, und im anderen Fall 0 beträgt. Neben dieser nominal skalierten Variablen, hätte man nochmals zwischen Ländern, die eine Quellensteuer einbehalten und jenen Staaten die keines der beiden Instrumente anwenden, differenzieren können. Die Ergebnisse sind sehr ähnlich, so dass nur diejenigen für die Dummy wiedergegeben werden.

weiterhin signifikant, wobei jedoch das Vorzeichen des Koeffizienten im Vgl. zu Spalte 4 gewechselt hat.

**Tabelle 24: Kapitaleinlagen und Nettokapitalimporte**

| 1 | 2 | 3 | 4 | 5 | 6 |
|---|---|---|---|---|---|
| **Land** | Einlagen Nichtbanken sektor 2000-2004 in MRD. $ | Nettokapital-importe Nichtbanken-sektor (2000-2004) | Importe relativ zu Kapital-exporten Nichtbanken-sektor (2000-2004) | Netto-kapital-importe Alle Sektoren 2000-2004 | Importe relativ zu Kapital-exporten Alle Sektoren |
| Belgien | 91 | 47,0 | 2,07 | 95,1 | 1,49 |
| Dänemark | 11 | -4,0 | 0,73 | 8,1 | 1,14 |
| BRD | 307 | 15,2 | 1,05 | 93,2 | 1,12 |
| Finnland | 3 | -3,0 | 0,50 | -7,0 | 0,78 |
| Frankreich | 66 | -22,7 | 0,74 | 89,7 | 1,19 |
| Griechenland | 13 | 8,0 | 2,60 | 2,0 | 1,12 |
| Großbritannien | 483 | 9,6 | 1,02 | 367,1 | 1,22 |
| Irland | 37 | -16,9 | 0,69 | 54,2 | 1,47 |
| Italien | 22 | -10,0 | 0,69 | 122,8 | 1,49 |
| Luxemburg | 129 | 24,8 | 1,24 | -9,1 | 0,97 |
| Niederlande | 81 | 27,3 | 1,51 | 80,8 | 1,32 |
| Österreich | 12 | -16,0 | 0,43 | -6,9 | 0,92 |
| Portugal | 13 | 7,0 | 2,17 | 35,7 | 1,77 |
| Schweden | 99 | -2,0 | 0,85 | 26,3 | 1,50 |
| Spanien | 11 | 77,2 | 4,51 | 138,1 | 2,44 |
| Norwegen | 3 | -3,0 | 0,50 | 10,0 | 1,83 |
| **Drittländer** | | | | | |
| Schweiz | 290 | 218,6 | 4,05 | -57,3 | 0,92 |
| Kaimaninseln | 326 | 108,7 | 1,50 | 43,3 | 1,06 |
| Guernsey | 36 | 24,7 | 3,25 | 17,2 | 1,23 |
| Isle of Man | 25 | 16,0 | 2,78 | -11,2 | 0,72 |
| Jersey | 90 | 73,3 | 5,31 | -24,1 | 0,89 |
| Niederl. Antillen | 9 | -4,0 | 0,69 | -5,0 | 0,86 |
| **Offshore-Zentren** | | | | | |
| Bermuda | 1,7 | 1,3 | 4,25 | -0,6 | 0,78 |
| Hong Kong | 76 | 4,7 | 1,07 | -54,0 | 0,85 |
| Singapur | 123 | 29,8 | 1,32 | 22,1 | 1,06 |
| Bahamas | 83 | 32,6 | 1,64 | 10,7 | 1,04 |
| Panama | 5 | 0,5 | 1,11 | -2,0 | 0,83 |
| **M: IE-Land** | **105,4** | | **1,36** | | **1,40** |
| **M: Kein IE-Land** | **74,7** | | **2,25** | | **0,97** |
| **ρ Informations-austausch** | | | **-0,33 (0,097)[a] N=27** | | **0,56(0,00) N= 27** |

Anmerkungen: Daten sind von der „Bank für Internationalen Zahlungsausgleich"; a= P-Wert.

Steueroasen beziehen auf der einen Seite mehr Kapital vom ausländischen Nichtbankensektor als an diesen verliehen wird; auf der anderen Seite sind Steueroasen Kapitalexporteure, wenn die Verflechtung mit allen Sektoren betrachtet wird. Letzteres Ergebnis ist ein Beleg, dass der Bankensektor Finanz- von Realkapital trennen kann. Obwohl Steueroasen einen massiven Kapitalzufluss in ihre Volkswirtschaft durch den Nichtbankensektor verzeichnen, strömt das zugeflossene Kapital wieder aus der Volkswirtschaft heraus, indem es im bankinternen Handel in Nettokapitalexporte umgewandelt wird. Das zugeflossene Geld kommt der Volkswirtschaft nicht zugute, sondern wird in anderen Teilen der Welt investiert. Es gibt somit keine Belege, die für die These von Bacchettta / Espinosa (1995; 2000) sprechen. Die Hypothese, dass insbesondere Steueroasen das von Privathaushalten zugeflossene Kapital für die Sachkapitalbildung nutzen, kann hier nicht bestätigt werden.

Dies bedeutet jedoch nicht, dass Offshore-Zentren nicht in der Lage sind, Realkapital aus anderen Ländern zu attrahieren. Da insbesondere die kleineren Steueroasen oftmals keinen eigenen Finanzsektor haben, sind es vor allem ausländische Kredit- und Versicherungsinstitute, die in diesen Gebieten eine Direktinvestition tätigen. Tabelle 25 gibt potentielle Spill-over-Effekte auf den heimischen Arbeitsmarkt wieder. Bzgl. der Arbeitsmarkteffekte wurden sowohl Daten von amerikanischen als auch von deutschen Direktinvestitionen verwendet.[96] Die Spalten 2 und 3 geben jeweils die durch deutsche oder US-Unternehmen geschaffenen Arbeitsplätze in den einzelnen Ländern wieder. Wie unschwer zu erkennen ist, gibt es kulturelle Verzerrungen in den Daten. Während US-Unternehmen vor allem in Großbritannien und Irland Arbeitsplätze schaffen, entstehen Arbeitsplätze durch deutsche Direktinvestitionen in Österreich. Diese Effekte haben nicht wirklich etwas mit der (ökonomischen) Attraktivität einzelner Länder zu tun, da hier der kulturelle Aspekt einer gemeinsamen Sprache im Vordergrund steht.

[96] Da die Statistiken auch in diesem Fall nicht genügend disaggregiert sind, handelt es sich um die Beschäftigungseffekte *aller* Sektoren. Die Intensität der Korrelation sollte noch weiter ansteigen, wenn allein Daten für den Finanzsektor verfügbar wären. Denn dieser ist für die EU-15-Staaten nur ein Sektor unter vielen, während in Steueroasen fast ausnahmslos durch den Finanzsektor Direktinvestitionen durchgeführt werden. Zusätzlich muß beachtet werden, dass die Statistiken nicht anzeigen, inwiefern Unternehmen aus Steueroasen Arbeitsplätze in ausländische Volkswirtschaften exportieren.

**Tabelle 25: Informationsaustausch und Arbeitsmarkteffekte**

| 1 | 2 | 3 | 4 | 5 |
|---|---|---|---|---|
| Land | **Beschäftigte: deutsche Direkt-investitionen (pro 1000 Einwohner)** | **Beschäftigte: US-Direkt-investitionen (pro 1000 Einwohner)[a]** | **Arbeitskosten pro Beschäftigten (in 1000 $)[b]** | **Arbeitskosten skaliert durch BIP pro Kopf** |
| Belgien | 7,8 | 14,3 | 54,9 | 1,79 |
| Dänemark | 5,5 | 14,1 | | |
| BRD | | 7,9 | 49,4 | 1,72 |
| Finnland | 3,9 | 3,6 | 43,4 | 1,49 |
| Frankreich | 5,4 | 9,7 | 39,1 | 1,36 |
| Griechenland | 1,6 | 3,6 | 30,3 | 1,42 |
| Großbritannien | 4,9 | 21,5 | 44,4 | 1,50 |
| Irland | 4,3 | 24,0 | 35,8 | 1,12 |
| Italien | 2,5 | 4,0 | 40,4 | 1,45 |
| Luxemburg | 32,6 | 21,6 | 50,3 | 0,85 |
| Niederlande | 7,5 | 14,6 | 40,9 | 1,39 |
| Österreich | 28,2 | 4,5 | 46,9 | 1,50 |
| Portugal | 4,9 | 4,1 | 22,9 | 1,28 |
| Schweden | 8,9 | 10,3 | 41,1 | 1,45 |
| Spanien | 5,5 | 5,4 | 32,9 | 1,41 |
| Norwegen | 3,2 | 7,8 | 49,3 | 1,23 |
| **Drittländer** | | | | |
| Liechtenstein | 30,3 | 6,1 | 60,0 | 2,00 |
| Schweiz | 13,8 | 8,7 | 70,7 | 2,09 |
| Antigua | | | 25,0 | 2,27 |
| Aruba | | 11,0 | 39,9 | 1,40 |
| Britische Jungferni. | 100,0 | 58[c] | 74,9 | 2,14[c] |
| Kaimaninseln | 12,0[a] | 58[c] | 74,9 | 2,14 |
| Jersey | 33,3 | | | |
| Niederländische A. | 2,5[a] | 68,2 | 26,3 | 2,30 |
| Gibraltar | | 7,0 | 50,0 | 1,79 |
| **Offshore-Zentren** | | | | |
| Bermuda | 14,3 | 127,2 | 56,2 | 1,56 |
| Barbados | 1,5 | 6,3 | 29,4 | 1,79 |
| Hong Kong | 3,4 | 13,6 | 43,9 | 1,28 |
| Singapur | 6,6 | 29,1 | 32,9 | 1,15 |
| Bahamas | 1,4 | 8,2 | 35,2 | 1,99 |
| Panama | 0,4 | 26,8 | | |
| **M: IE-Land** | **5,2** | **9,2** | **39,9** | **1,43** |
| **M: Kein IE-Land** | **19,7** | **23,4** | **44,7** | **1,75** |
| **IE Korrelations-Koeffizient** | **-0,37 (0,06) N= 27** | **-0,33 (0,08) N=28** | **-0,26 (0,19) N=27** | **-0,44 (0,02) N=27** |

Anmerkungen: US- Daten für 2001 sind vom „Bureau of Economic Analysis", während die deutschen Daten von der „Deutschen Bundesbank" stammen. a= Für Griechenland, Gibraltar, Niederländische Antillen, Dänemark and Panama sind die Beschäftigtenzahlen nur innerhalb von Spannbreiten angegeben. Im deutschen Fall sind die Niederländischen Antillen und die Kaimaninseln betroffen. In diesen Fällen wurde der Mittelwert verwendet. b= Die Daten für Griechenland, Gibraltar und die Niederländischen Antillen sind von 1998. c= In den US-Daten werden die Kaimaninseln und die Britischen Jungferninseln nicht getrennt ausgewiesen.

Trotzdem lassen sich einige erwähnenswerte Schlüsse aus den Daten ableiten. Die höchste, pro tausend Einwohner, geschaffene Beschäftigung wird in beiden Fällen von Steueroasen erzielt. Für die USA sind die Bermudas das Land in dem relativ betrachtet die meiste Beschäftigung geschaffen wird, während die Britischen Jungferninseln, gefolgt von Luxemburg, Jersey und Liechtenstein, am stärksten von deutschen Direktinvestitionen profitieren. Hinsichtlich der Allokation von Arbeitsplätzen in Steueroasen scheinen geografische Faktoren eine nicht unbedeutende Rolle zu spielen: Während US-Unternehmen vor allem in den karibischen Steueroasen Beschäftigung schaffen, entstehen in den europäischen Steueroasen durch deutsche Direktinvestitionen in größerem Ausmaß Arbeitsplätze.

Der Korrelationskoeffizient zwischen dem Informationsaustausch und der Zahl der Beschäftigten ist in beiden Fällen negativ. Die negative Korrelation kann in beiden Fällen als ein Beleg für die hohe Attraktivität von Steueroasen interpretiert werden, insbesondere, wenn man bedenkt, dass nicht alle Steueroasen hoch entwickelte Länder sind. Entwicklungsländer konnten bisher in nur geringem Maße von Direktinvestitionen profitieren. Dies trifft jedoch nicht auf Offshore-Zentren zu. Obwohl einige dieser Länder nicht zu den hoch entwickelten Ländern gehören, sind Steueroasen in der Lage mit den Industrienationen um Direktinvestitionen und den damit verbundenen Aufbau von Arbeitsplätzen zu konkurrieren. Im Durchschnitt entstehen durch deutsche bzw. amerikanische Direktinvestitionen pro 1000 Einwohner ca. 20 bzw. 23 Arbeitsplätze in Ländern, die sich gegen einen Informationsaustausch entschieden haben; dies übertrifft bei weitem die Anzahl der pro tausend Einwohner geschaffenen Arbeitsplätze in den Ländern, welche Informationen austauschen. Mengeneffekte lassen sich somit feststellen. Diese dürften in Steueroasen fast ausnahmslos durch den Finanzsektor hervorgerufen werden. Die Finanzkapitalbewegungen bewirken folglich indirekt einen Beschäftigungsaufbau, indem sich insbesondere Versicherungskonzerne und Banken in den Offshore-Zentren niederlassen.

Neben Mengen- können auch Preiseffekte eine Rolle spielen. Länder haben einen Anreiz keinen Informationsaustausch zu betreiben, wenn durch die Kapitalzuflüsse insbesondere hoch entlohnte Arbeitsplätze geschaffen werden. Diese These wird von Eggert / Kolmar (2002a) vertreten. Spalte 4 zeigt die Arbeitskosten pro Beschäftigten, für die US-Unternehmen bei einer Direktinvestition in das jeweilige Land aufkommen mussten. Hierbei sind auf den ersten Blick nur geringe Unterschiede zwischen Ländern, die Informationsaustausch betreiben und denjenigen, die dies nicht tun, festzustellen, obwohl der negative Koeffizient in die richtige Richtung weist. Ein solcher Vergleich abstrahiert jedoch von den unterschiedlichen Entwicklungsniveaus der Volkswirtschaften. Unterschiede im Entwicklungsniveau können schon bei Mengeneffekten von Bedeutung sein; sie spielen aber ganz sicher eine Rolle wenn es um die Entlohnung der Arbeitskräfte geht. Eine Möglichkeit, die Unterschiede im Entwicklungsniveau relativ einfach zu beseitigen besteht darin, die Arbeitskosten durch das BIP/Kopf zu skalieren. Die Ergebnisse dieses Vorgangs sind in Spalte 5 zu sehen. Eine „1“ bedeutet demnach, dass die Entlohnung genau dem BIP/Kopf entspricht. Mit Hilfe der Daten kann man den Schluss ziehen, dass US-Unternehmen ihre Arbeitskräfte im Ausland generell gut entlohnen, da in den meisten Fällen der Koeffizient größer als „1“ ist. Wenn man das Entwicklungsniveau herausrechnet zeigt sich ferner, dass die Gehälter in den Offshore-Zentren höher sind. Oftmals erhalten Arbeitnehmer in diesen Ländern fast das Doppelte vom BIP/Kopf. Arbeitnehmer aus Ländern, die sich gegen einen Informationsaustausch entschieden haben, werden bei einer relativen Betrachtungsweise folglich sehr gut bezahlt. Die These von Eggert / Kolmar (2002a), welche einen Austausch von Informationen dann als gefährdet betrachtet, wenn sich durch das Vorenthalten von Informationen positive Effekte auf die Löhne ergeben, kann anhand der ermittelten Korrelationen gestützt werden. Durch die Ansiedlung von Banken und Versicherungen in Steueroasen werden hoch bezahlte Arbeitsplätze geschaffen. Unklar ist jedoch, ob durch diese Arbeitsplätze, auch Spill-over-Effekte auf die Löhne in anderen Sektoren bzw. bei heimischen Unternehmen geschaffen werden können.[97] Zumindest die durch Direktinvestitionen geschaffenen Arbeitsplätze, sind jedoch in Ländern, die keinen Informationsaustausch betreiben, relativ gut entlohnt.

Neben diesen beiden Hypothesen wäre schließlich die Behauptung von Huizinga / Nielsen (2003), wonach bei hoher Profitabilität des Bankensektors der Anreiz Informationen auszutauschen schwindet, zu überprüfen. Tabelle 26 liefert hierzu die Ergebnisse. Eine Interpretation der Zahlen unterliegt insofern Beschränkungen, da im Finanzsektor keine Banken enthalten sind (Bureau of Economic Analysis 2000 1). Die Statistiken des „Bureau of Economic Analysis“ beziehen sich lediglich auf US-Unternehmen aus dem Nichtbankensektor. Im hier ausschließlich analysierten Finanzsektor sind stattdessen Versicherungskonzerne, Holdings und Fondsgesellschaften enthalten. M. E. ist die mangelnde Verfügbarkeit von Statistiken zum Bankensektor jedoch von geringerer Bedeutung, da Versicherungen bzw. Fondsgesellschaften im Hinblick auf den Anwendungsbereich der Zinsrichtlinie ebenfalls in Frage kommen. Zudem werden sowohl die Banken- als auch die Versicherungsbranche ähnlich stark reguliert.

[97] Arbeitsplätze, die im Finanzsektor entstehen, könnten auch die Nachfrage nach einfachen Tätigkeiten, wie z. B. haushaltsnahe Dienstleistungen, verstärken. Zudem weißt Rixen (2005) darauf hin, dass der Tourismussektor in Steueroasen nicht zuletzt durch Steuern hinterziehende Bürger eine so hohe Bedeutung erfährt.

**Tabelle 26: Profitabilität und Steuereinnahmen aus dem Finanzsektor**

| 1 | 2 | 3 | 4 | 5 |
|---|---|---|---|---|
| Land | **Profitabilität US-Finanz-sektor in % des Umsatzes (1996-2001)[a]** | **Profitabiliät US-Finanzsektor in % des Betriebs-vermögens (1996-2001)[a]** | **Unternehmens-steuereinnahmen pro Kopf aus Finanzsektor (1996-2001)[a]** | **Effektiver Steuersatz (1996-2001)[a]** |
| Belgien | 39,4 | 2,8 | 5,6 | 8 |
| Dänemark | | 3,3 | 3,2 | 20 |
| BRD | 15,4 | 1,8 | 3,4 | 19 |
| Finnland | 11,3 | 1,4 | 0,8 | 37 |
| Frankreich | 22,0 | 1,5 | 2,0 | 21 |
| Griechenland | 19,0 | 3,9 | 1,1 | 35 |
| Großbritannien | 14,2 | 1,0 | 20,2 | 19 |
| Irland | 47,5 | 3,8 | 18,7 | 6 |
| Italien | 12,8 | 1,9 | 1,3 | 55 |
| Luxemburg | 62,0 | 4,9 | 29,8 | 1 |
| Niederlande | 26,5 | 4,2 | 19,1 | 8 |
| Österreich | 22,3 | 5,6 | 1,4 | 25 |
| Portugal | 50,5 | 2,3 | 1,1 | 32 |
| Schweden | 14,0 | 2,4 | 3,4 | 27 |
| Spanien | 17,4 | 2,2 | 1,0 | 31 |
| Norwegen | 25,0 | 3,6 | 1,2 | 11 |
| **Drittländer** | | | | |
| Schweiz | 27,3 | 6,7 | 13,3 | 3 |
| UK Karibische I.[b] | 36,7 | 3,6 | 1028,1 | 6 |
| Niederl. Antillen | 57,7 | 1,4 | 28,8 | 3 |
| **OffshoreZentren** | | | | |
| Bermuda | 39,0 | 4,4 | 3140,0 | 5 |
| Barbados | 56,7 | 15,9 | 144,1 | 6 |
| Hong Kong | 27,0 | 3,0 | 25,3 | 16 |
| Singapur | 27,0 | 4,6 | 21,1 | 16 |
| Bahamas | 158 | 4,7 | 7,1 | 4 |
| Panama | 36,0 | 3,7 | 1,1 | 1 |
| **M: IE-Land** | **23,1** | **2,56** | **5,9** | **24,7** |
| **M: Kein IE-Land** | **49,1** | **5,12** | **370,4** | **7,8** |
| **IE Korrelations-Koeffizient** | **-0,59 (0,00)[c] N=24[d]** | **-0,53 (0,00) N= 25** | **-0,53 (0,00) N= 25** | |

Anmerkungen: Daten zur Vorsteuerprofitabilität und den Steuereinnahmen sind vom „Bureau of Economic Analysis"; a= Aufgrund mangelnder Verfügbarkeit von Daten wird für die Berechnung der Kennziffern für manche Länder eine kürzere Periode zugrunde gelegt; b= Die Britischen Jungferninseln und Kaimaninseln sind in den Statistiken zusammengefasst. c= p-Wert. d= Die Profitabilitätskennziffern und die Steuereinnahmen wurden logarithmiert, um den Korrelationskoeffizient zu ermitteln.

In den Spalten 2 und 3 ist die Vorsteuerprofitabilität des US-Finanzsektors wiedergegeben. Um ein solches Maß zu ermitteln, muss ein geeigneter Nenner festgelegt werden. Zum einen wird die Umsatzrendite, die auch schon in Abschnitt 6.4 als Maß für die Vorsteuerrendite verwendet wurde, als Indikator herangezogen (Spalte 2). Neben dieser Kennziffer wurden als zweites Maß für die Vorsteuerprofitabilität die Aktiva der Unternehmen im Nenner verwendet (Spalte 3). Die Zahlen geben die Durchschnitte während der Periode 1996-2001 wieder, um konjunkturelle Effekte zu beseitigen. Eine hohe Vorsteuerprofitabilität kann dabei auf verschiedenen Ursachen beruhen:

- Ein hoher Monopolisierungsgrad im Finanzsektor kann höhere Renditen bewirken.
- Unterschiedliche Renditen zwischen den Ländern können eventuell auf Unterschiede in der Regulierung des Sektors zurückgeführt werden. Insbesondere Finanzdienstleistungen sind ein hoch regulierter Sektor, so dass diesem Argument eine gewisse Bedeutung zukommen könnte, da die Regulierungsdichte in Steueroasen wesentlich geringer als in den Industriestaaten sein dürfte.
- Unterschiedliche Vorsteuerrenditen können aber auch auf die Möglichkeit, Gewinne zwischen den einzelnen Ländern zu verschieben, zurückgeführt werden.

Was letzteren Aspekt betrifft, weisen Huizinga / Demirgüc- Kunt (2001) nach, dass in Ländern mit hohen Nominalsteuersätzen die Vorsteuerprofitabilität im Bankensektor geringer ist. Ihre Resultate werden zusätzlich erhärtet, indem sie aufzeigen, dass diese Beziehung lediglich für ausländische Banken gilt, nicht jedoch für einheimische Kreditinstitute. Dieses Ergebnis lässt sich auch mit Hilfe effektiver Steuersätze replizieren, die in Spalte 5 aufgeführt sind.[98] Unabhängig welches Maß man für die Vorsteuerprofitabilität des Finanzsektors verwendet, besteht zwischen der Vorsteuerrendite und dem Steuersatz die postulierte negative Beziehung.[99] Dies ist nicht im Einklang mit dem Grundmodell des Steuerwettbewerbs, wohl aber mit Gewinnverlagerungen. Unternehmen aus dem US-Finanzsektor scheinen in der Lage zu sein, Gewinne aus Hoch- in Niedrigsteuerländern anfallen zu lassen.[100] Dies betrifft dabei nicht nur die Körperschaftsteuereinnahmen der USA, denn u. U. verlieren auch die europäischen Volkswirtschaften Steuereinnahmen, wenn es gelingt den Gewinn der europäischen Tochtergesellschaften von US-Unternehmen in Steueroasen zu verlagern. Zudem

---

[98] Zu den Vor- und Nachteilen effektiver Steuersätze im Vgl. zum Nominalsteuersatz in Bezug auf Gewinnverlagerungen: s. Abschnitt 5.3. Zudem lässt sich mit Hilfe der Nominalsteuersätze (nicht abgebildet) ebenfalls eine negative Beziehung nachweisen.

[99] Der Korrelationskoeffizient beträgt -0,48 für die Umsatzrendite und -0,36, wenn das Betriebsvermögen im Nenner steht.

[100] Unterschiede in der Regulierung sollen hier nicht weiter diskutiert werden. Um eine mögliche endogene Beziehung zwischen der Profitabilität des Finanzsektors und der Steuerbelastung zu eliminieren, bieten sich im Einklang mit Hines und Rice (1994) die Ländergrößen als Instrument an. Die negative Beziehung bleibt auch in diesem Fall weiterhin bestehen.

sollten ähnliche Ergebnisse auch für den Finanzsektor der europäischen Volkswirtschaften nachzuweisen sein. Steueroasen nutzen folglich nicht nur privaten Haushalten bei der Steuerhinterziehung ihrer Zinserträge; auch der Finanzsektor profitiert durch die Existenz von Steueroasen, indem Gewinne in diese niedrig besteuernden Gebiete verlagert werden können.

Gegen diese These kann man jedoch theoretisch den Einwand erheben, dass politische Entscheidungsträger weniger am Wohlergehen der Banken, sondern vielmehr an den Steuereinnahmen interessiert sein sollten. Die Höhe der Steuereinnahmen aus dem Finanzsektor wird dabei von der Profitabilität der Unternehmen, der Steuerbelastung der Finanzinstitute und der Höhe der ausländischen Direktinvestitionen abhängig sein. Da Steueroasen über eine sehr niedrige Steuerbelastung verfügen, ließe sich das Argument von Huizinga / Nielsen (2003) dann stützen, wenn die hohe Profitabilität die geringen Steuersätze überkompensiert. A priori ist folglich nicht klar, ob Steueroasen in der Lage sind mehr Steuereinnahmen als die OECD-Länder zu generieren, da beide Effekte gegenläufig wirken. Spalte 4 gibt Aufschluss über den Nettoeffekt, indem die Steuereinnahmen aus der Besteuerung des US-Finanzsektors pro Einwohner abgebildet sind. Die Ergebnisse deuten darauf hin, dass Steueroasen in der Lage sind, Steueraufkommensmaximierung zu betreiben, da sie trotz der niedrigen Steuersätze überproportional hohe Steuereinnahmen generieren. Insbesondere die Bermudas und die karibischen Inseln sind in der Lage im Durchschnitt mehr als 1000$ Steuereinnahmen in einem Jahr pro Einwohner zu erzielen. Diese Zahlen sind so exorbitant hoch, so dass es unwahrscheinlich erscheint, Steueroasen ohne politischen Druck bzw. Transferzahlungen zur Kooperation bewegen zu können. Zudem muss beachtet werden, dass Banken nicht in der empirischen Analyse enthalten sind. Die Unterschiede in den Steuereinnahmen zwischen den EU-Mitgliedsstaaten und den Offshore-Zentren dürfte somit noch weiter ansteigen, wenn auch der Bankensektor Teil der Analyse wäre.

Wie lassen sich die einzelnen Hypothesen zum Steuerwettbewerb um Finanzkapital einordnen? Für die Hypothese, dass der Wettbewerb um mobiles Finanzkapital einem Koordinationsspiel gleicht, spricht wenig, obwohl die Steuersätze auf Finanzkapital in den letzten 20 Jahren gesunken sind. Damit dies der Fall sein könnte, dürften die Länder entweder nicht für unterschiedliche Regime votieren oder aber es dürften keine Unterschiede zwischen den Volkswirtschaften feststellbar sein, d.h. die drei anderen Hypothesen dürften keinerlei Erklärungsgehalt aufweisen. Nachdem manche Länder sich für eine Quellensteuer, andere wiederum für einen Informationsaustausch entschieden haben und von den drei Hypothesen lediglich die von Bacchetta / Espinosa (1995; 2000) abgelehnt werden kann, erscheint die Sichtweise, dass ein Informationsaustausch ohne Kosten verbunden ist, obsolet.

Daher stellt sich die Frage ob, die Konfliktstruktur eher einem Gefangenendilemma oder einem „Deadlock"-Spiel gleicht? Im letzteren Fall kann sich eine Steueroase durch eine Koordination von Kapitalsteuern nicht besser stellen. Wie auch im ökonometrischen Kapitel zur Unternehmensbesteuerung kann aus der Signifikanz der Ländergröße nicht zwingend auf die dahinter stehende Konfliktstruktur geschlossen werden. Deutlicher als bei der Unternehmensbesteuerung gibt es jedoch einige gewichtige Gründe, die dafür sprechen, dass ein reiner Informationsaustausch sich für Steueroasen auf *jeden Fall* wohlfahrtsverschlechternd auswirkt.

Zum einen gibt es qualitative Indizien: So konnte die Schweiz nur zu einer Teilnahme bewogen werden, weil die Vereinbarung die Kopplung der EU-Zinsrichtlinie mit dem Schengen-Abkommen vorsah. Selbst die Bündelung zweier so unterschiedlicher Politikfelder, hat die Schweiz lediglich dazu veranlasst eine Quellensteuer zu erheben statt Informationen über die Zinserträge ausländischer Staatsbürger zu übermitteln. Einige der sehr kleinen Steueroasen tauschen zwar Informationen aus; jedoch gibt es Belege, dass dies dem politischen Druck hoch entwickelter Länder zu verdanken ist (Keen / Ligthart 2006 89; Rixen 2005 33). Drittens, müsste man sich die Frage stellen, warum andere Steueroasen nicht freiwillig dem Abkommen beitreten möchten? Es ist zwar richtig, dass diese Gebiete als Anlagehafen für privates Finanzkapital infolge der EU-Zinsrichtlinie attraktiver werden; jedoch bekommen diese Regierungen bei einer Nichtteilnahme ja auch keine Informationen über die Zinserträge ihrer Staatsbürger übermittelt. Eine Nichteilnahme scheint aus Sicht dieser Länder folglich nur dann vorteilhaft zu sein, wenn man mehr Kapitalzuflüsse als -abflüsse erwartet und diese wiederum zu höheren Steuereinnahmen oder gut bezahlten Arbeitsplätzen führen.

Neben diesen qualitativen Argumenten gibt es auch eine Reihe von stichhaltigeren Gründen, die gegen ein Gefangenendilemma sprechen. Einmal scheinen die Effekte, die auf den Arbeitsmarkt bzw. die Körperschaftsteuereinnahmen der Volkwirtschaft ausgehen, so gravierend zu sein, dass wenig Anlass für die Annahme eines Gefangenendilemmas besteht. In den Bermudas entfallen z.B. auf 1000 Einwohner 127 Arbeitsplätze und 31,4 Millionen $ Steuereinnahmen, die allein durch US- Direktinvestitionen entstehen. Unterstellt man, dass auch Banken und Versicherungen aus den EU-Mitgliedstaaten sich dort niederlassen, dann liegen die in den Tabellen ermittelten Zahlen weit unter den Werten, die Steueroasen durch die Investitionen *aller* OECD-Länder erzielen können. Da bei einem reinen Informationsaustausch der Anreiz (aus steuerlichen Gründen) Kapital im Ausland anzulegen schwindet, würden diese Effekte entfallen. Informationsaustausch ist für Steueroasen folglich mit hohen Kosten verbunden.

Dem stehen auf der anderen Seite kaum Erträge gegenüber. Zumindest einige Steueroasen haben auch vor 20 Jahren die Zinserträge ihrer Staatsbürger nicht besteuert und praktizieren dies auch heutzutage nicht. Wenn ein Land die Zinserträge seine Staatsbürger nicht besteuert, zieht es aus dem Informationsaustausch auch keinen Nutzen, da die Bürger aufgrund mangelnder steuerlicher Anknüpfungsmerkmale keine Steuerhinterziehung begehen können. Zumindest den bekannteren Steueroasen entstünden bei einem Austausch von Informationen folglich nur Kosten denen keine adäquaten Erträge gegenüber stehen. Selbst diejenigen Steueroasen, die die Zinserträge ihrer Staatsbürger geringfügig besteuern, dürften einen nur geringen Nutzen aus der grenzüberschreitenden Kooperation ziehen.

In diesem Abschnitt ist eine Überprüfung der Hypothesen zur Besteuerung von Finanzkapital geschehen. Die These von Eggert / Kolmar (2004) bzw. Janeba / Peters (1999), wonach Informationsaustausch ohne Kosten verbunden ist, bestätigt sich nicht. Ebenso wenig gibt es Hinweise, dass Staaten zufließendes Finanzkapital zum Aufbau von Realkapital nutzen. Zwar haben Bacchettta / Espinosa (1995; 2000) recht wenn sie darauf hinweisen, dass Steueroasen sehr hohe Nettokapitalimporte in ihrer Verflechtung mit dem Nichtbankensektor aufweisen; bei Betrachtung der aggregierten Kapitalbestände zeigt sich jedoch, dass dieses Kapital nicht in den Steueroasen verbleibt, sondern im bankinternen Handel die Volkswirtschaft wieder verlässt. Stattdessen sind die Profitabilität des Finanzsektors und Spill-over-Effekte auf den Arbeitsmärkten die Ursache für eine mangelnde Bereitschaft Informationen auszutauschen. Länder, die sich entschlossen haben Informationen über die Zinserträge ausländischer Staatsbürger zu übermitteln, generieren signifikant weniger Steuereinnahmen durch den Finanzsektor und können in nur geringerem Maße durch ausländische Direktinvestitionen Beschäftigung aufbauen. Zudem können Steueroasen – zumindest wenn man die Unterschiede im Entwicklungsniveau kontrolliert – nicht nur viele, sondern auch gut bezahlte Arbeitsplätze attrahieren. Diese drei Effekte scheinen so bedeutend zu sein, so dass eine Teilnahme am Informationsaustausch für eine Steueroase keine Wohlfahrtsverbesserung darstellt. Die Folgen, die sich aus solch einer Spielstruktur ergeben, sind Gegenstand des nächsten Abschnitts.

## 8.4. Schwachstellen der Zinsrichtlinie

Die Ergebnisse des letzten Abschnitts legen den Schluss nahe, dass ohne Transfers keine Pareto-Verbesserungen erzielt werden können. Aufgrund der inhärenten Instabilität des derzeitigen Systems soll im Folgenden auf die Probleme der Richtlinie eingegangen werden. Da vorerst ein Steuersatz von 15% erhoben wird, kann Steuerwettbewerb bestenfalls gemildert, aber nicht vollständig verhindert werden (BMF-Beirat 1999 48). Selbst wenn ab 2011 der

Steuersatz der Quellensteuer auf 35% angehoben wird, ist dieser in einigen Fällen immer noch geringer als der Spitzensteuersatz auf Kapitalerträge in einigen Ländern der EU. Ob zumindest ab 2011, bei einem Quellensteuersatz von 35%, eine Hinterziehung der Steuerzahlung durch die Richtlinie verhindert wird, hängt von den Transaktionskosten der Steuerumgehung ab. Ungeklärt ist ferner, ob die Quellensteuer als ein dauerhaftes Instrument zur Vermeidung der Steuerhinterziehung interpretiert werden kann, oder ob sie nach der 7-jährigen Transitionsphase abgeschafft wird, indem diejenigen Staaten, die derzeit eine Quellensteuer erheben, zu einem Kontrollmitteilungssystem überwechseln müssten. Der Vorbehalt Belgiens, Österreichs und Luxemburgs erst dann zum Informationsaustausch überzugehen, wenn auch die Drittstaaten an einem solchen Verfahren partizipieren, spricht eher für erstere Variante.

Auf der anderen Seite wäre zu bedenken, dass das Optionsrecht es Ländern außerhalb der EU überhaupt erst ermöglicht hat, die Richtlinie anzuwenden. M.a.W.: Hätten die assoziierten Gebiete bzw. die Drittstaaten keine Wahl zwischen einem Kontrollmitteilungssystem und einer Quellensteuer gehabt, so hätten diese der Richtlinie wohl nicht zugestimmt. Wenn aber die Quellensteuer dauerhafter Natur sein wird, werden diejenigen Offshore-Zentren, welche derzeit Informationsaustausch betreiben, langfristig zu einer Quellensteuer überwechseln wollen. Es ist daher mehr als fraglich, ob ein länderübergreifendes Kontrollmitteilungssystem in Zukunft einmal Realität werden könnte; vielmehr dürften Aruba, Anguilla, Gibraltar, Montserrat und die Kaimaninseln einen Anreiz haben von dem Kontrollmitteilungssystem zu einer Quellensteuer zu wechseln. Die Vorteile der Quellensteuer sind offenkundig: Zum einen partizipiert man zu 25% an den Steuereinnahmen; zum anderen dürfte man als Anlageland für private Einlagen unter einer relativ niedrigen Quellensteuer weiterhin attraktiver sein als unter dem Regime des Informationsaustauschs. Schließlich ist zu bedenken, dass Finanzkapitalanlagen in Steueroasen nicht immer dem Motiv der Steuerhinterziehung folgen. Aufgrund des strikten Bankgeheimnisses sind Steueroasen prinzipiell für alle Anleger attraktiv die ihre Identität verbergen möchten. Steueroasen, die eine Quellensteuer erheben und damit die Anonymität des Anlegers weiterhin schützen, sind für die Finanzierung terroristischer Aktivitäten oder bei der Durchführung von Geldwäsche interessanter (Keen / Ligthart 2006 104-105).

Wahrscheinlich dürfte es nicht nur innerhalb der Ländergruppe, die Teil der EU-Zinsrichtlinie ist, zu Verschiebungen bei dem Besteuerungsregime kommen. Es ist nicht einmal sicher, ob zumindest die Quellensteuer dauerhaft von den Drittstaaten und den assoziierten Gebieten erhoben werden kann. Da mit anderen Offshore-Zentren keine Verhandlungen geführt wurden, werden diese weder eine Quellensteuer erheben, noch Kontrollmitteilungen versenden. Nutznießer der Zinsrichtlinie könnten daher kurzfristig die Bermudas oder Hong Kong sein. Da Finanzkapital sehr mobil ist, reicht im Prinzip eine Steueroase aus, um die

Intention des Abkommens empfindlich zu stören. Es besteht somit die Gefahr, dass der Nichteinbezug von außereuropäischen Steueroasen zu einem Domino-Effekt führt, welcher die Kooperationsbereitschaft der derzeit teilnehmenden Länder beeinträchtigt und im schlimmsten Fall zu einer vollständigen Aufgabe der Zinsbesteuerung führen kann. Dies wird dann der Fall sein, wenn die Transaktionskosten einer Auslandsanlage in einem Drittstaat, der nicht am bestehenden System teilnimmt, relativ gering sind.

Aus der Perspektive eines Investors lässt sich der Schluss ziehen, dass man sich zumindest kurzfristig der Besteuerung im Staat des Wohnsitzes entziehen kann, indem in denjenigen Gebieten investiert wird, die eine Quellensteuer einbehalten; schließlich lässt sich auch diese durch eine Kapitalanlage in Staaten, welche die Richtlinie nicht anwenden, umgehen. Beide Optionen führen letztendlich dazu, dass langfristig Steuerwettbewerb um mobiles Finanzkapital wieder entsteht. Es wäre daher dringend notwendig zumindest die bekannteren Steueroasen unter den derzeit nicht partizipierenden Drittländern in das Regelwerk einzuschließen.

Schwachstellen hat die Richtlinie aber selbst dann, wenn die Konfliktstruktur einem Gefangenendilemma folgen würde. Dieses kann beispielsweise dadurch gelöst werden, indem eine supranationale Instanz, wie die EK, das Kollektivgutproblem entschärft. Da die EK im Bereich der Zinsbesteuerung eine der treibenden Kräfte war (s. Abschnitt 1.4), mag es vordergründig wenig Anlass zur Sorge geben. Bei einer genaueren Betrachtung entstehen aber selbst bei einem Kooperationsproblem Anreize vom derzeitigen Regelwerk abzuweichen. Ruft man sich die Implikationen der Modelle zum Informationsaustausch aus Kapitel 3 nochmals ins Gedächtnis, so fällt auf, dass alle Modelle perfekte Informationen im Falle eines abweichenden Verhaltens der Länder unterstellen.

Ein Eingriff in die nationale Souveränität ist nicht Gegenstand der Richtlinie, so dass eine Überwachung durch die EK bzw. einen anderen supranationalen Akteur ausgeschlossen ist. Aufgrund mangelnder Kontrollmechanismen hat jedoch jeder Staat einen Anreiz zu wenig Informationen bzw. Steuereinnahmen zu übermitteln. Selbst zwischen den Staaten, für welche die Umsetzung der Richtlinie mit Wohlfahrtsverbesserungen verbunden wäre, kann eine kooperative Lösung verhindert werden. Z. B. weiß Frankreich, dass es von den anderen Staaten im Falle eines unkooperativen Verhaltens ebenfalls keine Informationen bekommen würde. Dies setzt aber voraus, dass das „bestrafende" Land sich bewusst ist, ob sich das Ausland unkooperativ verhält. Da Deutschland nicht Kontrolleure nach Frankreich entsenden darf, ist es von der Vollständigkeit der Angaben der französischen Seite abhängig. Wenn Deutschland sich aber nicht sicher sein kann, ob sämtliche Informationen über deutsche Kapitalanlagen in Frankreich übermittelt werden, wirkt dieser Bestrafungsmechanismus im Falle einer Abweichung nicht mehr. Aufgrund von Informationsasymmetrien zwischen den Ländern, führen mangelnde Kontrollmechanismen zu einem zu geringem Informationsaustausch. Die Folgen dieser Informationsasymmetrien dürften sich anhand einer laxen Kontrollpraxis ablesen lassen (Cremer / Gaveri 2000). Der Wettbewerb um Informationen bzgl. ausländischer Kapitalanlagen würde dann durch eine geringe Kontrollintensität ersetzt werden.[101] Dieses Problem wird nochmals zusätzlich verschärft, wenn ohne Transfers nicht einmal Raum für Pareto-Verbesserungen besteht. In diesem Fall haben Steueroasen, deren Teilnahme nicht zuletzt aufgrund von politischem Druck zustande kam, keinen Anreiz das richtige Ausmaß an Informationen bzw. Steuereinnahmen zur Verfügung zu stellen.

Neben der Drittlandproblematik und mangelnden Kontrollmechanismen muss auch die Definition des Zinsertrags bedenklich stimmen. Um eine Ausweichung auf andere Anlagearten zu verhindern sind nicht nur normale Einlagen und abgezinste Wertapiere Gegenstand der Richtlinie, sondern auch Zinsen aus Investmentfonds. Jedoch sind diese nur dann Teil des Abkommens, wenn mehr als vierzig Prozent des Anlagevolumens in verzinslichen Wertpapieren investiert wird. Falls die Zahlstelle den genauen Prozentanteil nicht feststellen kann, soll im Zweifelsfall der Ertrag als Zinseinkommen deklariert werden (Europäischer Rat 2003 Art. 6). Wenn Investoren bereit sind mit Hilfe von gemischten Fonds etwas höhere Risiken in Kauf zu nehmen, lässt sich eine Besteuerung von Zinserträgen somit leicht umgehen.

Selbst wenn Investoren keine zusätzlichen Risiken eingehen wollen, bietet die Einigung zahlreiche weitere Schlupflöcher. So sind – zumindest bis 2010 – alle Anleihen, die vor dem 1.3.2001 emittiert und bei denen ab dem 1.3.2002 keine Folgeemissionen getätigt wurden, nicht Gegenstand der Richtlinie (ebenda, Art. 15). Ferner sind Derivate nicht in der Richtlinie erwähnt. Durch den Einsatz von Derivaten ist es möglich, das Auszahlungsprofil von Anleihen nachzubilden. Erfordert die Konstruktion des Auszahlungsprofils einer Anleihe mit Hilfe von Derivaten nur geringe Transaktionskosten, dann ist eine Steuerausweichung aus Sicht eines Investors lohnenswert. Die Richtlinie enthält daher eine Reihe von Lücken, die ein Ausweichen auf alternative Anlageformen zwecks Steuerumgehung ermöglichen.

Ein letzter Schwachpunkt besteht in der Abgrenzung von natürlichen und juristischen Personen. Gegenstand der Richtlinie sind Zinserträge natürlicher Personen, deren Wohnsitz sich in einem der beteiligten Staaten befindet. Eine Abschirmwirkung gegenüber einer Quellensteuer bzw. dem heimischen Fiskus

---

[101] Keen / Ligthart (2006 89-90) identifizieren hierbei drei kritische Phasen: Den nationalen Steuerbehörden muss es rechtlich gestattet sein, mit anderen Ländern Informationen auszutauschen; 2. Die Steuerbehörden müssen Zugang zu steuersensitiven Informationen der Finanzinstitute verschaffen; und 3. Finanzinstitute müssen in der Lage sein die steuerlich relevanten Informationen ermitteln zu können.

lässt sich folglich dann herstellen, wenn eine der beiden Bedingungen nicht erfüllt ist. Einmal kann mit Hilfe einer zweiten Identität der Besteuerung ausgewichen werden. Da nur die Zinserträge der Bürger aus den partizipierenden Staaten erfasst werden, kann man sich durch eine zweite Staatsbürgerschaft dem Anwendungsbereich der Richtlinie entziehen. Bedingung hierfür wäre jedoch nicht allein die Existenz einer zweiten Staatsbürgerschaft, da das Wohnsitzlandprinzip bei der Besteuerung der Zinserträge zur Anwendung kommt; vielmehr müsste der Anleger in diesem Fall bei Vorlage der zweiten Staats-bürgerschaft auch einen ausländischen Wohnsitz angeben können. Dies kann bspw. durch die Angabe von „Briefkastenadressen" geschehen.

Eine Abschirmwirkung lässt sich ebenfalls erzielen, wenn Zinserträge über juristische Personen realisiert werden. Vorteilhaft wäre dies immer dann, wenn der Steuersatz der KSt im Anlageland geringer ist, als die Quellensteuer bzw. der Einkommenssteuersatz im Heimatland. Wie die Ergebnisse zur effektiven Steuerbelastung von US-Unternehmen in Tabelle 27 des letzten Abschnitts gezeigt haben, liegt die effektive Steuerbelastung in Steueroasen oft unter 10%. Einige Länder, wie z.B. die Kaimaninseln versenden Kontrollmitteilungen, während gleichzeitig außer einer jährlichen Gebühr keine Unternehmenssteuern anfallen. Speziell für in Deutschland Steuerpflichtige besteht jedoch die Gefahr, dass bei Einschaltung von Kapitalgesellschaften die Hinzurechnungsbesteuerung zur Anwendung kommt, da es sich bei Zinserträgen um rein passive Einkommensbestandteile handelt.[102] Alles in allem bietet die Richtlinie jedoch zahlreiche Möglichkeiten einer Besteuerung weiterhin auszuweichen.

## 8.5. Zusammenfassung der Ergebnisse

In den letzten zwanzig Jahren lässt sich ein Steuersenkungswettlauf bei der Besteuerung von Zinserträgen zwischen den Staaten beobachten. Die zunehmende Mobilität des Finanzkapitals hatte zur Folge, dass seit den späten 80er Jahren die EK um eine internationale Koordination bei der Besteuerung von Zinserträgen natürlicher Personen bemüht war. Seit 1.7.2005 tauschen die EU-Mitgliedsstaaten untereinander und mit einigen abhängigen Gebieten bzw. Drittstaaten Informationen über die Zinserträge ausländischer Anleger aus oder behalten eine Quellensteuer ein. Die theoretische Literatur zum Informationsaustausch bietet drei Erklärungen, warum Staaten einen Anreiz haben keine Informationen auszutauschen, an:

- Finanzkapitalzuflüsse werden in Realkapital transformiert,

[102] U. U. kommen sogar die §§ 39, 41 bzw. 42 AO zur Anwendung. In diesem Fall würde die Anerkennung der Auslandsgesellschaft versagt werden.

- Positive Spill-over Effekte in Form von Mengen- und/oder Preiseffekten entstehen auf dem Arbeitsmarkt,
- Die Profitabilität des Finanzsektors bzw. die Steuereinnahmen aus diesem sind hoch.

Diese drei Hypothesen wurden empirisch untersucht. Dabei stellt sich heraus, dass Länder einen Anreiz haben keinen Informationsaustausch zu betreiben, wenn neue und gut bezahlte Arbeitsplätze entstehen. Zudem ist die Partizipationsbereitschaft gering, wenn über den Finanzsektor hohe Steuereinnahmen generiert werden können. Finanzkapitalzuflüsse allein kommen dagegen nicht der Volkswirtschaft selbst zugute, da das Kapital im bankinternen Handel die Volkswirtschaft wieder verlässt.

Betrachtet man die Konfliktstruktur des Spiels so muss man zu dem Ergebnis kommen, dass Steueroasen ohne die Existenz von Transferzahlungen keinen Anreiz zur Kooperation haben. Als Beleg für diese Schlussfolgerung lassen sich die folgenden Argumente anführen:

- Die Teilnahme einiger Staaten beruhte auf politischem Druck oder konnte nur durch die Verknüpfung der Zinsrichtlinie mit anderen Politikfeldern erreicht werden.
- Einigen Steueroasen nutzt die Bereitstellung von Informationen nicht, da sie nicht über eine ESt verfügen und somit auch keine Steuereinnahmen generieren können. Die anderen Steueroasen besteuern die Zinserträge ihrer Staatsbürger mit relativ geringen Sätzen, so dass der Nutzen aus einer internationalen Koordination ebenfalls gering sein dürfte.
- Auf der anderen Seite sind die Kosten des Informationsaustauschs für Steueroasen hoch. Zumindest einige Länder nehmen extrem hohe Steuereinnahmen aus dem Finanzsektor ein und / oder können als Finanzzentrum viele und sehr gut bezahlte Arbeitsplätze aufbauen. Diese hohen Kosten übersteigen deshalb den sehr geringen Nutzen, der sich aus der Bereitstellung von Informationen aus anderen Ländern ergibt, bei weitem.

Angesichts der Konfliktstruktur ist es daher begrüßenswert, dass ein Teil der Quellenteuereinnahmen in den Anlagestaaten verbleibt. Denn diese Regelung stellt einen impliziten Transfer von Kapitalexportländern an Steueroasen dar. Bedenklich muss dagegen stimmen, dass die Richtlinie eine Reihe von Schwachstellen enthält, welche einer grenzüberschreitenden Besteuerung von Finanzkapitalanlagen entgegenstehen:

- Der Quellensteuersatz stellt letztendlich einen politischen Kompromiss dar. Für Ansässige bestimmter Länder, so z.B. auch Deutschland, wird der Anreiz zur Steuerhinterziehung nur gemildert, da der Quellensteuersatz immer noch deutlich niedriger als der Spitzensteuersatz der ESt des Wohnsitzstaates ist.
- Wichtige Drittstaaten wie die Bermudas oder Hong Kong erheben weder eine Quellensteuer noch werden Informationen von diesen Staaten bereitgestellt. Kapital könnte folglich in diese Länder umgeschichtet werden.
- Mangelnde Kontrollmechanismen in Kombination mit Informationsasymmetrien können – selbst wenn alle Länder grundsätzlich durch einen Informationsaustausch profitieren würden – zu einer zu geringen Kontrollintensität führen.
- Die Abgrenzung des Zinsertrags ist mangelhaft und bietet zahlreiche Schlupflöcher zur Steuerumgehung an.
- Eine Steuerumgehung ist auch durch Zwischenschaltung von Kapitalgesellschaften oder durch eine zweite Staatsbürgerschaft möglich.

Letztendlich gibt es ausreichend Anlass zur Sorge, dass ein grenzüberschreitendes Kontrollmitteilungssystem nicht den von der EK und vielen EU-Mitgliedsstaaten gewünschten Effekt bewirken wird. Die einzelnen Wohlfahrtseffekte für die EU-Mitgliedsstaaten und die partizipierenden Steueroasen sind dabei ungewiss, da sie von den Transaktionskosten mehrerer Investitionsalternativen abhängen. Sicher ist nur, dass nicht partizipierende Offshore-Zentren sich auf keinen Fall schlechter stellen werden. Reformmaßnahmen, die zu einer Ausweitung des Teilnahmerkreises und zu einer Abschaffung der Ausnahmetatbestände führen, wären daher vonnöten.

## Ausblick

Die vorliegende Arbeit hat den grenzüberschreitenden Steuerwettbewerb um Zinserträge von Privathaushalten und um Unternehmen untersucht. Die wichtigsten Erkenntnisse der Untersuchung lassen sich wie folgt zusammenfassen:

- Steigende Kapitalmobilität hat einen schwach negativen Einfluss auf die Unternehmensbesteuerung in den letzten 20 Jahren ausgeübt. Lediglich für die Nominalsteuersätze lässt sich ein bedeutender negativer Effekt nachweisen. Dagegen erheben kleine Länder – im Einklang mit der Theorie des Steuerwettbewerbs – systematisch niedrigere Unternehmenssteuern (s. Abschnitt 6.5).
- Ein möglicher Kandidat zur Erklärung sinkender Nominalsteuersätze sind Gewinnverlagerungen der Unternehmen. In der Untersuchung am Beispiel Deutschlands (s. Kapitel 7) konnte nachgewiesen werden, dass die Finanzierungsbeziehungen multinationaler Unternehmen sowie der Handel mit Patenten durch Unterschiede im Nominalsteuersatz erklärt werden können. Zusätzlich zeigen andere empirischen Untersuchungen (s. Abschnitt 5.3), dass eine negative Beziehung zwischen dem Nominalsteuersatz und der Vorsteuerprofitabilität von multinationalen Konzernen existiert. Zusammengenommen deuten die Ergebnisse darauf hin, dass Gewinnverlagerungen im Allgemeinen und für Deutschland im Speziellen von großer Bedeutung sind. Steuerwettbewerb um multinationale Unternehmen gleicht daher eher einem Wettbewerb um Steueraufkommen.
- In den letzten 25 Jahren sind die (Spitzen-)Steuersätze auf private Zinserträge deutlich gesunken, während gleichzeitig das Volumen grenzüberschreitender Kapitalanlagen massiv zugenommen hat. Um eine grenzüberschreitende Steuerhinterziehung bei privaten Zinserträgen einzudämmen, haben die EU-Mitgliedsstaaten sowie einige Drittstaaten und assoziierte Gebiete sich auf eine verstärkte Kooperation geeinigt. In diesem Teil der Arbeit stand die Frage im Mittelpunkt, warum einige Länder nicht bereit sind Informationen über die Zinserträge ausländischer Staatsbürger auszutauschen. Steueroasen haben nur geringe Anreize an einem Informationsaustausch zu partizipieren, da durch die Ansiedlung von (meist) ausländischen Finanzinstituten viele und gut bezahlte Arbeitsplätze entstehen können. Zudem generieren (zumindest die bekannteren) Steueroasen hohe Einnahmen aus den Unternehmenssteuern (s. Abschnitt 8.3). Dem stehen auf der anderen Seite kaum Erträge aus einem Informationsaustausch gegenüber, da viele Steueroasen die Einkommen ihrer Staatsbürger nicht oder nur geringfügig besteuern. Informationen über die Zinserträge ein-

heimischer Staatsbürger aus anderen Ländern sind demnach für diese Staaten relativ nutzlos.

Die Resultate dieser Untersuchung können als Grundlage für wirtschaftspolitische Reformen dienen. Diese Reformmaßnahmen können sowohl nationaler als auch internationaler Natur sein. Bezüglich der Unternehmensbesteuerung wird derzeit die Harmonisierung der BMG innerhalb der EU diskutiert. Die einzelnen Verfahren zur Harmonisierung der BMG unterscheiden sich dabei in der Radikalität mit dem die nationalstaatliche Autonomie eingeschränkt werde würde. Im Einzelnen sind dies (EK 2001 373-383):

- Home State Taxation
- Common Consolidated Tax Base
- Harmonized Tax Base
- European Union Company Tax

Alle Optionen haben gemein, dass zuerst die Gewinne der Konzerngesellschaften in den unterschiedlichen Mitgliedsstaaten separat, jedoch nach einheitlichen Vorschriften ermittelt werden; danach werden die Einzelergebnisse konsolidiert und schließlich auf die Mitgliedsstaaten verteilt (Sachverständigenrat 2004 535). Neben den Schwierigkeiten, die bereits aus Föderalstaaten, welche die Gewinnzerlegung anwenden, bekannt sind, schützt eine Harmonisierung der BMG jedoch bestenfalls nur vor Gewinnverlagerungen innerhalb der EU.[103] Gleichzeitig steigt durch eine EU-weite BMG der Anreiz Gewinne außerhalb der EU zu verlagern. Schließlich dürfte keiner dieser Vorschläge in der nahen Zukunft auch nur annähernd die Chance auf Umsetzung haben. Da innerhalb der EU tief greifende Interessenkonflikte zwischen den Nationalstaaten bestehen, ist eine Vereinheitlichung der BMG kein praktikabler Vorschlag.

Als Alternative zu einer Vereinheitlichung der BMG würde sich daher eine Untergrenze für den Nominalsteuersatz anbieten. Wie auch bei der Mehrwertsteuer würden sich die Nationalstaaten darauf verpflichten diese Schranke nicht zu unterschreiten. Dieser Vorschlag wurde bereits im Ruding-Bericht (1992) unterbreitet. Ob ein solcher Vorschlag Aussicht auf Erfolg hat wird dabei entscheidend von der Höhe der Untergrenze abhängen. Da eine hohe Untergrenze zudem die Wahrscheinlichkeit von Gewinnverlagerungen in Drittländer erhöht, sollte die Untergrenze bei einem Nominalsteuersatz von 15-20% liegen (Mintz 2004 229). In diesem Fall, müssten lediglich Irland sowie einige der osteuropäischen EU-Staaten ihren Nominalsteuersatz etwas nach oben anpassen.

---

[103] Selbst, wenn man Drittländer vernachlässigt, birgt eine EU-weite Harmonisierung der BMG weitere Probleme. Wenn in der Zerlegunsformel die Umsätze stark gewichtet werden, werden Anreize zur Gewinnverlagerung nicht eliminiert; wird stattdessen die Lohnsumme verwendet, steigt der Anreiz kapitalintensiver zu produzieren.

Da auch bei der Zinsbesteuerung das Problem von Drittländern besteht, hat die EK in der Vergangenheit auch mit Drittstaaten und den assoziierten Gebieten Verhandlungen geführt. Problematisch am derzeitigen Regime ist jedoch, dass, trotz der Teilnahme einiger Drittländer, wichtige Finanzzentren weiterhin nicht Teil des Arrangements sind. Derzeit versucht die EK Gespräche mit Hong Kong und Singapur aufzunehmen (Kovacs 2005), um den Kreis potentieller Ausweichstaaten zu minimieren. Eine Teilnahme dieser relativ großen Finanzzentren wird sich aber wahrscheinlich nicht ohne Zugeständnisse realisieren lassen.

Reformmaßnahmen können auch auf der nationalen Ebene ansetzen. Viele Indizien sprechen dafür, dass vor allem Gewinnverlagerungsmotive für die Bedeutung des Nominalsteuersatzes verantwortlich sind. Nationale Reformmaßnahmen sollten daher einen Beitrag zur Eindämmung von Gewinnverlagerungen leisten. Die einzelnen Reformmaßnahmen lassen sich in spezielle und umfassende Reformschritte gliedern. Deutschland hat gegen Gewinnverlagerungen eine ganze Reihe von speziellen Abwehrmaßnahmen ergriffen. Die beiden wichtigsten bestehen in der (erweiterten) Hinzurechnungsbesteuerung und der Gesellschafter-Fremdfinanzierung (s. Abschnitt 1.5.). Beide Maßnahmen sind theoretisch in der Lage Gewinnverlagerungen zu unterbinden. Während für Inbound-Investitionen gezeigt werden konnte, dass die Einführung der Gesellschafter-Fremdfinanzierung eine übermäßige Fremdkapitalfinanzierung eingeschränkt hat, konnte für Outbound-Investitionen ein steuerminimierendes Verhalten nachgewiesen werden. Zudem erfasst die erweiterte Hinzurechungsbesteuerung nur passive Einkommen mit Kapitalanlagecharakter. In diesen sind Patentausgaben nicht enthalten, so dass Unternehmen Gewinne relativ einfach mit Hilfe immaterieller Wirtschaftsgüter ins Ausland verlagern können.

Gegen beide Maßnahmen ist jedoch kritisch anzumerken, dass sie EU-Gemeinschaftsrecht missachten. Beide Regelungen stellen einen Verstoß gegen die Niederlassungs- und Kapitalverkehrsfreiheit dar, da nationale und ausländische Unternehmen unterschiedlich behandelt werden. Während § 8a KStG lange Zeit lediglich ausländischen Tochtergesellschaften Restriktionen bei der Finanzierung auferlegt hat, besteht der Verstoß bei der Hinzurechnungsbesteuerung ebenfalls in der mangelnden Parallelität bei inländischen Beteiligungsverhältnissen (Spengel 2003 285; Rättig / Protzen 2003 197), Denn die Hinzurechnungsbesteuerung wird nur bei einer ausländischen Tochtergesellschaft eines deutschen Unternehmens angewendet, während inländische Beteiligungen nicht Gegenstand des AStGes sind. Aufgrund ihrer Europarechtsfeindlichkeit wurde die Gesellschafter-Fremdfinanzierung deshalb auch auf inländische Unternehmen ausgeweitet (Reith 2004). Obwohl sich die Gesellschafter-Fremdfinanzierung in der ökonometrischen Untersuchung als geeignetes Instrument gegen Gewinnverlagerungen erwiesen hat, entstehen bei der Finanzierung *inländischer* Unternehmen nun neue Restriktionen. Es ist daher nicht sicher, ob die

Gesellschafter-Fremdfinanzierung unter diesem Gesichtspunkt weiterhin als ein praktikables Instrument zu bewerten ist. Neben diesen juristischen Einwänden lassen sich auch ökonomische Erwägungen gegen diese beiden Instrumente anführen. Defensive Maßnahmen mögen zwar geeignet sein einer Verlagerung von Steuersubstrat vorzubeugen; eventuell siedeln sich ausländische Unternehmen aber gar nicht erst in Deutschland an, wenn solche Gesetze verabschiedet werden (Bucovestky / Haufler 2005).

Neben diesen sehr speziellen Instrumenten lässt sich aber auch durch umfassende Reformmaßnahmen eine erhöhte Standortattraktivität erzielen. Deutschland ist das Land mit dem höchsten Nominalsteuersatz innerhalb der EU-Mitgliedsstaaten. Bei einer Reform der Unternehmensbesteuerung ist jedoch auch zu bedenken, dass neben der Herstellung eines wettbewerbsfähigen Steuersystems auch andere wichtige Ziele wie Finanzierungs- und Rechtsformneutralität zu beachten sind. Diese können in Widerspruch zu erstgenanntem Ziel treten. Hierbei stehen mehrere Reformoptionen zur Verfügung. Da einer Cash-Flow-Steuer bzw. einer zinsbereinigten Gewinnsteuer keine großen Umsetzungschancen eingeräumt werden (s. Spengel 2003) sollen im Folgenden eine Senkung des Nominalsteuersatzes sowie die duale ESt diskutiert werden.

Eine sehr einfache Reformoption bestünde in einer Senkung des Nominalsteuersatzes. Dies hätte auf der einen Seite Einnahmeausfälle bei den immobilen Kapitalgesellschaften zur Folge, da diese aufgrund der Steuersatzsenkung einer niedrigeren Besteuerung unterliegen würden. Auf der anderen Seite würden – sofern die ausländischen Wettbewerber nicht nachziehen – neue Steuereinnahmen entstehen, da Gewinnverlagerungen in niedrig besteuernde Länder an Attraktivität verlieren würden. Huizinga / Laeven (2007) schätzen die Einnahmeausfälle des deutschen Fiskus aufgrund von Gewinnverlagerungen auf 3 Milliarden Euro jährlich. Zusätzliche Einnahmen könnten ferner durch die Ansiedlung von Realkapital realisiert werden. Wenn diese zusätzlichen Einnahmen nicht ausreichen sollten, um die Einnahmeausfälle bei den standortgebundenen Unternehmen zu kompensieren, kann durch eine Verbreiterung der BMG einer Erosion der Steuereinnahmen vorgebeugt werden. Eine Verbreiterung der BMG könnte hierbei genutzt werden um eine komplementäre Beziehung zwischen der Wettbewerbsfähigkeit eines Steuersystems und dem Ziel der Finanzierungsneutralität herzustellen. Da auch in Deutschland Schuldzinsen abzugsfähig sind, könnten durch die Aufhebung der Diskriminierung von Eigen- gegenüber Fremdkapital mögliche Einnahmeausfälle kompensiert werden. Die Gewährleistung von Finanzierungsneutralität hätte zudem den Effekt, dass Gewinnverlagerungen nicht mehr mit Hilfe einer übermäßigen Finanzierung von Fremdkapital durchgeführt werden könnten. Eine mögliche Verbreiterung der BMG könnte folglich darin bestehen, die Abzugsfähigkeit von Schuldzinsen weiter einzuschränken.[104] Jedoch ist bei einer Absenkung des Nominalsteuersatzes zu beachten, dass kleine Länder, wie die empirische Analyse in Abschnitt 6.5 gezeigt hat, ihre größeren Konkurrenten systematisch unterbieten. Damit nicht eine Abwärtsspirale durch die Senkung des deutschen Nominalsteuersatzes ausgelöst wird, sollte eine EU-weite Untergrenze für den Nominalsteuersatz verabschiedet werden.

Eine reine Senkung der KSt (oder aber ein Wegfall der GewSt) eventuell flankiert durch eine Verbreiterung der BMG kollidiert jedoch mit dem Ziel der Rechtformneutralität. In diesem Fall würden Personen- gegenüber Kapitalgesellschaften steuerlich diskriminiert. Dieser Diskriminierung könnte dadurch begegnet werden, indem die Steuersätze der ESt ebenfalls nach unten angepasst werden. Dies scheint jedoch unter dem gegebenen Ausgabenbedarf des Staates keine allzu realistische Option für die nahe Zukunft zu sein. Wie gravierend man dieses Problem einschätzt, wird letztendlich von den Motiven abhängen, unter denen eine Reform der Unternehmensbesteuerung durchgeführt werden soll. Legt man vor allem auf das Ziel gleicher Wettbewerbsbedingungen auf dem inländischen Markt ein hohes Gewicht, so ist eine niedrigere Besteuerung von Kapitalgesellschaften ohne eine Reduktion der ESt abzulehnen. Will man dagegen dem Verlust an Steuereinnahmen durch Produktions- bzw. Gewinnverlagerungen begegnen, wäre eine Reduktion des Nominalsteuersatzes für Kapitalgesellschaften empfehlenswert. Geht man davon aus, dass Kapitalgesellschaften im Vgl. zu Personengesellschaften mobiler sind, ist eine Differenzierung der Steuerbelastung geboten. Beide Ziele – Wettbewerbsneutralität für inländische Unternehmen auf dem inländischen Markt sowie hohe Steuereinnahmen – lassen sich bei einer alleinigen Reduktion des Nominalsteuersatzes nicht simultan verwirklichen.

Eine Kompromisslösung, die weder eine allgemeine Senkung der ESt erfordert und gleichzeitig dem Ziel Rechtformneutralität sehr viel näher kommt im Vgl. zu einer einseitigen Reduktion der Steuerbelastung für Kapitalgesellschaften ist die duale ESt. Gute Erfahrungen mit diesem Ansatz haben die skandinavischen Länder gemacht, die Anfang der 90er Jahre zu einer dualen ESt übergewechselt sind (zu den unterschiedlichen Ausgestaltungen innerhalb der skandinavischen Länder: s. Cnossen 2000). Eine duale ESt besteuert den Produktionsfaktor „Kapital“ mit einem niedrigeren, proportionalen Steuersatz, während Arbeitnehmer dem progressiven Verlauf der ESt unterliegen. Bei Personengesellschaften muss das Einkommen auf die beiden Produktionsfaktoren Kapital und Arbeit aufgeteilt werden (eine genaue Beschreibung der dualen ESt findet sich in: Sachverständigenrat 2003; Sachverständigenrat et. al. 2006). Dies ist eine der

[104] Im Gegenzug müsste bei den Kapitalgebern eine steuerliche Freistellung erfolgen. Würde dieser Ansatz zudem auf Personengesellschaften ausgeweitet werden, käme man dem Konzept einer umfassenden Betriebssteuer („Comprehensive Business Tax“) sehr nahe.

Schwachstellen einer dualen ESt, da es zu Erfassungsproblemen kommen kann. Unternehmer haben unter diesem System einen Anreiz Arbeits- in Kapitaleinkommen umzuwandeln, um den progressiven Tarif auszuweichen (Cnossen 2000; Sachverständigenrat 2003).

Ein möglicher Vorteil der dualen ESt ist sicherlich, dass sie mit der infolge der Osterweiterung zunehmenden Mobilität mittelständischer Unternehmen besser zurechtkommt als eine einseitige Reduktion der KSt. Bei einer erhöhten Mobilität kleinerer Unternehmen ist eine Reduktion der Steuerbelastung von Personengesellschaften ebenfalls geboten. Da eine allgemeine Entlastung aller einkommensteuerpflichtigen Bürger unter einer dualen ESt nicht vorgesehen ist, wären die Einnahmeausfälle geringer als bei einer „flat tax".

Ein weiterer Vorteil einer dualen ESt wäre zudem, dass nicht nur die Gewinne der Unternehmen, sondern sämtliche Kapitaleinkommen und damit auch Zinseinkommen der dualen ESt unterliegen. Wie der empirische Teil gezeigt hat, ist Steuerwettbewerb ein Phänomen, welches nicht nur um mobile Unternehmen geführt wird. Eine duale ESt wäre somit in der Lage der Kapitalflucht von Zinseinkommen vermögender Haushalte zu begegnen. Da m.E. die internationale Koordination der Zinsbesteuerung einige gravierende Probleme aufwirft (s. Abschnitt 8.4), wäre die Einführung einer dualen ESt eine wirkungsvolle nationale Maßnahme, unzureichende internationale Vereinbarungen zu flankieren.

Neben dem Anreiz Arbeits- in Kapitaleinkommen zu verwandeln, wirft eine duale ESt jedoch weitere Probleme auf. Einmal ist kaum davon auszugehen, dass eine duale ESt auf ein breites Verständnis in der Bevölkerung stoßen wird. Die Umsetzungschancen eines solchen Projekts dürften daher eher gering sein. Neben der geringen Umsetzungswahrscheinlichkeit bestehen aber auch theoretische Einwände gegen ein solches Konzept. Eine duale ESt stellt einen Verstoß gegen das Prinzip horizontaler Steuergerechtigkeit dar. Dieses besagt, dass bei gleicher Leistungsfähigkeit der Individuen, auch eine identische Steuerbelastung resultieren sollte. Bei einer dualen ESt ist dieser Sachverhalt nicht mehr gegeben, da bei gleicher Leistungsfähigkeit Kapitaleinkommen niedriger besteuert wird als Einkommen aus unselbständiger Arbeit.[105] Eine duale ESt wird oftmals damit gerechtfertigt, dass bei perfekter Kapitalmobilität die Steuerlast des mobilen Faktors sowieso auf den immobilen Faktor überwälzt werden kann (Spengel / Wiegard 2004; Sachverständigenrat et. al. 2006). Diese Begründung ist jedoch in dieser Form abzulehnen, da Kapital nun mal nicht perfekt mobil ist. Zudem sind unterschiedliche Kapitalformen verschieden mobil. Während um Finanzkapital bzw. Gewinnverlagerungen ein Steuerwettbewerb der Staaten existiert, ist die Konkurrenz um Realkapital weniger deutlich ausgeprägt. Ein einziger Steuersatz

[105] Diese Sichtweise gilt jedoch dann nicht mehr, wenn auf das Lebenseinkommen rekurriert wird (s. Sachverständigenrat 2003).

auf Kapital vernachlässigt daher die unterschiedlichen Mobilitätsgrade des Kapitals. Trotz dieser Einwände kann aber auch eine duale ESt eine sinnvolle pragmatische Reformoption sein. Ob diese letztendlich einer Senkung des Nominalsteuersatzes vorgezogen wird, dürfte im Endeffekt von polit-ökonomischen Faktoren abhängen.

Die vorliegende Untersuchung hat Steuerwettbewerb zwischen Nationalstaaten analysiert. Hierbei hat sich gezeigt, dass Gewinnverlagerungen eine mögliche Ursache für die gesunkenen Nominalsteuersätze in den letzten beiden Jahrzehnten sind. Dagegen wurde die Beziehung von Gewinnverlagerungen und Realkapitalinvestitionen nicht weiter untersucht. Zukünftige Untersuchungen könnten an diesem Punkt ansetzen, da bisher nicht eindeutig geklärt ist, in welchem Verhältnis Gewinnverlagerungen und Realkapitalinvestitionen zueinander stehen.

## Anhang

**Nominalsteuersatz:**
Neben dem Tarif der KSt, wurden weitere lokale Steuern berücksichtigt. Wenn in einem Land auf lokaler Ebene Steuern erhoben werden, wurde der durchschnittliche lokale Steuersatz zugrunde gelegt.
*Quelle: Devereux / Griffith 2003*
Eingeschlossene Länder: Belgien, Kanada, Dänemark, Finnland, Frankreich, Deutschland, Irland, Italien, Japan, Niederlande, Portugal, Spanien, Schweiz, Schweden, Großbritannien, USA, Australien, Österreich, Norwegen.

**EGS:**
Unterstellt wird eine Investition in Maschinen (65%) und Gebäude (35%). Die Investition in Maschinen wird zu 65% durch Eigenkapital und zu 35% durch Fremdkapitalaufnahme finanziert. Die Investition in Gebäude wird vollständig über Eigenkapital finanziert. Als Annahmen lagen der Kalkulation zugrunde:
-Abschreibungsrate des Kapitals von 12,25%
- Inflationsrate von 3,5%
- Realer Zinssatz von 10%
*Quelle: Devereux / Griffith 2003*
Eingeschlossene Länder: Belgien, Kanada, Finnland, Frankreich, Deutschland, Irland, Italien, Japan, Niederlande, Portugal, Spanien, Schweiz, Schweden, Großbritannien, USA, Australien, Österreich, Norwegen.

**EDS**
Zu den Annahmen: s. EGS. Zusätzlich wurde eine Vorsteuerrendite in Höhe von 20% unterstellt.
*Quelle: Devereux / Griffith 2003*
Eingeschlossene Länder: Belgien, Kanada, Finnland, Frankreich, Deutschland, Irland, Italien, Japan, Niederlande, Portugal, Spanien, Schweiz, Schweden, Großbritannien, USA, Australien, Österreich, Norwegen.

**Makroökonomische Steuerquote:**
Einnahmen aus Ertrags- und Substanzsteuern (Kategorie 1200 und 4120 in der OECD-Revenue-Statistik) skaliert durch den Bruttobetriebsüberschuss von Kapitalgesellschaften.
*Quelle: Steuereinnahmen: OECD Revenue Statistics; Betriebsüberschuß: OECD National Accounts Vol. II.*
Eingeschlossene Länder: Belgien, Kanada, Dänemark, Finnland, Frankreich, Deutschland, Italien, Japan, Niederlande, Portugal, Spanien, Schweiz, Schweden, Großbritannien, USA, Australien, Österreich, Norwegen.

**Mikroökonomische Steuerquote:**
Steuerzahlung von Unternehmen aus dem industriellen Sektor skaliert durch den Gewinn vor Abschreibungen, Zinsen und Steuern. Als alternativer Nenner wurde der Gewinn *nach* Abschreibungen, Zinsen und vor Steuern verwendet.
*Quelle: Bank Account for Companies Harmonized (BACH)*
http://www.europa.eu.int/comm/economy.finance/indicators/database.htm.
Zugegriffen am: 20.4.2005.
Eingeschlossene Länder: Belgien, Dänemark, Finnland, Frankreich, Deutschland, Italien, Japan, Niederlande, Portugal, Spanien, Schweden, USA, Österreich.

**Kapitalverkehrskontrollenindex:**
Ordinaler Index zwischen 0 und 1, wobei eine „1" vollständige Kapitalverkehrsfreiheit impliziert. Zwischen diesen beiden Extrempunkten wird unterschieden, ob der Kapitalverkehr teilweise beschränkt ist; ob ein grenzüberschreitender Kapitalverkehr prinzipiell möglich ist, aber der Zustimmung der Behörden bedarf, und ob dieser zwar erlaubt wird, aber besonderen Belastungen unterliegt (z.B. durch multiple Wechselkurse).
*Quelle: Quinn 1997 und Erweiterungen*

**Standardisierte Arbeitslosenquoten:**
*Quelle: OECD Employment Outlook, verschiedene Jahrgänge.*

**Korruptionsindex:**
Durchschnittlicher Korruptionswert eines Landes auf Basis unterschiedlicher Surveys. Wertebereich zwischen 0 und 10, wobei eine „10" Abwesenheit von Korruption signalisiert. Für ein bestimmtes Land wurde der Score nur ermittelt, wenn aus mindestens drei unterschiedlichen Quellen Indikatoren zum Ausmaß der Korruption vorhanden waren. Die Jahre 1986 und 1987 wurden interpoliert.
*Quelle: http://www.transparency.org/policy_research/surveys_indices/cpi zugegriffen am: 21.3.2004*

**Anteil der staatlichen Investitionen bzw. Subventionen an den gesamten Staatsausgaben:**
*Quelle: OECD National Accounts Vol. II*

**Ideologie:**
Die Zahl sozialdemokratischer Minister wurde durch die gesamte Anzahl an Ministern in einem Kabinett skaliert. Während des Wahljahrs wurde unterstellt, dass noch die alte Regierung für die Steuersätze verantwortlich ist.
*Quelle: bis 2000: Cusack, T. und S. Fuchs (2002): Parties, Governments and Legislatures Data Set. Wissenschaftszentrum Berlin; danach: verschiedene Jahrgänge des „European Journal of Political Research".*

**Relative Ländergröße:**
Anteil eines Landes an der Gesamtbevölkerung aller in der empirischen Analyse untersuchten Länder.
*Quelle: Eurostat Ameco Database*

**Distanz:**
Durchschnittliche Entfernung eines Landes zu seinen N-1 Wettbewerbern. Für die Berechnung wurden die Distanzen zwischen den Hauptstädten zugrunde gelegt.
*Quelle:http//: www.worldatlas.com, zugegriffen am 23.8.2005*

**Handelsintegration:**
Exporte und Importe skaliert durch das BIP einer Volkswirtschaft.
*Quelle : http//:www. pwt.econ.upenn.edu zugegriffen am 14.2.2004*

**Index der Vetopunkte :**
Ein Land bekommt jeweils einen Punkt zugesprochen, wenn eine der folgenden Voraussetzungen erfüllt ist:
-Regierungsoberhaupt geht aus freien und geheimen Wahlen hervor.
-Opposition kontrolliert das Parlament
a) In präsidentiellen Regierungssystemen:
-jeder Kammer bekommt einen Punkt, es sei denn die Partei des Präsidenten hat die Mehrheit in der ersten Kammer und es existiert ein geschlossenes Listensystem.
- jede Regierungspartei, deren Orientierung auf der Links-Rechts-Skala näher an der größten Oppositionspartei liegt als an der Partei des Präsidenten.
b) Parlamentarische Systeme:
- jede Regierungspartei, sofern sie für die Aufrechterhaltung einer Minimum-Wining-Koalition entscheidend ist.
- jede Regierungspartei, deren Orientierung auf der Links-Rechts-Skala näher an der größten Oppositionspartei liegt als an der Partei des Bundeskanzlers.
*Quelle:* Beck, T., Clarke, G., Groff, A., Keefer P., und P. Walsh (2001): *New Tools in Comparative Political Economy: The Database of Political Institutions.* World Bank Economic Review 15: 165-176.

**Neue Variablen in Kapitel 7:**

**Patentzahlungen:**
Entgelte von in Deutschland tätigen Unternehmen, die für Patente, Erfindungen und Verfahren geleistet wurden. Hierbei wurde nochmals in Unternehmen mit in- oder ausländischer Kapitalbeteiligung unterschieden.

*Quelle: Daten wurden von der deutschen Bundesbank bereitgestellt. Ab 1994 finden sich die Daten auch in der Publikation „Technologische Dienstleistungen in der Handelsbilanz“.*
Eingeschlossene Länder: Belgien, Kanada, Dänemark, Finnland, Frankreich, Irland, Italien, Japan, Luxemburg, Niederlande, Portugal, Spanien, Schweiz, Schweden, Großbritannien, USA, Australien, Österreich, Norwegen.

**Finanzierung von In- und Outbound-Investitionen:**
Angaben über die Höhe fremd- bzw. eigenkapitalfinanzierter Direktinvestitionen. Der Anteil eigenkapitalfinanzierter Direktinvestitionen ergibt sich, indem die eigenkapitalfinanzierten Investitionen durch die gesamten Direktinvestitionen dividiert werden.
*Quelle: Daten wurden von der deutschen Bundesbank bereitgestellt.*
Eingeschlossene Länder: Belgien, Kanada, Dänemark, Finnland, Frankreich, Irland, Italien, Japan, Luxemburg, Niederlande, Portugal, Spanien, Schweden, Großbritannien, USA, Australien, Österreich, Norwegen, Neuseeland, Kaimaninseln, Bermuda, Bahamas, Hong Kong, Britische Jungferninseln.

**Quellensteuersätze auf Zinszahlungen:**
*Quelle: Jacobs / Spengel (1992; 1999).*

**Grenze:**
Nimmt den Wert 1 an, wenn Deutschland eine gemeinsame Grenze mit dem Land hat; im anderen Fall 0.
*Quelle: eigene Konstruktion.*

**„Steueroasen-Dummy“:**
Dummy-Variable, die bei den Benelux-Ländern, Irland und der Schweiz den Wert 1 annimmt, im anderen Fall 0.
*Quelle: eigene Konstruktion.*

**Patentproduktion:**
Anzahl der Patente einer Volkswirtschaft, die in den USA, Europa oder Japan angemeldet wurden. Skalierung durch die Bevölkerungsgröße eines Landes.
*Quelle:* www1.oecd.org/scripts/cde/members/patentFamiliesAuthenticate.asp. Zugegriffen am: 19.11.2005.

**Neue Variablen in Kapitel 8:**

**Informationsaustausch:**
Dummy ist auf 1 codiert, wenn ein Land Informationen über die Zinserträge ausländischer Anleger zur Verfügung stellt, im anderen Fall 0.

*Quelle: www.europa.eu.int/comm/taxation.customs/index* zugegriffen am: 9.7.2005.

**Nettokapitalimportposition:**
Nettokapitalimportposition einer Volkswirtschaft bei Bankeinlagen und anderen zinstragenden Wertpapieren.
*Quelle: eigene Berechnungen auf Basis der Daten der „Bank für Internationalen Zahlungsausgleich". http//:bis.org/statistics/bankStats.htm*
zugegriffen am: 14.9.2005

**Beschäftigung pro 1000 Einwohner (Deutschland):**
Durch deutsche Direktinvestitionen im Ausland beschäftigte Arbeitnehmer.
*Quelle: eigene Berechnungen auf Basis von Daten von: Deutsche Bundesbank. Kapitalverflechtung mit dem Ausland. Statistische Sonderveröffentlichung 10.*

**Beschäftigung pro 1000 Einwohner (USA):**
Durch amerikanische Direktinvestitionen beschäftigte Arbeitnehmer im Ausland
*Quelle: eigene Berechnungen auf Basis der Daten des „Bureau of Economic Analysis". http//:www.bea.doc.gov/bea/ai/iidguide.htm#link12b* Zugegriffen am: 10.9.2005

**Kompensation der Beschäftigten im Ausland:**
Lohnsumme dividiert durch die Zahl der Beschäftigten im Ausland.
*Quelle: eigene Berechnungen auf Basis der Daten des „Bureau of Economic Analysis". http//:www.bea.doc.gov/bea/ai/iidguide.htm#link12b* Zugegriffen am:10.9.2005

**Profitabilität des US-Finanzsektors im Ausland:**
Gewinn vor Steuern skaliert durch Umsatz oder das Betriebsvermögen.
*Quelle: eigene Berechnungen auf Basis der Daten des „Bureau of Economic Analysis".*
*http//:www.bea.doc.gov/bea/ai/iidguide.htm#link12b* Zugegriffen am: 10.9.2005

**Effektive Steuerbelastung von US-Finanzunternehmen im Ausland:**
Steuerzahlung der US-Unternehmen in der jeweiligen Volkswirtschaft skaliert durch den Gewinn vor Steuern.
*Quelle: eigene Berechnungen auf Basis der Daten des „Bureau of Economic Analysis".*
*http//:www.bea.doc.gov/bea/ai/iidguide.htm#link12b* Zugegriffen am: 10.9.2005

**Literaturverzeichnis**

**Altshuler, R. und T.J. Goodspeed (2003):** *Follow the Leader? Evidence on European and U.S. Tax Competition*, Working Paper, University of New Jersey.

**Apolte, T. (2001):** *How Tame Will Leviathan Become in Institutional Competition- Competition Among Governments in the Provision of Public Goods*, Public Choice 107, 359-381.

**Bacchetta P. und M.P. Espinosa (1995):** *Information Sharing and Tax Competition among Governments*, Journal of International Economics 39, 103-121.

**Bacchetta P. und M.P. Espinosa (2000):** *Exchange-of-information Clauses in International Tax Treaties*, International Tax and Public Finance 7, 275-294.

**Baldwin, R und P. Krugman (2004):** *Agglomeration, Integration and Tax Harmonization.* European Economic Review, 48, 639-658.

**Baltagi, B.H. (2003):** *Econometric Analysis of Panel Data*. 2.ed.Chichester.

**Beck, T., Clarke, G., Groff, A., Keefer P., und P. Walsh (2001):** *New Tools in Comparative Political Economy: The Database of Political Institutions.* World Bank Economic Review 15: 165-176.

**Belitz, H. (2004):** *Forschung und Entwicklung in multinationalen Unternehmen.* Studien zum deutschen Innovationssystem Nr. 8, DIW, Berlin.

**Besley, T, und A. Case (1995):** *Incumbent Behaviour: Vote Seeking, Tax Setting and Yardstick Competition*, American Economic Review 85, 25-45.

**Brennan, G., und J. Buchanan (1980):** *The Power to Tax: Analytical Foundations of a Fiscal Constitution,* Cambridge, Cambridge University Press.

**Bretschger, L.und F. Hettich, (2002):** *Globalization, Capital Mobility and Tax Competition: Theory and Evidence for OECD Countries*, European Journal of Political Economy 18:4, 695-716.

**Borstell, T. und Y. Sano (2004):** *Gesellschafter-Fremdfinanzierung (§ 8a KStG)*, 1621-1662. In: Vögele, A., Borstellt T, und G. Engler (Hrsg.): *Handbuch der Verrechnungspreise*, 2 vollständig neubearbeitete Aufl. Beck, München.

**Bovensiepen, N. und M. Kläsgen (2004):** *Völlige Perversion*, Süddeutsche Zeitung vom 7.6.2004.

**Bucovetsky, S. (1991):** *Asymmetric Tax Competition*, Journal of Urban Economics 30, 167-181.

**Bucovetsky, S. und J.D. Wilson (1991):** *Tax Competition with Two Tax Instruments*, Regional Science and Urban Economics 21, 333-350.

**Bucovetsky, S. und A. Haufler (2005):** *Tax Competition When Firms Choose Their Organizational Form: Should Tax Loopholes for Multinationals be Closed?* CESifo Working Paper 1625.

**Buijink, W., Janssen B. und Y. Schols (2001):** *Corporate Effective Tax Rates in the EU and the OECD: Final Report*, Research Project for the Dutch Ministry of Finance.

**Bundesministerium der Finanzen (1999):** *Reform der internationalen Kapitaleinkommensbesteuerung. Gutachten erstattet vom wissenschaftlichen Beirat beim Bundesministerium der Finanzen*, Schriftenreihe des Bundesministeriums der Finanzen Bd. 65. Bonn: Stollfuß Verlag

**Bundesministerium der Finanzen (2004):** *Die wichtigsten Steuern im internationalen Vergleich,* Ausgabe 2003.

**Bundesverband der Deutschen Industrie/ Verband der chemischen Industrie (2004):** *Die Steuerbelastung der Unternehmen in Deutschland: Fakten für die politische Diskussion.* Dt. Inst. Verl., Köln.

**Bureau of Economic Analysis (2000):** *U.S. Direct Investment Abroad: Operations of U.S. Parent Companies and Their Foreign Affiliates. Revised 2000 Estimates.*

**Büttner, T. (2002):** *The Impact of Taxes and Public Spending on the Location of FDI: Evidence from FDI-flows within Europe*, ZEW Discussion Paper 02-17, Mannheim.

**Büttner, T. und M. Ruf (2007):** *Tax Incentives and the Location of FDI: Evidence from a Panel of German Multinationals,* International Tax and Public Finance 14, 151-164.

**Büttner, T., Overesch, M., Schreiber, U. und G. Wamser (2006):** *Taxation and Capital Structure Choice – Evidence from a Panel of German Multinationals,* ZEW Discussion Paper No 06-67.

**Carey D. und J. Rabesona (2002):** *Average Effective Tax Rates on Capital, Labour and Consumption*, CESifo Workshop on "Measuring the Tax Burden on Capital and Labor", München.

**Carey, D. und J. Rabesona (2004):** *Tax Ratios on Labour and Capital Income and on Consumption*. In: Sörensen, P. B.(ed.): *Measuring the Tax Burden on Capital and Labour*. CESifo Seminar Series, MIT Press Cambridge.

**Clausing, K.A. (2003):** *Tax-Motivated Transfer Pricing and U.S. Intrafirm Trade Prices*, Journal of Public Economics 87, 2207-2223.

**Cnossen, S. (2000):** *Taxing Capital Income in the Nordic Countries: A Model for the European Union?* In: Cnossen, S. (Hrsg): Taxing Capital Income in the European Union. Issues and Reform Options, Oxford University Press.

**Cnossen, S. (Hrsg):** *Taxing Capital Income in the European Union. Issues and Reform Options*, Oxford University Press.

**Cremer, H., und F. Gahvari (2000):** *Tax Evasion, Fiscal Competition and Economic Integration,* European Economic Review 44, 1633-1657.

**Cusack, T. und S. Fuchs (2002):** *Parties, Governments and Legislatures Data Set.* Wissenschaftszentrum Berlin.

**De Haan, J., Sturm, J.-E., und B. Volkerink (2004):** *How to Measure the Tax Burden on Labor at the Macro Level?* In: Sörensen, P. B.(ed.): *Measuring the Tax Burden on Capital and Labour.* CESifo Seminar Series, MIT Press Cambridge.

**De, Mooij, R. und S. Ederveen (2003):** *Taxation and Foreign Direct Investment: A Synthesis of Empirical Research*, International Tax & Public Finance 10, 673-693.

**Deutsche Bundesbank (1992):** *Pantent- und Lizenzzahlungen sowie anderer Austausch von technischem Wissen in den Jahren 1990 und 1991,* Monatsberichte der deutschen Bundesbank, April, 33-51.

**Deutsche Bundesbank (2004):** *Kapitalverflechtung mit dem Ausland. Statistische Sonderveröffentlichung 10.*

**Devereux, M.P. (2004):** *Measuring Taxes on Income from Capital*. In: Sörensen, P. B. (ed.): *Measuring the Tax Burden on Capital and Labour*. CESifo Seminar Series, MIT Press Cambridge.

**Devereux, M.P. und R. Griffith (1998):** *Taxes and the Location of Production: Evidence from a Panel of Multinationals,* .Journal of Public Economics 68, 335-367.

**Devereux, M.P. und R. Griffith (2003):** *Evaluating Tax Policy for Location Decisions*, International Tax and Public Finance 10, 107-126.

**Devereux, M.P., Griffith, R. und A. Klemm (2002):** *Corporate Income Tax Reforms and International Tax Competition*, Economic Policy 35, 451-495.

**Devereux, M.P., Lockwood, B. und M. Redoano (2002):** *Do Countries Compete over Corporate Tax Rates?* Diskussionspapier Universität Warwick.

**Devereux, M.P., Lockwood B. und M. Redoano (2003):** *Capital Account Liberalization and Corporate Taxes*, Diskussionspapier Universität Warwick.

**Diamond, P. und J.A. Mirlees (1971):** *Optimal Taxation and Public Production II: Tax Rules*, American Economic Review 61, 261-278.

**DIHK (Hrsg. 2003):** *Produktionsverlagerung als Element der Globalisierungsstrategie von Unternehmen. Ergebnisse einer Unternehmensbefragung*, Deutscher Industrie- und Handelskammertag, Berlin.

**Doyle, C. und S. van Wijnbergen (1994):** *Taxation of Foreign Multinationals: A Sequential Bargaining Approach to Tax Holidays*, International Tax and Public Finance 1, 211-225.

**Dreher, A. (2004):** *Der Einfluss der Globalisierung auf die Steuer- und Sozialpolitik – eine empirische Analyse für die OECD-Länder*. In: Ohr, R. (Hrsg.): Globalisierung – Herausforderung an die Wirtschaftspolitik. Duncker & Humblot, Berlin.

**Dreßler, G. (1995):** *Gewinn- und Vermögensverlagerungen in Niedrigsteuerländer und ihre steuerliche Überprüfung*. 2. wesentl. erw. Aufl., Neuwied, Suchterhand.

**Dunning, J.H. (1994):** *Multinational Enterprises and the Globalised Economy*, Workingham England, Addison-Wesley.

**Edwards J. und M. Keen (1996):** *Tax Competition and Leviathan*, European Economic Review 40, 113-134

**Eggert W. und M. Kolmar (2002a):** *Residence-based Capital Taxation in a Small Open Economy: Why Information Is Voluntarily Exchanged and Why It Is Not*, International Tax and Public Finance 9, 465-482.

**Eggert W. und M. Kolmar (2002b):** *Information Sharing, Multiple Nash Equilibria, and Asymmetric Capital-Tax Competition*, EPRU Working Paper University of Copenhagen.

**Eggert W. und M. Kolmar (2004):** *The Taxation of Financial Capital under Asymmetric Information and the Tax-competition Paradox*, Scandinavian Journal of Economics 106, 83-105

**Elschner, C., Lammersen, L. Overesch, M. und R. Schwager (2005):** *The Effective Tax Burden of Companies and on Highly Skilled Manpower: Tax Policies in a Globalized Economy*, ZEW Discussion Paper, No. 05-31.

**Ernst & Young (2003):** *Transfer Pricing 2003 Global Survey. Practices, Perceptions and Trends in 22 Countries Plus Tax Authority Approaches in 44 Countries*,http://www.ey.com/global/download.nsf/transfer_pricing_survey_2003 /$file/GlobalTransferPricingSurveyReport_2003.pdf, zugegriffen am: 23.6.2004

**Ernst & Young (2005):** *Barometer of Tax Competitiveness*, http://www.ey.com/global/download.nsf/barometer_of_Tax_Competitiveness_for _2005.pdf, zugegriffen am: 18.4.2005.

**Europäische Gemeinschaft (1977):** *Richtlinie des Rates vom 19.12.1977 über die gegenseitige Amtshilfe zwischen den zuständigen Behörden der Mitgliedsstaaten im Bereich direkter Steuern*, Amtsblatt der Europäischen Gemeinschaften L 336, 15-20

**Europäische Gemeinschaft (1990):** *Richtlinie des Rates vom 23.7.1990 über das gemeinsame Steuersystem der Mutter- und Tochtergesellschaften verschiedener Mitgliedsstaaten*, Amtsblatt der Europäischen Gemeinschaften L 225, 6-9.

**Europäische Kommission (1989):** *Vorschlag für eine Richtlinie des Rates über ein gemeinsames System einer Quellensteuer auf Zinsen*, Amtsblatt der Europäischen Gemeinschaften L.141, 5-7

**Europäische Kommission (1998):** *Proposal for a Council Directive to Ensure Effective Taxation of Savings Income in the Form of Interest Payments within the Community*, COM 295 final.

**Europäische Kommission (2001b):** *Company Taxation in the Internal Market*, COM 582 Final.

**Europäische Kommission (2004):** *European Tax Survey*. Working Paper No. 3. Directorate General Taxation & Customs Union.

**Europäischer Rat (2003):** *Council Directive on Taxation of Savings Income in the Form of Interest Payments,* Official Journal of the European Union 157, 38-48.

**Europäischer Rat (2003):** *Richtlinie 2003/49EG über eine gemeinsame Steuerregelung von Zinsen und Lizenzgebühren zwischen verbundenen Unternehmen verschiedener Mitgliedsstaaten,* Amtsblatt der Europäischen Gemeinschaften L 157, 49-54.

**Feldstein, M. und C. Horioka (1980):** *Domestic Savings and International Capital Flows,* The Economic Journal 90, 314-329.

**Fraunhofer-Institut für Systemtechnik und Innovationsforschung (2004):** *Produktionsverlagerungen ins Ausland und Rückverlagerungen. Ergebnisse aus der Erhebung "Innovationen in der Produktion" des Fraunhofer-Instituts für Systemtechnik und Innovationsforschung*, Bericht zum Forschungsauftrag Nr. 8/04 an das Bundesministerium für Finanzen, Karlsruhe.

**Frotscher, G. (1994):** *Gesellschafter-Fremdfinanzierung durch nicht anrechnungsberechtigte Anteilseigner*, Internationales Steuerrecht 3, 200-210.

**Fuest, C., Huber B. und J. Mintz (2003):** *Capital Mobility and Tax Competition: A Survey*, CESifo Working Paper No.956.

**Garett, G. (1995):** *Capital Mobility, Trade and the Domestic Politics of Economic Policy,* International Organization, 45, 657-687.

**Garett, G. und D. Mitchell (2001):** *Globalization, Government Spending and Taxation in the OECD*, European Journal of Political Research 39, 145-177.

**Genschel, P. (2002a):** *Steuerharmonisierung und Steuerwettbewerb in der Europäischen Union*, Campus Verlag, NewYork/Frankfurt.

**Genschel, P. (2002b):** *Globalization, Tax Competition and the Welfare State*, Politics & Society 30, 245-275.

**Genschel, P. und T. Rixen (2005):** *International Tax Cooperation and National Tax Sovereignty,* Diskussionspapier International University Bremen.

**Genser, B. und A. Haufler (1999):** *Harmonization of Corporate Income Taxation in the EU*, Außenwirtschaft 54, 319-348.

**Giannini, S. und C. Maggiulli (2002):** *Effective Tax Rates in the EU-Commission Study on Company Taxation: Methodological Aspects. Main Results and Policy Implications*, IfO-Studien 48, 633-654.

**Gordon, K. und H. Tchilingurian (1998):** *Effective Average Tax Rates on Capital, Labour and Consumption Goods: Cross Country Estimates*, OECD Paper.

**Gordon, K., Slemrod J. und L. Kalambokidis (2004):** *Do We Now Collect Any Revenue from Taxing Capital Income?* Journal of Public Economics 88, 981-1009.

**Graham, J.R. (2003):** *Taxes and Corporate Finance: A Review*, The Review of Financial Studies 16, 1075-1129.

**Greene, W.H. (2000):** *Econometric Analysis*, 4th edition. Prentice Hall International, London.

**Grilli, V. (1989):** *Europe 1992: Issues and Prospects for the Financial Markets*, Economic Policy

**Grilli, V. und G. Milesi-Ferreti (1995):** *Economic Effects and Structural Determinants of Capital Controls*, IMF Staff Papers 42, 517-551.

**Gros, D. (1990):** *Tax Eavsion and Offshore Centres,* 113-128. In: Siebert, H. (Hrsg.): *Reforming Capital Income Taxation.* Mohr-Siebeck, Tübingen.

**Grubert, H. (1998):** *Taxes and the Division of Foreign Operating Income among Royalties, Interest, Dividends and Retained Earnings,* Journal of Public Economics 68, 269-290.

**Grubert, H. (2003):** *Intangible Income, Intercompany Transactions, Income Shifting and the Choice of Location*, National Tax Journal 56, 221-242.

**Grubert, H. und J. Mutti (1991):** *Taxes, Tariffs and Transfer Pricing in Multinational Corporate Decision Making*, The Review of Economics and Statistics 73, 285-293.

**Grubert, H. und J. Slemrod (1998):** *The Effect of Taxes on Investment and Income Shifting to Puerto Rico*, The Review of Economics and Statistics 80, 365-373.

**Gundel, G. (1993):** *Auswirkungen der neuen Hinzurechnungsbesteuerung des Außensteuergesetzes auf internationale Finanzierungsgesellschaften*, Internationales Steuerrecht, 2, 49-57.

**Haaparanta, P. (1996):** *Competition for Foreign Direct Investment*, Journal of Public Economics 63, 141-153.

**Hall, R.E. und D. Jorgenson (1967):** *Tax Policy and Investment Behavior.* American Economic Review 57, 391-414.

**Hallerberg, M. und S. Basinger (1998):** *Internationalization and Changes in Tax Policy in OECD Countries: The Importance of Domestic Veto Players*, Comparative Political Studies 31, 321-353.

**Haufler, A. und G. Schjelderup (1999):** *Corporate Taxation, Profit Shifting, and the Efficiency of Public Input Provision,* Finanzarchiv 56, 481-499.

**Haufler, A. und G. Schjelderup (2000):** *Corporate Tax Systems and Cross Country Profit Shifting*, Oxford Economic Papers 52, 306-325.

**Haufler, A. und I. Wooton (1999):** *Country Size and Tax Competition for Foreign Direct Investment*, Journal of Public Economics 71, 121-139.

**Hines, J.R. und E.M. Rice (1994):** *Fiscal Paradise: Foreign Tax Havens and American Business*, Quarterly Journal of Economics 109, 149-182.

**Hines J.R. (2004):** *Do Tax Havens Flourish?* Office of Tax Policy Research Center Working Paper.

**Hoyt, W.H. (1991):** *Property Taxation, Nash Equilibrium, and Market Power*, Journal of Urban Economics 30, 123-131.

**Huizinga, H. (2004):** *The Taxation of Banking in an Integrating Europe*, International Tax and Public Finance 11, 551-568.

**Huizinga, H. und A. Demirgüc-Kunt (2001):** *The Taxation of Domestic and Foreign Banking*, Journal of Public Economics 79, 429-453.

**Huizinga, H. und L. Laeven (2007):** *International Profit Shifting within European Multinationals*, CEPR Discussion Paper No. 6048, http://www.cepr.org/pubs/dps/DP, zugegriffen am: 26.1.2007.

**Huizinga H. und G. Nicodeme (2004):** *Are International Deposits Tax-driven?* Journal of Public Economics 88, 1093-1118.

**Huizinga, H. und S.B. Nielsen (1997):** *Capital Income and Profit Taxation with Foreign Ownership of Firms*, Journal of International Economics 42, 149-165.

**Huizinga, H. und S.B. Nielsen (2003):** *Withholding Taxes or Information Exchange: the Taxation of International Interest Flows*, Journal of Public Economics 87, 39-72.

**Huss, N. (2005):** *Ausstieg aus dem Handygeschäft,* Tagesspiegel vom 8.6.2005.

**Jacobs, O.H. and C. Spengel (1996):** *European Tax Analyzer. EDV-gestützter Vergleich der Steuerbelastung von Kapitalgesellschaften in Deutschland, Frankreich, und Großbritannien,* Schriftenreihe des ZEW, Band 11: Baden-Baden, Nomos.

**Jacobs, O.H. und C. Spengel (1999):** *Internationale Unternehmensbesteuerung. Deutsche Investitionen im Ausland. Ausländische Investitionen im Inland*, 4. neubearbeitete und erweiterte Auflage, Beck, München.

**Janeba, E. (2000):** *Tax Competition When Governments Lack Commitment: Excess Capacity as a Countervailing Threat*, American Economic Review 90, 1508-1519.

**Jensen, N. M. (2003):** *Democratic Governance and Multinational Corporations: Political Regimes and Inflows of Foreign Direct Investment,* International Organization 57, 587-616.

**Keen, M und M. Marchand (1997):** *Fiscal Competition and the Pattern of Public Spending*, Journal of Public Economics 63, 33-53.

**Keen, M. und J.E. Ligthart (2006):** *Information Sharing and International Taxation: A Primer*, International Tax and Public Finance 13, 81-110.

**KfW Bankengruppe (2004):** *Studie zu den Auslandsaktivitäten deutscher Unternehmen – Beschäftigungseffekte und Folgen für den Standort Deutschland,* Frankfurt am Main.

**King, M.A. und D. Fullerton (1984):** *The Taxation of Income from Capital: A Comparative Study of the United States, the United Kingdom, Sweden and West Germany,* Chicago: University of Chicago Press.

**Kovacs, L. (2005):** *Tax Harmonisation versus Tax Competition in Europe,* http://europa.eu/rapid/pressReleasesAction.do?Reference=Speech/05/624&format=HTML&aged=0&language=en&guiLanguage=en, zugegriffen am: 8.11.2005.

**Krogstrup, S. (2004):** *Are Corporate Tax Burdens Racing to the Bottom in the European Union?* EPRU Working Paper 2004-04, University of Copenhagen.

**Kumpmann, I. (2004):** *Systemwettbewerb und Umverteilung: Gefährdet die Globalisierung den Sozialstaat?* Univ., Diss., Göttingen.

**Luca, E. und A. Musalem (1999):** *Offshore Banking: An Analysis of Micro- and Macro-Prudential Issues*, IMF Working Paper No. 5.

**Ludema, R.D. and I. Wooton (2000):** *Economic Geography and the Fiscal Effects of Regional Integration* Journal of International Economics 52, 331-357.

**Maddala, G.S. (2001):** *Introduction to Econometrics*, Third Edition, Wiley & Sons, Chichester.

**Maiterth, R. (2002):** *Die Hinzurechnungsbesteuerung gem. §§ 7 bis 14 AStG nach dem Unternehmenssteuerfortentwicklungsgesetz*, Steuer & Studium 9, 490-502.

**Markusen, J.R und A. Venables (1998):** *Multinational Firms and the New Trade Theory*, Journal of International Economics, 46, 183-203.

**Mendoza, E.G., Razin A. und L.L Tesar (1994):** *Effective Tax Rates in Macroeconomics: Cross-Country Estimates of Tax Rates on Factor Incomes and Consumption*, Journal of Monetary Economics 34, 297-323.

**Miller, M H. und K. Rock (1985):** *Dividend Policy under Asymmetric Information*, Journal of Finance 40, 1031-1052.

**Mintz, J. (2004):** *Corporate Tax Harmonization in Europe: It´s All About Compliance,* International Tax and Public Finance 11, 221-234.

**Mintz, J. und A. Weichenrieder (2005):** *Taxation and the Financial Structure of German Outbound FDI,* Cesifo Working Paper No.1612.

**Motta, N.G. (1993):** *Eastern Europe Integration and Foreign Direct Investment.* Journal of Economics and Management Strategy, 2, 483-507.

**Neumark-Bericht (1962):** *Bericht des Steuer- und Finanzausschusses*, Europäische Kommission, Brüssel.

**Nicodeme, G. (2001):** *Computing Effective Corporate Tax Rates: Comparisons and Results*, Directorate General for Economic and Financial Affairs Working Paper 153.

**Nicodeme, G. (2002):** *Sector and Size Effects on Effective Corporate Taxation*, Economic Directorate General for Economic and Financial Affairs Working Papers No. 175.

**Nöhrbaß, K.-H. und M. Raab (1990):** *Quellensteuer und Kapitalmarkt- Eine theoretische und empirische Untersuchung*, Finanzarchiv 48, 179-193.

**Noiset, L. (1995):** *Pigou, Tiebout, Property Taxation, and the Underprovision of Local Public Goods: Comment*, Journal of Urban Economics 38, 312-316.

**OECD (1995):** *Transfer Pricing Guidelines for Multinational Enterprises and Tax Administrations,* Paris.

**OECD (1998):** *Harmful Tax Competition: An Emerging Global Issue,* Paris.

**OECD (2004):** *The OECD's Project on Harmful Tax Practices: The 2004 Progress Report,* Paris.

**OECD (2005):** *Taxing Wages,* Paris.

**OECD:** *Economic Outlook,* verschiedene Jahrgänge, Paris.

**OECD:** *National Accounts Vol. II,* verschiedene Jahrgänge, Paris.

**OECD:** *Revenue Statistics,* verschiedene Jahrgänge, Paris.

**Ohr, R. (Hrsg.):** *Globalisierung – Herausforderung an die Wirtschaftspolitik.* Duncker & Humblot, Berlin.

**Person, T. und G. Tabellini (1992):** *The Politics of 1992: Fiscal Policy and European Integration,* Review of Economic Studies 59, 689-701.

**Plümper, T., Troeger V.E. und H. Winner (2004):** *Tax Competition under Budget Rigidities and Fairness Norms*. Working Paper Universität of Konstanz.

**Primarolo-Bericht (2000):** *Bericht der Gruppe "Verhaltenskodex" (Unternehmensbesteuerung) an den Rat "Wirtschaft und Finanzen".*

**Quinn, D. (1997):** *The Correlates of Change in International Financial Regulation,* American Political Science Review 91, 531-551.

**Ramb, F. und A. Weichenrieder (2005):** *Taxes and the Financial Structure of German Inward FDI,* Review of World Economics 141, 670-692.

**Rättig, H. und P.D. Protzen (2003):** *Zur Europarechtswidrigkeit der §§ 7-14 AStG und zu den Folgen für die internationale Steuerplanung,* Internationales Steuerrecht 12, 195-202.

**Reith, T. (2004):** *Internationales Steuerrecht. Handbuch zum Doppelbesteuerungs- und Außensteuerrecht und zu Gestaltungen grenzüberschreitender Investitionen*, Vahlen, München.

**Rixen, T. (2005):** *Internationale Kooperation im asymmetrischen Gefangenendilemma: Das OECD-Projekt gegen schädlichen Steuerwettbewerb,* Diskussionspapier No.12: Spezialforschungsbereich "International Tax Coordination", Wirtschaftsunversität Wien.

**Rodrik, D. (1997):** *Trade, Social Insurance, and the Limits to Globalization,* NBER Working Paper 5905.

**Rubinstein, A. (1982):** *Perfect Equilibrium in a Bargaining Model.* Econometrica 50, 97-110.

**Ruding Report 1992:** *Report of the Comitee of Independent Experts on Company Taxation,* Brusels and Luxembourg.

**Sachs, J. und A.M. Warner (1995):** *Economic Reform and the Process of Global Integration* Brookings Papers in Economic Activity 1, 1-118.

**Sachverständigenrat zur Begutachtung der gesamtwirtschaftlichen Entwicklung (2003):** *Staatsfinanzen konsolidieren – Steuersystem reformieren.* Jahresgutachten 2003/2004, Poeschel, Wiesbaden.

**Sachverständigenrat zur Begutachtung der gesamtwirtschaftlichen Entwicklung (2004):** *Erfolge im Ausland – Herausforderungen im Inland.*. Jahresgutachten 2004/2005, Poeschel, Wiesbaden.

**Sachverständigenrat zur Begutachtung der gesamtwirtschaftlichen Entwicklung; Max Planck Institut für geistiges Eigentum, Wettbewerbs- und Steuerrecht und Zentrum für Europäische Wirtschaftsforschung (2006):** *Reform der Einkommens- und Unternehmens-besteuerung durch die duale Einkommenssteuer,* Wiesbaden.

**Scheffler, W. (2002):** *Besteuerung der grenzüberschreitenden Unternehmenstätigkeit,* 2. Aufl. Vahlen: München.

**Schoch, C. (2003):** *"Schweiz hält an parallelem Abschluss fest".*, Neue Zürcher Zeitung vom 07.03.2003

**Schwarz, P. (2004):** *Capital Mobility and Expenditure Competition in Highly Developed Countries,* Mimeo, Göttingen.

**Schwarz, P. und T. Steiner (2006):** *Direktinvestitionen im Ausland: Motive sowie Auswirkungen auf den inländischen Arbeitsmarkt,* Mimeo, Göttingen.

**Siebert, H. (Hrsg.) (1990):** *Reforming Capital Income Taxation.* Mohr-Siebeck, Tübingen.

**Sinn, H.-W. (1995):** *Implikationen der vier Grundfreiheiten für eine nationale Fiskalpolitik. Wirtschaftsdienst,* 75, 240-249.

**Sinn, H.-W. (1997):** *The Selection Principle and Market Failure in Systems Competition,* Journal of Public Economics, 66, 247-274.

**Slemrod, J. (2004):** *Are Corporate Tax Rates or Countries Converging?* Journal of Public Economics, 88, 1169-1186.

**Sörensen, P.B. (ed.) (2004):** *Measuring the Tax Burden on Capital and Labour,* CESifo Seminar Series, MIT Press Cambridge.

**Spengel, C. (2003):** *Internationale Unternehmensbesteuerung in der Europäischen Union. Steuerwirkungsanalyse – Empirische Befunde – Reformüberlegungen,* IDW Verlag, Düsseldorf.

**Spengel, C. und W. Wiegard (2004):** *Duale Einkommenssteuer: Die pragmatische Variante einer grundlegenden Steuerreform,* Wirtschaftsdienst, 71-76.

**Schulze, G. und H. Ursprung (1999):** *Globalisation of the Economy and the Nation State*, World Economy 22, 295-352.

**Stöwhase, S. (2002):** *Profit Shifting Opportunities, Multinationals and the Determinants of FDI*, Discussion Paper, Department of Economics, Munich.

**Stöwhase, S. (2005):** *Taxes and Multinational Enterprises in the EU: Location Decisions and Income Shifting,* Inaugural-Dissertation, Universität München.

**Straubhaar, T. (1998):** *Empirische Indikatoren für den Systemwettbewerb – Moderne und Historische Befunde.* In: Streit, M.E. (1998): *Globalisierung, Systemwettbewerb und national-staatliche Politik,* Jahrbuch für Neue Politische Ökonomie. Tübingen: Mohr.

**Straubhaar, T. (2000):** *Internationale Migration: Wieso gehen wenige und bleiben die meisten?* HWWA Discussion Paper No. 111, Hamburg.

**Streit, M.E. (1998):** *Globalisierung, Systemwettbewerb und nationalstaatliche Politik.* Jahrbuch für Neue Politische Ökonomie. Tübingen: Mohr.

**Swank, D. (2001):** *Globalization, and Political Change in Developed Countries,* Cambridge: Cambridge University Press.

**Swank, D und S. Steinmo (2002):** *The New Political Economy of Taxation in Advanced Capitalist Democracies*, American Journal of Political Science 46, 642-655.

**Tsebelis, G. (1995):** *Decision Making in Political Systems: Veto Players in Presidentialism, Parliamentarism, Multicameralism and Multipartysm*, British Journal of Political Science 25, 289-326.

**Tsebelis, G. (2002):** *Veto Players: How Political Institutions Work.* Princeton, New York: Princeton University Press.

**Volkerink, B. und J. de Haan (2001):** *Tax Ratios: A Critical Survey,* OECD Tax Policy Studies 5.

**Wagener, A. (1997):** *Internationaler Steuerwettbewerb mit Kapitalsteuern*, Physica-Verlag, Heidelberg.

**Weichenrieder, A.J. (1995):** *Besteuerung und Direktinvestition*. Tübingen: Mohr.

**Weichenrieder, A.J. (1996):** *Fighting International Tax Avoidance: The Case of Germany*, Fiscal Studies, 17:1 37-58.

**Wheeler, D. und A. Mody (1992):** *International Investment Location Decisions: The Case of U.S. Firms*, Journal of International Economics, 33, 57-76.

**Williams, O.H., Suss, E.C., und C. Mendis (2005):** *Offshore Financial Centres in the Caribbean: Prospects in a New Environment*. World Economy 28, 1173-1188.

**Wilson, J.D. (1991):** *Tax Competition with Interregional Differences in Factor Endowments*, Regional Science and Urban Economics, 21, 423-451.

**Wilson, J.D. (1999):** *Theories of Tax Competition*, National Tax Journal 52, 269-304.

**Winner, H. (2001):** *Die Messung und Verwendung von impliziten Steuerquoten*, WiSt, 483-488.

**Winner, H. (2005):** *Has Tax Competition Emerged in OECD Countries? Evidence from Panel Data,* International Tax & Public Finance 12: 667-687.

**Zodrow, G.R. (2003):** *Tax Competition and Tax Coordination in the European Union*, International Tax and Public Finance 10, 651-671.

**Zodrow, G.R. und P. Mieszkowski (1986):** *Pigou, Tiebout, Property Taxation, and the Underprovision of Local Public Goods*, Journal of Urban Economics 19, 356-370.

## CeGE-Schriften

Das CeGE – Centrum für Globalisierung und Europäisierung der Wirtschaft – wurde 1999 von der Wirtschaftswissenschaftlichen Fakultät der Georg-August-Universität Göttingen gegründet. Das Centrum dient als Forum zur internationalen und interdisziplinären Zusammenarbeit bei der Analyse ökonomischer Fragestellungen von europäischer oder globaler Bedeutung. In den CeGE-Schriften werden Forschungsergebnisse aus Dissertationen, Habilitationen und anderen Forschungsprojekten des Zentrums veröffentlicht.

Band 1 Axel Gerloff: Wechselkurspolitik in Mittel- und Osteuropa. Eine theoretische Analyse unter besonderer Berücksichtigung der Erfahrungen der zehn Kandidaten für eine EU-Osterweiterung. 2001.

Band 2 Ingo Konrad: Zur Integration ausgewählter mittel- und osteuropäischer Länder in die währungspolitische Ordnung Europas. 2002.

Band 3 Axel Hennighausen: Wegekostenfinanzierung und Lenkung im deregulierten europäischen Verkehrsmarkt. 2002.

Band 4 Wolfgang Münch: Effects of EU Enlargement to the Central European Countries on Agricultural Markets. 2002.

Band 5 Holger Niermann: Welchen Finanzausgleich braucht Europa? Ein konkreter Vorschlag zur Neugestaltung der europäischen Finanzbeziehungen mit Simulationsmodell. 2002.

Band 6 Jens Südekum: Agglomeration and Regional Unemployment Disparities. A Theoretical Analysis with Reference to the European Union. 2003.

Band 7 Christoph Schinke: Der Geldmarkt im Euro-Währungsraum. Geldmarktgeschäfte, Zinsbildung und die Taylor Rule. 2004.

Band 8 Kai Stukenbrock: The Stability of Currency Boards. 2004.

Band 9 Harald Grethe: Effects of Including Agricultural Products in the Customs Union between Turkey and the EU. A Partial Equilibrium Analysis for Turkey. 2004.

Band 10 Götz Zeddies: Perspektiven der Gemeinschaftspolitiken in der erweiterten EU. 2005.

Band 11 Ingmar Kumpmann: Systemwettbewerb und Umverteilung. Gefährdet die Globalisierung den Sozialstaat? 2005.

Band 12 Katarzyna Haverkamp: Bestimmungsfaktoren der Vertragsforschung in Deutschland. Eine theoretische und ökonometrische Analyse. 2007.

Band 13 Peter Schwarz: Kapitalsteuerwettbewerb zwischen Nationalstaaten unter besonderer Berücksichtigung Deutschlands. Eine empirische Analyse. 2007.

www.peterlang.de

Kolibri 360 GmbH
Ferdinand-Jühlke-Straße 7
99095 Erfurt, Deutschland
produktsicherheit@kolibri360.de

Druck:
CPI Druckdienstleistungen GmbH
im Auftrag der
Kolibri 360 GmbH
Ferdinand-Jühlke-Str. 7
99095 Erfurt